BIBLIOTHÈQUE DES ÉCOLES PRIMAIRES SUPÉRIEURES
ET DES ÉCOLES PROFESSIONNELLES
Publiée sous la Direction de FÉLIX MARTEL

EXTRAITS

DE

MÉMOIRES HISTORIQUES

ET MILITAIRES

par

CAMILLE GUY

PARIS

LIBRAIRIE CH. DELAGRAVE

15, RUE SOUFFLOT

LE TROISIÈME LIVRE
DE
GÉOGRAPHIE

PAR

E. LEVASSEUR & G. NIOX

1o **La France** (Revision).
2o **L'Europe**.

3o **Le Monde**.
4o **Les Colonies Françaises**

In-4o, 96 pages, 67 cartes et nombreuses figures dans le texte, cart . . . . **3** »
Le même ouvrage avec la géographie d'un département **3 25**

Cet ouvrage est conforme au programme de l'Enseignement **primaire supérieur**, aux 3 années duquel ses 4 parties correspondent.

Atlas Manuel de Géographie Physique et Politique

Par le Général NIOX

56 cartes, grand in-4o, reliure souple . . . . **9** »
Le même Atlas, avec un supplément de 24 cartes historiques, dues à la collaboration de M. DARSY, professeur d'histoire au Lycée Louis-le-Grand . . . . **12** »
L'Atlas, de 56 cartes avec un **Livret de Notices**, rédigées pour chaque carte, par le capitaine MALLETERRE, professeur de géographie à l'École de Saint-Cyr **12 75**
Le Livret de Notices se vend séparément, rel. souple. **3 75**

OUVRAGES

conformes aux programmes de l'Enseignement primaire supérieur

EXTRAITS

DE

MÉMOIRES HISTORIQUES

ET MILITAIRES

ÉMILE COLIN — IMPRIMERIE DE LAGNY

BIBLIOTHÈQUE DES ÉCOLES PRIMAIRES SUPÉRIEURES

ET DES ÉCOLES PROFESSIONNELLES

Publiée sous la direction de Félix MARTEL, Inspecteur général de l'Instruction primaire.

EXTRAITS

DE

MÉMOIRES HISTORIQUES

ET MILITAIRES

PAR

CAMILLE GUY

AGRÉGÉ D'HISTOIRE ET DE GÉOGRAPHIE

CHEF DU SERVICE GÉOGRAPHIQUE ET DES MISSIONS

AU MINISTÈRE DES COLONIES

PARIS

LIBRAIRIE CH. DELAGRAVE

15, RUE SOUFFLOT, 15

1899

INTRODUCTION

De l'armée féodale du xive siècle, commandée par des seigneurs désireux « de férir de grands coups d'épée » et recrutée en partie parmi les malandrins, coupeurs de bourse et paysans ruinés qui ne cherchent que la solde régulière ou le pillage rémunérateur, bandes sans discipline, sans chefs reconnus et sans patriotisme, à l'armée vraiment nationale, régulièrement recrutée, sortie des entrailles mêmes du pays et destinée à en assurer la défense, la distance est grande. On peut dire que l'armée française qui commença à s'organiser en face de l'ennemi pendant la guerre de Cent Ans, a évolué depuis le xive siècle, en même temps que la France elle-même, et qu'il est facile de s'expliquer, par l'étude attentive de la vie nationale, les transformations de ces bandes de mercenaires en une armée de citoyens.

Jusqu'à l'époque des batailles de Crécy et de Maupertuis, l'armée n'est qu'une cavalerie tumultueuse, ignorante, égoïste et luxueuse, qui méprise d'instinct l'infanterie parce qu'elle se recrute parmi les vilains, et qui s'inquiète assez peu du résultat final de la bataille, pourvu que chaque chevalier ait pu individuellement donner des preuves évidentes de son courage personnel. Pour les Robert d'Artois et les connétable de Nesles, une bataille n'est qu'un tournoi « dont l'enjeu est plus élevé et plus difficile à gagner ». Sans doute les rois ont déjà mis en ligne des archers et des piquiers, mais tous ces soldats à pied ne sont que des mercenaires qui ont reçu une instruction militaire insignifiante et qui n'apportent de fidélité à leur service que proportionnellement à leur solde. Or, la solde et l'administration sont confiées aux trésoriers de guerre dont la comptabilité est singulièrement intermittente et qui ne se sont jamais souciés d'assurer la nourriture des troupes, puisque le pillage est toujours là pour remédier à leur négligence, et qu'à leur avis le seul ennemi à combattre et à exploiter est le paysan. La conséquence est que si l'armée n'est pas permanente, la guerre le devient, puisque les soldats une fois licenciés n'ont d'autres ressources que le pillage, l'incendie et la mise en rançon méthodique des villages qu'ils traversent ; de là l'organisation des grandes compagnies, composées de soldats errants et sans emploi qui, groupés sous des chefs de hasard, se nourrissent comme ils peuvent et aux dépens de ceux mêmes que la veille ils étaient chargés de protéger. De là aussi cette petite guerre continuelle à côté de la grande, ces expéditions de château à château et de ville à ville, ces luttes entre bandes armées et aussi, en l'absence de tout chef expérimenté, de toute autorité librement consentie, ces terreurs paniques qui jettent sans raison les soldats en déroute, et dont la fuite des soldats du roi de France devant Calais est un exemple caractéristique.

Ce qui prouve bien que ces armées n'ont rien de national, qu'elles ne combattent ni pour une idée ni pour un pays, c'est que dans les trêves fréquentes entre deux batailles, les chevaliers des deux partis se donnent des fêtes, organisent des repas et des tournois. Même pendant le combat, les chevaliers font assaut de courtoisie et de générosité. Ravager le pays pour s'assurer les vivres indispensables, prendre les forteresses pour passer plus commodément l'hiver, mettre à rançon les prisonniers pour tirer de la guerre le plus grand profit possible, telle est la seule préoccupation des soldats et des chefs. C'est à ce point une affaire individuelle que la bataille rangée est assez souvent remplacée par un cartel entre les rois ou les grands seigneurs des deux nations aux prises.

C'est ainsi que le 11 novembre 1355, Edouard III envoie dire à Jean le Bon par Boucicaut que depuis trois jours il est à tel endroit et qu'il l'y attendra encore cinq jours. Encore faut-il que la guerre ne soit pas trop longue, car le vassal, usant de son droit strict, abandonne sans scrupule son suzerain et retourne à son château et à ses affaires. En octobre 1352, l'ardeur des milices du roi s'est tellement ralentie, que Jean le Bon invente à Saint-Ouen la société des « chevaliers de la Vierge de la noble maison » pour retenir sous son oriflamme, seul drapeau de l'armée, ses soldats affamés de repos. Rien n'y fait : un an plus tard, le prévôt de Paris fait crier que « chacun se tienne prêt pour venir aux mandements du roi et qu'aucun homme d'armes ne sorte du royaume sans permission du roi, soit pour fait d'armes, soit pour un lointain voyage ». Mais les désertions se multiplient quand même; l'armée s'anémie chaque jour; pendant ce temps les Anglais[1] tiennent le nord, et les grandes compagnies cou-

---

1. « Considérée au point de vue des éléments qui la composent, la Compagnie revêt, dès l'origine, un caractère essentiellement international. Toutes les nations, toutes les races s'y fondent pêle-mêle. Le Wallon Eusta he d'Auberchicourt donne la main au Gascon Jean de Ségu"; Croquart, de Herck en Hollande, coudoie Martin Henriquez, de Pampelune; le Breton Alain Taillecol, surnommé l'abbé de Malepaye, fraternise avec le Gallois Jacques Wynet; l'Allemand Franck Hennequin, de Cologne, avec Rodigot d'Agreda, ou Juan Martinez de Soria. A Creil, la garnison est mi-partie d'Anglais et de Navarrais, tandis que les brigands, qui exploitent une petite forteresse du Valois nommée Chaveray, sont presque tous des Espagnols.

» Les compagnies ne connaissent aucun frein, pas même la religion. Elles profanent et pillent les sanctuaires, aussi bien que les habitations des particuliers; elles rançonnent sans aucun scrupule les moines, les curés et même les évêques. Un des amusements favoris des brigands est de boire dans les calices volés aux églises.

» Les gens des compagnies sont d'autant plus exigeants qu'ils ont soif de toutes les jouissances et veulent vivre comme des grands seigneurs. Au fond, c'est là leur unique passion, et le principal mobile qui les fait agir. Dans leurs écuries, leur vaisselle, leur toilette, ils étalent un luxe insolent. Les aventuriers anglais qui occupent Bragelogne, en Champagne, n'ont pas moins de dix-sept chevaux. Ils détellent de la charrue les juments des paysans pour s'en faire des bêtes de somme; et les chefs ne sont contents que s'ils ont à la fois dans leurs écuries des haquenées ou chevaux de selle pour leurs femmes, des destriers pour les combats, et des palefrois pour les joutes. » (D'après Siméon Luce, dans les *Lectures historiques* de M. Mariéjol. Librairie Hachette.)

rent à travers la France. Le mal est si grand que les États généraux de 1355 entreprennent une réforme durable de l'armée,
réforme qui sera complétée par Charles V, sagement con-
seillé et dirigé par Robert de Fiennes, Jean de Vienne, Boucicaut et du Guesclin. Grâce à eux, le roi de France tente une
timide imitation du système anglais et donne au pays épuisé une
armée mieux recrutée, mieux commandée et mieux armée.

Il fallait tout d'abord épurer l'armée et débarrasser le territoire des grandes compagnies, qu'un chef, Arnaud de Cervoles,
inexactement appelé l'Archiprêtre, avait récemment conduites
en Alsace, mais qui décimées et poursuivies par les paysans
de ce pays, étaient précipitamment revenues dans ce qu'ils
appelaient joyeusement leur « Chambrée ». Ce fut du Guesclin
qui se chargea de cette mission difficile, en emmenant ces aventuriers en Espagne pour le compte d'Henri de Transtamare.
Mais par qui les remplacer ? Il semble bien que les organi-
sateurs de 1355 aient eu à ce moment l'intuition vague de ce que
pouvait être une armée nationale. L'article 32 du 28 décembre 1355 étend, sur le papier du moins, le service militaire à toute la nation. On prévoit des compagnies d'arbalétriers qui seront recrutés dans chaque village par les soins
des officiers du roi et qui toucheront une solde régulière.
Ces arbalétriers devront le service pendant toute la durée de
la guerre et, de retour dans leur village, ils jouiront de certains privilèges en matière d'impôts. D'autre part, même
en temps de paix, pour tenir les soldats en haleine, les revues,
les « *montres* », comme on disait à cette époque, seront
multipliées ; les congés dont on faisait un singulier abus seront
moins fréquents ; le pillage sera interdit ou du moins régu-
larisé, et les officiers seront responsables de la conduite de
leurs hommes. Les compagnies seront composées de cent
hommes et commandées par un capitaine. « Nul ne pourra
être capitaine s'il n'a pas de lettres de marque délivrées par
le roi ou un prince du sang », et « nul capitaine ne recevra de
gages du roi si sa compagnie ne compte pas cent combattants. » L'ordonnance du 3 avril 1369 traite même de l'instruction des recrues et ordonne la réparation des forteresses. Au

même moment, Jean de Vienne organisait, pour la première fois, une marine royale. En 1371, le roi aura pour son service vingt-cinq grandes barques et cent vingt petites susceptibles de porter 4 à 5,000 combattants.

C'est donc de 1355 que date la première tentative officielle d'organisation militaire. De fait, à partir de cette époque, l'armée ne sera plus cette cohue désordonnée d'hommes venus de tous les pays, errant à leur guise et curieux seulement de pillage. Si la question des subsistances est encore beaucoup trop négligée, du moins y aura-t-il, à dater de 1368, des commissaires des vivres chargés de concentrer sur certains points les approvisionnements nécessaires. Toutefois le pillage sera pour les soldats, pendant longtemps encore, le moyen le plus pratique de trouver la nourriture. En revanche, l'armement, autrefois laissé au hasard, préoccupe à juste titre les généraux, et de Philippe VI à Charles VII les progrès seront incalculables.

On peut dire qu'au point de vue de l'art militaire proprement dit, le moyen âge a donné tout ce qu'il était capable de donner.

L'armement a été transformé. Sans doute, le chevalier, monté sur de gros chevaux cuirassés, porte encore l'armure plate, les cuissards et les brassards en fer, et le heaume en tête, mais les armes du soldat à pied se perfectionnent et se multiplient. Les jambes et les bras serrés par des gaines de cuir qui le soutiennent et le protègent, le coustillier tient en main une courte épée ou dague, quelquefois une lance courte et au flanc le coustil dont il tire son nom. Les arbalétriers sont munis d'une arme nouvelle apportée d'Asie après la première croisade : c'est l'arbalète, combinaison ingénieuse de l'arc avec un pied en bois qui permet d'ajuster avec plus de précision et de lancer la flèche avec plus de vigueur[1]. Toutefois, le maniement de cette arme nouvelle demande un apprentissage, et pendant longtemps encore les Anglais resteront nos maîtres en cet art.

1. Voir pour plus de détails le *Dictionnaire des Institutions* de Chéruel. — Hachette, éditeur.

Mais un nouvel agent est apparu sur les champs de bataille : l'invention de la poudre rendra les rencontres plus meurtrières et l'apparition du canon fera de la guerre, qui n'était auparavant qu'un art, une véritable science. L'originalité des Anglais consiste, non pas à se servir les premiers des *pots à feu* déjà connus [1], mais à les employer pour la première fois en rase campagne.

Il serait inexact de croire que la poudre a bouleversé brusquement les habitudes traditionnelles. Pendant longtemps encore, la guerre consistera à attaquer et à défendre les forteresses dont la France était hérissée au xive siècle, et l'introduction du canon n'aura, tout d'abord, d'autres résultats que de multiplier les travaux d'approche et de faire aménager à l'intérieur de nouveaux abris pour les assiégés. La défense des places étant manifestement supérieure à l'attaque, les sièges continueront à durer fort longtemps ; un coup de main ou une escalade sont très difficiles, bien que l'emploi de la mine facilite ce genre d'exploits. Le plus souvent donc, la ville sera prise par la famine : les assiégeants élèveront en face de la ville une autre ville ; c'est le procédé d'Édouard III devant Calais, celui d'Isabelle la Catholique devant Grenade. Ajoutons toutefois que du xive siècle datent les premiers bombardements, dont le plus célèbre est celui de Saint-Sauveur-le-Vicomte [2].

Si le siège des places ne suffit pas, les adversaires ont recours à la *chevauchée*. Cette opération consiste à entrer dans le pays ennemi, à le dévaster et à brûler les villages. L'adversaire se met d'ordinaire à la poursuite de l'assaillant (Charles V s'y refusa toujours), et tout se termine par une grande bataille. Même quand il y a bataille, il ne faut pas chercher dans ce choc de deux armées une stratégie quelconque. L'un des deux adversaires s'empare d'une des hau-

---

1. La première mention des boulets de fer et des canons de métal apparaît dans un acte de Florence de 1325.

2. 10 canons figurent dans la défense de Cambrai en septembre 1339 ; en 1345 on fabrique 24 canons de fer à Cahors. La substitution des balles ou boulets de plomb aux garrots à feu date de la même année.

teurs et s'y fortifie, l'autre cherche à l'en chasser ; à cela se réduit toute rencontre importante (Crécy, Maupertuis). En un mot, la guerre n'est qu'une partie de barres perpétuelle entre toutes ces petites forteresses, et la région intermédiaire en fait naturellement tous les frais.

***

A quoi se réduiront donc les grandes réformes militaires attribuées ordinairement à Charles VII ? A ceci : qu'il réussit à imposer au pays les décisions qu'avait prises Charles V et qui, au milieu des horreurs de la guerre de Cent Ans, étaient restées lettre morte. Les grandes compagnies, un moment dispersées, s'étaient reconstituées plus fortes et plus redoutables que jamais. A son avènement, Charles VII avait trouvé, pour défendre le territoire contre les Anglais, une armée uniquement composée de mercenaires écossais, lombards et espagnols. Bretons avec le connétable de Richemont[1], Gascons sous les ordres de Xaintrailles et Lahire, Français du centre avec Dunois, toutes les provinces, tous les États, toutes les races étaient représentés dans ces bandes pittoresques et indisciplinées. Profitant de l'anarchie des vingt dernières années, elles avaient pris l'habitude des plus effroyables ravages. « Les larrons qui étaient sur les champs, dit le *Journal d'un bourgeois de Paris en 1432*, devinrent si enragés que jamais païens, ni loups enragés ne firent pis à chrétien qu'ils faisaient aux bonnes gens du labour et aux bons marchands. » Et Thomas Basin écrit à son tour : « Les gens de guerre et les nobles ne faisaient rien pour arrêter cette dévastation, à laquelle ils semblaient heureux, au contraire, de prêter les mains. »

Charles VII eut donc le grand mérite de mettre fin à ce pillage endémique et d'organiser enfin une armée presque digne de ce nom. Dès son entrée à Paris, en 1437, il rend une

---

1. Cf. l'ouvrage de M. Cosneau sur le connétable de Richemont.

ordonnance pour inviter les prévôts « à arrêter les gens de
guerre qui font dommage aux sujets du roi et à appréhender
même en garantie leurs capitaines ». C'est deux ans plus
tard, en 1439, qu'il prend sa célèbre ordonnance « pour obvier
et donner remède à faire cesser les grands excès et pille-
ries faites et commises par les gens de guerre, qui par longtemps ont vécu et vivent sur le peuple sans ordre de justice[1] ». L'ordonnance commence par établir, théorie hardie
pour l'époque, que l'armée appartient exclusivement au roi,
que seul le roi a droit de choisir les chefs de l'armée qui
seront seuls reconnus pour capitaines royaux. Ceux qui usur-
peront ce titre seront passibles de lèse-majesté. Seuls encore
ces capitaines auront le droit de lever les hommes d'armes ;
si d'autres en levaient, ils seraient dépouillés de leurs biens,
des droits et des prérogatives de noblesse. Que dit encore
l'ordonnance, si intéressante par ce fait qu'elle ne se contente
pas de défendre, mais qu'elle stipule un châtiment sévère
pour chaque infraction ? Elle dit que l'armée est établie pour
protéger les sujets du roi et non pour les piller. « Si le capitaine ne livre pas les coupables ou les laisse échapper, il
subira pareilles peines qu'eût fait le délinquant. » Il est permis « et même enjoint aux citadins de courir sus aux pillards, s'ils ne veulent être considérés comme complices ». De
même les nobles vassaux du roi sont menacés de peines
sévères, s'ils ne veillent à la conduite de leurs gens d'armes
ou s'ils lèvent des tailles et impôts sous prétexte d'entretenir
des places fortes. Du reste, le roi avait résumé son sentiment dans une phrase pleine de raison et d'énergie et qui
peignait admirablement la situation : « Que sert de tenir sur
les champs tant de gens d'armes ? Il faut à chaque combattant des chevaux pour son bagage et sa suite de pages, de
femmes et de valets. Toute cette *coquinaille* n'est bonne
qu'à manger le pauvre peuple. »

L'ordonnance de 1439, qui avait, du reste, ameuté contre
Charles VII les seigneurs et les aventuriers, enrayait le mal,

---

1. Voir les remarquables travaux de Dansin et de Virot de Viriville.

mais ne le détruisait pas. Il ne suffisait pas de poursuivre la dispersion des grandes compagnies ; il fallait leur substituer une armée régulière et, Charles VII l'avait déjà indiqué dans son conseil, permanente. Ce fut l'œuvre de l'ordonnance de 1445. A ce moment, Charles VII était plus libre d'agir ; son autorité s'était affermie ; les Anglais étaient beaucoup moins redoutables et une grande partie des grandes compagnies avait été emmenée par le Dauphin pour soutenir Frédéric III contre les Suisses. L'occasion était bonne et, malgré l'opposition de plusieurs de ses conseillers, qui objectaient que les soldats congédiés formeraient de nouvelles compagnies, le roi ne la laissa pas échapper. Ordre fut d'abord donné aux prévôts de réunir les troupes dans les villes et de faire main basse sur les résistants ; puis, parmi les routiers revenant d'Alsace, on choisit les meilleurs pour les garder, ainsi que les meilleurs capitaines. Les autres furent reconduits, par détachements, jusqu'à leurs villages d'origine, après avoir toutefois obtenu des lettres générales de rémission. Charles VII choisit alors 15 capitaines et à chacun d'eux fut confiée une compagnie de 100 lances. On eut ainsi 15 compagnies, qui formèrent un corps de 9 à 10,000 hommes et autant de chevaux, qui prirent le nom de compagnies de l'ordonnance du roi.

Chaque lance garnie devait comprendre un chevalier ou homme d'armes, un coustillier ou écuyer, un page ou varlet et trois archers[1]. Ces compagnies furent dispersées par détachements de 10 à 30 lances et placées en garnison dans les villes. Le logement des gens de guerre fut *provisoirement* assuré chez l'habitant. Ce provisoire devait durer trois siècles.

Comment seraient payés ces soldats réguliers ? Comment seraient-ils nourris ? Grosses questions auxquelles le règle-

---

1. C'est probablement à cette organisation qu'il faut attribuer l'usage longtemps conservé d'appeler chaque cavalier *maître*. On disait une compagnie composée de *50 maîtres*, parce que, dans l'origine, le cavalier se présentait comme un maître, un seigneur entouré de ses vassaux. » (CHÉRUEL, loc. cit.)

ment du 1er janvier 1446, intitulé : « *Les trois voyes du vivre des gens d'armes* », apporta une réponse. Pour entretenir cette armée *permanente*, le roi instituait un impôt spécial qui devait être perpétuel. Ainsi naissaient en même temps et l'une par l'autre les deux obligations qui pèsent si lourdement aujourd'hui sur nos sociétés civilisées. Cet impôt pouvait se payer de trois façons ; ou en nature, ou en argent et en nature, ou enfin en espèces. Tout était méticuleusement prévu : 1º pour chaque personne et pour un an, une charge et demie de blé et deux pipes de vin ; 2º pour un homme d'armes et les six archers et qui font six personnes, « par mois deux moutons et demi-bœuf ou vache ou autre chair équivalente et par an quatre lards ». Et l'ordonnance continue ainsi, prévoyant, sans rien omettre, tout ce qui devra être fourni aux soldats qui sont désormais les soldats du roi.

C'était déjà beaucoup que d'avoir organisé de toutes pièces une armée régulière ; mais elle n'en était pas moins composée de mercenaires peu dévoués et incapables de sacrifice. Charles VII voulut faire mieux et il eut comme l'intuition de ce que devait être une armée nationale. L'ordonnance du 28 avril 1448 organise l'infanterie des *francs-archers*. A l'avenir, il sera créé un milicien par paroisse, c'est-à-dire par groupe de cinquante feux. L'homme, choisi par les élus et les commissaires spéciaux délégués à cet effet, demeurera exempt du guet et garde, du service militaire et surtout de la taille : de là son nom de *franc-archer*. Il sera équipé (chausses, bruque [1] et jacquès ou brigandines [2]) et armé (arbalète, trousse [3], épée, dague et salade) par les contribuables. Si, en temps de paix, le franc-archer reste dans ses foyers et ne reçoit aucune solde, il touchera en temps de guerre une solde de quatre livres tournois par mois. De plus, à toutes les fêtes indiquées, il doit se présenter en uniforme pour s'exercer au tir et prendre part tous les trois mois à la revue qui a lieu au chef-lieu de la châtellenie ; il ne peut d'ail-

---

1. Habit militaire.
2. Sorte de plastron.
3. Carquois.

leurs se soustraire à toutes ces obligations, car il est immatriculé par ses noms, prénoms et surnom, et les élus tiennent registre du nombre des archers, de l'indication de leurs demeures ou paroisses pour chaque élection.

Chaque peloton de cinquante archers est commandé par un capitaine nommé par le roi et qui reçoit une solde de 120 livres par mois. Ces réformes, si hardies pour l'époque, furent complétées par l'ordonnance de 1451, qui prescrivait aux nobles la façon dont ils devaient assurer leur service militaire. Il leur était enjoint de se présenter devant le bailli, et de déclarer dans quel équipement ils voulaient servir. Sachant par expérience que les services gratuits sont ceux qui coûtent le plus, Charles VII ne voulait pas que ses vassaux le servissent pour rien, et il stipula une solde qui devait être supprimée lorsqu'ils ne se conformaient pas au règlement[1]. Il serait injuste de ne pas rappeler que, grâce aux deux frères Jean et Gaspard Bureau de la Rivière, l'artillerie française devint à cette époque la meilleure de l'Europe[2].

Tous ces efforts donnèrent-ils des résultats sérieux? Qu'on en juge par la description que fit Monstrelet de l'armée de Charles VII à son entrée à Rouen, en 1449 : « D'abord, 40 archers du comte de Clermont (brigandins et harnois de jambes — salades en grande partie garnies d'argent — hoquetons rouges sans croix), allant deux par deux; — 50 autres ayant sur leurs salades cornettes pendant jusque sur leurs chevaux (hoquetons rouges découpés dessous sans croix conduits par leur capitaine armé de plein harnois). Avec l'enseigne de Charles d'Anjou — 50 au roi de Sicile avec, sur leurs salades, des cornettes de couleur dudit roi, c'est à savoir de gris, de blanc et de noir taffetas. — Grand garde du roi : archers de 100 à 120 (hoquetons sans

---

1. On voit la place de plus en plus importante qui est faite dans l'armée aux troupes régulièrement soldées.

2. « L'artillerie royale en laquelle il y avait le plus grand nombre de grosses bombardes, gros canons, serpentins, crapaudaux, coulevrines, le tout bien garni de poudres, manteaux et autres choses pour approcher et prendre villes et châteaux, et moult grand'foison de charrois pour les mener et des manœuvriers pour les gouverner. » (JACQUES DE CLERCQ).

manches, de vermeil, de blanc et de vert) tout chargés d'or, ayant leurs plumes sur leurs salades, de même couleur que dessus, et leurs épées et harnois de jambes richement d'argent. — 300 lances, le tout encore pour la plus grand garde du roi, ayant sur leurs salades chacun une cornette de taffetas vermeil à un soleil d'or. — 6 trompettes au roi de France « fort bien habillés des parures du roi ». — L'état-major, les grands-officiers de la couronne, le roi, les grands vassaux. Quant aux gens de guerre, tant hommes d'armes comme archers, il y en avait très grand nombre qui étaient tous préparés et disposés en leurs habillements, comme si alors tout présentement ils dussent avoir à entrer en bataille. » De cette énumération pompeuse et naïve on peut déduire que l'armée de Charles VII avait déjà fort bon air. L'armée avait une composition régulière, une solde, un uniforme, des armes perfectionnées en un mot tous les éléments d'où devait sortir plus tard l'armée nationale.

La réforme de Charles VII était bonne ; l'application le fut moins. Il ne suffit pas de donner à un pauvre paysan de la glèbe un arc et un uniforme pour en faire un soldat courageux. Très peu de temps après leur création, Villon raillait avec cruauté la milice des francs-archers, et il est certain que ces soldats improvisés ne surent même pas défendre le pont de Conflans contre les troupes de Charles le Téméraire. L'isolement des archers leur enlevait d'ailleurs tout esprit militaire ; aussi ne faut-il pas s'étonner que Louis XI, partie par méfiance, partie par nécessité, ait cru devoir les supprimer. Il revint aux troupes mercenaires, pour la plupart écossaises et suisses : les premières formèrent le corps des archers de la garde du roi ; les secondes, au nombre de six mille, servirent de modèle à l'infanterie française. C'en était fait de l'armée nationale, d'autant plus que pour occuper sa noblesse turbulente, Louis XI créa, en 1478, la compagnie des *gentilshommes à bec de corbin* chargée de veiller sur sa personne, et qui fut augmentée d'une deuxième compagnie par Charles VIII en 1497.

On n'en revient pas toutefois à l'armée féodale de jadis : le progrès réalisé par Charles VII reste acquis. Quand, au moment des guerres d'Italie, Commines parle « de la jeunesse qui frétillait de passer les Alpes », il pense à la maison du roi (gentilshommes à bec de corbin et à la grand'manche), ou à la gendarmerie (compagnies d'ordonnance des lances fournies du roi), ou encore au ban et à l'arrière-ban, bien que, depuis Charles VII, les rois aient renoncé à en faire état [1]. Les francs-archers ayant disparu et ne servant plus que comme *mortes-payes* pour la défense des villes frontières, il faut pourtant que Charles VIII et Louis XII se procurent des troupes à pied. On y pourvoit par des *commissions* ; c'est-à-dire que le roi charge un capitaine de recruter soit une troupe de gens à pied, soit une cornette de chevau-légers. Ces soldats, ainsi levés par commission, portent différents noms dont le plus usité est celui *d'aventurier*. A la paix, on les licencie et, à l'exemple des grandes compagnies, ils commettent alors de tels ravages que le roi doit souvent employer son armée permanente à leur courir sus. Les Gascons surtout sont terribles ; redoutables en temps de guerre pour l'ennemi, ils ne le sont pas moins en temps de paix pour l'habitant ; au demeurant, braves soldats que le roi voudra toujours avoir dans son armée jusque sous le règne de Louis XV. Mais les Gascons ne suffisent pas ; il faut avoir recours aux contingents étrangers. En cas de guerre (et la guerre est permanente au xvie siècle), on fait venir des chevaliers albanais, et, un peu plus tard, des *reitres* allemands. Pour les hommes à pied, le grand marché d'hommes est en Suisse. D'abord

---

1. Un fief rapportant 500 livres de revenu annuel doit fournir un *homme d'armes* ; un fief de 300 livres, un *archer*. Le ban comprend aussi des *arquebusiers* à pied et à cheval, des *piquiers* et des *hallebardiers*. En 1400, ce renfort monta à 10,000 hommes ; un siècle après, à 3,000 seulement. (LAVISSE et RAMBAUD, *Histoire générale*.)

auxiliaires intermittents, les Suisses deviennent nos alliés perpétuels dès 1515, après la paix de Fribourg. Les Cantons s'engagent à fournir à la France un contingent qui varie de 6 à
16,000 hommes, et, détail à retenir, ils tiennent scrupuleusement leur parole 1.

Avec des troupes si disparates, l'unité de direction comme
l'unité de manœuvres laissent à désirer. La tactique consiste
à combattre par ordre compact. Quand les *stradiots* ou les
éclaireurs fournis par les ailes ont reconnu le terrain, la
grosse artillerie tente de désorganiser la citadelle vivante de
la phalange. Puis, les archers, les piquiers, les arbalétriers
s'avancent en rangs serrés, avec les arquebusiers aux quatre
coins. Le mouvement tournant est la manœuvre ordinairement employée, et c'est dans cette marche en avant que la
valeur individuelle, qui n'est pas encore annulée par la puissance des armes à feu, peut brillamment se manifester.
Quant à la cavalerie, elle entre en ligne, soit pour dégager
les bataillons serrés de trop près, soit pour achever la victoire.

Mais que nous sommes loin encore d'une armée régulière !
Ces aventuriers, ces *rustres*, comme on les appelle, n'ont ni
costume, ni discipline, ni unité d'armement. Écoutons à ce
sujet un témoin oculaire, le gentil seigneur de Brantôme :
« Portant des chemises à longues et grandes manches
comme Bohêmes de jadis ou Mores, qui leur duraient
vêtues plus de deux ou trois mois sans changer, ainsi que j'ai
ouï dire à aucuns ; montrant leurs poitrines velues, poilues et
toutes découvertes, les chausses plus bigarrées, découpées,
déchiquetées et balafrées. D'autres, plus propres, avaient du

---

1. Comment ces troupes si diverses sont-elles organisées ? L'unité tactique est la *bande* ou compagnie ; pour l'infanterie, la bande de 300 hommes
environ, appelée *enseigne*, chez les suisses et les lansquenets seulement ;
pour la cavalerie légère, la cornette de 100 hommes ; pour la gendarmerie,
la compagnie de 30 à 100 lances. Le régiment n'est d'abord qu'une unité
administrative, introduite par les Suisses pour le service de la justice
militaire. Un régiment a un prévôt ; il n'a pas de colonel. A la fin
du XVIe siècle, il deviendra une unité tactique, formée de plusieurs enseignes, bandes ou compagnies. (LAVISSE et RAMBAUD, *Histoire générale*, t. IV.)

taffetas si grande quantité qu'ils les doublaient et appelaient chausses bouffantes ; mais il fallait que la plupart mon-
trassent la jambe nue, une ou deux, et portaient leurs bas de
chausse pendus à la ceinture. [1] » Il est vrai que Brantôme
ajoute : « Or le roi Louis XII étant venu à la couronne et
ayant retiré Milan qui lui appartenait et le royaume de
Naples de même, pour les acquérir et garder, il fit de belles
guerres et continuelles, tant contre les Italiens qu'Espagnols ;
pour ce, notre infanterie française se commença à façonner
un peu mieux. » L'observation est juste : il est certain qu'en
divisant les gens à pied par compagnies, en leur donnant pour
chefs des Français et non des aventuriers italiens ou espagnols, suspects à plus d'un titre, Louis XII réorganisa l'infanterie et en obtint de réels services. Bien plus, au contact des
Italiens amoureux du luxe, ils prirent l'habitude de l'élégance. « On ne voyait rien de si brave ni de si bien en point
dit Carloix. Quant à leurs armes, elles étaient la plupart
dorées et gravées. Pour les accoutrements, ce n'était tout soie
d'ordinaire. J'ai ouï dire que pour venir en Guyenne on vit
pour un coup au capitaine La Chasse, gentilhomme proven-
çal, cinquante soldats, qui tous avaient le bonnet rouge de
velours, ferré, doré, avec la chaîne de col faisant deux tours,
avec le fourreau et l'escarpe [2] de velours. J'ai ouï dire que,
pour le premier jour de mai, un caporal de la compagnie
colonelle de M. de Troranivet, nommé Albret, comparut le
matin à la messe habillé tout de satin vert et ses bandes de
chausses toutes rattachées de doubles ducats... jusque à
ses souliers. »

Que deviennent les costumes misérables portés par les
aventuriers de Callot ? Mais que devient aussi cette création
d'une armée nationale ébauchée par Charles VII ? François Ier va la reprendre pour son compte par l'institution des

---

1. Dans un autre passage, Brantôme rappelle que Monstrelet et M. du
Bellay appelaient ces soldats *piétons*, que Froissard leur donnait le nom
de soudoyers et même quelquefois de *pillards*, et c'est ainsi qu'il dit dans
un passage : « Il y avait 400 lances et 2,000 pillards. »
2. Escarpin, soulier.

milices provinciales. Créées par une ordonnance de 1532, complétées en 1534, ces milices sont divisées en sept légions de 600 hommes chacune (car, à cette époque, domine l'imitation presque servile des Romains), et qui sont réparties dans les six provinces de Bretagne, Normandie, Picardie, Bourgogne, Dauphiné, Languedoc et Guyenne. Chaque légion est commandée par un colonel et six capitaines dont chacun a mille hommes sous ses ordres (la compagnie). Les compagnies sont à leur tour subdivisées en cohortes et centuries. Les actions d'éclat sont récompensées par un anneau d'or ou par un avancement régulier jusqu'au grade de lieutenant. Pour devenir capitaine, il faut avoir été anobli. Exempt de taille pendant la guerre, pourvu que sa cote ne dépassât pas vingt sous, le soldat recevait, à son entrée dans la légion, un corselet de fer, un casque, une pique ou une arquebuse. Malheureusement, cette entreprise que Montluc jugeait si favorablement[1] ne donna pas de bons résultats, et la tentative d'Henri II, en 1558, pour ressusciter les légions, ne fut pas plus heureuse. Avec cette perspicacité qui lui avait valu en Europe une si grande réputation, l'ambassadeur vénitien, Giustianiano, avait bien pénétré les véritables causes de cet échec quand il écrivait : « Ces légionnaires français tant vantés n'ont pas réussi du tout. Ce ne sont que des paysans élevés dans la servitude, sans aucune expérience du maniement des armes, et comme ils passaient tout à coup de l'extrême asservissement à la liberté et à la licence de la guerre, il advint ce qui arrive toujours dans tout changement subit, qu'ils ne voulaient plus obéir à leurs maîtres. Aussi les gentilshommes de France se sont plusieurs fois plaints à Sa Majesté de ce qu'en mettant les armes aux mains des paysans et en les affranchissant des anciennes charges, elle les avait rendus désobéissants et rétifs ; elle avait dépouillé la noblesse de ses privilèges, en sorte que les paysans, dans peu de temps, deviendraient gentilshommes et les nobles de-

---

1. « Ce fut une très belle invention, si elle eût été bien suivie, car c'est le vrai moyen d'avoir toujours une bonne armée sur pied, comme faisaient les Romains, et de tenir un peuple aguerri. » (MONTLUC).

viendraient vilains. C'est à cause de ces désordres et de l'impossibilité où sont ces légionnaires de rien entreprendre que leurs rangs s'éclaircissent tous les jours, et que le roi, privé de ses propres armes, est forcé d'avoir recours à la valeur mercenaire [1]. » En effet, dès 1540, François Ier a, de nouveau, recours aux troupes étrangères. C'est l'époque où reîtres allemands, Cent-Suisses, Écossais gris, figurent avec honneur à la bataille de Cérisoles ; l'époque aussi où les Croates ou Cravates apparaissent pour la première fois. La cavalerie est toujours brillante, recrutée parmi les nobles et les vassaux ; carabins, chevau-légers, dragons [2] font merveille dans les charges ; mais, en dépit de Marignan et de Pavie, l'artillerie devient de plus en plus l'arbitre des batailles. Avec Galiot de Genouillac et Jean d'Estrées, elle se perfectionne et devient vraiment redoutable. Les canons en bronze remplacent les canons en fer ; les pièces peuvent se raccourcir, grâce à l'amélioration de la poudre. Henri II réduit à six le nombre des calibres autorisés : le canon, la grande coulevrine, la coulevrine bâtarde, la coulevrine moyenne, le faucon et les fauconneaux [3]. Malheureusement ce sont encore des engins bien lourds à mouvoir. Il ne faut pas moins de vingt chevaux pour traîner un canon, pas moins de onze pour la coulevrine, et tous ces chevaux attelés sur une seule ligne compliquent singulièrement la marche de l'armée.

Les modifications introduites dans l'artillerie amenèrent naturellement une modification dans l'attaque et la défense des places. Un ingénieur espagnol passé au service de la France, en 1503, Pierre des Navarre, prôna, bien avant Vauban, la substitution des retranchements gazonnés aux hautes tours. Il inventa également les tranchées, les ouvrages en terre, les mines, mais il continua à briser la ligne d'en-

---

1. *Relations des ambassadeurs vénitiens*, t. I.

2. Les dragons ont été créés par le maréchal de Brissac, sous le règne de Henri II.

3. « Les *boulets rouges* furent employés pour la première fois au siège de Dantzig par les Polonais, en 1577, et l'invention s'en répandit promptement en Europe. » (RAMBAUD, *Histoire de la Civilisation.*)

ceinte par des bastions arrondis. De jour en jour, la guerre devient plus scientifique, plus meurtrière.

Il n'en reste pas moins que la tentative de créer, avec les légions, une armée nationale a complètement échoué. Henri II conservera cependant les quatre régiments (ce mot est employé dans l'ordonnance de 1558) de Picardie, de Champagne, de Navarre et de Piémont, qui occuperont toujours, jusqu'en 1789, le premier rang dans l'infanterie française. Mais l'abus des *passe-volants*, dont nous parlerons plus tard, sévit déjà à cette époque, et ce ne sont pas les châtiments terribles prescrits par François Ier contre les capitaines coupables de cette fraude, ni les *montres* mensuelles, instituées plus tard par Sully, qui suffiront à réprimer cet abus.

Du reste, les guerres de religion arrêteront pendant près de cinquante ans toute tentative de réforme. La France sera de nouveau envahie et dévastée par des troupes improvisées, étrangères pour la plupart et qui, à la solde des catholiques (Espagnols ou Italiens) ou à celle d'Henri de Navarre (Anglais et reîtres allemands [1]), vivront consciencieusement aux dépens du paysan français. « Ils ne faisaient, dit un historien du xvie siècle, Claude Haton, que chercher et fouiller ès logis, jardins, cours et fumiers pour trouver butin. » Les chevaux surtout leur plaisaient à la folie, et quand les propriétaires avaient l'audace de réclamer le prix de la monture, « on les

---

1. Les engagements étaient individuels; d'ordinaire ils se contractaient à Francfort-sur-le-Mein, où s'étaient rendus les capitaines et colonels, chargés de fournir aux Condé, au roi de Navarre ou à leurs intermédiaires habituels, le duc des Deux-Ponts et le Palatin Jean-Casimir, les troupes dont ils avaient besoin. Quelquefois les colonels et les capitaines arrivaient dans cette ville à la tête de corps formés en Brunswick, en Saxe, en Brandebourg, avec le consentement préalable des princes suzerains. Après avoir reçu 12 florins par reître enrôlé, un florin et demi par lansquenet, ils devaient conduire leurs recrues à l'endroit où aurait lieu la première montre (revue générale). Un mois de solde était attribué à tout lansquenet et à tout reître pour couvrir ses frais d'entrée en campagne. Si le payement de cette somme était différé jusqu'à la cessation des hostilités, la montre était dite sèche. Au terme de la guerre, les lansquenets et les reîtres étaient gratifiés d'un autre mois, le mois de retraite, qui s'acquittait en monnaie ayant cours en Allemagne, et, s'il y avait victoire gagnée, le mois courant était censé fini, et un mois nouveau commençait. (ANQUEZ, *Henri IV et l'Allemagne*.)

payait à coups de bâton. » Ils massacraient toutes les personnes qui leur résistaient et, à celles qui leur demandaient pardon, ils répondaient en leur langue qu' « étant fils du diable, ils étaient aussi ennemis de miséricorde ». Ce pillage organisé dura trente ans, jusqu'au moment où Henri IV, devenu roi, rétablit l'ordre dans le royaume et songea à réorganiser l'armée. Ainsi donc, à la fin du xvi⁰ siècle, les trois tentatives de Charles V, Charles VII et François I⁰ʳ ont complètement échoué : l'armée nationale n'existe pas.

*
* *

Elle n'existera pas davantage avec Henri IV, ni même avec Richelieu. Il semble bien que ni le roi, ni Sully lui-même n'aient eu l'idée même vague d'assurer d'une façon régulière le recrutement de l'armée. Sans doute, en sa qualité de grand-maître de l'artillerie, Sully se préoccupe de l'armement et aligne dans les cours de l'arsenal les gros canons qu'il réserve pour la guerre allemande; sans doute Henri IV, toujours soucieux du bien-être de ses sujets, se préoccupe d'offrir aux vieux soldats dont la vie s'est usée dans les camps et sur les routes un asile convenable dans la maison royale de la Charité-Chrétienne, située rue de Lourcine et administrée par les Frères Saint-Jean-de-Dieu. Il songera même à améliorer le corps des officiers, jusqu'alors si ignorant, par la création de l'École militaire de la Flèche, placée sous la direction des Jésuites; mais c'est tout. Pour se procurer les soldats qui lui sont nécessaires, il s'adressera aux marchés européens où se débitent les soldats les meilleurs et les moins chers. Il y a, à ce moment, plus de trois cent mille soldats qui cherchent preneur et qui, pour un écu par tête, combattent sous les drapeaux du premier venu. Ce sont ces gens-là qui, pendant la guerre de Trente Ans, mettront l'Allemagne et l'Autriche au pillage, serviront avec la même indifférence la cause protestante et la cause catholique et, sous les ordres d'un soudard comme Waldstein ou d'un reître comme Pappenheim, infligeront aux habitants ces cruautés et ces supplices si crûment décrits dans le roman le *Simplicissimus*. Les cavaliers coûtent plus cher, mais, dès le règne d'Henri IV, la France est assez riche pour payer sa gloire. Une seule compagnie coûte cinq à six mille francs, non à cause des hommes qui sont toujours bon marché, mais à cause des chevaux qui coûtent fort *bien*. Ces prix seront singulièrement majorés de 1625 à 1640, car la peste, la famine, les combats auront rendu la marchandise humaine plus précieuse.

Il est certain que Richelieu a eu, à plusieurs reprises, l'idée très nette d'avoir une armée plus française et recrutée d'une façon régulière. Son testament politique en fait foi. Le cardinal voulait remplacer les enrôlements volontaires par une sorte de tirage au sort dans les provinces. Mais ce ne sont là que des intentions vite oubliées. Il faut aller au plus pressé, et le plus pressé, c'est de mettre en ligne le plus de soldats possible. Pour cela, il faut que les effectifs ne soient pas laissés au hasard, que telle compagnie ne puisse pas compter 15 hommes pendant qu'une autre en comptera 200 ; qu'un mestre de camp n'ait pas sous ses ordres moins d'hommes que certains capitaines des régiments voisins. Aussi les régiments seront-ils divisés en bataillons et les bataillons en compagnies. Chaque compagnie devra compter 60 hommes ; un régiment 1,200. Mais tout cela n'est vrai que sur le papier. Il est exact cependant que l'armée qui, en 1610, au moment où Henri IV songeait à envahir l'Allemagne, ne se montait guère qu'à 30,000 fantassins et à 4,000 cavaliers, atteindra en 1638, au moment de la prise de Brisach, 142,000 fantassins et 22,000 cavaliers : « Ces préparatifs, écrivait Richelieu naïvement, étonneront la postérité, puisque lorsque je les remets devant mes yeux, ils font le même effet sur moi, bien que sous votre autorité j'en aie été le principal auteur. »

Richelieu veut surtout que cette armée soit bien commandée ; c'est pourquoi il crée l'*Académie de guerre* pour l'instruction des jeunes officiers ; il veut aussi qu'elle appartienne au roi, que le roi en soit le chef naturel et sans intermédiaire ; de là, la suppression du grade de connétable et la

La Lecture en Classe

A L'ÉTUDE ET DANS LA FAMILLE

PARAISSANT TOUS LES SAMEDIS

Sous la Direction de M. Maurice PELLISSON

INSPECTEUR D'ACADÉMIE

ABONNEMENT		ABONNEMENT
FRANCE :	**10 C.**	**ÉTRANGER :**
Un an . . . . 6 fr.		Un an . . . . 7 fr.
Six mois . . . 3 fr.		Six mois . . . 3 fr. 50
L'abonnement part du 1er de chaque mois		Prix du numéro à l'étranger : 15 centimes

Bulletin d'Abonnement

Je soussigné (1) ______________________

demeurant à ______________________

désire recevoir (2) __________ abonnement au journal

La Lecture en Classe pour (3) { Un an. / Six mois. / Trois mois.

à partir du 1er __________ 189

Ci-joint la somme de __________ francs.

en mandat-poste. (Signature)

(1) Nom et adresse.
(2) Indiquer le nombre d'abonnements.
(3) Indiquer la durée, rayer les deux autres mentions.

Envoyer ce bulletin, sous enveloppe affranchie, et accompagné d'un mandat-poste, à M. CH. DELAGRAVE, éditeur, 15, rue Soufflot, Paris.

création d'un ministère de la guerre dont dépendront les maréchaux et les colonels-généraux. Le nouveau ministre de la guerre, Sublet des Noyers, accepte la difficile mission de faire rentrer dans le devoir ducs et pairs, maréchaux et mestres de camp, et de régler leurs attributions [1]. Grâce à l'appui du roi et du cardinal, il y réussit et il impose aux soldats comme aux officiers une discipline qu'ils ne soupçonnaient pas [2]. Mais, malgré tout, les vices de l'organisation militaire restaient toujours les mêmes ; Mazarin et Le Tellier n'avaient rien fait pour les modifier lorsqu'enfin apparut Louvois.

*
* *

L'idée maîtresse qui guide Louvois dans toutes ses réformes et qui leur donne une sorte d'unité, c'est la concentration des armées dans la main du roi. Cette idée n'était pas neuve et déjà Richelieu pendant son ministère, et le père de Louvois, Le Tellier, pendant son intendance en Piémont (1641-1642), avaient fait les plus louables efforts pour la réaliser. Mais nul plus que Louvois n'a poursuivi cette réforme avec autant de suite logique et d'autorité, et nul mieux que lui n'y a réussi. Il était bien difficile à cette époque, et en l'absence de tout budget régulier de la guerre, de supprimer complètement la vénalité des charges ; du moins ouvrit-il aux roturiers ou aux nobles de fortune la route

1. « Vous verrez, disait Bassompierre, au siège de La Rochelle, que nous serons assez fous pour prendre la ville. »

2. « La discipline n'était pas moins relâchée que la hiérarchie n'était flottante. *C'est par les civils que fut instituée la discipline militaire.* La « robe longue, portée par des fonctionnaires bourgeois de noms divers » mais d'esprit identique, mit le holà et fit cesser le désordre. » Ce sont ces « robes longues », sauvegarde du peuple, que le guerrier pillard redoute et dont le soldat attend une paye jusqu'alors problématique. C'est en elles qu'espèrent le citadin molesté et le syndic de commune rurale. Commissaires à la conduite, prévôts, intendants de justice, conseillers de parlement accompagnent désormais les généraux, entrent en maîtres dans les camps avec leurs codes et leurs paperasses..... Ce sont eux qui comptent sacs de blés et caisses de poudre. Ils agissent avec ce respect scrupuleux des formes qui étonne prodigieusement les hommes d'épée. » (LAVISSE et RAMBAUD, *Histoire générale,* t. V.)

GUY. — Mémoires militaires.   *b*

des grades et des commandements par la création de grades
intermédiaires (lieutenant, major, etc.). C'est à cette réforme singulièrement audacieuse que des hommes comme
Fabert et comme Catinat durent de servir le roi à la tête
des armées. De même la suppression des grandes charges,
déjà commencée par Richelieu, est définitivement achevée ;
plus de connétable, plus de grand-amiral, et partant disparition des intermédiaires qui systématiquement empêchaient le
roi d'avoir une autorité réelle sur ses propres troupes. Il
est vrai que Louvois créa pour Turenne le grade de maréchal-général ; mais, avec un tel homme, cette mesure ne présentait aucun danger et avait, au contraire, l'avantage de lui
donner le pas sur ses collègues plus remuants et moins dévoués. En enlevant aux autres secrétaires d'État les vagues
attributions militaires qu'ils avaient jusqu'alors conservées
et en centralisant toute l'autorité au secrétariat d'État de la
guerre, Louvois assura à l'armée une direction unique, un
plan d'ensemble, et imposa aux officiers le respect d'une
autorité aussi solidement constituée. La création du dépôt
de la guerre, en 1688, ne fut que le complément logique de
cette série de mesures favorables à la centralisation.

Toutefois, en l'absence de communications rapides, il était
à craindre que les colonels cachés au fond de leurs provinces
tinssent pour nulles les exigences du ministre et assurassent
la perpétuité des abus dont ils profitaient si grassement.
L'institution des inspecteurs généraux répondit à cette préoccupation, et Louvois eut le rare bonheur de trouver, pour
les investir de ces charges redoutables, des hommes à la fois
modestes, instruits et énergiques. Ce furent Martinet pour
l'infanterie, le chevalier de Fourilles pour la cavalerie, Du-
metz pour l'artillerie et Vauban pour le génie [1]. L'administration est ainsi créée et les officiers, sous la menace continuelle d'une intervention directe du ministre, s'attachent

---

1. De plus, Chamlay, avec le titre de maréchal des logis des camps et
armées du roi, fut chargé de régler l'ordre des marches et de préparer
les campements. Il fut, en quelque sorte, le premier chef d'état-major
général des armées françaises.

davantage à leurs devoirs et exécutent avec une plus grande ponctualité les ordres qui leur sont transmis.

De même la composition de l'armée reçoit la forme définitive qu'elle gardera jusqu'à la fin de l'ancien régime. Tout d'abord la maison militaire du roi qui se répartit en deux sections, dont la première comprend : les gardes du corps, les cent-suisses, les mousquetaires, les gardes françaises et les gardes suisses ; et la deuxième la gendarmerie (8 compagnies de gendarmes et 4 de chevau-légers) ; en tout, 3,500 cavaliers et 1,200 fantassins.

Après, c'est la cavalerie de ligne ; puis les dragons et les hussards (créés en 1676). La quatrième partie comprendra l'infanterie de ligne [1], et la cinquième, les régiments étrangers [2]. L'armée qui était, en 1666, de 70,000 hommes, en compte 120,000 en 1672 ; 280,000 en 1678 ; enfin, pendant la guerre de la ligue d'Augsbourg, l'effectif de l'armée, si on tient compte de tous les corps auxiliaires, atteint 320,000 hommes. Dans ce chiffre ne sont comprises ni les troupes de l'arrière-ban convoquées en 1674 [3] ; ni les milices instituées par Louvois en 1688, ressuscitées de Charles VII et de François Ier, et qui apportèrent à Louis XIV, en quelques occasions et notamment pour le service des places, un concours plus utile et plus effectif qu'on ne l'a cru généralement. Ces milices comptèrent, vers 1694, plus de 25,000 hommes répartis en 30 régiments [4].

1. Il y avait dans l'infanterie six vieux régiments : Picardie, Champagne, Navarre, Piémont (créés en 1558) ; Normandie (1616) et la Marine (1617) ; quatre petits vieux (Rambures, Silly, Auvergne, Sault.) En 1672, l'infanterie comptait 60 régiments français.

2. Ces régiments étrangers se composaient des Suisses (d'Erlach, Castella, Diesbach, Courten) ; des Allemands (Anhalt, Lamarck) ; des Irlandais (Clerc, Dillon) ; le Royal-Italien et le Royal-Suédois.

3. Les troupes de l'arrière-ban, convoquées le 17 août 1674, montrèrent tant d'indiscipline et de mauvais vouloir qu'on se hâta de les renvoyer.

4. Par le décret de 1688, il était ordonné aux intendants de choisir dans toutes les paroisses de leur généralité, suivant l'importance de la contribution foncière, un ou plusieurs miliciens à prendre parmi les gens non mariés de vingt à quarante ans. Ce milicien devait être habillé, armé, soldé par la paroisse, se tenir aux ordres du roi, s'exercer les dimanches et les fêtes au maniement des armes. 50 miliciens des paroisses limitrophes formaient une compagnie ; 15, 18 ou 30 compagnies, un régiment.

Tels sont les cadres solidement constitués. Quelle est maintenant l'organisation intérieure de l'armée ? Le système de recrutement ne subit que de bien légères modifications. C'est toujours le procédé défectueux et abusif du recrutement assuré par les sergents racoleurs dont les procédés sont presque toujours coupables et qui procurent à l'armée plus de victimes que de volontaires. « Les soldats ne se recrutent que dans les bas-fonds de la société ; les embaucheurs vont les chercher dans les cabarets des faubourgs et jusque dans les maisons de force[1]; on ferme les yeux sur leurs antécédents.

> Vous connaissez ce quai nommé de la Ferraille,
> Où l'on vend des oiseaux, des hommes et des fleurs.

C'est sur ce quai voisin du Pont-Neuf, dans les cabarets borgnes vulgairement appelés *fours,* que les recruteurs de profession avaient établi le siège de leur industrie. Habile à toiser les gens, le racoleur avise dans les rues de Paris un pauvre hère bayant aux corneilles, un laquais renvoyé, un ouvrier sans ouvrage, un fils de famille chassé de la maison paternelle, presque enfant encore ; éminemment sociable, il engage avec lui la conversation, le questionne, le plaint, et de proche en proche en vient à lui vanter les délices de la vie de soldat et à faire germer dans son cerveau la vocation militaire. Poussé par la faim, à moitié séduit, le naïf se laisse entraîner au cabaret ; il s'agit de lui enlever ce qui lui reste de raison : c'est le second acte de la pièce. Le racoleur fait sonner l'argent dans sa poche, donne carrière à toute son

Il y avait en tout 30 régiments dont tous les officiers étaient choisis parmi les gentilshommes de la province. En temps de guerre, la milice est assimilée à l'infanterie de ligne, et soldée comme elle par le roi. L'engagement des miliciens était de deux ans, mais, en réalité, les premiers régiments de milice ayant été formés d'anciens soldats, ceux qui les composaient ne furent libérés que par tiers, de sorte que le dernier tiers se trouva avoir fait six ans de service. A partir de 1691, les miliciens furent tirés au sort et pris même parmi les jeunes hommes mariés. Ces milices durèrent jusqu'à la paix de Ryswick ; mais pendant la guerre de la Succession d'Espagne, il n'y eut plus de miliciens enrégimentés, bien que Louis XIV eût eu l'idée, en 1709, de réorganiser sa milice. (Voir, au sujet des milices, la thèse de M. JACQUES GÉBELIN, *Les milices provinciales.*)

1. Paul Lehugeur : *Histoire de l'armée française.* (HACHETTE et Cie).

éloquence et la renforce encore de larges rasades. A l'entendre, la vie de garnison est une vie joyeuse, une fête perpétuelle : on y trouve bon souper et bon gîte ; de bons habits en hiver et de quoi boire en toute saison ; la caserne est un pays de cocagne ; la guerre, c'est la gloire et la richesse ; à partir de 1743, il ne manque pas de citer le vers de Voltaire :

> Le premier qui fut roi fut un soldat heureux.

» Etourdi par un tel lyrisme, grisé de vin et d'ambition, le patient ne s'appartient plus : le racoleur tient sa proie ; il ne la laisse pas échapper ; il faut que l'engagement soit signé séance tenante ; il a tout ce qu'il faut pour écrire : si la victime hésite, il guide sa main mal assurée ; si elle résiste, le bretteur apparaît derrière le racoleur : l'œil en feu, le chapeau sur l'oreille, l'injure à la bouche, il tire du fourreau sa grande rapière ; l'autre est sans armes, personne ne viendra à son secours ; il ne lui reste d'autre alternative que de recevoir un bon coup d'épée ou de donner sa signature. L'engagement est signé, engagement en due forme qui lie le malheureux pour quatre ans au moins. Après quoi, c'est le tour d'un autre ; le racoleur se remet en chasse et son métier ne chôme pas. » Aussi la désertion est-elle la plaie des armées de l'ancien régime ; pendant la guerre de succession d'Espagne, certains régiments perdent de cette façon le quart de leurs effectifs. Quel dévouement peut-on attendre de gens qui tombent dans un guet-apens, sont soldats par force, sont exploités par leurs officiers et leurs sous-officiers, et qui ne sont pas soutenus par la foi patriotique ? Et pourtant, en face de l'ennemi, ces soldats se battent bien ; affaire de race et de tempérament, le courage étant une qualité bien française.

Les hommes, une fois enrôlés, sont répartis en compagnies (50 à 100 hommes par compagnie), les compagnies constituées en bataillons (12 à 15 par bataillon), les bataillons en régiments (3 bataillons par régiment). Deux régiments formeront une brigade, deux brigades une division. Mais pour

que cette armée puisse tenir tête aux armées de l'Europe
coalisées contre nous, il faut qu'elle soit au complet, que les
unités soient réellement présentes et qu'elles ne figurent pas
seulement sur le papier. Or, il s'en faut qu'il en soit ainsi.
Les officiers n'étant, en réalité, que des entrepreneurs qui
reçoivent une certaine somme pour nourrir et équiper un
nombre fixe d'hommes, l'intérêt de l'officier est de n'avoir
sous les drapeaux que la moitié ou les trois quarts de l'effectif exigé. Si le capitaine n'a que 60 hommes au lieu de 100,
le prêt et l'entretien des 40 hommes qui manquent représentent un bénéfice certain. Que la guerre éclate! A la première rencontre, l'officier comptera comme morts ou disparus les 40 hommes et apurera ainsi ses comptes[1]. Qu'on
annonce un inspecteur! Le capitaine aura vite fait de transformer en soldats réguliers, grâce aux armes qu'il a toujours
en magasin, les portefaix du port et les laquais de ses
amis. Quelques vieux soldats feront même le métier de pré-
céder de quelques heures l'inspecteur dont ils connaissent
l'itinéraire. Au jour venu, ces *passe-volants*, comme on les
appelle, figureront impassibles dans les rangs de la compagnie et l'inspecteur sera satisfait. Contre de tels abus et de
tels usages, Louvois sera inflexible, sans réussir toutefois à
chasser complètement de l'armée les passe-volants et les
officiers coupables. Et pourtant, il n'y épargnera ni l'argent,
ni les peines sévères, ni les dégradations[2].

1. Voilà pourquoi il faut se garder de considérer comme exacts les
chiffres de soldats tués dans les batailles du XVIIe siècle. Il faut réduire au
moins du tiers pour avoir un chiffre approchant de la réalité.

2. Louvois prescrit contre les passe-volants la peine du *fouet* (1663);
celle de la *marque* (1665); la peine de mort (1667). Cette gradation dans
les châtiments montre combien le mal était invétéré. Plus tard, « le ministre provoqua les dénonciations contre les capitaines qui s'obstinaient
dans cet abus. On vit plus d'une fois, au cours d'une revue, un soldat
sortir des rangs, désigner au commissaire royal les faux soldats qui
avaient pris place parmi ses compagnons d'armes. Le dénonciateur obtenait son congé avec une prime. Les coupables avaient le nez coupé.
Le capitaine en faute était interdit ». (*Histoire générale* : LAVISSE et RAM-
BAUD.)

« On voit dans les lettres historiques de Pellisson (t. I, p. 357) qu'un
capitaine de cavalerie fut cassé pour avoir eu des *passe-volants*. En pareil

Par qui seront commandés ces soldats ? Il est bien certain que parmi ces racolés il en est peu qui soient capables d'exercer un commandement quelconque. C'est à peine s'ils peuvent fournir les bas-officiers (sous-officiers), *maréchaux de logis* pour la cavalerie, *sergents* pour l'infanterie, ceux-ci ayant pour insigne une hallebarde. Au-dessous seront le *caporal* (probablement de corporal, corpus) et enfin l'*anspessade* qui correspond à peu près à notre premier soldat,

Mais peut-on improviser un officier ? Suffit-il à un cadet de famille d'avoir les 10,000 livres nécessaires à l'achat d'une lieutenance, les 15,000 livres du brevet de capitaine, les 22,000 livres du brevet de colonel, pour devenir aussitôt, par la grâce de ses écus, un tacticien remarquable ou un manœuvrier de valeur ? Peut-on même faire un fonds quelconque sur des jeunes gens qui entrent dans l'armée comme ils entreraient dans les ordres, pour faire figure et servir le moins possible ou même pas du tout ? Il est vrai que beaucoup de ces colonels de sept ans, de ces capitaines de onze ne sont que des soldats de carton dont le nom s'inscrit sur le drapeau du régiment, qui portent les couleurs du corps qu'ils sont censés commander pendant que la réalité et la responsabilité du commandement incombent à quelque officier peu fortuné mais vieilli au service. Malheureusement c'est là l'exception. Comment transformer ces jeunes fous, amoureux de la guerre et inexpérimentés, qui cavalcadent à la tête de leur compagnie à la recherche d'une imprudence à commettre [1] ? Ne faudrait-il pas à tout prix les instruire, avant de leur confier le soin d'instruire les autres ? De cette préoccupation est née l'école des *Cadets*, qui fut créée en juin 1682 [2].

cas, le dénonciateur avait cent écus de récompense. Les passe-volants étaient eux-mêmes marqués d'une fleur de lis sur la joue et, en cas de récidive, ils avaient le nez coupé. » (CHERUEL.)

1. Voir à ce sujet les deux lettres où madame de Sévigné raconte l'achat d'une lieutenance pour son fils et l'héroïsme irréfléchi du jeune duc de Longueville au passage du Rhin.

2. Louvois ordonna la création, à Metz et à Tournai, de deux compagnies destinées à former au service militaire tous les jeunes gentilshommes de quatorze à vingt-cinq ans. Le nombre des postulants ayant dépassé 4,000, le nombre des compagnies fut porté à 9 qui furent toutes établies dans les

En 1684, le corps des cadets comptait 4,375 jeunes gens, habillés, entretenus et soldés aux frais du roi. Aussi, en 1682, on trouva immédiatement parmi eux 2,000 élèves qui purent être nommés officiers sans avoir fait de stage. Les brevets délivrés n'étaient d'ailleurs que provisoires.

Le cadet reçoit un brevet de cornette s'il sert dans la cavalerie, d'enseigne dans l'infanterie, de guidon dans la gendarmerie. Puis viennent les capitaines et les colonels qui continuent à acheter leurs grades. Le colonel commandait, outre son régiment, la première compagnie qui s'appelait alors la *colonelle*. A côté du capitaine trop souvent improvisé, Louvois plaça le *lieutenant*, plus vieux et généralement sorti des rangs, de même qu'à côté du colonel, il plaça le lieutenant-colonel, moins riche, moins jeune, mais plus expérimenté. C'est ainsi que Catinat, Martinet, Vauban, devinrent brigadiers sans avoir jamais été colonels. Tous ces officiers sont désormais subordonnés aux généraux et ne sont plus, comme auparavant, les maîtres absolus et les propriétaires de leurs régiments. Pour bien marquer cette main-mise du roi sur l'armée, Louvois décide que les régiments ne porteront plus désormais le nom de leurs colonels, mais des noms permanents qui seront, le plus souvent, ceux des provinces où ils sont cantonnés. Cette réforme ne s'accomplit que progressivement. Pourtant, en 1691, sur 88 régiments d'infanterie française, 72 ont des noms permanents [1].

Le colonel (mestre de camp pour la cavalerie) peut devenir *maréchal de camp*, puis lieutenant général. Mais à partir de 1667, Louvois créa un grade intermédiaire entre le colonel

places frontières. Il y eut tout d'abord beaucoup de confusion : certains de ces cadets ne savaient encore ni lire ni écrire ; d'autres, au contraire, avaient de quarante à quarante-cinq ans.

Ces compagnies étaient organisées militairement et placées sous la direction du capitaine gouverneur de la place, qui devait veiller à la santé morale et physique des cadets. Ils devaient suivre deux leçons de mathématiques par jour, et pour le reste partageaient, avec les troupes de la garnison, le service des postes et de la garde. L'institution ne survécut pas à Louvois. On ne nomma plus de cadets dès 1792.

1. Pourtant, cet abus reparaît après Louvois. En 1714, sur 238 régiments d'infanterie, 94 seulement ont des noms permanents.

et le maréchal : c'est celui de brigadier. Avant cette date les chefs de brigade étaient choisis parmi les mestres de camp et les colonels, et n'exerçaient leurs fonctions qu'à titre temporaire ; désormais le grade sera permanent [1] : toutefois le colonel nommé brigadier conservera son régiment [2].

Le lieutenant général peut aspirer au titre suprême de maréchal de France et obtenir du roi le bâton de commandement fleurdelisé. Henri II avait fixé à quatre le nombre des maréchaux ; Louis XIV n'observa pas cette règle d'une façon absolue ; il morcela l'autorité et il eut soin de supprimer tous les grades qui avaient jusqu'alors empêché les rois d'exercer sur l'armée une autorité directe. C'est ainsi que la charge de *colonel général* de l'infanterie [3] fut supprimée, en 1661, à la mort du duc d'Epernon ; la charge de colonel général de cavalerie fut dédoublée par la création d'un colonel général des dragons ; enfin, à la mort du duc de Mazarin, le titre de grand-maître de l'artillerie fut confié à M. de Lude et réduit presque à rien [4].

Quand le maréchal ou le général en chef disparaissait, qui donc devait commander l'armée devant l'ennemi ? Aucune règle n'avait prévu le cas ; de là des discussions, des luttes nuisibles à la sécurité des soldats et à l'exécution du plan conçu. Il était tacitement convenu que chacun des lieutenants généraux devait commander l'armée à tour de rôle ; mais un tel remède était pire que le mal, puisque chaque chef apportait à son tour ses idées particulières et son plan personnel. Les difficultés qui avaient divisé les lieutenants généraux à la mort de Turenne avaient été telles que Louvois décida d'y mettre un terme en créant, en 1675, l'*ordre du tableau*. Désormais le plus ancien prendra le commandement. L'ancienneté devint

---

1. La création des brigadiers de cavalerie date de 1667 ; celle des brigadiers de dragons de 1674.

2. Saint-Simon, dans ses *Mémoires*, attaque avec une extrême violence la création des brigadiers.

3. Le colonel général de l'infanterie était le vrai chef de l'infanterie ; il nommait tous les officiers dont les grades ne s'achetaient pas.

4. Le duc du Maine, fils légitimé du roi, fut encore, à la fin du règne, colonel général des Suisses et Grisons.

donc un titre au commandement; puis, par une conséquence naturelle, à l'avancement, aux dépens des privilèges de la naissance et de la fortune [1]. Ainsi la hiérarchie se trouva rigoureusement fixée du simple soldat au maréchal de France [2].

Il va sans dire que les officiers n'acceptèrent pas sans d'énergiques protestations une subordination aussi sévère, et qu'en plusieurs circonstances ils tentèrent de s'en affranchir. C'est ainsi que pendant la guerre de Hollande, les maréchaux de Bellefonds, de Créqui et d'Humières refusèrent nettement de marcher sous les ordres de Turenne; mais devant l'énergie du ministre, soutenu d'ailleurs par le roi, ils furent obligés de céder et de servir, pendant quinze jours chacun, comme lieutenants généraux sous les ordres de Turenne [3].

Mêmes difficultés chez les officiers subalternes. Les questions d'étiquette demeurèrent entre eux des questions d'Etat. M. le marquis de la Vallière se plaint au ministre de ce que M. de Pradel, simple capitaine aux gardes, ne lui ait pas cédé le pas. Certains officiers refusent d'obéir à leurs chefs. « Le roi désire, écrit Louvois à Vauban, que vous fassiez mettre en prison ou au cachot le premier qui ne vous obéira pas ou qui vous fera la moindre difficulté. » D'autres considèrent que leur grade est un grade de parade et se dispensent même de paraître à leur régiment [4]. Louvois les force à la rési-

---

1. « Bonne en elle-même, cette mesure fut peut-être poussée à l'excès : s'il était juste que chacun arrivât à son tour, on avait à craindre de décourager les officiers de talent en leur ôtant l'espoir de devancer ce tour par leur mérite, c'est-à-dire d'être promus au choix; il y en eut, du reste, des exemples sous Louvois. » (MARÉCHAL.)

2. Pendant la guerre de Hollande, Turenne, maréchal général, commandait aux autres maréchaux; mais il était lui-même subordonné à M. de Condé qui, à son tour, obéissait à *Monsieur* (le duc d'Orléans, frère du roi).

3. Dans une lettre adressée à Créqui, Louvois s'exprime ainsi : « Il est question en ceci, Monsieur, non-seulement de ne point servir en cette campagne, de déplaire à Sa Majesté et de s'en aller passer sa vie dans quelque province, mais encore de perdre tous ses établissements. » Créqui se le tint pour dit.

4. Voir, pour tout ce qui concerne l'organisation de l'armée sous Louis XIV, le beau livre de CAMILLE ROUSSET : *Histoire de Louvois.*

dence, et l'anecdote de M. de Nogaret, si joliment racontée par
madame de Sévigné, est trop connue pour qu'il soit nécessaire
de la rapporter. Ceux qui résident abusent de leur autorité,
donnent le mauvais exemple, s'enrichissent aux dépens de
leurs soldats; mais Louvois sait tout et les réprimande ver-
tement. Il veut empêcher ces jeunes écervelés « de faire d'un
métier qui demande le plus d'assiduité et d'occupations un
métier de libertinage et de fainéantise »; et « veut bien aussi
qu'un capitaine fasse sa métairie, s'il ose ainsi parler de sa
compagnie, de façon qu'il ne jouisse que du fruit de son travail ». Dupas, gouverneur de Naerden, s'étant rendu le 12 septembre 1673, alors qu'il avait encore 2,200 hommes de
troupe, des vivres et des munitions pour un mois, est traduit
devant un conseil de guerre qui le condamne à la dégradation
et à la prison perpétuelle, contre la volonté du roi qui voulait
que les coupables fussent promptement jugés et exécutés
sans que l'on pût surseoir à l'exécution. Comment s'étonner
ensuite que le fils ou les cousins de madame de Sévigné ne
considérent Louvois que comme le *plus brutal des commis*[1] ?

Comment cette armée est-elle habillée, armée et exercée ?
Avant Louvois il n'avait jamais été question d'uniforme. Les
soldats étaient vêtus comme ils l'entendaient, le plus souvent
en haillons, et le seul signe distinctif de chaque régiment était
un flot de rubans aux couleurs du colonel fixé à l'épaule.
Avec Louvois l'uniforme apparaît. C'est d'abord la maison du
roi qui le porte, et il se peut que l'idée de l'uniforme dérive
de l'institution du justaucorps à brevet. Puis, peu à peu,
l'uniforme se généralise.

L'obligation apparaît pour la première fois, en 1668, dans
un décret pour le rétablissement du régiment du Roussillon.
Toutefois, cinq ans après, en 1673, l'uniforme n'est pas
encore de règle, puisque Louvois ordonne simplement, dans
une de ses circulaires, « que les soldats soient convena-
blement vêtus ». Mais, à la fin de la guerre de Hollande,

---

1. « Il n'y a quasi point d'officiers, écrit Luxembourg à Louvois, qui ne
laissent leurs soldats partout où l'on voudrait qu'ils n'allassent pas. »

tous les soldats portent l'uniforme : il est bleu pour les
gardes françaises et, en général, pour tous les régiments du
roi ; rouge pour les gardes suisses ; gris pour l'infanterie française ; les buffleteries sont, suivant les corps, blanches ou
noires ; le chapeau est un chapeau tricorne aux ganses de
même couleur que l'habit.

Les soldats habillés, comment seront-ils armés ? Les
armes diffèrent suivant les corps. Pour la cavalerie, un seul
régiment, celui du *Royal-Cuirassiers*, conserve l'armure de
fer. De 1680 date l'institution des *carabiniers* « qui étaient
dans la cavalerie ce que les grenadiers étaient dans l'infanterie ». Il y aura désormais deux carabiniers armés d'une
carabine rayée ; en 1690, il y en aura trente par régiment ;
en 1693, ils formeront un régiment spécial 1. Les *hussards*,
créés en 1691 avec des réfugiés hongrois, sont armés de
longs pistolets et de sabres recourbés 2.

Si la carabine apparaît dans la cavalerie, le fusil apparaît
dans l'infanterie ; mais il n'y est pas facilement adopté. Jusqu'alors les soldats se divisent en *piquiers* (lance de 14 pieds
de long), et en *mousquetaires*, armés du mousquet à mèche,
les piquiers combattant au centre et les mousquetaires sur
les ailes. Un mousquet n'exige pas moins de trois hommes :
l'un qui porte la fourche en fer sur laquelle est appuyée
l'arme, un second qui vise, un troisième qui approche de la
poudre la mèche allumée. Il semblerait donc que le fusil à
silex, qui permet un tir plus rapide et dont le maniement est
beaucoup plus facile, va être adopté d'enthousiasme. Tel est,
d'ailleurs, l'avis de Luxembourg et de Vauban ; mais Louvois
tient, on ne sait pourquoi, pour la pique et le mousquet.
Aussi n'y aura-t-il tout d'abord, comme pour les carabiniers,
que deux fusils par régiment ; ce nombre sera bientôt porté
à quatre ; puis il est créé une compagnie de fusiliers par régi-

---

1. Ce régiment aura comme premier mestre de camp le roi lui-même, et
comme devise, celle de Louis XIV : *Nec pluribus impar*.

2. Les hussards ou houzards porteront jusqu'à la Révolution le nom des
colonels qui les avaient organisés « hussards de Bercheni, hussards de
Chamborand », etc.

ment et enfin un régiment spécial. L'invention de la baïonnette et surtout son perfectionnement par Vauban (baïonnette à douille)[1] contribuera pour beaucoup à l'adoption du
fusil. A partir de cette époque, les soldats français vont pratiquer cette escrime à la baïonnette qui les rendra si redoutables. Toutefois la pique restera l'arme de la majorité
des fantassins, jusqu'au début de la guerre de succession
d'Espagne.

En 1667, sur la proposition de Martinet, Louvois décide la
création des *grenadiers*. Portant dans la main de petites
bombes remplies de grenaille de plomb, les grenadiers
doivent s'avancer rapidement sur le front des troupes et
lancer leurs engins dans les rangs ennemis. Il y en a d'abord
quatre par compagnie ; plus tard ils formeront une compagnie
spéciale dans chaque régiment du roi ; mais bientôt l'inutilité
de pareils engins devient évidente et les compagnies de grenadiers ne sont plus que des compagnies d'élite. Pour tous
les corps, à partir de 1667, l'épée remplace le sabre.

C'est également de Louvois que date la création des dragons, sorte de corps mixte ; cavaliers pour se transporter
rapidement sur le champ de bataille, fantassins pour combattre à l'abri de leurs chevaux après avoir mis pied à terre.
Les dragons devinrent simplement plus tard des régiments
de grosse cavalerie. Non seulement ces régiments sont
armés, mais ils savent se servir de leurs armes, et Louvois
tient la main, par de nombreuses circulaires, à ce que les
soldats soient exercés et tenus en haleine. Le 9 juillet 1668,
il donne l'ordre à tous les gouverneurs de garnisons « de
faire l'exercice tous les dimanches et de faire tirer trois
coups de mousquet à chaque soldat ». Pour les cavaliers, il
y aura exercice une fois par semaine dans le quartier. Deux
fois par mois la garnison tout entière sera réunie sur le
champ de manœuvres « pour faire des évolutions générales
et pour faire des salves afin d'accoutumer les chevaux au feu ».

---

1. La baïonnette à douille date de 1687. Auparavant la baïonnette
s'adaptait bien au canon, mais en fermait complètement l'orifice. Vauban
eut l'idée d'évider la douille, ce qui laissait libre le canon du fusil.

Grâce au tir à la cible, les soldats ont plus de sang-froid et visent beaucoup mieux. Enfin, dans tous leurs exercices, il est enjoint aux soldats de marcher au pas, ce qui donne à chaque compagnie plus de cohésion avec moins de fatigue.

La tactique est également modifiée. La cavalerie devra former ordinairement le tiers de l'effectif. « L'ordre de bataille comprenait deux lignes composées chacune d'un corps d'infanterie au centre et de deux ailes de cavalerie. En arrière était une réserve d'infanterie et de cavalerie réunies en un seul corps. Soit en tout sept corps différents : quatre de cavalerie, deux d'infanterie et un mixte. Les troupes d'élite ont leur place d'honneur marquée : la maison du roi et la gendarmerie à l'aile droite ; les Suisses et les gardes-françaises au centre de la première ligne. Quand les fusiliers remplacèrent à la fois les piquiers et les mousquetaires, un homme en valut deux : l'on put étendre le front des troupes, diminuer le nombre des rangs et augmenter le nombre des files... Ainsi *l'ordre mince* commence à faire son apparition; l'infanterie, jusque-là méprisée sous le nom de piétaille, peut résister à la cavalerie [1]. (H. Vast.) Il est cependant défendu à un corps d'infanterie de marcher en pays ennemi sans être protégé par un peloton de troupes à cheval. On avait vu à plusieurs reprises, notamment pendant la guerre de Hollande, des bataillons surpris en pleine campagne et obligés de mettre bas les armes [2].

Comment cette armée est-elle payée et entretenue ? La question de la solde fut d'autant plus une grosse préoccupation de Louvois que ses prédécesseurs n'y avaient jamais attaché d'importance. Au fond, le principe auquel obéissaient plus ou moins les ministres de la guerre était celui qu'avaient si nettement proclamé les généraux de la guerre de Trente

---

1. Les divers corps se formaient sous la direction des majors généraux ou majors de brigade. Les bataillons, ou escadrons, étaient séparés les uns des autres par des intervalles ou créneaux, égaux au moins à l'étendue de leur front disposé en échiquier.

2. La cavalerie reste l'arme préférée des gentilshommes ; aussi madame de Sévigné écrit-elle à sa fille, le 8 avril 1671 : « M. d'Anches est fort content d'être hors de l'infanterie, c'est-à-dire de l'hôpital. »

Ans, à savoir que la guerre devait nourrir la guerre. Déjà Le Tellier avait été frappé des inconvénients graves qu'entraînait une pareille négligence, et il avait essayé d'y porter remède [1].

« Il y a deux mois et demi, écrivait Le Tellier à Mazarin, le 4 juillet 1641, qu'on a fait fonds à la cour de 405,000 livres pour la garnison de Casal... On n'a pas encore envoyé un sol pour eux et, si je ne m'étais pas fait prêter 820 pistoles pesant, dont j'ai donné une promesse au sieur Nicolas, les soldats auraient été deux mois entiers sans faire de prêts. » Donc, avant Louvois, la solde n'est ni fixe, ni régulièrement payée. Elle varie souvent d'une armée à une autre, d'un régiment à un autre, voire même d'une compagnie à une autre. Les arriérés sont presque toujours considérables et de plus le gouvernement fait parfois sur la solde des retenues illégales qui entraînent les soldats à la mendicité et au vol. Louvois exigera que les officiers payent régulièrement la solde de leurs hommes : cinq sols par jour pour le fantassin, onze sols pour le dragon, quinze sols pour le cavalier [2]. Louvois veut, et il s'en explique nettement, que le capitaine puisse pourvoir à la solde de ses troupes ; mais il n'exige pas, pour cela, que l'officier se ruine au service de l'État, et il rembourse les avances faites au moyen de gratifications quelquefois considérables.

Mais la solde ne suffit pas si l'entretien des troupes n'est pas en même temps assuré. Jusqu'à présent, il y a été pourvu, en partie, au moyen de *l'ustensile*, sorte de contribution quotidienne de cinq livres par compagnie d'infanterie prélevée sur les habitants des paroisses astreintes au logement des gens de guerre durant les quartiers d'hiver,

---

1. « Les gens de guerre y vivent licencieusement, outre ce qu'ils en tirent en argent et en denrées. Ils n'épargnent pas les violences sur les grands chemins, en sorte qu'on ne laboure pas partout. » (Le Tellier à de Bouillon, 3 novembre 1648.) — « Outre ce qu'on tire en Piémont, il y a des cavaliers qui se mêlent d'aller sur les grands chemins troubler le commerce, qui seul peut entretenir le Piémont, en volant les marchands, prenant les voitures. » (Le Tellier à des Noyers, 4 février 1641.)

2. Le capitaine retient un sou par jour sur la solde de chaque homme.

outre les obligations individuelles (coucher, place au feu et à la chandelle). Une somme de 4 livres 9 sous était en même temps attribuée aux capitaines et une autre indemnité aux officiers subalternes.. Cette contribution est naturellement plus lourde quand il s'agit des chevau-légers ou des dragons : elle est alors de 10 sous par cavalier. Désormais, ce sera l'État qui assurera l'entretien des troupes. Les fournitures et les approvisionnements seront donnés à l'entreprise et distribués par les soins des commissaires des guerres [1]. C'est de cette nouvelle institution que sortira l'intendance. Aux commissaires des guerres incombe le soin d'assurer la nourriture aux hommes, les fourrages secs aux chevaux, les approvisionnements pour six mois d'avance à chaque forteresse, les hôpitaux aux malades, les munitions aux armées en campagne. Dès le début, la mésintelligence éclate entre les officiers combattants et les nouveaux commissaires. Ni les capitaines, ni les colonels ne peuvent souffrir l'ingérence des nouveaux venus dans leurs comptes, et d'autre part Louvois a peine à faire comprendre aux commissaires qu'ils doivent borner l'exercice de leur autorité aux choses de l'administration. « Un commissaire des guerres, écrit-il à l'un d'eux, n'a pas le droit de prétendre aucun commandement sur les troupes ni sur les habitants des lieux de son département, et je dois vous faire connaître que si vous ne vivez d'une autre manière, il sera impossible de vous soutenir.

Ainsi était assurée l'existence des soldats bien portants ; mais il fallait également songer aux malades et aux blessés et créer le service de santé auquel personne n'avait sérieuse-

---

1. « Je suis en grande peine quant au fait de la munition. Ceux qui se sont obligés de la fourniture, cette année, donnent si peu d'ordre à leurs affaires qu'ils n'ont à présent aucune voiture, en sorte que si l'armée faisait deux lieues en pays auquel ils ne trouvassent point de blé à vendre, ils ne pourraient pas y faire voiturer de vivres pour un jour. Quand je les presse de se mettre en équipage, ils me demandent de l'argent, me menaçant tous les jours de cesser de fournir, et au plus fort du travail du siège d'Ivrée, ils en sont venus à ce point de refuser du pain à la garnison de Turin, en sorte que si je n'eusse usé d'autorité, il fût arrivé bruit dans la ville. » (Le Tellier à des Noyers, 28 avril 1641.)

ment songé jusqu'alors. Or, l'état sanitaire était, faute d'hygiène, déplorable dans les départements[1]. A Lille, on compte 400 malades sur 1,000 hommes ; à Charleroi[2], il y a un grand nombre de malades, et « depuis que l'un l'est une fois, il ne s'en relève plus ». Dans les baraques où loge l'infanterie, « il y a présentement un demi-pied d'eau dans chacune. Et il en est de même partout. Louvois organise alors un hôpital dans chaque ville de garnison ; en temps de guerre, il y aura une ambulance volante par régiment, une ambulance fixe par brigade, un hôpital par corps d'armée. Les blessés seront désormais transportés dans des voitures spéciales et recevront les premiers soins sur le champ de bataille même. Enfin, pour prévenir les maladies, les baraquements sont évacués et remplacés par des casernes en pierre de taille et construites aux environs des villes[3]. Tout cela coûte beaucoup d'argent, mais c'est de l'argent bien placé. Louvois aime mieux économiser sur les armements inutiles et les dépenses de parade. C'est ainsi qu'il interdit les rubans pour mettre au chapeau et sur les épaules, les écharpes pour les sergents et les soldats, les gants pour les piquiers, les hauts-de-chausses de velours pour les officiers. Toutefois il ne veut pas d'économie sordide : il fait tancer les officiers qui retirent aux soldats leurs habits de parade pour aller en ville et qui leur laissent monter la garde avec des habits dépenaillés. On le voit, Louvois n'a pas été seulement un grand organisateur, il a été aussi, comme on l'a appelé, « le plus grand des *vivriers* », et là est peut-être son plus beau titre de gloire.

1. Les soldats sont réduits à boire de méchante eau et à manger du pain.

2. « Le soldat de Charleroi est logé d'une manière à faire pitié. On met 16 soldats avec 4 lits dans une baraque de paille en laquelle il est impossible de se chauffer, sans un très grand danger de mettre le feu, et comme le bas du logement est toujours rempli de boue, et qu'il faut que le feu soit modéré, le soldat est toujours dans l'humidité. »

3. Il a été aidé dans cette partie de son œuvre par son oncle Saint-Pouange qui se chargea surtout de l'administration, par Jacquier qui s'occupa des subsistances, et par Berthelot qui veilla spécialement aux munitions.

C'est également avec Louvois qu'apparaissent définitivement les corps spéciaux. Avant lui les officiers d'artillerie n'étaient guère que des industriels qui dépendaient, en quelque sorte, de la vague autorité du grand-maître de l'artillerie[1]. Sans doute l'État possédait quelques canons, mais en petit nombre. Il fallait donc tout créer à la fois : le personnel et le matériel[2].

Le premier régiment de bombardiers fut créé en 1676, et le premier de fusiliers-bombardiers en 1684 ; de ces deux régiments, on forma en 1693 le Royal Artillerie. Pour commander à ces nouvelles troupes, le roi choisit parmi les lieutenants du grand-maître un certain nombre d'officiers dont les grades furent assimilés à ceux de leurs collègues fantassins ou cavaliers. Jusqu'alors ces officiers n'avaient pu dépasser le grade de capitaine. Louis XIV rompit avec la tradition en nommant Vauban brigadier d'abord, puis maréchal de camp.

C'est que Vauban a non seulement réorganisé l'artillerie, mais encore créé le génie. Les officiers du génie n'existaient pas avant lui : c'étaient pour l'ordinaire des ingénieurs détachés au service d'un siège, méprisés par leurs collègues et aidés par des officiers détachés de leurs régiments, choisis parmi les plus mauvais et immobilisés au grade de capitaine. Aussi avait-on pu dire avec raison qu'ils étaient « les martyrs de l'infanterie ». Vauban en fait un corps respecté et, qui plus est, un corps d'élite. Il y a désormais deux catégories d'officiers du génie : les *ordinaires*, c'est-à-dire des ingénieurs mais assimilés, ne faisant partie d'aucun régiment et chargés spécialement du service des sièges, et les *extraordinaires*, c'est-à-dire comme par le passé, des officiers détachés ; mais loin d'être dédaignés comme auparavant, ils

---

1. La charge de grand-maître de l'artillerie avait été créée par Louis XI.

2. « Le roi payait les pièces en état de tirer comme il payait les compagnies en état de servir. Le grand-maître de l'artillerie vendait tous les grades ; dans toute ville prise, il avait droit à tous les objets en métal, depuis les cloches jusqu'à la batterie de cuisine, sauf les canons. C'était pour lui l'occasion d'obtenir des vaincus une rançon plus ou moins forte. » (H. VAST.)

seront choisis parmi les officiers les plus distingués et les plus savants.; ils toucheront outre leur solde une indemnité de 500 francs et conserveront tous leurs droits à l'avancement. Vauban ne sera pas aussi heureux pour les soldats. Malgré ses efforts, il ne trouvera pas assez d'hommes dévoués pour se consacrer à ce service pénible; il devra employer les soldats ordinaires et la création de régiments de sapeurs ne sera réalisée qu'au siècle suivant.

Malgré tout, avec ce nouveau corps d'officiers et grâce à son génie personnel, Vauban bouleversera le système d'attaque et de défense. Nommé directeur-général des fortifications (1677), il étudiera avec une rare intelligence les moyens de s'emparer d'une place en sacrifiant le moins d'hommes possible. Dans ce but, il inventera les *tranchées* et les *parallèles* qui permettent de s'approcher des murs tout en restant à l'abri, *le tir à ricochet* qui dissimule le canon aux coups de l'ennemi, les boulets creux[1] et les obus, les souterrains, les traverses voûtées, les feux couverts partant des casemates. Après l'attaque il songe à la défense. Son système des *fortifications rasantes* rend à peu près inoffensive la canonnade ennemie; les *chevaux de frise* protègent les soldats assiégés comme les parallèles défendaient les soldats assiégeants. Il invente le système des inondations artificielles; il a l'intuition des services que pourront rendre les forts détachés en avant de la place, ménageant entre le fossé et la muraille des pâturages et des cultures pour assurer la nourriture des habitants, et il organise de toutes pièces le service des ponts qui sera plus tard confié par Napoléon au régiment des pontonniers[2]. On avait commencé par dire : « Ville assiégée par Vauban, ville prise[3] » ; après la guerre de Hollande,

---

1. Pour disperser la terre des fortifications : ce sont les boulets à la Paixhans.

2. Supprimé en 1889.

3. « C'est cet art de tirer du sol même et des eaux une défense simple et peu coûteuse, et cet art plus grand de coordonner les places à la nature du terrain, à celle du pays, aux routes de terre et d'eau, aux opérations des armées, en un mot de donner aux Etats des frontières. » (ALLENT, *Histoire du Corps du génie.*) Voir également l'éloge de Vauban par Carnot.

on dira : « Ville défendue par Vauban, ville imprenable. » Mais Vauban fait mieux encore : Il assume la défense des frontières de la France. Après avoir assuré la protection des côtes de l'Océan par les fortifications de Dunkerque, de Lille et de Tournai, et par la création d'un immense pont de défense à Dunkerque avec arsenal, bassins de radoubs, jetée en pierre, et puissantes écluses, Vauban entreprend également la défense de la Méditerranée par la reconstruction et l'agrandissement du port de Toulon et en assurant sa sécurité par la création des deux forts de l'Eguillette et de Saint-Louis. Sur l'Atlantique il relève la citadelle de Saint-Martin de Ré et les remparts de La Rochelle.; arme le goulet de Brest et la pointe de Camaret. Il songe ensuite à fortifier les frontières de terre ; contient l'Espagne par les remparts de Perpignan, la citadelle de Montlouis, par les places de Bayonne et de Saint-Jean-Pied-de-Port réliées à Montlouis par une série de forts au croisement de toutes les routes pyrénéennes ; du côté des Alpes il augmente les remparts de Pignerol, construit Port-Barraux et prépare par des forts cette défense des Alpes que Bervick devait rendre infranchissables par son fameux système des *navettes*. Comprenant le danger permanent que crée la trouée entre la Meuse et le Rhin, il fortifie Verdun, Longwy, fait de Thionville une place très forte, improvise de toutes pièces Sarrelouis sur la Sarre, fortifie Bitche, Phalsbourg et Lichtenberg sur les Vosges, Haguenau dans la plaine d'Alsace, et enfin Landau sur la frontière du Palatinat. De même, plus au sud Belfort, et à l'est Schlestadt et Huningue, contribuent à la protection de la frontière, et quand, en 1681, la ville de Strasbourg deviendra française, Vauban s'empressera de la fortifier et d'en faire la clef de ce formidable système de défense[1]. Mais le triomphe de Vauban, c'est le fameux *pré carré* qui assurait désormais la sécurité de la frontière nord et de la trouée de l'Oise jusqu'alors ouvertes à l'ennemi. Par les fortifications d'Ypres et de Gra-

---

1. Après l'achèvement des travaux de Vauban à Strasbourg, une médaille fut frappée qui portait en exergue : « *Clausa Germanis gallia,* — la Gaule fermée aux Germains. »

velines, de Douai, de Lille, d'Aire et de Saint-Omer, de Valenciennes et de Condé, Vauban complétait admirablement l'œuvre militaire de Turenne et de Condé, l'œuvre diplomatique de De Lionne.

Tout cela ne va pas sans argent : d'après Forbonnais, ces différents travaux coûtèrent 9,227,000 francs ; d'après Pellisson qui assurait le tenir du roi, 26 millions de 1679 à 1681 ; mais Louis XIV donnait sans compter, car Vauban lui avait assuré ainsi le succès de sa guerre favorite, la guerre de sièges. Et puis comment ne pas avoir pleine confiance dans cet homme aussi modeste que dévoué et qui payait si généreusement de sa personne? D'après Saint-Simon, il a dirigé en personne 53 sièges, « dont une vingtaine en présence du roi, qui crut se faire maréchal de France soi-même et honorer ses propres lauriers en donnant le bâton à Vauban. »

Aussi la défense est assurée, l'armée organisée, le commandement hiérarchisé. Comment toutefois retenir sous les drapeaux les soldats qui ont fini leur temps ? Après treize ans de service, les soldats auront droit à une augmentation d'un tiers de leur solde ; après dix-huit ans, à une retraite à solde entière ; mais cela ne suffit pas, car, le plus souvent blessés ou malades, ces vieux soldats ne sont capables d'aucun travail. Les monastères, obligés de les nourrir sous le nom de frères lais ou oblats, s'en débarrassent d'ordinaire en leur donnant quelque argent et en les envoyant mendier ailleurs[1]. La création de la Maison Royale de la rue de Lourcine, par Henri IV, ne lui a pas survécu. C'est alors que Louvois exige de chaque monastère une assez forte contribution en argent ; avec cette somme, il fait construire par Mansard l'Hôtel des Invalides, dont les travaux, commencés en 1670, sont achevés en 1674. Désormais la guerre sera pour beaucoup une véritable carrière.

Mais il ne suffit pas d'assurer la vie de tous les jours aux invalides de la guerre ; il faut encore pousser aux actions d'éclat, aux actes d'héroïsme par des récompenses hono-

---

1. Sous le règne de Frédéric II, les vieux soldats prussiens recevront un brevet de mendiant.

rifiques. Depuis longtemps l'ordre de Saint-Michel, fondé par Louis XI, n'honore plus que les chevaliers du guet ; l'ordre du Saint-Esprit est réservé à de trop grands personnages. Louvois crée alors, en 1672, l'ordre de Lazare et du Carmel, mais le succès en est médiocre. Il n'en fut pas de même de l'ordre de Saint-Louis, créé en 1693 et exclusivement réservé aux officiers de terre et de mer. Un officier ne pouvait être admis dans cet ordre qu'après dix ans de bons services [1].

Ainsi l'armée de l'ancien régime fut organisée tout entière et pour un siècle par des civils, car ni Louvois ni aucun de ses collaborateurs, à part Vauban, n'étaient officiers. L'œuvre, malgré ses imperfections, était admirable, et jamais effort pareil n'avait été fait pour donner à un pays un système aussi formidable de défenses et au roi une armée aussi hiérarchisée, aussi disciplinée et aussi centralisée. Désormais les dernières résistances de la féodalité sont vaincues ; les nobles n'ont d'autre ressource, pour jouer un rôle, que de servir dans cette armée que le roi commande et dont il dispose. Administration, équipement, munitions, recrutement, Louvois a tout prévu, a tout créé. Aujourd'hui encore la part de ce grand ministre est facilement reconnaissable dans notre organisation moderne. Il est seulement à regretter que Louvois n'ait eu ni l'énergie ni peut-être le temps nécessaire pour débarrasser l'armée de la *gangrène* [2], comme disait Saint-Simon, de la vénalité des charges.

1 « La marque de cet ordre était une croix d'or, au milieu de laquelle était empreinte d'un côté l'image de saint Louis, avec cette légende : *Ludovicus magnus instituit anno MDCXCIII;* de l'autre côté était une épée nue, flamboyante, et sur la pointe une couronne de laurier avec une bandelette blanche et cette légende : *Bellicæ virtutis præmium.* Il y avait huit grands-croix qui avaient chacun 6,000 livres de pension ; vingt-quatre commandeurs qui en avaient les uns 4,000, les autres 3,000 ; les pensions des simples chevaliers variaient de 2,000 à 800 livres. Comme les catholiques seuls pouvaient recevoir l'ordre de Saint-Louis, Louis XV, qui avait dans ses troupes un grand nombre de protestants, institua pour eux, en 1759, *l'ordre du Mérite militaire.* » (CHÉRUEL.)

2. « Cette vénalité est une grande plaie dans le militaire et arrête bien des gens qui seraient d'excellents sujets. C'est une gangrène qui ronge depuis longtemps tous les ordres et toutes les parties de l'État ».

*
* *

L'organisation de Louvois survécut à Louvois. Jusqu'en 1789, l'armée conserve les mêmes cadres, les mêmes traditions, le même esprit. Ni d'Argenson, ni Choiseul, ni Saint-Germain lui-même ne la modifient profondément; leurs réformes sont des réformes de détail; l'idée maîtresse ne change pas. En 1788 comme en 1691, l'armée se recrute par les enrôlements volontaires, de moins en moins nombreux, et par le racolement. Seulement, indigné des abus qui se commettent, effrayé du grand nombre de déserteurs [1] que rend inévitable un pareil système, Choiseul a confié le racolement à des sous-officiers réguliers; il leur a interdit de recruter dans les cabarets. Ils doivent franchement se présenter au son du tambour, enrôler seulement ceux qui se présentent et cela en présence de témoins honorables, et ne pas découvrir chez un échappé des galères ou un fils de famille dévoyé une vocation militaire insoupçonnée.

A la fin du dix-huitième siècle, l'armée se compose de trois éléments :

1º La maison du roi qui, réduite par le comte de Saint-Germain d'un millier d'individus, compte encore environ 8,000 hommes. Indépendamment des corps chargés du service

---

1. La désertion est la plaie des armées françaises au XVIIIe siècle. Voltaire estime le nombre des déserteurs à 60,000 pour sept ans : le chiffre est exagéré, mais il est au moins de 4,000 par an. « Il y a à présent, dit une ordonnance, peu de soldats au service de Sa Majesté qui ne soient tombés dans le crime de désertion. » — « Toutes les armées que le Roi a envoyées en Bohême, écrit le maréchal de Saxe, y sont passées très bien équipées, très belles, très complètes; elles en sont revenues ruinées et épuisées, surtout par la quantité prodigieuse d'officiers et de soldats qu'elles y ont perdus. — Si un officier veut les contenir, le soldat accoutumé à l'insolence, à la désobéissance et à l'impudence, n'en fait ni plus ni moins et s'évade au premier moment. »
On avait d'abord stipulé que la peine de mort serait applicable aux déserteurs; mais, comme on hésitait devant ce moyen extrême, cette menace était devenue inefficace. Saint-Germain établit la peine des galères de terre avec gradation des peines, selon la gravité des cas. L'ordonnance à ce sujet avait été précédée d'une amnistie. Ces mesures ne produisirent pas le résultat attendu.

de cour, elle consiste surtout dans les deux régiments des gardes françaises et des gardes suisses. Les gardes suisses sont au nombre de 1,000 ; leur solidité et leur fidélité sont admirables. Le régiment des gardes françaises, comptant plus de 4,000 hommes, constitue à lui seul une petite armée. « La majeure partie, casernée à Paris dont, avec les gardes suisses et le régiment dit de la ville, elle formait presque la seule garnison, était, en cas de troubles, c'est-à-dire quand le guet devenait insuffisant, la principale ressource de l'autorité publique [1]. »

2° *L'armée de ligne*, dont l'effectif était d'environ 70,000 hommes sur le pied de paix, se composait de 114 régiments d'infanterie, 62 régiments de cavalerie et 7 régiments d'artillerie. Les régiments d'infanterie, autrefois inégaux, comprennent tous maintenant, grâce à Choiseul (1762), deux bataillons. Un simple forestier, nommé Fischer, a l'idée des chasseurs à pied, dont le premier bataillon (chasseurs de Fischer) est organisé en 1742. La cavalerie a été plus profondément modifiée ; c'est encore Fischer qui a donné l'idée des chasseurs à cheval tels que nous les comprenons aujourd'hui. D'une façon générale la lourde cavalerie est remplacée par une cavalerie plus légère. Il y a 6 régiments de chasseurs en 1779 ; 12 en 1789 ; il y a 4 régiments de hussards en 1755, 6 en 1789 ; il y a 18 régiments de dragons, un seul de cuirassiers, un seul de carabiniers. Les lanciers ont complètement disparu.

3° *Les régiments étrangers*. Il ne faut pas prendre au pied de la lettre ce mot d'étrangers. Sans doute, le nom de ces régiments est d'origine étrangère, les officiers sont presque tous étrangers ; mais depuis longtemps on ne trouve plus guère de Hongrois pour le régiment de Bercheny ; plus d'Écossais pour le régiment d'Écosse. On y incorpore donc des Français qui ne manquent pas d'y venir parce que la paie est beaucoup plus forte et l'uniforme plus coquet ; seulement on leur apprend à jurer dans la langue du pays qu'ils représen-

---

1. V. Marius Sepet, les *Préliminaires de la Révolution*.

tent pour plus de couleur locale. Il faut cependant faire exception pour les 11 régiments suisses qui sont bien composés de citoyens des cantons au nombre de 15,000 environ. L'infanterie allemande, répartie en 8 régiments, contient aussi un assez grand nombre de Teutons [1] ; mais les 6 régiments irlandais se recrutent presque exclusivement en France : du Royal-Cravate, du Royal-Polonais, du Royal-Etranger, il ne reste guère que le nom ; le Royal-Italien ne contient pas un tiers d'Italiens ; le Royal-Belge pas la moitié de Belges. C'est dans la cavalerie que les étrangers s'enrôlent de préférence. En 1748, le maréchal de Saxe créera, à l'exemple de la Prusse, un régiment de uhlans, mais cette création disparaîtra avec lui [2].

Les soldats du dix-huitième siècle sont aussi mal nourris et peut-être plus mal traités que ceux du dix-septième siècle (car la discipline est féroce et, aux coups de bâton en usage dans l'armée, Saint-Germain a substitué les coups de plat de sabre réputés plus humiliants et contre lesquels plusieurs soldats se révoltent ouvertement) ; mais ils sont mieux habillés et aussi mieux logés, puisque d'Argenson a substitué, partout où il l'a pu, des casernes en pierre aux baraquements en bois.

---

1. « Les Allemands, et surtout ceux du Nord, ont mieux conservé aujourd'hui le véritable esprit de guerre. Nous tirons de leur pays des hommes et des chevaux plus robustes que les nôtres. Les hommes ont un flegme qui fixe le feu follet des Français. » (D'ARGENSON.)

2. « Le roi, pour faire plaisir à M. le maréchal de Saxe, fit la revue de son régiment de *uhlans* qu'il avait fait venir à Saint-Denis. Cette troupe est composée de mille hommes à cheval : savoir, de compagnies de *uhlans* et de compagnies de *dragons*. Chaque uhlan a un pistolet et une pique avec une banderole de couleur au bout, en sorte qu'il y a la compagnie blanche, jaune, etc... Les dragons ont un petit fusil et des pistolets, et il y a une compagnie de nègres qui ont des banderoles blanches et des chevaux blancs ; on dit que c'est la compagnie du colonel. Ces uhlans ont non seulement passé en revue devant le roi, mais ils ont fait tous leurs exercices et de petits combats par escadrons contre escadrons. Ils avaient aussi leur artillerie consistant en de petits canons longs dans des boîtes de sapin, qui se tirent avec la main comme des fusils et qui portent 4 livres de balles dans de petits chariots. On dit que cette troupe est bien montée, que les dragons ont beaucoup de vitesse avec de petits chevaux. Ce régiment qui, je crois, est plus curieux qu'utile, doit coûter cher au roi, d'autant que les uhlans ont été annoncés comme étant sur le pied de gentilshommes. » (*Journal de l'avocat Barbier*, tome III.)

Aux vêtements lâches qui entravent la liberté des mouvements se substituent les vêtements collants ; la culotte et le gilet sont blancs, l'habit bleu ; le chapeau se relève en « *lampion* » pour ne pas gêner le maniement des armes ; les guêtres entourent la jambe et permettent les longues marches. Les régiments étrangers ont des costumes plus seyants encore : l'uniforme des Suisses est rouge ; celui des Irlandais garance et bleu ; celui des Allemands bleu ; celui des Italiens brun noisette.

Le gouvernement a pris, depuis 1758, le sage parti de fabriquer lui-même ses armes à Charleville, à Maubeuge et à Saint-Étienne. Le premier modèle est de 1754 ; le second, bien supérieur, de 1777. Ainsi équipées, les troupes manœuvrent à la prussienne. Elles marchent au pas cadencé, chargent leur arme en douze temps et obéissent aux *sonneries.* « Le chef-d'œuvre d'instruction d'un bataillon ou d'un régiment est de décrire au pas ordinaire et sur un alignement parfait plusieurs mouvements de conversion consécutifs. Quand je suis entré au service, ce puéril exercice avait encore lieu ; cependant les esprits commençaient à s'éclairer, car vingt ans auparavant on manœuvrait à rangs ouverts ; on passait son temps à faire les contre-marches par file et par rang, à poser son fusil à terre et à le relever sans plier les genoux. On formait avec le bataillon des ronds, des triangles, des carrés, des bastions. M. de Chevert racontait qu'alors aide-major du régiment de Beaune, il fut fort admiré parce qu'à la fin d'un exercice qu'il faisait faire devant l'inspecteur, il dessina avec le régiment les mots : « Vive le roi ! » et fit faire un feu de réjouissance à cet alphabet vivant. » (Guilbert, *Essai de tactique*, tome 1er.) Toutes ces réformes tactiques, les unes oiseuses, les autres utiles, comme la substitution de *l'ordre mince* à *l'ordre en masse* [1] sur le champ de bataille,

---

1. L'armée, à la fin du xviiie siècle, est partagée en Guilbertistes et en Mesnil-Durandistes, soutenant, les uns la théorie de l'ordre profond, les autres celle de l'ordre mince. L'ordonnance du 1er mai 1771, impatiemment attendue, « tout en retenant dans l'ordre profond ce qu'il avait de bon, attribuait à l'ordre mince la part prépondérante... elle donnait à l'armée les moyens les plus courts et les plus simples pour se mouvoir par son centre, par ses droites et par ses gauches, et passer d'un ordre à l'autre avec la plus grande célérité. »

sont dues à l'influence de Frédéric II qui passe, à bon droit, pour le premier tacticien de l'époque et que nos généraux s'efforcent d'imiter [1].

Si la tactique se perfectionne et se précise, l'administration s'organise, grâce à Choiseul et surtout grâce à Saint-Germain. Ni le colonel, ni le capitaine ne sont plus les propriétaires de leur régiment. Ils achètent encore leurs charges, mais ils ne manient plus d'argent ; ils ont à côté d'eux dans chaque régiment un quartier-maître trésorier qui nourrit, paie et habille les soldats. Il ne doit de comptes qu'aux commissaires des guerres qui, eux-mêmes, n'ont affaire qu'aux bureaux. Ces bureaux sont divisés par Saint-Germain en six divisions qui centralisent l'administration et la distinguent de l'art militaire [2]. Ce sont les nouveaux administrateurs qui chasseront de l'Hôtel des Invalides tous les parasites qui s'y étaient glissés et qui feront la place nette aux vieux soldats qui attendaient à la porte ; ce sont eux qui organiseront le service de santé et substitueront aux barbiers maigrement payés et qu'aucun uniforme ne protège contre « les outrages » des soldats, des médecins régulièrement nommés, hiérarchisés et militarisés ; eux enfin qui tenteront avec Choiseul et Saint-Germain l'unification de la solde. Choiseul établira, en effet, par une ordonnance de 1782 des règles fixes pour la solde des régiments français sur le pied de paix et sur le pied de guerre. Saint-Germain ira plus loin : il fera payer l'infanterie française, l'infanterie étrangère, la cavalerie, les dragons et les autres corps, d'après un tarif uniforme. La différence d'armes établit seule la différence de solde ; d'ailleurs cette solde est sensiblement augmentée [3]. Ainsi le progrès est constant. A l'*entreprise* en usage sous Louvois, Choiseul subs-

---

1. « De toutes les manœuvres que j'ai vu exécuter aux armées prussiennes, aucune ne m'a paru plus belle que le déploiement d'une armée de 50 à 60,000 hommes, marchant sur trois ou quatre colonnes, se mettant en front de bandière en cinq ou six minutes. Il me semblait voir tirer un rideau. » (DE BONNEVILLE, *Lois de la Tactique*, page 45.)

2. Pour tout ce qui concerne les réformes de Saint-Germain, voir le remarquable ouvrage de M. Mention : *Saint-Germain et ses réformes*.

3. Ordonnance du 25 mars 1776.

titue la régie, et à la régie Saint-Germain préfère la gestion directe des corps chargés de pourvoir eux-mêmes à tous leurs besoins sous le contrôle de l'État. Une masse générale est formée pour subvenir à toutes les dépenses (recrues, habillement, entretien, réparations); la gestion est confiée à un conseil d'administration formé des officiers supérieurs et du plus ancien capitaine [1]; la remonte est de même confiée aux conseils d'administration de la cavalerie ainsi que le soin de se procurer des fourrages et d'approvisionner les magasins. On le voit, toute l'administration militaire moderne est en puissance dans les réformes de Saint-Germain.

Malheureusement ses préjugés en firent un réactionnaire en ce qui concerne le recrutement des officiers. Avec Louis XIV et Louis XV, on avait pu voir un Fabert et un Chevert devenir officiers généraux; d'Argenson, en 1750, avait ouvert la porte plus grande aux officiers sortis des rangs en constatant que les exemples donnés par la noblesse ont été dignement suivis par ceux qui n'avaient pas les mêmes avantages du côté de la naissance. Et c'est à la veille de la Révolution que Saint-Germain et de Ségur, obéissant à de sots préjugés, exigent des officiers d'abord la naissance noble (ordonnance de 1779), puis quatre quartiers de noblesse (ordonnance de 1781), ce qui suppose un siècle et demi de noblesse dûment constatée [2]. Une telle mesure eut des résultats déplorables; c'est à cette époque que des soldats de première valeur comme Jourdan, Kléber et Joubert, allèrent chercher fortune à l'étranger (comme autrefois Saint-Germain lui-même en Suède); c'est de cette date que d'autres soldats tels que Hoche, Marceau, Moreau, condamnés à végéter comme sous-officiers, inclinent très nettement vers un nouvel état de choses. Vienne 1789, et les sous-officiers des gardes françaises aideront le peuple à prendre la Bastille. Du moins Saint-Germain s'efforça-t-il de contraindre les officiers nobles

1. Il est vrai que l'inexpérience de ces conseils força Saint-Germain à en revenir directement à la régie.

2. L'ordonnance de 1788 maintint toutes ces dispositions en ne faisant d'exception que pour les fils de capitaines décorés de l'ordre de Saint-Louis ou morts au feu.

à la bonne conduite, au respect de la discipline et au travail. Il réprime sévèrement le jeu qui était un vice presque général ; il leur défend les voitures d'apparat, le trop grand nombre de domestiques et les vêtements de fantaisie [1]. Il les contraint à la résidence, à l'exercice [2], n'écoute leurs plaintes [3] que si elles ont été transmises par voie hiérarchique, et il s'efforce même de réduire la vénalité des charges [4].

1. « Un officier riche veut avoir un équipage leste et brillant pour entrer en campagne. Il lui faut une berline, un vis-à-vis, un carreau, un coupé, de beaux mulets richement caparaçonnés, une multitude de laquais et de palefreniers tout chamarrés. Les officiers généraux donnent souvent des repas de deux cents couverts ; de jeunes officiers y viennent, comme à l'auberge, retenir leur place en retournant leur assiette. » (Maréchal de Saxe, *Lois de la Tactique*). Le comte de Broglie est obligé d'interdire aux officiers de son commandement de venir à Metz où, sous prétexte d'affaires, ils ne fréquentaient que les académies de jeu.

2. « Autrefois un capitaine allait à sa troupe à peu près quand il voulait. Était-il en garnison ? Nul assujettissement. Tous les détails portaient sur les subalternes. Les jours de manœuvre étaient trop rares pour que le retour fatiguât par leur uniformité... Aujourd'hui les choses ont bien changé. Un capitaine est aujourd'hui un homme attaché, garrotté pendant dix-huit mois de suite à une compagnie qu'il *gère* pour le roi, qui pour cela lui donne 2,400 livres d'appointements. Je ne suis nullement étonné qu'ils soient dégoûtés de leur état quand je réfléchis à ce qu'on exige d'eux. Un capitaine ne peut pas dîner hors les murs de sa garnison ou sans la permission de plusieurs personnes ; s'il veut en sortir avant midi, s'il veut découcher, les difficultés sont plus grandes ; si c'est pour plusieurs jours, c'est une affaire d'État. » (*Lettre d'un contemporain de Saint-Germain*, citée par MENTION.)

3. « Il arrive tous les jours que M. le comte de Vergenton, ministre impérial, me porte des plaintes sur lesquelles je ne puis lui donner aucune réponse, faute d'être instruit de l'objet dont il est question, et cela provient le plus souvent de ce que chaque commandant particulier ne respecte pas assez cette chaîne graduelle et successive qui lie chaque partie à son tout, et qui fait que l'autorité, quoique partagée en plusieurs, réside cependant en un seul. » (*Lettre du duc de Broglie à Saint-Germain.*)

4. « Sa Majesté, persuadée que rien n'est plus contraire au bien de son service, à la discipline et à l'esprit d'émulation qu'elle désire maintenir parmi les officiers de ses troupes, que la finance attachée aux emplois militaires, par l'impossibilité de faire jouir la noblesse dénuée de fortune des récompenses qu'elle peut mériter par ses services distingués, s'est déterminée à détruire un abus aussi préjudiciable à la gloire et à la prospérité de ses armes. » Il est vrai que l'abus ne disparaîtra pas, parce qu'il aurait fallu trop d'argent pour désintéresser les titulaires ; mais Saint-Germain stipule, du moins, dans cette même ordonnance, qu'en cas de mort, démission ou autrement, les emplois vacants dans les divers corps perdront un quart de leur « finance », de façon à être complétement libérés à la quatrième mutation.

Il ne tolérera plus, dans tous les cas, ni les colonels de sept ans, ni les généraux de quinze [1].

Par l'ordonnance du 25 mars 1776, Saint-Germain s'efforçait aussi d'introduire un ordre régulier dans la nomination et dans l'avancement des officiers. Pour passer d'un grade à un autre, il faudra désormais un intervalle qui varie suivant les différents grades ; malheureusement il n'ose pas supprimer les colonels à la suite et il les transforme en colonels en second, créant ainsi un emploi parfaitement inutile. Le recrutement des officiers se fera désormais « au seul égard du mérite, des talents et de la bonne conduite » et, tout en réservant de préférence l'accès des grades à la noblesse, il établit que « l'adjudant choisi parmi les bas officiers les plus capables obtiendra après dix ans en temps de paix, et cinq ans en temps de guerre, des lettres de sous-lieutenant ». Malheureusement M. de Ségur refusera obstinément d'appliquer une telle mesure qui froissait tous ses préjugés nobiliaires.

Il fallait pourtant se défendre contre l'invasion progressive des officiers inutiles et des généraux coûteux et encombrants. En 1775 l'armée comptait, du moins sur le papier et surtout sur les états d'émargement, 1,026 officiers généraux (9 maréchaux de France, 164 lieutenants généraux, 371 maréchaux de camp, 482 brigadiers) ; la maison du roi comptait 244 officiers ; pour 163 régiments réguliers, il y avait de 8 à 900 colonels ; le nombre des capitaines à l'avenant et la liste des officiers à la suite s'allongeait chaque année. Est-il bien nécessaire d'ajouter que la noblesse de cour occupait de ces grades les plus rémunérateurs et les plus brillants [2]. A tous ces abus, Saint-Germain apporta quelques remèdes, mais il n'eut ni le courage ni peut-être l'intention de détruire tout le système pour le reconstruire normalement. Il se contenta

1. Un jeune homme de naissance regarde comme un mépris que la cour lui fait si elle ne lui confie pas un régiment à l'âge de 18 ou 20 ans. (Maréchal de Saxe, *Traité des Légions.*)

2. « La noblesse de cour, dit Saint-Germain, obtient d'emblée les premiers grades comme de droit, et la deuxième (la petite noblesse), par le seul malheur de sa naissance et de sa pauvreté, est condamnée à croupir toute sa vie dans les grades subalternes. »

de supprimer quelques grades [1] et en particulier les colonels généraux, les mestres de camp généraux et les commissaires généraux de la cavalerie et des dragons. Il ne conserva qu'un seul colonel général ; encore ne lui laissât-il comme prérogative que le *droit d'attache* [2].

En mars 1776, il supprima aussi les emplois d'inspecteurs de l'infanterie, de la cavalerie et des dragons, dont l'autorité était nulle, et dont les visites intermittentes, toujours annoncées à l'avance ne donnaient aucun résultat, et il partagea la France en 16 grandes divisions militaires. A la tête de chacune d'elles, il plaça un lieutenant-général et trois maréchaux de camp [3]. Ces gouverneurs généraux avaient le pas sur les officiers généraux auxquels ils donnaient des ordres. Ils avaient pour mission de faire exécuter les ordonnances, d'inspecter les troupes, de veiller à leur habillement, équipement, armement, de surveiller le matériel, d'administrer les corps, d'organiser les manœuvres. Ainsi l'ordonnance du 18 mars 1776 organisait tout le cadre des officiers généraux

1. Encore rencontra-t-il chez le roi une grande résistance. « Il me dit que dans un grand Etat comme le sien il fallait de grandes grâces pour attacher et conserver, à son service les grands seigneurs. »

2. « Un officier, pourvu d'un brevet du roi, ne pouvait exercer son emploi sans une lettre d'attache qui l'accréditait au régiment. » Cela valait au colonel une redevance proportionnelle à l'importance de l'emploi, payée par tout officier nouvellement promu.

3. Ordonnance du 18 mars 1776, portant réglementation sur les gouverneurs généraux des provinces, gouvernements particuliers, lieutenances du roi et commandements, majorités, aides et sous-aides, majorité des villes, places et châteaux.

39 gouverneurs généraux :
1re classe : 18 à 60,000 livres (princes du sang et maréchaux de France).
2e classe : 21 à 30,000 livres (lieutenants généraux.)
114 gouvernements particuliers ;
25 de 1re classe : 12,000 livres.
25 de 2e classe : 10,000 livres.
64 de 3e classe : 8,000 livres.
A côté des gouverneurs généraux, il place des lieutenants généraux commandant en second dans les provinces.
176 lieutenants de roi commandant les villes, places ou châteaux à défaut de gouverneurs.
Le chiffre total des emplois qui était, sous Choiseul, de 2,207, est ainsi ramené à moins de 500 ; les émoluments se réduisent de 5,165,485 livres à 3,100,000 livres. De plus, le roi déclarait qu'il n'accorderait plus aucune survivance à l'avenir.

de manière à maintenir une discipline plus stricte, à rattacher les hauts commandements au roi, car il faut que Sa Majesté par lettres spéciales leur permette d'exercer leurs charges, et de diminuer le nombre de généraux d'antichambre. Malheureusement le successeur de Saint-Germain, l'incapable de Montbarey, ne la respecta pas.

Il y a moins d'officiers; ils sont plus soumis, mieux hiérarchisés, mais ils n'en sont pas moins ignorants. L'abbé Bossut, examinateur pour les mathématiques, refuse, à la veille de la Révolution, tous les candidats nobles pour cause d'incapacité, et d'Hozier, le généalogiste, tous les candidats instruits pour cause de roture.

Déjà d'Argenson s'était préoccupé de donner à l'armée des officiers capables de la commander en créant, en 1751, sous l'inspiration de madame de Pompadour et de Paris-Duverney [1] une école destinée à la noblesse pauvre. Ce fut l'École royale militaire installée dans un hôtel du Champ-de-Mars. On y admettait 500 élèves de 8 à 11 ans ; mais comme il n'y avait ni examen d'entrée ni examen de sortie, comme les colonels puisaient au hasard dans ces cadres, sans contrôle et sans autre indication que celle de leurs relations ou de leurs caprices, cette école ne donna aucun résultat. Aussi, cette école fut-elle supprimée par Saint-Germain (ordonnances du 1er février et du 28 mars 1776). Il supprima également l'École de La Flèche qui, devenue vacante par suite du bannissement des jésuites, avait été transformée par Choiseul « en une école préparatoire où la noblesse pauvre recevrait l'éducation première et les connaissances élémentaires indispensables à leur état. A 14 ans, après un examen de passage, ceux qui sembleraient les plus aptes seraient admis à l'École militaire [2]. » A cette organisation, Saint-Germain en substitue

1. Les ressources financières de l'Ecole royale étaient assurées par les revenus de la ferme des cartes à jouer. La surintendance générale en était confiée au secrétaire d'Etat de la guerre, mais la direction réelle en était assurée par un intendant assisté d'un conseil : le premier intendant fut Paris Joseph-Duverney. Les seules garanties exigées à l'entrée étaient de savoir lire et écrire.

2. 250 places furent réservées à de jeunes gentilshommes âgés de 8 à 11 ans. Ceux qui échouaient à l'examen de passage prenaient une carrière civile.

une autre qui donna, il faut le reconnaître, de meilleurs résultats [1].

Le nombre des écoles militaires préparatoires fut fixé à douze [2]. Elles dépendaient du ministre de la guerre (ordonnance du 28 mars 1776) qui en exerçait la surintendance. 600 élèves devaient y recevoir leur instruction aux frais du roi, à raison de 50 au moins et de 60 au plus dans chaque établissement. Le roi payait pour chaque élève une pension annuelle de 700 livres, moyennant laquelle les congrégations religieuses devaient enseigner aux candidats l'écriture, les langues française, latine et allemande, l'histoire et la géographie, les mathématiques, le dessin, la musique et la danse. Les élèves entraient à l'école entre 8 et 9 ans ; la durée des études était de six ans ; après quoi ils passaient un examen, et, s'ils étaient reçus, entraient dans un régiment, sauf ceux qui se découvraient alors une vocation pour le clergé ou la magistrature et qui étaient alors dirigés sur La Flèche [3].

Comme complément de cette mesure, Saint-Germain institua dans chaque compagnie de cavalerie, d'infanterie, de chasseurs et de dragons, un emploi de cadet-gentilhomme, soit 1,200 emplois pour l'armée entière. Ces nominations étaient faites par le roi et les places vacantes étaient réservées aux élèves des écoles qui avaient satisfait à l'examen de sortie. Le cadet était considéré comme un officier, tout en étant soumis au service du soldat. Quant à l'école de Paris,

1. « Nous sommes persuadés qu'un établissement si respectable, qui fait tant d'honneur à la mémoire de votre aïeul, pouvait encore être perfectionné, et qu'il deviendrait bien plus utile à notre noblesse si les élèves de la première classe, au lieu d'être réunis dans la maison de La Flèche, étaient distribués dans plusieurs collèges de plein exercice du royaume où ils seraient plus à portée de leur famille, et où ils recevraient la même éducation et les mêmes instructions que les autres pensionnaires. » (*Lettre de Saint-Germain au roi.*)

2. Ces douze écoles furent : Sorèze, Pontlevoy, Rebais, Tiron, Auxerre, Beaumont, Tournon, Effiat, Vendôme, La Flèche, Pont-à-Mousson et Brienne. Les Bénédictins dirigeaient les six premières ; les Oratoriens les quatre suivantes ; les Chanoines, les deux écoles de La Flèche et de Pont-à-Mousson ; les Maristes, Brienne. C'est à Brienne que Napoléon fit son éducation.

3. Voir l'ouvrage de M. Frédéric Masson : *La Jeunesse de Napoléon.*

elle fut transformée, par une ordonnance du 17 juillet 1777, en une sorte d'école supérieure où furent admis, à titre de cadets, l'élite des élèves des écoles militaires et les jeunes nobles élevés aux frais de leurs familles. Ainsi Saint-Germain pensait avoir assuré un recrutement normal de bons officiers, capables de commander et de se faire obéir[1].

L'artillerie avait, de son côté, fait de grands progrès. Les corps de l'artillerie et du génie, jusqu'alors confondus dans le corps royal du génie et de l'artillerie (1755), devinrent distincts en 1758. Enfin, par la fameuse ordonnance de 1765, Gribeauval, le véritable fondateur de l'artillerie, crée nos sept premiers régiments d'artillerie[2], qu'il augmente de douze nouveaux, recrutés dans les milices en 1777. Après avoir assuré le recrutement des officiers par la réorganisation de ses écoles d'artillerie dont Vallière avait eu l'idée en 1720, et de l'école du génie créée par d'Argenson en 1748, Gribeauval s'occupe du matériel et de l'armement. Il distingue entre le canon de siège et le canon de campagne. Celui-ci sera plus court et plus léger[3]; il augmente leur portée de 2 à 800 toises, assure la rectitude du tir par l'invention d'une mire mobile ; à la poudre puisée à même dans les sacs il substitue les *gargousses* et imagine la *boîte à balles* ; enfin il créera le train d'artillerie. Toutefois, jusqu'à la Révolution, il n'y aura que des officiers et pas de troupes pour le génie.

A cette armée régulière, il faut ajouter les milices provinciales qui, théoriquement provisoires et chargées seulement

1. On voit que Saint-Germain avait tenu compte des critiques dirigées par les généraux de cette époque : « Tous nos officiers ont chacun, en leur particulier, autant de courage et plus de talents et d'intelligence que les officiers des ennemis, mais ils pêchent par un point bien essentiel : il y en a peu parmi eux, dans les grades même les plus subalternes, qui ne fassent des projets de campagne et ne censurent le général, et il n'y en a presque aucun qui ne regarde son état au dessous de lui et qui ne trouve de la petitesse à s'occuper des détails et du commandement. (Lettre du maréchal de Broglie à son oncle l'abbé).

2. Ces sept premiers régiments sont ceux de La Fère, Metz, Strasbourg, Grenoble, Besançon, Auxonne et Toul.

3. L'ordonnance de 1732 n'admet que quatre types de canon : deux de mortiers, un de pierrier, un d'obusier. L'ordonnance de 1765 n'accepte que les calibres de 12, 8 et 4.

d'assurer la défense du territoire, furent, en réalité, permanentes pendant tout le dix-huitième siècle. C'est ainsi que les milices levées au moment de la guerre de succession d'Autriche furent transportées en Bohême et ne furent licenciées qu'en 1748, à la signature de la paix. C'est ainsi encore qu'elles furent convoquées en 1756, au début de la guerre de Sept Ans. Rien ne fut plus inique que le recrutement des milices. D'après le règlement, chaque paroisse doit fournir un milicien tiré au sort parmi tous les habitants de la dite paroisse. Mais les ordres privilégiés et une bonne partie de la bourgeoisie et du Tiers-État, les agriculteurs aisés, les commerçants, les industriels, les médecins et chirurgiens, les avocats et maîtres d'école, les étudiants, les maîtres de poste, les officiers municipaux, les officiers de justice et de finance, leurs clercs et leurs commis, les gens à gage au service des ecclésiastiques ou des gentilshommes, les domestiques, les jardiniers, portiers ou gardes-chasse sont, en réalité, exemptés du tirage au sort qui ne pèse, et lourdement, que sur les plus pauvres et les moins protégés. Le service injustement réparti dans chaque paroisse, l'est également entre les provinces. Pendant que la Provence fournit 1/39 de la totalité, La Rochelle en fournit 1/81 seulement. Comment cette milice est-elle organisée? Le roi prend à son compte la solde des officiers et des états-majors, les dépenses de l'armement et du grand équipement. Le petit équipement et les frais de levée sont à la charge des paroisses. Cette imposition est arrêtée en conseil et prélevée sur le tiers; elle subsiste, même quand la milice n'est pas convoquée. Cette milice est mal armée ; misérablement vêtue (elle n'a pas d'uniforme) ; à peine exercée (les plus longues périodes d'exercice sont de quinze jours) ; mal commandée (les officiers sont des jeunes gens ou des bourgeois désignés capricieusement par les intendants). « Elles ne sont bonnes, dit le maréchal de Noailles, qu'à ouvrir ou à fermer les portes. » Et pourtant c'est là l'embryon de cette armée nationale [1] impro-

1. «Triste et dur métier, sans honneur et sans récompense que celui du milicien du XVIIIe siècle. C'est l'éternel sacrifice... Au régiment, on ne

visée qui, quelques années plus tard, pieds nus ou en sabots, repoussera de nos frontières les armées féodales de l'Europe entière.

* *

Il appartenait à la Révolution française d'achever l'œuvre commencée par l'ancien régime et de donner à la France une armée nationale. A cette œuvre collaborèrent également toutes les Assemblées de 1790 à 1799. La Constituante mit fin aux abus de l'ancien régime et créa une armée nouvelle ; l'Assemblée législative maintint l'œuvre de sa devancière et s'occupa, avant tout, d'accroître l'effectif ; la Convention, voulant détruire jusqu'aux derniers vestiges de l'ancien régime, procéda à une refonte totale de l'armée, et l'armée royale de 1791 devint, en 1793, l'armée des Sans-Culottes. Enfin le Directoire s'efforça de combiner l'œuvre de la Convention avec celle de la Constituante.

La Constituante avait la prétention, qui fut presque justifiée par les faits, de créer une armée entièrement nouvelle [1]. « Il faut, disait M. de Noailles, le 12 juillet 1790, suspendre

l'aime pas, on dirait d'un intrus : pourquoi ? En campagne il marche, il souffre, il se bat, sans grand enthousiasme peut-être, mais enfin il se bat ; il est frappé, il meurt, et ce sont toujours les autres qui en ont toute la gloire : pourquoi ? Parce que c'est ainsi, pauvre être : ne cherche pas le pourquoi des choses de la vie ! Peut-être un jour, dans bien des années, quelque vaincu du sort, comme toi, sentira-t-il une pitié dans son cœur, et donnera-t-il un souvenir à ta mémoire. En attendant, prends ton lot, fais ta route, et si tu succombes à mi-chemin, tombe en priant pour la France et tais-toi ! » (ALBERT DURUY, *L'armée royale en 1783.*)

« Pauvre Jacques Bonhomme, toujours sacrifié ! Pauvre milice, elle valait pourtant mieux que sa réputation ! Car, enfin, pour peu brillants qu'aient été ses services en général, elle n'avait pas, après tout, laissé d'en rendre ; elle faisait nombre, et, parmi ses défauts, elle avait au moins une vertu : elle savait mourir, avec la tranquille résignation de l'homme des champs. Pendant deux siècles de guerres terribles, elle sème ses os sur toutes les grandes routes d'Europe ; elle comble les vides faits dans nos régiments par le feu et la maladie sans qu'un rayon de gloire ou de popularité descende jamais sur elle. » (ALBERT DURUY, *L'armée royale en 1783.*)

1. Au début de la guerre, un mot de La Fayette résume tout. « Je ne puis concevoir comment on a pu déclarer la guerre n'étant prêt sur rien. » « La France, en effet, est prise au dépourvu, elle ébauche à peine son organisation militaire, et il semble évident que son armée incomplète, confuse, déchirée par la méfiance et l'indiscipline, dénuée de tout, pliera

l'armée tout entière et la recréer immédiatement au nom de la nation, en la faisant rentrer sous la domination de la puissance essentiellement souveraine. » C'était là une œuvre singulièrement difficile, car il s'agissait, en somme, comme le disait Alexandre de Lameth, le 9 février 1790 « de lier l'existence encore nécessaire d'une grande armée avec une constitution libre, » sans avoir aucun précédent qui permît de résoudre le problème.

L'Assemblée se mit néanmoins à l'œuvre : elle commença par nommer un comité militaire qui entreprit résolument ce travail acharné dès le 1er octobre 1789. Il était chargé d'examiner toutes les questions militaires, d'apprécier les rapports et les plans proposés par le ministre de la guerre et de proposer lui-même à l'Assemblée les réformes qu'il jugerait nécessaires. Le premier soin de ce comité fut de donner à l'armée la constitution que sollicitaient depuis longtemps plusieurs régiments. Le 28 février 1790, à la suite d'une longue discussion qu'avait dirigée en partie Alexandre de Lameth, elle vota dix articles qui déterminaient les principes d'après lesquels l'armée devait être organisée ; le 12 décembre 1790, elle faisait voter un décret sur l'organisation de la force publique ; enfin le titre IV de la Constitution du 14 septembre 1791, intitulé « de la Force publique » traitait de la même question. En rapprochant tous ces documents, il est aisé de déterminer exactement les principales décisions prises à cette époque en ce qui concerne l'armée. La Constitution définit l'armée : « Une force habituelle extraite de la force publique »[1]. L'armée doit être extraite de la nation tout entière ; aucun citoyen ne peut être affranchi des charges militaires, mais il peut s'en acquitter soit en servant de sa personne, soit en payant une

---

dès le premier choc. *On n'est prêt sur rien,* non pas, comme on le croyait alors, parce que le roi trahit la nation et laisse, de dessein prémédité, la frontière sans défense; mais le désordre universel, la ruine de toute autorité, la désorganisation sans cesse croissante des administrations, le manque d'argent, voilà ce qui paralyse la défense, ce qui produit l'incohérence des préparatifs et l'insuffisance des moyens militaires. » (CHU- QUET, *La première invasion prussienne.*)

1. Le même décret dit que : « La force publique est la réunion des forces de tous les citoyens ».

GUY. — **Mémoires militaires.**   *d*

somme d'argent contributive aux frais d'entretien. Dans cette armée recrutée parmi tous les citoyens, les droits d'admission aux divers emplois sont les mêmes pour tous [1]. L'adoption de cet article entraîne naturellement celle de la vénalité des charges ; aussi l'article 9 en prononce-t-il l'abolition. Tout citoyen appelé à l'armée conserve tous ses droits civiques. Ainsi tout militaire en activité de service demeure électeur, conserve son domicile en dépit des absences nécessitées par son service et peut exercer les fonctions de citoyen actif [2] « s'il a d'ailleurs les qualités requises par les décrets de l'Assemblée nationale et si, lors des assemblées électorales, il ne se trouve pas en garnison dans le canton où est situé son domicile » (28 février 1790, article 6). Enfin celui qui n'est pas citoyen actif en entrant dans l'armée peut le devenir en réengageant ; il est alors dispensé de toutes les conditions relatives à la propriété et à la contribution [3].

Dans la pensée des constituants le rôle de l'armée est purement défensif, car l'Assemblée repousse toute idée de conquête extérieure. L'armée, dit le décret du 28 février 1790 (article 2), est « essentiellement destinée à défendre la patrie contre les ennemis extérieurs » et, ajoute la Constitution votée après la fuite du roi et les premières révoltes, « à assurer au dedans le maintien de l'ordre et l'exécution des lois [4] ». Cette armée est composée « de l'armée de terre et de mer, de la troupe spécialement destinée au service de l'intérieur et subsidiairement des citoyens actifs et de leurs enfants en état de porter les armes, inscrits sur le rôle de la garde nationale [5] ». Toutefois la garde nationale est distincte de l'armée de ligne [6] et n'a pas à être traitée ici.

---

1. « Les législatures suivantes, ni le pouvoir exécutif ne peuvent porter atteinte aux droits appartenant à chaque citoyen d'être admissible à tous les emplois et grades militaires. » (28 février 1890.)

2. On voit là l'influence exercée sur les constituants par les souvenirs de la République romaine.

3. 28 février 1790, art. 7.

4. Titre IV, article 1.

5. 14 septembre 1791, titre IV, article 2.

6. « Les gardes nationales ne forment ni un corps militaire ni une institution de l'Etat. » (Article 3.)

Avant tout, le gouvernement veut que la force armée soit complètement subordonnée au pouvoir civil [1]. Le symbole de cette subordination est le serment civique d'obéissance à la nation, à la loi, au roi, que tous les officiers et soldats doivent prêter individuellement le 14 juillet de chaque année, en présence des officiers municipaux et des citoyens assemblés. (Décision du 28 février 1790, article 8.) Mais de leur côté les corps administratifs ne doivent s'immiscer en rien dans ce qui regarde l'exécution des ordres relatifs aux armées. (20 mars 1790, article 10.) L'armée d'ailleurs est séparée du reste de la nation en ce qui concerne son organisation intérieure. « Elle est soumise à des lois particulières soit pour le maintien de la discipline, soit pour la forme de jugements, et la nature des peines en matière de délits militaires. » (14 septembre 1791, titre IV, article 13.) Le commandement de l'armée appartient au roi. « Le roi est le chef suprême de l'armée », avait dit le décret du 28 février 1790, article 1er; la Constitution du 14 septembre 1791 restreint la prérogative royale au commandement des troupes destinées à la défense extérieure : « Toutes les parties de la force publique employées pour la sûreté de l'Etat contre les ennemis du dehors agiront sous les ordres du roi. » (Titre IV, article 7.) Ce droit de commander l'armée appartient exclusivement au roi. Pour qu'un membre de la famille royale puisse exercer un commandement effectif, il faut le consentement du Corps législatif [2]. Enfin la part du pouvoir exécutif [3] et celle du pou-

---

1. « Aucun corps ou détachement de troupes ne peut agir dans l'intérieur du royaume sans une réquisition légale. » (Titre IV, art. 8.)

« La réquisition de la force publique dans l'intérieur du royaume appartient aux officiers civils, suivant les règles déterminées par le pouvoir législatif. » (Article 10.)

2. 26 août 1790.

3. A chaque législature, il appartient de statuer annuellement sur les sommes à voter pour l'entretien de l'armée et autres dépenses militaires; sur le nombre d'hommes dont l'armée doit être composée; sur la *solde* de chaque grade; sur les règles d'admission et d'avancement dans tous les grades; sur la forme des enrôlements et les conditions des dégagements; sur l'admission des troupes étrangères au service de la nation; sur les lois relatives aux délits et aux peines militaires; sur le traitement des troupes dans le cas où elles seraient licenciées. » (28 février 1790, article 11.)

voir législatif sont soigneusement délimitées. Le ministre de la guerre et les autres agents militaires du pouvoir exécutif sont déclarés responsables de leur administration. (Art. 10.)

L'armée réorganisée par la Constituante atteint, sur le papier, un effectif de 158,351 hommes : 110,590 pour l'infanterie ; 30,040 pour la cavalerie ; 10,266 pour l'artillerie et le génie ; 7,455 pour la gendarmerie. Cet effectif est, il est vrai, inférieur à celui de l'armée en 1789. Mais cette réduction s'explique par le désir de l'Assemblée de réaliser des économies, par la confiance aveugle qu'elle a dans les alliances dont la France se croit assurée, par la renonciation à toute guerre de conquête proclamée solennellement à la tribune.

L'armée active comprend cinq armes : l'infanterie française, l'infanterie étrangère, la cavalerie, l'artillerie et le génie [1]. L'infanterie se compose de 93 régiments français et de 11 régiments suisses. Ces onze régiments sont tout ce qui reste des anciennes troupes étrangères au service de la France : ils ont été maintenus en vertu des capitulations anciennement passées avec la Suisse. Les noms de tous les régiments sont remplacés par des numéros d'ordre. A ces régiments d'infanterie il faut joindre 14 bataillons d'infanterie légère, à 8 compagnies chacun. La cavalerie se compose : de 2 régiments de carabiniers à 4 escadrons de 580 hommes ; de 24 régiments de dragons à 3 escadrons, chacun de 580 hommes, et de 6 régiments de hussards à 4 escadrons de 580 hommes chacun. Quant à l'artillerie et au génie, ils continuent à former des corps distincts du reste de l'armée et séparés l'un de l'autre [2]. L'artillerie comprend 7 régiments, 5 compagnies de mineurs et 10 compagnies d'ouvriers. L'état-major et le service des places comprennent : 9 inspecteurs généraux faisant partie des 94 officiers généraux décrétés pour l'armée ; 8 commandants d'artillerie ; 9 colonels directeurs d'arsenaux ; 14 colonels employés dans les directions ; 31 lieutenants-colonels directeurs ; 53 capitaines aux divers établissements ;

1. 19 octobre 1790.
2. 9 septembre 1790.

42 élèves. Le régiment d'artillerie a 1,206 hommes; les compagnies de mineurs sont de 469 hommes, les compagnies d'ouvriers de 590[1]. Le génie ne se compose que d'officiers au nombre de 310[2]. La gendarmerie, qui a remplacé l'ancienne maréchaussée, mais qui continue à faire partie de l'armée, forme une troupe de 7,455 hommes organisée en divisions et en brigades; il y a 28 de ces divisions commandées chacune par un colonel[3].

L'état-major de l'armée se compose d'abord de 60 maréchaux de camp, de 30 lieutenants généraux et de 4 généraux d'armée, puis de 30 adjudants généraux. Aux 94 officiers généraux sont attachés 126 aides de camp. A la tête de l'armée, immédiatement au-dessous du roi, sont placés les maréchaux de France, nommés par lui et dont le nombre ne peut dépasser six[4].

Le service de l'administration appartient au corps des commissaires des guerres.

L'armée se recrute par enrôlements volontaires, à prix d'argent, pour une durée de 8 ans; l'avancement a lieu à l'ancienneté et au choix.

Par suite de l'abolition de la milice (4 mars 1791), l'armée active n'avait plus de réserve par laquelle elle pût, en temps de guerre, combler les vides faits sur les champs de bataille. L'Assemblée résolut d'y pourvoir par l'institution de cent mille soldats auxiliaires vivant en temps de paix dans leurs foyers et convoqués seulement en temps de guerre. Enfin, quand les menaces d'invasion forcèrent le gouvernement à augmenter les effectifs, on eut l'idée des bataillons de volontaires. L'Assemblée décréta alors la levée de 169 bataillons tirés de la garde nationale.

L'armée se trouve, dès lors, composée de trois éléments : 1o l'armée de ligne; 2o les auxiliaires; 3o les volontaires.

La Législative conserve l'organisation que la Constituante

1. 15 octobre 1790.
2. 29 octobre 1790.
3. 16 janvier 1790, février 1791.
4. 20 mars 1791.

avait donnée à l'armée; mais elle se préoccupe avant tout d'accroître l'effectif. Cette préoccupation de l'Assemblée était fondée, car l'armée, en réalité, était loin d'être aussi nombreuse que les chiffres le faisaient supposer. D'après Dubayet, au 1er juin 1792, c'est-à-dire deux mois après la déclaration de la guerre, l'armée mise sur le pied de guerre aurait dû compter 205,236 hommes. Or, il n'y avait, en réalité, que 178,518 hommes disponibles, savoir : 90,590 hommes sur la frontière et 77,440 de réserve, pour la défense des forteresses ou la surveillance de l'intérieur. Il manquait donc au chiffre prévu 26,718 hommes. Pour la garde nationale, les chiffres sont encore plus approximatifs. Dubayet estimait qu'il y avait à cette époque 168 bataillons effectifs d'une valeur de 500 hommes en moyenne, formant un total de 92,500 hommes. En additionnant toutes les forces dont le royaume pouvait disposer et les ressources nouvelles que devaient créer les décrets de l'Assemblée, M. Dubayet arrivait à un total de 400,000 hommes, dont 278,000 étaient actuellement sur pied et dont 150,000 restaient à recruter. Les forces disponibles avaient été partagées en quatre armées : 1o l'armée du maréchal de Luckner forte de 23,049 hommes; 2o l'armée de la Morlière, forte seulement de 20,493 hommes ; 3o l'armée de Lafayette, 23,226 hommes ; 4o l'armée du Midi, commandée par Montesquiou, 23,380 hommes.

Ces chiffres représentent seulement l'effectif des troupes de ligne.

Dans ces armées, les premiers bataillons avec les compagnies de grenadiers du second bataillon étaient seuls entrés en campagne; le reste des seconds bataillons demeurait dans les villes de l'intérieur comme garnison [1].

Cette division des régiments avait été vivement critiquée par les généraux qui estimaient qu'il fallait envoyer au feu toutes les troupes régulières et conserver pour le service de l'intérieur les volontaires encore mal instruits et peu aguerris.

---

1. « Ce ne sont, à proprement parler, que des dépôts composés de recrues, des hommes moins robustes et des vétérans qui forment toujours de bonnes troupes pour la défense des places. » (*Discours de Dubayet.*)

La raison principale du déficit signalé par les ministres était la difficulté que présentait le recrutement [1]. De plus, des difficultés d'organisation ralentissaient la levée des gardes nationales elles-mêmes ; des 169 bataillons formant un effectif de 101,000 soldats dont la Constituante avait décrété l'institution, 83 seulement, au 13 juin 1792, étaient complètement organisés. Il semblait que le procédé le plus simple pour compléter l'armée de ligne fût de recruter les régiments de ligne en empruntant aux bataillons de volontaires les hommes qui étaient nécessaires pour atteindre le chiffre fixé par les décrets. Le ministre de la guerre, M. de Narbonne, était du reste de cet avis. Il lui semblait que les citoyens qui se faisaient enrôler avec tant d'ardeur dans les bataillons de volontaires combleraient rapidement les vides que cette mesure créerait dans leurs rangs. Cependant l'Assemblée, désireuse de rester fidèle à l'esprit révolutionnaire, et craignant peut-être aussi d'affaiblir les bataillons de volontaires, rejeta le projet [2]. Elle aima mieux recourir à de nombreuses mesures de détail et elle accumula les uns sur les autres une foule de décrets, surtout après que la guerre eut été déclarée aux puissances alliées. Ce sont d'abord des mesures d'ordre général : elle déclare la Patrie en danger, met en activité permanente tous les citoyens en état de porter les armes ou ayant déjà fait le service des gardes nationales [3]. Elle accorde les droits de citoyen actif à tout Français qui aura fait *la guerre de la liberté*, soit dans les bataillons de volontaires, soit dans les troupes de ligne [4]. Elle déclare infâmes, traîtres à la patrie et dignes de la peine de mort tous ceux qui refuseront de servir personnellement ou de remettre leurs armes [5]. Elle décrète que toutes les communes qui, indépendamment de l'inscription volontaire, auront

1. « La levée des gardes nationales soldées en est vraisemblablement la cause; il est naturel de préférer un service qui paraît offrir des avantages pécuniaires supérieurs et où l'on est assujetti à des lois moins austères. » (DUPORTAIL.)
2. 25 janvier 1792.
3. 8 juillet 1792.
4. 3-5 août.
5. 2 septembre.

fourni, proportionnellement à leur population, un ou plusieurs bataillons, une ou plusieurs compagnies ou même une ou plusieurs escouades, auront bien mérité de la patrie. En ce qui concerne le recrutement, elle abaisse à 16 ans l'âge de l'enrôlement et le prolonge jusqu'à 50 ans; elle réduit l'engagement à une durée de 3 ans dans l'infanterie, de 4 ans dans les troupes à cheval; elle hausse le prix de l'engagement qu'elle fixe à 80 livres dans l'infanterie, à 120 livres dans l'artillerie et dans les troupes à cheval; elle autorise les citoyens à choisir celui des régiments dans lequel ils voudront servir, à condition que ce régiment soit encore incomplet [1]. Par le décret du 22 juillet elle déclare que l'armée sera portée, dans le plus bref délai possible, à l'effectif total de 440 à 450,000 hommes, tant en troupes de lignes qu'en gardes nationales volontaires et en gendarmerie nationale; 50,000 hommes seront suffisants pour compléter les différentes troupes de ligne. Pour la défense des places de guerre, elle fait appel aux vétérans nationaux et elle ordonne la formation de deux nouvelles divisions de gendarmerie destinées à être employées contre les ennemis extérieurs. Les 1,600 brigades de gendarmerie sont tenues de fournir chacune un gendarme monté, mesure qui devra donner deux divisions de 800 hommes. Elle accorde une prime de 60 livres pour chaque année d'engagement à tout volontaire dont le bataillon n'est pas encore complété et qui voudra entrer dans les troupes de ligne [4]. Elle accorde la rémission de leur peine aux officiers et aux soldats qui désirent consacrer leur expérience et leurs armes « au service de la liberté française » [5]. Elle appelle dans l'armée française ceux des soldats des armées étrangères qui veulent défendre la liberté commune à tous les peuples [6]. Elle multiplie les levées de volontaires : d'abord elle décrète qu'aucun volontaire ne pourra être renvoyé ni réformé pour défaut de

1. 22 juillet 1792.
2. *Idem.*
3. 16 août.
4. 12 septembre.
5. 29 mai, 6 juin.
6. 2-3 août.

taille ; ceux qui ont obtenu leur réforme sous ce prétexte sont autorisés à rentrer dans leur compagnie pour y continuer leur service [1]. Le 5 mai, une levée de 31 bataillons de gardes nationaux volontaires est ordonnée ; le 6 juin, elle décrète que la force armée sera augmentée de 20,000 hommes, que tous les cantons seront admis à fournir des volontaires pour cette levée, que les 20,000 hommes seront réunis à Paris pour le 14 juillet. Le 24 juin, le ministre de la guerre propose la formation de 42 nouveaux bataillons et l'installation d'un camp de 40,000 hommes aux environs de Soissons. Cette nouvelle levée est décrétée le 6 juillet. Un décret du 12 résume tous les précédents en ordonnant la levée de 185,400 hommes dont 150,000 seront employés à compléter l'armée de ligne, 33,600 à la formation de 42 bataillons de volontaires et 1,800 au remplacement des gendarmes destinés à former la cavalerie de réserve. A toutes ces mesures s'ajoute la création de troupes légères destinées à tenir tête aux hussards et aux pandours des armées russienne et autrichienne. C'est d'abord la formation des légions [2] ; puis la création de 54 compagnies franches [3] ; la formation de plusieurs compagnies de chasseurs nationaux composées des gardes nationales inscrites à la municipalité de Paris [4] ; d'une légion franche étrangère [5] ; d'une légion franche allobroge [6] ; de deux corps de troupes légères sous la dénomination de *hussards de la liberté* [7] ; d'une légion étrangère sous le nom de Germains [8] ; d'un corps de troupes légères dit Légion nationale du Midi ; de compagnies de chasseurs à cheval sous le nom de *hussards braconniers* ; d'une compagnie franche dite *chasseurs bons tireurs* ; enfin d'un corps de troupes légères sous le nom de *Légion nationale des Pyrénées* [9].

1. 10-15 février 1792.
2. 27-29 avril.
3. 28-31 mai.
4. 17-28 juillet.
5. 26 juillet.
6. 8-13 août
7. 2 septembre.
8. 3 septembre.
9. 9 septembre — 11 septembre — 16 septembre.

Mais toutes ces mesures étaient nettement insuffisantes [1].
Les généraux de l'armée du Rhin, désespérant de trouver les
recrues nécessaires, mettent en activité permanente toutes
les gardes nationales de la région placée sous leur commandement et ordonnent que chaque département sera tenu de
leur procurer un nombre de volontaires égal au sixième des
citoyens actifs. Cette réquisition, adressée aux départements
du Rhin, du Doubs, de la Haute-Saône et du Jura, est ap-
prouvée par l'Assemblée qui autorise, en outre, les généraux
des autres armées à recourir aux mêmes procédés. L'Assemblée confessait ainsi sa propre impuissance.

A la difficulté du recrutement s'ajoutent d'autres malheurs.

L'armée est complètement désorganisée. Sept changements
de ministres de la guerre en six mois ont mis le désarroi dans
l'administration militaire. Des nombreuses mesures prises
par l'Assemblée, bien peu sont exécutées. C'est ainsi que
Dumouriez reproche aux bureaux du ministère la lenteur des
expéditions, le désordre de leur administration, la négligence
avec laquelle sont conclus les marchés dont les uns sont frau-
duleux et les autres inexécutés. A cette époque l'armée n'a
pas le matériel nécessaire pour entrer en campagne; les
objets les plus usuels font défaut [2]. Il n'y a ni assez de tentes,
ni assez de marmites, ni assez de bidons. Les officiers pauvres qui ne possèdent que des assignats partout refusés
« manquent, à la lettre, du nécessaire ». L'alimentation de
l'armée laisse tout autant à désirer [3]. Même insuffisance pour

---

1. « Le recrutement va mal ; tous les corps ont envoyé des officiers et
des sous-officiers pour recruter, et je puis attester à l'Assemblée que ces
moyens, mis avec zèle et intelligence dans toute leur activité, n'ont pas
donné vingt recrues en deux mois. » (Lettre de Lückner à l'Assemblée
nationale. — 10 juillet 1792.)

2. « Partout il manque des armes, des habits, des munitions, des chevaux de peloton, des effets de campement. » (Rapport de Dumouriez,
13 juin.)

3. « Les subsistances ne sont pas assurées pour trois mois ; les approvisionnements de bœufs se font lentement. » (Lettre de Luckner,
10 avril 1792)

le service de l'habillement et pour l'équipement [1]. Quelques mois après, bien que la guerre ait déjà commencé, la situation reste la même [2].

L'émigration a désorganisé les cadres de l'armée ; sur 9,000 officiers de l'armée de ligne, plus de 6,000 ont déserté ; des régiments entiers ont passé à l'ennemi ; dans un seul régiment de ligne, le 36e, les deux lieutenants-colonels, quatre capitaines, cinq lieutenants, sept sous-lieutenants, en tout dix-huit officiers, ont déserté leur corps [3]. Il faut donc, en quelque sorte, improviser des officiers, ce qui, au dire du ministre, constitue une longue et délicate opération. Les officiers supérieurs n'existent pour ainsi dire plus. Ceux qui restent oublient trop souvent leurs devoirs de soldats et de patriotes. La Fayette et Luckner échangent, de leur autorité privée, les commandements qui leur ont été confiés sans même en référer au ministre. Bien plus, après le 10 août, le même La Fayette rompt ouvertement avec l'Assemblée et se prépare à marcher contre elle ; mais, abandonné de ses soldats, il est obligé de fuir à l'étranger d'où il ne reviendra qu'après le traité de Campo-Formio. Dumouriez reçoit de Luckner, qui est son supérieur, l'ordre de quitter le camp de La Maulde et de le rejoindre à Metz ; mais Dumouriez, qui veut garder pour lui seul l'honneur d'envahir la Belgique, refuse tout net de quitter son camp en déclarant qu'il ne peut laisser la frontière ouverte. Luckner en réfère au ministre qui donne raison au subordonné par crainte de l'opinion publique. Le mauvais exemple donné par les chefs est naturellement suivi par les soldats. La Constituante avait justement interdit la formation des comités dans les régiments, l'envoi d'offrandes et d'adresses de protestations à l'Assemblée ; elle avait légitimement prescrit l'obéissance des soldats à l'égard des officiers.

---

1. « Les effets de campement sont en mauvais état... les officiers n'ont ni ordre pour faire leurs équipages, ni fonds pour s'en procurer. Les indemnités qui leur ont été promises en supplément n'arrivent pas. » (10 avril 1792.)

2. « L'habillement des troupes est dans un état de délabrement vraiment honteux. » (Lettre des généraux de l'armée du Rhin, 24 juillet.)

3. Rapport de Duportail, 11 octobre 1792.

Peine perdue ! Les nouvelles levées de volontaires, excitées par les sociétés populaires et les journaux, ne font qu'aggraver le désordre. Il n'y a aucune entente possible entre les vieilles troupes et les volontaires : les habits blancs jalousent les habits bleus ; ceux-ci détestent ceux-là qu'ils considèrent comme les anciens défenseurs de la royauté. Les uns et les autres ont peu de confiance dans leurs chefs qui sont tous, à leurs yeux, des aristocrates et des vendus.

Il semblait à toute l'Europe qu'une armée aussi désorganisée, mal équipée, mal commandée, mal disciplinée, ne pourrait résister aux solides troupes autrichiennes et prussiennes. Heureusement, en présence de l'ennemi, le patriotisme se réveilla et fit taire toutes les rancunes et toutes les méfiances. L'armée, débarrassée par l'émigration des anciens officiers nobles, reprit confiance dans les nouveaux chefs tirés d'elle-même, connus et appréciés d'elle, Elle redevint l'armée nationale. Après la journée du 10 août, elle demeura fidèle à l'Assemblée en qui elle voyait la représentation de la France. D'autre part, la lenteur des alliés permit à l'administration de regagner une partie du temps perdu, de mettre les places en état de résister et de faire des approvisionnements considérables. De petits engagements aguerrirent les jeunes troupes, le courage héroïque des habits bleus les réconcilia avec les habits blancs. Valmy vint enfin rendre à l'armée sa confiance en elle-même et à la nation sa confiance dans son armée.

*
* *

Quelques jours après sa réunion, la Convention, à l'exemple des Assemblées précédentes, confia à un petit nombre de comités spéciaux l'étude des questions militaires. Le 23 septembre 1792, elle procède à la nomination de son comité de la guerre ; le 1er janvier 1793, elle institue le comité de défense nationale, chargé de s'occuper en permanence, et d'accord avec les ministres, des mesures qu'allaient exiger la campagne prochaine et l'état présent des affaires. Il devait

aussi « préparer et proposer toutes les lois et mesures nécessaires » pour la défense extérieure et intérieure de la
République. Le 6 février 1793, le ministère de la guerre est
réorganisé et, quand ce ministère eut été supprimé, le 12 germinal an II, les services militaires furent répartis entre les
cinq commissions : la commission du commerce et des approvisionnements, la commission des travaux publics, la commission des transports, la commission de l'organisation du
mouvement des armées de terre et de mer, la commission
des armes et poudres.

L'Assemblée avait tout d'abord à compléter l'armée et il
fallait mettre à profit le ralentissement des opérations pendant l'hiver pour constituer une résistance solide aux troupes
ennemies dès le début de la campagne suivante. Dans ce but,
la Convention chercha à retenir les volontaires en faisant appel
à leurs sentiments d'honneur. Le 19 octobre 1792, elle vote
une adresse aux volontaires nationaux en les conjurant de ne
pas abandonner leur poste; le 13 décembre, elle prend un
nouveau décret invitant les volontaires, au nom de la patrie,
à ne pas déserter leurs drapeaux. Elle crée aussi des corps
nouveaux : trois régiments de chasseurs à cheval le 6 décembre 1792, la légion franche des Américains le même jour,
la légion dite des montagnes Pyrénées quatre jours après.
Mais on s'aperçoit bien vite de l'insuffisance de toutes ces
mesures; la plupart des corps ainsi créés se recrutaient dans
les troupes déjà existantes et, par conséquent, n'apportaient
aucune augmentation d'effectif. Aussi le décret du 31 décembre 1792 interdit de recruter les troupes de ligne dans les
bataillons de volontaires ou dans les compagnies franches.
Le 25 janvier 1793, elle fixe le chiffre de la force publique
pour 1793 à 502,000 hommes, dont 487,000 pour l'infanterie, 15,500 pour la cavalerie et 2,000 pour l'artillerie;
mais, dans la réalité, on était bien loin de ce chiffre, comme
le disait Dubois-Crancé dans son rapport du 7 février 1793.
Au mois de décembre 1892, 401,992 hommes étaient sur
pied; les 98 régiments de ligne qui, s'ils avaient été complets, auraient dû constituer une force de 147,000 hommes,

ne comptaient, en réalité, que 112,878 hommes, d'où un déficit de 34,122 hommes qui, à la date du rapport, devait s'élever réellement à plus de 40,000. Les bataillons de volontaires et les légions étaient tout aussi incomplets. Sur les 517 bataillons de volontaires, les 382 qui avaient fourni leur situation, loin d'avoir les 800 hommes exigés par la loi, comptaient, à peine, 560 hommes. Parmi eux « il y avait certains bataillons auxquels il ne restait pas cent hommes ». La cavalerie aurait dû fournir environ 10,000 hommes, mais elle n'était pas complète ; les légions auraient dû avoir 35,000 hommes, « mais les états, fournis par le ministre, n'en portent pas l'effectif au quart[1] ». La désertion des volontaires affaiblissait sans cesse l'armée. Camus, qui revenait de la Belgique, disait à la tribune de l'Assemblée que les volontaires désertaient en masse et revenaient dans leurs foyers « en emportant avec eux armes, bagages et redingotes neuves » (12 décembre 1792). D'autre part, les soldats, qui constataient que les volontaires jouissaient de très réels avantages, abandonnaient l'armée régulière pour passer aux bataillons de volontaires, pendant qu'au contraire les officiers de ces bataillons ambitionnaient tous l'honneur de commander à de vieilles troupes.

La Convention a recours alors à deux mesures excellentes : elle décide de compléter l'armée au moyen d'une levée de 300,000 hommes, et, pour assurer cette levée, elle la réorganise dans d'autres conditions. C'est l'œuvre des décrets du 24 février et du 26 février 1793. Le décret du 24 février met en réquisition permanente tous les citoyens français depuis l'âge de 18 ans jusqu'à celui de 40 ans accomplis, non mariés ou veufs sans enfants, jusqu'à ce que le recrutement effectif des 300,000 hommes soit terminé. Le second décret réorganise l'armée de fond en comble en réunissant les troupes régulières et les troupes irrégulières (par ce mot il faut entendre les bataillons de volontaires nationaux et la multi=

---

1. Dubois-Crancé donnait comme raisons de ce déficit : « la guerre, la rigueur de la saison, le dénûment absolu, le désir des volontaires de revoir leurs foyers ».

tude des corps francs), de manière à former une armée parfaitement homogène ; d'autre part, à établir l'égalité de solde
et de régime dans les nouveaux régiments ainsi formés. C'est
l'importante opération de l'*amalgame*. Désormais il n'y aura
plus qu'une seule armée et non deux armées vivant côte à côte,
sans se confondre [1]. Par cette mesure, les volontaires per-
daient une partie de leurs anciens avantages : ils ne pouvaient
plus désormais quitter à leur gré le drapeau ; en revanche,
l'armée tout entière prenait leur nom et leur uniforme. De
plus, l'application du principe de l'élection des officiers par
leurs subordonnés donnait à l'armée une organisation analogue à celle des grands corps publics. En agissant ainsi,
l'Assemblée avait un double but : assurer le recrutement des
40,000 hommes nécessaires à l'armée par la suppression des
formes qui peuvent contrarier le vœu des citoyens, et substituer l'esprit républicain à l'esprit royaliste et monarchiste
dont elle la croyait encore infectée.

Il est aisé, en s'aidant des articles de la Constitution du
24 juin 1793 relatifs à l'organisation de la force publique, de
déterminer les caractères de cette armée ainsi réorganisée.
D'abord c'est une armée *véritablement nationale* [2]. En fait,
le décret du 24 février 1793 mettait en réquisition tous les
Français jusqu'au complet recrutement de 300,000 hommes.
Le décret du 16 août annonçait que le peuple entier allait se
lever pour la défense de sa liberté et de sa constitution et
pour délivrer enfin le territoire de ses ennemis ; celui du
23 août 1793 mettait tous les Français en réquisition permanente pour le service des armées, du jour de la promulgation
du décret jusqu'à celui où les ennemis auront été chassés du
territoire de la République. C'est une armée *permanente*.
La liberté du citoyen y est respectée, l'exercice de l'autorité

1. « Il faut considérer toutes les troupes, comme volontaires nationaux,
les réunir à leurs frères d'armes et n'en faire qu'un seul et même faisceau
contre les ennemis de la patrie. » (Rapport de Dubois-Crancé.)

2. « La force générale de la République est composée du peuple entier. »
(Article 107 de la Constitution.) — « Tous les Français sont soldats ; ils
sont tous exercés au maniement des armes. » (Article 103.)

y est entouré de conditions restrictives destinées à empêcher ceux qui la détiennent d'asservir ceux qui leur sont soumis[1]. C'est donc une autorité exclusivement bornée aux choses militaires et surtout temporaire. C'est de plus une autorité consentie par ceux qui y sont soumis. Par l'élection des officiers, ce sont les soldats eux-mêmes qui confient aux plus méritants d'entre eux l'exercice du commandement. En temps de paix, l'armée est soumise aux autorités constituées et n'agit que sur leur réquisition écrite ; en temps de guerre, elle est placée sous les ordres du Conseil exécutif[2]. Le commandement n'en peut être remis à un seul homme. En fait, cette armée est *républicaine*. La Convention, pour faire disparaître de cette armée ainsi réorganisée tout souvenir de l'ancien régime, a changé jusqu'au nom des différents grades. Les officiers qui remplissaient les fonctions de lieutenant-colonel dans l'infanterie s'appelleront chefs de bataillon et dans la cavalerie chefs d'escadron : les colonels de toutes armes seront des chefs de brigade ; les maréchaux de camp des généraux de brigade ; les lieutenants-généraux des généraux de division et les généraux d'armée des généraux en chef[3].

Bien que l'élection des officiers n'ait fait arriver aux emplois que des volontaires ou des soldats connus par leur civisme, le Comité de Salut public a procédé à une épuration des cadres de l'armée. Les commissaires envoyés par la Convention aux différentes armées ont été chargés de « surveiller les officiers suspects » et de les remplacer par des sans-culottes attachés à la défense de leurs droits. Grâce à ces procédés sommaires, l'armée, suivant le mot de Barrère, a été « *régénérée* ». En outre, le décret du 7 avril 1793 a interdit de choisir les officiers de l'état-major parmi les ci-devant privilé-

---

1. « La République entretient à sa solde, même en temps de paix, une armée de terre et de mer. » (Constitution, article 1087.)

2. Rapport de Barrère, 23 septembre 1793.

3. « La différence des grades, leurs marques distinctives et la subordination ne subsistent que relativement au service et pendant sa durée. » (Article 3.)

giés[1]. La Convention, emportée par cet esprit de méfiance que Barrère signale justement comme un des travers de la Révolution, a refermé l'armée que la Constituante avait ouverte à tous.

L'armée de la Convention dépasse de beaucoup, en effectif, celle de la Constituante et de la Législative. Pendant la campagne de l'an II, plus de 1,100,000 hommes furent mis sur pied; soit 1,200 bataillons, 500 escadrons de cavalerie et 60,000 hommes d'artillerie[2]. Cet effectif dépassait de beaucoup le chiffre normal de l'armée.

L'infanterie comprend 477,652 hommes répartis en 196 demi-brigades[3] à 3 bataillons. Chaque demi-brigade est munie de six pièces de canon servies par une compagnie de canonniers volontaires. L'effectif complet d'une demi-brigade, officiers, sous-officiers et soldats, est de 2,437 hommes. Le décret du 2 frimaire an II, au sujet de l'incorporation des citoyens de la première réquisition, porte le complet de la demi-brigade à 3,201 hommes, non compris l'état-major et la compagnie de canonniers. L'infanterie légère organisée comme l'infanterie de ligne, fut formée des légions et des bataillons de chasseurs et se composa de 14 demi-brigades. La cavalerie réorganisée[4] se composa de 29 régiments à 4 escadrons divisés chacun en 8 compagnies : chaque régiment est fort de 704 hommes ; la cavalerie forme un total de 20,416 hommes. Sous le nom de cavalerie légère furent compris 20 régiments de dragons, 23 régiments de chasseurs et 11 de hussards ; sur les 23 régiments de chasseurs, 8 avaient été formés de la cavalerie de toutes les légions au service de la République ainsi que des corps francs à cheval[5]. Chaque régiment est composé de 6 escadrons divisés chacun en

1. Articles 112 et 113 de la Constitution.
2. Rapport de Dubois-Crancé (18 pluviôse an III).
3. C'est le nom qu'ont pris les nouveaux régiments d'infanterie formés des anciens bataillons de ligne et des bataillons de volontaires. Dans la cavalerie le nom de régiment été conservé.
4. Décrets du 21 février 1793, du 21 nivôse et du 21 pluviose.
5. 21-26 février.

2 compagnies de 116 hommes et forme ainsi un corps de
1,410 hommes. La cavalerie légère tout entière comprend donc
76,140 hommes. L'artillerie se divise en artillerie légère et en
artillerie à pied. Le décret du 26 février 1793 portant qu'il ne
serait fait aucun changement à la composition de ce corps non
plus qu'à celui du génie, il ne fut réorganisé qu'en l'an III [1].
Quant à l'artillerie légère, créée par un décret de l'Assemblée
législative sous le nom d'artillerie à cheval [2], elle est formée
de 8 régiments de 456 hommes chacun, l'état-major et les
officiers compris : elle compte donc un effectif total de
3,658 hommes. L'artillerie à pied se compose de 8 régiments
d'artillerie de 1,968 hommes chacun, divisés en 20 compagnies,
de 12 compagnies d'ouvriers fortes de 87 hommes et d'un
corps de pontonniers de 597 hommes, en tout 18,365 hommes.
Le génie compte 437 officiers et 6 compagnies de mineurs,
Aucun changement n'a été apporté à la gendarmerie : elle
continue à être formée de 1,600 brigades, composées chacune
de 5 gendarmes. En additionnant tous ces chiffres, on trouve
pour l'armée tout entière un total de 606,231 hommes, chiffre
d'ailleurs approximatif, car jamais le chiffre réel n'a été celui
que donnent les décrets.

Le décret du 26 février 1793 a également réorganisé l'état-
major. Pour chaque armée il établit un général en chef, un
général divisionnaire et deux brigadiers de réserve, un brigadier général, chef d'état-major, quatre adjudants généraux
et huit adjoints pour le bureau, un commissaire général et
deux commissaires ordinaires, un quartier général. L'armée
se partage en divisions ; chaque division est composée de
quatre demi-brigades et commandée par un général de division ayant sous ses ordres deux brigadiers généraux, un adjoint général, deux adjoints et un commissaire des guerres.
A côté de l'état-major, isolés mais plus puissants que
les généraux eux-mêmes qu'ils dominent, se placent les commissaires envoyés par la Convention auprès des armées de la

1. Décret du 18 floréal.
2. 29 avril 1792.
3. 14 ventôse an II.

République avec la mission d'exercer une surveillance active sur tous les agents militaires et le droit de les destituer et de provoquer leur remplacement. L'administration intérieure leur appartient depuis la création des conseils d'administration composés d'officiers et de soldats du régiment [1]. Toutefois l'administration générale reste confiée aux commissaires des guerres dont le corps fut plusieurs fois remanié. Les décrets du 26 février 1793 et du 14 germinal an III ont réglé les principes de l'avancement. L'avancement se fait un tiers à l'ancienneté des grades, un tiers à l'élection dans le bataillon, un tiers à la nomination du Corps législatif. A la suite de ces réformes, l'armée de la Convention se trouvait bien supérieure et comme nombre et comme organisation aux armées de transition de la Législative et de la Constituante. Cependant elle n'était pas sans défaut. Dubois-Crancé [2] signale la composition défectueuse des cadres. Les officiers sont trop nombreux parce que parfois la Convention, les représentants en mission, le ministère ont nommé des titulaires différents pour le même grade. Parmi les officiers, beaucoup qui ont été promus à l'ancienneté ou à l'élection sont d'une incapacité notoire. C'est surtout dans l'état-major que se fait sentir ce vice de l'armée nouvelle [3]. L'adjoint à l'état-major devient trop rapidement adjudant général, général de brigade ou même de division, sans avoir puisé dans l'exercice des grades inférieurs l'expérience nécessaire [4]. L'administration de l'armée est encore défectueuse ; certes la misère et la désorganisation de l'armée de la Législative ont disparu. Mais le mouvement perpétuel des armées, la multitude des corps indépendants les uns des autres, la pénurie du personnel des commissaires de guerre trop peu nombreux, l'inexpé-

---

1. 27 août 1793.

2. Rapport du 18 pluviôse an III, sur la situation des armées.

3. « Ce service étant le plus doux, le plus agréable, celui qui, rapprochant le plus un individu des généraux et des représentants du peuple, le met à portée d'obtenir avec plus de facilité un emploi supérieur ? » (*Id.*)

4. « Il y a dans les armées tel officier chargé de commander 10 ou 12,000 hommes et même plus, qui n'a jamais fait manœuvrer un peloton d'infanterie ou une compagnie de cavalerie. » (*Id.*)

rience des conseils d'administration avaient empêché l'établissement de toute comptabilité sérieuse [1].

Les forces de la République furent diversement distribuées à des dates successives. Le 1er octobre 1792, la Convention décrétait que le Conseil exécutif provisoire était autorisé à diviser les forces armées de la République en huit armées, savoir : du Nord, des Ardennes, de la Moselle, du Rhin, des Vosges, des Alpes, des Pyrénées, de l'Intérieur. Au 1er mars 1793, les troupes étaient ainsi réparties : l'armée du Nord (général Dumouriez), de Dunkerque à Givet exclusivement ; l'armée des Ardennes (général Valence) de Mézières à Longwy ; l'armée de la Moselle (général Beurnonville) de Longwy à Bitche ; l'armée du Rhin (général Custine) de Mayence à Bâle ; l'armée des Alpes (général Kellermann) sur la frontière du Jura et des Alpes, jusqu'à Embrun ; l'armée d'Italie (général Biron) occupant les départements des Basses-Alpes et des Alpes-Maritimes et les côtes de la Méditerranée jusqu'à l'embouchure du Rhône ; l'armée des Pyrénées (général Servan) sur les côtes de la Méditerranée, du Rhône aux Pyrénées, la frontière espagnole et les côtes de l'Océan jusqu'à l'embouchure de la Gironde ; l'armée des côtes (général La Bourdonnais) défendant les côtes de l'Océan et de la Manche, de la Gironde à la Somme ; l'armée de réserve. Toutes ces armées étaient indépendantes les unes des autres : chaque général commande en chef, mais il reçoit des instructions du pouvoir exécutif. Quand deux armées doivent opérer leur jonction, le plus ancien général commande. Le décret du 31 avril 1793 apporte quelques modifications à cette distribution ; l'armée des Alpes disparaît ; c'est une nouvelle armée dite « *armée de l'Ain* » qui est chargée de la défense de la frontière orientale depuis le département de l'Ain inclusivement jusqu'à celui du Var exclusivement. L'armée des Pyré-

---

1. « Il se fait aux armées, il ne faut pas se le dissimuler, d'énormes dilapidations. Lorsqu'on a voulu opérer l'embrigadement, on n'a trouvé presque aucun compte des bataillons en règle, point de registres, point d'état de service, d'énormes recettes et d'énormes profits. » (Rapport de Dubois-Crancé.)

nées se divise en armée des Pyrénées-Orientales et armée des Pyrénées-Occidentales. De même l'armée des côtes est divisée en : 1º armée des côtes de La Rochelle, de l'embouchure de la Gironde à celle de la Loire ; 2º armée des côtes de Brest, qui, au 1ᵉʳ octobre 1793, prit le nom d'armée de l'Ouest, chargée de la défense des côtes jusqu'à Saint-Malo inclusivement ; armée des côtes de Cherbourg. Cette distribution portait les armées de la République au nombre de onze. En y ajoutant l'armée révolutionnaire, l'armée des Indes-Orientales et l'armée de Saint-Domingue, on atteint le chiffre célèbre des 14 armées de la Convention.

Le 26 mai 1793, un décret réunit les armées du Nord et des Ardennes, les armées de la Moselle et du Rhin, les armées des Alpes et d'Italie, les armées des Pyrénées-Orientales et Occidentales. Cette décision fut confirmée par le décret du 13 ventôse an III, qui ramena à huit les armées de la République, savoir : 1º les armées du Rhin et de la Moselle (armée du Rhin-et-Moselle), avec Pichegru comme général en chef ; 2º l'armée de Sambre-et-Meuse, avec Jourdan ; 3º celle du Nord, avec Moreau. Dans le cas où ces trois armées devraient agir de concert, le commandement est attribué à Pichegru ; 4º les deux armées des Alpes et d'Italie réunies en une seule sous les ordres de Kellermann. Puis viennent : 5º l'armée des Pyrénées-Orientales commandée par Schérer ; 6º l'armée des Pyrénées-Occidentales (général Moncey) ; 7º l'armée des côtes de l'Ouest (général Canclaux) ; 8º l'armée des côtes de Brest, à laquelle est réunie l'armée des côtes de Cherbourg et dont le commandement est confié à Hoche.

*
* *

Le trait particulier de la Constitution du Directoire (5 fructidor an III), en ce qui touche l'organisation militaire, consiste dans une combinaison des principes déjà admis par la Constituante et par la Convention. De même que la Constituante, la Constitution du 5 fructidor an III définit l'armée : « une force instituée pour défendre l'État contre les ennemis du

dehors et pour assurer au dedans le maintien de l'ordre et
l'exécution des lois » (article 294) ; elle la déclare également
une force essentiellement obéissante et lui interdit les délibérations (article 275). Elle lui conserve le nom de garde
nationale et distingue la garde nationale sédentaire et la garde
nationale en activité (article 276). Cette deuxième armée est
l'armée régulière ; elle est permanente [1]. Elle la subordonne
aux autorités civiles et détermine avec plus de précision encore
les conditions de cette subordination : « La force publique
ne peut être autorisée par les autorités civiles que dans l'é-
tendue de leur territoire ; elle ne peut se transporter d'un
canton dans un autre sans y être autorisée par l'administration du département, ni d'un département dans un autre sans
les ordres du Directoire exécutif [2]. Il n'y a à cette prescrip-
tion qu'une exception qu'expliquent les brigandages dont la
France était alors désolée [3]. De même que la Constituante,
le Directoire reconnaît pour l'armée l'existence de lois spéciales, concernant la discipline, la forme des jugements et la
nature des peines [4]. Elle interdit l'introduction des troupes
étrangères sur le territoire français sans le consentement
préalable du Corps législatif [5]. Le Directoire dispose de la
force armée ; mais, par crainte des coups d'État, le Directoire,
ni collectivement, ni par aucun de ses membres, ne peut la
commander, ni pendant le temps de ses fonctions, ni pendant
les deux années qui suivent immédiatement l'expiration de
ces fonctions [6]. De même, pour écarter les dangers de la
prééminence du pouvoir militaire, elle déclare que les commandants en chef des armées de terre et de mer ne sont
nommés qu'en cas de guerre ; ils reçoivent du Directoire

1. Article 285.
2. Article 292.
3. « En cas de danger imminent, l'administration municipale d'un canton peut requérir la garde nationale des cantons voisins. En ce cas, l'administration qui a requis et les chefs des gardes nationales qui ont été
requises sont également tenus d'en rendre compte au même instant à
l'administration départementale. » (Article 294.)
4. Article 290.
5. Article 295.
6. Article 144.

exécutif des commissions révocables à volonté. Cette commission ne dure qu'une campagne, mais elle peut être renouvelée. La Constitution défend de confier le commandement des troupes de la République à un seul homme [1]. Elle interdit de faire passer ou séjourner aucun corps de troupes dans la distance de 6 myriamètres de la commune où le Corps législatif tient ses séances, si ce n'est sur sa réquisition ou avec son autorisation [2], et un décret du 10 thermidor an III enjoint au Directoire de faire établir sur chaque route, dans la distance légale, une colonne portant avec l'inscription : limite constitutionnelle pour les troupes, l'article 69 de la Constitution et les peines édictées par le Code pénal du 3 brumaire an IV contre ceux qui porteraient atteinte à l'autorité du Corps législatif.

Le point par lequel cette constitution se distingue des précédentes est la formation de l'armée [3]. Ce mode fut déterminé par le décret du 19 fructidor an VI. Il impose d'abord à tout Français l'obligation du service militaire [4]. En temps ordinaire, l'armée de terre se recrute par enrôlement volontaire et par la voie de la conscription militaire. Le Corps législatif fixe par une loi particulière le nombre des défenseurs conscrits qui doivent être mis en activité de service, en se fondant sur la connaissance de l'insuffisance de l'effectif et du nombre des enrôlés volontaires non encore présents sous les drapeaux [5]. Cette distinction de l'enrôlement volontaire et de la conscription est importante en ce qu'elle crée une armée active et une armée de réserve. L'armée active est formée par enrôlement volontaire. Tout Français, depuis l'âge de dix-huit ans accomplis jusqu'à ce qu'il ait trente ans révolus, peut s'engager volontairement pour servir dans l'armée de terre. Il ne

1. Article 289.
2. Article 69.
3. « L'armée se forme par enrôlement volontaire et au besoin par le mode que la loi détermine. » (Article 286.)
4. « Tout Français est soldat et se doit à la défense de la patrie. Lorsque la patrie est déclarée en danger, tous les Français sont appelés à sa défense, suivant le mode que la loi détermine. »
5. Article 3.

reçoit aucune somme à titre d'engagement et doit servir quatre ans dans les troupes de terre et, de plus, en temps de guerre, jusqu'au moment où les circonstances permettront de délivrer des congés définitifs [1].

La conscription militaire comprend tous les Français depuis l'âge de vingt ans accomplis jusqu'à celui de vingt-cinq ans révolus [2]; c'est donc une obligation incombant à tous les citoyens. Mais cette obligation s'exerce en temps de guerre [3]. C'est en somme l'institution des soldats auxiliaires de la Constituante que le Directoire renouvelle en la simplifiant. Le décret du 23 fructidor an VII, relatif au personnel de guerre, nous fait connaître avec précision l'état de l'effectif pendant le cours de l'an VII. La République entretient à sa solde, pour former l'armée de terre active (sans tenir compte par conséquent ni des bataillons auxiliaires ni des compagnies franches, ni de l'armée d'Orient), 566,420 gardes nationaux. Dans ce nombre sont compris le ministre de la guerre, les employés militaires, les 460 commissaires des guerres, les officiers de santé, le personnel des écoles militaires. L'état-major général comprend, en laissant de côté les généraux du génie et de l'artillerie, 80 généraux de division, 140 généraux de brigade, 100 adjudants généraux, 850 aides de camp et adjoints. L'infanterie de bataille forme 100 demi-brigades à 3 bataillons chacune, de 3,231 hommes; en tout 323,600 hommes. L'infanterie légère « composée, organisée et soldée comme l'infanterie de bataille », comprend 26 demi-brigades, formant un effectif de 84,000 hommes. Puis viennent deux régiments de carabiniers de 704 hommes chacun. La cavalerie de bataille se compose de 25 régiments (13,275 hommes). La cavalerie légère comprend 15 régiments de dragons (14,130 hommes) et 22 régiments de chas-

---

1. Articles 6-8.
2. Article 15.
3. « Pendant la paix, les défenseurs conscrits attachés à un corps, mais non en activité de service, continuent à exercer leurs droits politiques de citoyens et font le service de la garde nationale sédentaire; ils ne sont soumis aux lois militaires que lorsqu'ils sont désignés pour entrer en activité de service. » (Article 23.)

seurs à cheval (20,724 hommes). Dans l'artillerie, il convient de distinguer l'état-major de l'artillerie composé de 226 officiers, répartis en 8 généraux de division, 12 généraux de brigade, 29 chefs de brigade, 33 chefs de bataillon, 144 capitaines ; l'artillerie à pied composée de 8 régiments de 466 hommes, soit 3,728 hommes. Il faut y joindre encore 12 compagnies d'ouvriers (1,044 hommes) ; 92 brigades d'ouvriers artistes (1,920 hommes), et deux bataillons de pontonniers (1,188 hommes). Le génie se compose d'un état-major formé de 637 officiers, de 6 compagnies de mineurs (576 hommes), de 2 bataillons de sapeurs (3,614 hommes). La gendarmerie nationale atteint un chiffre de 12,144 hommes. Le décret fait encore figurer dans cette longue énumération 287 compagnies de vétérans nationaux (14,294 hommes) ; 13 compagnies de canonniers vétérans (653 hommes) ; la garde du Corps législatif (1,256 hommes) ; la garde du Directoire exécutif (287 hommes) ; 5 compagnies de gardes à cheval (500 hommes) ; 130 compagnies de canonniers volontaires gardes-côtes (9,000 hommes) ; trois bataillons de grenadiers gardes-côtes (3,304 hommes).

La République entretient en outre, à sa solde, 6 demi-brigades d'Helvétiens (1,800 hommes). Au total, l'armée atteint un effectif de 566,420 hommes. Si l'on ne fait figurer dans le compte de l'armée que les effectifs de l'infanterie, de la cavalerie, de l'artillerie et du génie, on atteint un chiffre de 482,478 hommes, inférieur de 20,322 hommes au chiffre de 502,000 adopté par la Convention. Cette armée, d'ailleurs, restait, à très peu de chose près, telle que l'avait organisée la Convention [1]. Cependant, on doit remarquer que dans l'armée du Directoire comme dans celle de l'ancien régime figurent des corps d'apparat, tels que la garde du Corps législatif, la garde du Directoire exécutif et des troupes étrangères. Les dépenses relatives à l'armée s'élevèrent, pour l'an VII, à 337,644,189 francs.

---

1. « Nous avons conservé à tous les corps l'organisation que la Convention nationale, le Comité du salut public et le Directoire leur avaient donnée. » (Rapport du 23 messidor an VII.)

Les armées du Directoire furent diversement réparties. Les 8 armées de la Convention, les armées de l'intérieur, des Pyrénées-Orientales et des Pyrénées-Occidentales, de l'Ouest et de l'Océan remirent au Directoire, le 4 prairial an VI, les drapeaux qu'elles avaient reçus de la Convention. Le Directoire n'eut plus alors qu'un petit nombre d'armées. C'étaient : l'armée d'Italie, commandée par Berthier ; l'armée d'Allemagne, divisée elle-même en deux : celle du Rhin et celle de Mayence. Un autre corps d'armée occupait le territoire de la République Batave. Enfin l'armée d'Angleterre fut organisée par décret du 5 brumaire an VI, avec Desaix comme général en chef. Mais il serait trop long d'énumérer toutes les répartitions de l'armée du Directoire. D'ailleurs Bonaparte va revenir de Campo-Formio et partira pour l'Égypte ; Augereau va entreprendre sa merveilleuse campagne de Suisse ; Jourdan luttera dans la Forêt-Noire ; Brune vaincra les Anglais en Hollande. Virtuellement le Directoire est terminé. A l'armée révolutionnaire va succéder l'armée impériale.

*
* *

Napoléon conserve les cadres fixés par la Révolution ; mais cette armée, dont l'organisation est matériellement identique, n'est plus moralement la même ; elle cesse d'être républicaine, elle cesse d'être nationale. De plus en plus elle deviendra une armée de prétoriens, aveuglément dévoués à l'empereur, pour qui la guerre n'est pas un devoir mais un métier, qui savent que « lorsqu'on entre dans l'armée, on n'en sort pas vivant ». Ces soldats détachés de leur famille, insouciants de l'avenir, indifférents aux idées et aux sentiments qui peuvent agiter leurs concitoyens, ne songent qu'à plaire au maître, à faire preuve de bravoure et à mériter la Légion d'honneur créée en 1804.

Sans doute la conscription existe ; il semble donc bien que cette armée se recrute toujours parmi les Français. Mais l'empereur a profondément modifié la loi édictée par Jourdan

en 1798 et qui, d'un seul coup, décimait toute une génération ;
il lui a substitué la loi beaucoup plus juste du *tirage au sort*.
Seulement, pour donner satisfaction à la bourgeoisie sur
laquelle il s'appuie, il autorise le *remplacement*. Désormais
les fils des riches ne figureront pas à l'armée ; moyennant
finance ils se font remplacer par un soldat qui a fini pour son
compte et qui ne se sent pas capable de faire autre chose.
Ce sont ces rengagés qui fourniront plus tard les vétérans de
la grande armée dont Napoléon fera sa vieille garde, et qui
encadreront merveilleusement les jeunes recrues. Où donc
est dans tout cela l'armée nationale ? Il est vrai qu'entraîné
par les événements, l'empereur finira par incorporer dans ses
armées tous les Français de dix-huit à trente ans ; que
certains jeunes gens, après s'être rachetés jusqu'à trois fois
et avoir dépensé, pour cela, plus de 20,000 francs, seront
forcés de combattre en 1813 et en 1814 ; il est vrai encore que
le sénatus-consulte de 1806 établira une sorte de levée en
masse en obligeant tous les citoyens à faire partie de la
garde nationale ; qu'à dater de 1812, ces gardes nationales
seront divisées en trois bans et que le premier ban étonnera
les généraux ennemis par sa valeur au combat de La Fère-
Champenoise ; mais il ne s'agit plus de défendre la patrie
menacée. Tous ces soldats malgré eux ont la claire conscience
qu'ils sont sacrifiés à la monstrueuse vanité d'un homme ; il
n'y a plus chez eux ni ardeur patriotique ni dévouement national. De jour en jour ils se désaffectionnent du régime et
l'empereur lui-même s'en aperçoit (1).

Jamais il n'a été fait une plus effroyable consommation
d'hommes que de 1800 à 1814 ! Qu'on fasse le compte de ce
que la France a perdu sur les champs de bataille, de tous les
enfants qui auraient pu naître des soldats morts entre 20 et

---

1. « La gloire militaire, disait-il, s'use vite chez les peuples modernes.
Cinquante batailles ne produisent guère plus d'effet que cinq ou six. Je
suis et je serai toujours, pour les Français, bien plutôt l'homme de Marengo
que celui d'Iéna et de Friedland. »
» L'impression des victoires s'usait de plus en plus et des yeux exercés
auraient dès lors deviné que ce n'étaient plus les succès de ce genre qui
devaient exciter chez les peuples un enthousiasme durable. »

25 ans, et qu'on s'étonne après cela que la France soit à l'heure actuelle moins peuplée que les nations voisines ! Sans emprunter à Lanfrey et aux autres pamphlétaires leurs chiffres notoirement exagérés, on peut évaluer à 1,750,000 (c'est le chiffre officiel donné par M. d'Hargenvilliers, directeur de la conscription) le nombre des Français disparus à cette époque. En 1806, il y a 250,000 hommes présents sous les drapeaux ; d'un seul coup, Bonaparte y ajoute 100,000 conscrits ; en 1809, outre la classe régulière, il fait emprunter 80,000 hommes à la classe de 1807 ; deux ans après, on emprunte 160,000 hommes aux classes 1809 et 1810. Et à ce moment, l'empereur est victorieux. Mais viennent les défaites ; les classes seront levées tout entières et il n'y aura plus de *bons numéros*. En 1813, on lève la classe de 1815 composée de jeunes gens de 18 ans à peine formés, des *Marie-Louise*, comme on dit, qui, d'ailleurs, lutteront avec vaillance et qui seront encadrés par de vieux soldats de trente ans empruntés à toutes les conscriptions depuis 1803 !

Pour fuir de si cruelles obligations, pour éviter de servir jusqu'à trois fois dans les armées de S. M. l'empereur et roi, les conscrits prennent la fuite. Sur les côtes, ils se cachent dans les anfractuosités des roches ; en Vendée, dans les bois ; sur la frontière, à l'étranger, partout ils évitent le service par la mutilation ! Les *réfractaires* deviennent plus nombreux d'année en année. En 1813, il y a plus de 50,000 déserteurs. En vain, gendarmes et administrateurs multiplient leurs efforts ; en vain, des lois iniques frappent la famille du délinquant [1] : le nombre des déserteurs ne cesse de s'accroître ; c'est à qui refusera l'honneur de mourir.

Ce ne sont pas seulement les soldats qui font défaut, ce

---

1. « La punition touchant les réfractaires, qui n'avait d'abord frappé que l'insoumis, atteignit, à partir de 1811, le père de celui-ci, sa mère, ses frères, sœurs et beaux-frères, toute sa famille, tous ceux chez lesquels, exténué de faim, de froid et de misère, le malheureux avait bu, mangé, travaillé ou dormi ; elle s'étendit dans la suite à toute la commune. » (H. DONIOL.)

sont aussi les officiers. L'école de Mars, devenue l'école de Saint-Cyr, ne suffit pas à la consommation ; l'école des pages ne donne qu'un petit nombre de sous-lieutenants ; la garde d'honneur de 10,000 hommes, constituée par les fils de familles nobles, n'est pas une pépinière suffisante. Il faut, à partir de 1812, improviser les officiers ; il le faut d'autant plus que Napoléon veut avoir des chefs jeunes et que la moitié des officiers créés au début de l'empire ont pris leur retraite, avant même d'avoir atteint cinquante ans [1]. C'est alors que, par un monstrueux abus de pouvoir, Napoléon ordonne à Fouché de dresser une liste de dix familles par département, de cinquante familles à Paris, dont les enfants pourront faire des sous-lieutenants. En vain les pères feront-ils observer qu'ils ont déjà payé pour épargner à leurs enfants le service militaire ; Napoléon reste inflexible [2].

Grâce à de pareilles mesures, l'armée de Napoléon compte sur le papier 500,000 hommes, mais il s'en faut qu'un pareil chiffre soit conforme à la réalité [3]. Ces troupes sont réparties en régiments (car l'appellation de demi-brigade a disparu) ; deux régiments forment une brigade ; deux brigades, une division ; deux ou trois divisions, un *corps d'armée* (terme nouveau). Les soldats les plus grands sont incorporés dans les grenadiers, les plus petits (4 pieds 11 pouces au maximum) dans les voltigeurs. Ces voltigeurs, armés d'un fusil plus léger, quelquefois même de la simple carabine des dragons, constituent d'abord une compagnie par régiment [4] ; plus tard, ils sont réunis en régiments spéciaux (19 en 1814) et formeront l'infanterie légère chargée du service d'éclaireurs, des avant-gardes, des mouvements tournants. Les grades restent

1. En 1813, 41 généraux de cavalerie ont déjà pris leur retraite.
2. « Si l'on fait quelque objection, dit l'empereur, il n'y a pas d'autre réponse à faire sinon que tel est mon bon plaisir. »
3. S'il est possible qu'au début de la campagne de la Russie, et en y comprenant tous les contingents étrangers, l'armée française ait compté 617,000 hommes, l'armée de Napoléon, en 1813, malgré les deux sénatus-consultes, ne dépasse pas 450,000 hommes réellement présents, et moins encore en 1814.
4. Décret du 2 complémentaire an XII.

les mêmes, sauf celui de lieutenant-colonel qui avait été supprimé et que Napoléon rétablit [1].

Quant à la cavalerie, elle sera plus profondément remaniée. « Les besoins de l'armée, dit Napoléon, réclament quatre espèces de cavalerie : les éclaireurs, la cavalerie légère, les dragons, les cuirassiers. » Pour avoir des éclaireurs, il créera les régiments de guides ; les hussards (dix régiments) et les chasseurs à cheval (vingt-six) lui fourniront la cavalerie légère ; les dragons, destinés à combattre à pied et à cheval, compteront deux régiments ; il y aura enfin quatre régiments de cuirassiers. A cet effectif, il faut ajouter neuf régiments de lanciers [2], car l'empereur estime que la lance est l'arme par excellence de la cavalerie, et deux régiments de carabiniers, troupes de parade, étincelantes d'or et chargées spécialement d'escorter l'impératrice et le roi de Rome [3].

L'artillerie ne fut que peu modifiée par le système de l'an XI. Les préférences de l'empereur étaient pour la pièce de 12 ; aussi multiplia-t-il les canons de ce calibre aux dépens des pièces de 4 et de 8 ; il eut aussi l'idée d'attacher à chaque régiment deux pièces légères de campagne et adopta pour ces canons le calibre 6. Il allégea les attelages et groupa les pièces par batteries de six canons. Quelquefois même il réunit plusieurs batteries entre elles, et c'est ainsi qu'à la bataille de Wagram, Drouot ouvrit sur l'ennemi le feu de cent canons à la fois. Napoléon ne cessa d'activer la fabrication de canons nouveaux, car il avait déjà prévu que la guerre deviendrait de plus en plus une guerre scientifique avec des armes à longue portée, et il estimait qu'il fallait pour le moins quatre pièces par 1,000 hommes. Il est même étrange de constater qu'il ne songea jamais à améliorer le fusil très défectueux dont ses troupes étaient armées et qu'il se contenta du fusil à pierre, modèle 1777, sans vouloir même se servir de la carabine rayée

---

1. Voir à ce sujet les *Mémoires* du général Marbot.
2. Créés en 1809.
3. Les hussards et les chasseurs auront pour chefs Lasalle, Murat, Marbot, Ségur ; les lanciers obéiront à Montbrun et à Poniatowski ; les cuirassiers à Kellermann et à Milhaud ; les carabiniers à Caulaincourt.

qui avait déjà, sous Louis XVI, rendu d'excellents services.

Malgré les levées incessantes ordonnées par Napoléon, les hommes manquent et d'année en année les étrangers envahissent nos cadres. On peut dire, en reprenant une expression de M. H. Vast, qu'à dater de 1809, l'armée française s'est comme dénationalisée. Il y vient des recrues de toutes les régions du monde. Il faut distinguer : 1° celles qui sont recrutées dans les départements récemment annexés à la France ; 2° celles qui viennent du dehors ; 3° celles que fournissent les Etats vassaux de l'Empire ; 4° celles que Napoléon exige des États alliés [1]. Ce sont pour la première catégorie les 6 régiments d'Illyrie, les chasseurs à cheval ioniens, le bataillon septinsulaire ; pour les autres, les Suisses qui, fidèles à la paix perpétuelle, servent le premier Empire comme ils ont servi l'ancien régime, au nombre de 16,000 (capitation de 1803); la légion hanovrienne avec Deroy, puis des Espagnols, des Italiens, des Mamelouks. Un régiment d'Albanais, un autre de chasseurs grecs, et surtout les fameux lanciers polonais de Poniatowski. Dans la grande armée de 1812, figurent : un corps prussien commandé par York ; un corps autrichien sous les ordres de Schwartzemberg ; des Westphaliens avec Jérôme. On parle toutes les langues ; on jure dans tous les idiomes. Le patriotisme a disparu ; ce ne sont que des mercenaires [2] unis momentanément par la seule volonté de l'empereur.

Mais autour de Napoléon il y a une armée vraiment française par ses origines, son tempérament, son esprit ; fanatique, il est vrai, de Napoléon, mais dévouée aussi au pays : c'est la garde impériale. Issue de la garde des directeurs et de la garde consulaire, la garde impériale se recrute exclusivement parmi les vieux soldats qui ont fait déjà plusieurs campagnes. Elle a une paye plus forte, des uniformes plus brillants, des généraux plus expérimentés ; elle ne combat que sous les yeux de l'empereur ; elle n'intervient qu'à la fin

---

1. RAMBAUD. *Histoire de la Civilisation française.*
2. Il faut faire exception pour les Polonais qui restèrent jusqu'à la fin fidèles à la France. Leur charge admirable dans les défilés de Somo-Sierra et leur dévouement à la bataille de Leipzig sont restés légendaires.

de la bataille pour assurer le succès. L'empereur est ménager de la vie de ses « vieux grognards », et en plusieurs circonstances, particulièrement à Waterloo, l'empereur perdra la victoire pour avoir hésité trop longtemps à s'en servir. Qu'il s'agisse de la vieille ou de la jeune garde créée depuis 1807, l'empereur n'a foi qu'en elle, ne pense qu'à elle. Aux grenadiers vont les croix d'honneur et les dotations [1]. Chaque soldat aspire, par de beaux faits d'armes ou de brillants exploits, à figurer dans cette arme d'élite. En 1813, la garde impériale, qui est une réduction en perfection de l'armée tout entière, compte 92,000 hommes.

Quel est maintenant le costume, l'aspect extérieur de cette immense armée ? Assistons par la pensée au défilé d'une des nombreuses revues que passe Napoléon au Champ-de-Mars. Aux sons de la musique de la garde défilent d'abord les grenadiers aux bonnets à poil légendaires, la perruque poudrée à frimas, l'habit bleu, les bas de soie et les souliers à boucle d'argent. Ils s'avancent derrière leurs officiers tout chamarrés d'or, tous portant sur la poitrine, au milieu de leurs buffleteries, la croix de la Légion d'honneur ; viennent ensuite les marins de la garde au shako à plumet et au dolman rouge à brandebourgs ; les simples fantassins ferment la marche avec leur immense shako évasé, leurs longues redingotes, leurs buffleteries blanches, sac au dos, l'incommode et long fusil sur l'épaule. Mais voici la cavalerie, dont l'empereur a lui-même dessiné le costume. D'abord les hussards dont les jambes sont battues par une immense sabretache, dont la tête est à moitié cachée par le colbach qui retombe avec élégance, bien sanglés dans leur habit bleu dont les parements et les retroussis changent avec le numéro du régiment ; derrière les chasseurs à brandebourgs apparaissent les hussards Bonaparte à l'éclatant costume jaune ; puis les grenadiers avec le bonnet à poil descendant sur leur habit bleu à la française, au col relevé, aux épaulettes rouges galonnées d'argent. Derrière eux s'avancent les carabiniers avec

1. Voir les *Cahiers du capitaine Coignet.*

le casque à chenille rouge et la cuirasse légère au milieu de
laquelle brille un soleil d'or ; puis les cuirassiers, plus sobres
de couleurs mais véritables géants bien pris dans leur corset
de fer ; les guides au costume sabré de brandebourgs, à la
toque d'astrakan, à la ceinture dorée. Enfin, fermant la
marche, les lanciers polonais au costume rouge et or et l'escadron des mamelucks à l'équipement oriental, turban à
aigrette, grandes culottes rouges, cimeterre asiatique, selle à
haut pommeau, étriers à la turque, étendards à queue de
cheval. Laissons maintenant passer les artilleurs dont l'uniforme est sévère et élégant à la fois, et nous aurons une idée
de l'armée napoléonienne. Immobile sur son cheval, l'empereur en culotte de casimir blanc, au gilet rigoureusement
boutonné et coupé en deux par le grand cordon rouge, vêtu
de la fameuse redingote grise, assiste au défilé entouré d'un
état-major dont les uniformes brillent au soleil, dont les casques rigides, les shakos terminés par de gigantesques plumets,
les bonnets de fourrure égaient les visages balafrés. Tous ces
ornements sont effroyablement lourds ; les bottes manquent
d'élégance et sont énormes, les cols enserrent le cou comme
un carcan, les uniformes sont tellement collants qu'ils immo-
bilisent le corps ; mais tout cela reluit d'or et d'argent et personne ne songe à se plaindre. Ce fut une rude génération que
celle qui traversa ainsi l'Europe, de lourds souliers aux
pieds, un sac de quarante kilos sur le dos et le fusil à pierre
sur l'épaule [1].

Il resterait maintenant à expliquer l'ascendant irrésistible,
la confiance aveugle que Napoléon a su inspirer à ses soldats.
Sans doute il les a conduits bien souvent à la victoire ; sans

---

1. L'infanterie de la garde se composait : de 4 régiments de grenadiers
à pied, de 3 de chasseurs à pied, 1 de fusiliers-grenadiers, 1 de fusiliers-
chasseurs, 1 de flanqueurs-grenadiers, 13 de tirailleurs, 13 de voltigeurs,
des pupilles de la garde et des vétérans de la garde.

La cavalerie comprenait les grenadiers à cheval, les dragons de l'impératrice, les chasseurs à cheval, les mamelucks, les lanciers polonais, les
lanciers rouges, les quatre régiments de gardes d'honneur et la gendarmerie d'élite. L'artillerie et services annexes comprenaient 1 régiment à
cheval, 2 à pied, 3 du train, 1 compagnie de sapeurs ; enfin les marins
de la garde.

doute ils ont fait, grâce à lui, trembler l'Europe; mais cette explication ne suffit pas. En réalité, Napoléon a su les retenir autour de lui, fidèles même au moment des défaites, par sa générosité et par sa constante sollicitude. Il prodigue à ses soldats les croix d'honneur, les dotations, les gratifications en argent, les cadeaux personnels. Qu'un simple grenadier se distingue dans un combat, il aura la croix! Qu'un humble soldat fasse au souverain dans une revue une réponse dont la crânerie lui plaise, il recevra une tabatière en argent ou une somme assez ronde ; il sera, honneur suprême, invité à la table de l'empereur. Il s'est attaché ses officiers par de véritables chaînes d'or. A la fin de l'Empire, Masséna touche, outre sa solde, près de 500,000 francs supplémentaires ; Ney, 300,000 ; Davoust, 300,000 ! Ce que prodigue Napoléon à ses soldats est incalculable. Mais cela ne suffit pas! Il donne à chacun l'illusion qu'il le connaît personnellement; à tous l'impression, exacte d'ailleurs, qu'il s'occupe des soldats, qu'il veut leur bien-être, qu'il entend réparer les injustices. Il les tutoie volontiers, leur pince l'oreille en signe d'amitié, les appelle par leur nom. Qu'un « vieux brisquard » longtemps oublié réclame, et Napoléon le fait passer en un quart d'heure du grade de sergent à celui de capitaine; qu'un grenadier rappelle ses services avec une brusquerie maussade, l'empereur, loin de se fâcher, lui donne satisfaction. Il apprend qu'une injustice a été commise à l'égard d'un vieil officier nommé Bourgeois : il le nomme sur-le-champ capitaine et place ses deux fils comme boursiers dans un lycée de province. On pourrait citer mille traits de ce genre, tous authentiques et qui lui assurent une popularité définitive. Comment ne pas adorer un empereur qui goûte la soupe de ses soldats, qui s'assure de leur bien-être, qui, avant de se coucher[1], visite les campements? S'il rencontre un soldat égaré, il lui indique lui-même l'endroit où est cantonnée sa compagnie, car il sait d'avance où doivent se trouver toutes ses troupes. C'est par de pareils procédés, quelques-uns

1. Voir, dans le corps du volume, la citation du capitaine Coignet.

voulus, d'autres naturels, que Napoléon tient son armée dans la main et qu'il lui impose sa volonté [1].

L'empereur a donc été un admirable manieur d'hommes et il a été aussi un prodigieux administrateur. Berthier jusqu'en 1807, puis Clarke, ont été, il est vrai, ministres de la guerre ; Dejean et Lacuée ont eu dans leurs attributions l'intendance et le recrutement, mais Napoléon voit tout et sait tout. Au milieu de la nuit il se lève pour compulser les états de situation, pour « éplucher » les comptes des intendants, pour tracer sur la carte les itinéraires à suivre ; et, au petit matin, le ministre est stupéfait quand l'empereur lui signale une petite erreur qui lui avait échappé, mais que l'empereur a notée dans un coin de sa mémoire. Malheureusement cette armée a été faite par un homme et pour un homme ; Napoléon disparu, l'armée disparaît aussi. Depuis longtemps, les généraux rassasiés d'honneurs et gorgés d'argent aspirent au repos et se désintéressent de la bataille ; les dernières levées songent à la famille qu'elles ont laissée derrière elles et attendent avec impatience la fin de la campagne. Après Waterloo, ce sera une fuite éperdue, et un grand nombre de soldats retourneront chez eux, dédaigneux de la discipline et d'avance consolés de l'écroulement de l'Empire.

*
* *

Dès son retour en France, Louis XVIII supprima la conscription. « La conscription est abolie, dit la Charte ; l'armée

---

1. Dans les dîners qu'il offrait à ses soldats, Napoléon recommandait de « mêler les simples soldats aux colonels et aux généraux. Contre son habitude il laissait le repas se prolonger. Il se montrait d'une amabilité parfaite, s'efforçait de mettre à l'aise tous les convives. Rien n'était plus drôle que de voir ces bons troupiers se tenant à deux pieds de la table, n'osant s'approcher ni de leur serviette ni de leur pain, rouges jusqu'aux oreilles, et le cou tendu du côté de leur général comme pour recevoir le mot d'ordre. Le premier consul leur faisait raconter le haut fait qui leur valait la récompense nationale, et riait parfois aux éclats de leurs singulières narrations. Il les engageait à bien manger, buvant quelquefois à leur santé ; mais pour quelques-uns les encouragements échouaient contre leur timidité. « (CONSTANT, valet de chambre de l'empereur.)

se recrute par des engagements volontaires. » Le roi espérait ainsi se débarrasser des vieux soldats de Napoléon, « les brigands de la Loire », comme on disait alors, et apaiser à la fois les rancunes des émigrés et les craintes des vainqueurs. Plus de dix mille officiers furent mis en demi-solde ; les corps d'élite furent licenciés et il n'y eut plus guère que 40,000 hommes sous les drapeaux. Le ministère réserve tous les hauts grades aux émigrés, et le comte d'Artois refuse la croix de Saint-Louis à un officier qui n'avait pour l'obtenir « que vingt ans de bons et loyaux services dans les rangs de l'armée française ». Enfin, revenant aux désastreuses traditions de l'ancien régime, le roi s'entoure de quatre régiments suisses et fond tous les volontaires étrangers de l'armée de Napoléon dans un seul régiment auquel on donne le nom de *légion de Hohenlohe*. Pour effacer jusqu'au moindre souvenir de l'armée napoléonienne, les régiments prirent désormais le nom de « légions départementales ». Ainsi, en moins de six mois, il n'y eut plus d'armée française.

Une telle situation ne pouvait se prolonger ; elle se modifia, en effet, avec le ministère national de Richelieu, et, grâce à l'énergie de Gouvion-Saint-Cyr, une nouvelle loi militaire fut votée par les Chambres, malgré la résistance des *ultras* et la mauvaise volonté du comte d'Artois [1]. N'osant pas encore revenir nettement au système de la *conscription*, le maréchal invente une combinaison de l'enrôlement volontaire et de la conscription. En fait, c'est la conscription qui prévalut sous le nom d'*appels*. Tout en réservant les engagés volontaires pour la garde royale et les troupes d'élite, Gouvion-Saint-Cyr impose le *tirage au sort* à tous les jeunes gens âgés de vingt ans. Ceux qui avaient obtenu un bon numéro étaient définitivement libérés ; pour les autres, le remplacement était admis. L'armée sur le pied de paix devait avoir 240,000 hommes, mais il y en avait seulement 40,000 sous les drapeaux. Chaque soldat devait, en effet, six ans de service actif et six ans comme vétéran, c'est-à-dire

1. La loi fut adoptée le 10 mars 1818.

était susceptible d'être rappelé en activité. Le corps des officiers se composait de sous-officiers ayant deux ans de grade et d'élèves sortis d'une école militaire après examens, car Gouvion venait de rétablir les écoles de Saint-Cyr et de la Flèche. Un tiers des lieutenances fut réservé, par une décision de la commission de la Chambre, aux sous-officiers. L'avancement jusqu'au grade de chef de bataillon avait lieu à raison d'un tiers au choix et de deux tiers à l'ancienneté : on ne pouvait passer d'un grade à l'autre qu'après quatre ans de service. « Il s'agit de savoir, avait dit Gouvion-Saint-Cyr, s'il existe parmi nous deux armées, deux nations, dont l'une sera frappée d'anathème et regardée comme incapable de servir l'armée et la France. » Le maréchal avait gagné son procès devant le roi et devant l'opinion publique. Si le mot prêté à tort au roi par le comte Beugnot, « que tout soldat avait dans sa giberne le bâton de maréchal de France », était loin d'être exact, du moins exprimait-il cette idée que les grades n'étaient plus uniquement réservés à la naissance et à la faveur et qu'il était permis aux roturiers d'aspirer à une situation à l'armée. Par cette seule mesure, Gouvion-Saint-Cyr était revenu à l'armée nationale ou, comme le disaient dédaigneusement les royalistes « à l'armée parlementaire ». Ajoutons que, profitant de son influence sur le roi, Gouvion avait en même temps réorganisé le service d'état-major, celui de l'intendance, et avait donné à l'artillerie une nouvelle organisation.

Aussi sa loi restera-t-elle en quelque sorte la *charte* de l'armée jusqu'en 1868. Ses successeurs n'y introduisirent que d'insignifiantes modifications : en 1824, M. de Damas portera le contingent annuel à 60,000 hommes, la durée du service à huit années, et supprimera les vétérances qui n'avaient donné que de fort médiocres résultats ; enfin, en 1832, le maréchal Soult, reprenant pour son compte le système de la conscription, supprima la garde royale et les régiments étrangers[1], porta le contingent annuel à 80,000 hommes et le

---

1. La légion de Hohenlohe se fit naturaliser en bloc et constitua le 2ᵉ léger.

Guy. — Mémoires militaires.   f

service à sept ans. Il autorisait aussi les rengagements pour deux ou cinq ans. Grâce à ces légères modifications, la France put compter sur 200,000 hommes en temps de paix et 580,000 en temps de guerre.

Le maréchal Soult se préoccupa également de l'avancement des officiers. C'est lui qui, pour la première fois, distingue entre le *grade* de l'officier, dont il a la propriété et dont il ne peut être dépouillé, et *l'emploi* dont le gouvernement se réserve la disposition.

C'est également de la monarchie de Juillet que date la création de l'armée d'Afrique. Le maréchal Clauzel, réduit à ses propres forces, avait eu, dès 1830, l'idée d'imiter les Turcs en constituant en Algérie une armée avec des éléments indigènes. Il n'avait d'ailleurs qu'à imiter l'exemple des deys d'Alger, qui depuis près d'un siècle s'étaient entourés d'une garde de Kabyles, parmi lesquels les hommes de la tribu des Zouaoua étaient surtout nombreux et réputés pour leur bravoure. Clauzel en réunit un certain nombre le 1er octobre 1830 et créa avec eux deux bataillons indigènes qui reçurent le nom de *zouaves*. Mais bientôt le gouvernement introduisait dans ce corps indigène des éléments français. Bon nombre de soldats des *éclaireurs parisiens* et des *bataillons de la Charte* y furent incorporés. En 1832, au camp de Dely-Rahim, le corps des zouaves fut solennellement licencié, ce qui permit de se débarrasser des mauvaises têtes ou des indigènes turbulents et insoumis qui y étaient en majorité; mais on le reconstitua aussitôt en un bataillon de 10 compagnies, dont 8 de Français et 2 d'indigènes. Ce fut également à cette époque que l'uniforme [1] du nouveau bataillon fut définitivement fixé. « C'est, dit le duc d'Aumale, le costume oriental sous les couleurs de l'infanterie française, mais avec quelques modifications qui, sans rien ôter à la grâce et

---

1. « Jusqu'alors on n'avait pas encore donné d'uniforme au nouveau corps; les uns avaient des blouses grises, des paletots ou des vestons; les indigènes avaient des burnous ou des vestes; de sorte que quand les compagnies manœuvraient, tant bien que mal, sur l'esplanade Bab-el-Oued, le spectacle prêtait vraiment à rire. Les haillons y dominaient. » (E. CAT, *Nos soldats d'Afrique.*)

à l'originalité des vêtements, en ont fait le costume le plus leste et le mieux entendu, je crois, qu'ait jamais porté un homme de guerre. » Et plus loin : « Il n'est pas jusqu'au turban, en apparence si incommode, qui n'ait son utilité, tantôt laissé flottant sur la nuque qu'il abrite du soleil, tantôt employé comme cache-nez, tantôt enfin, si la campagne est longue, s'en allant par pièces réparer les brèches de la veste et de la culotte[1]. » Les zouaves formèrent un régiment entier à dater du 20 mars 1842.

Peu à peu les fantassins indigènes furent éliminés du corps des zouaves par les volontaires français. Il fallait pourtant utiliser le bon vouloir des Algériens, et c'est dans ce but que furent organisés, le 7 décembre 1841, les trois bataillons de tirailleurs indigènes, à raison d'un bataillon par province. Les soldats s'y recrutaient par enrôlements volontaires d'une durée de cinq ans. Dès le début, les tirailleurs furent de merveilleux soldats. « Opposant ruses à ruses, dit le comte de Castellane, fourrés à fourrés, embuscades à embuscades, nos tirailleurs indigènes se coulaient entre les buissons comme des serpents et répondaient vigoureusement aux Arabes. Les officiers, les premiers au danger, leur donnaient l'exemple. Un de ces tirailleurs s'était glissé derrière une grosse touffe de lentisques ; un Kabyle s'approche, le coup part, le Kabyle est mort. Le tirailleur recharge son arme et attend. Bref, le tirailleur en abat quatre et, l'œuvre accomplie, il regagne la colonne, tout fier de son adresse et de son sang-froid. » Les services rendus par les tirailleurs furent tels qu'un décret du 10 octobre 1855 décide qu'il y aura désormais un régiment de tirailleurs par province, chaque régiment comptant trois bataillons et un état-major. Ce sont ces tirailleurs qui furent si longtemps populaires en France sous le nom de *turcos*.

Mais les troupes d'Afrique ainsi constituées n'étaient pas encore suffisantes. Une ordonnance de 1832 crée deux bataillons d'infanterie légère d'Afrique. Ils se composeront des

---

1. Le premier chef des zouaves fut le commandant Duvivier.

hommes condamnés dans les corps à des peines dépassant
six mois de prison, ainsi que de ceux qui, ayant achevé leur
temps dans les compagnies de discipline, n'ont pas cependant terminé leur service militaire. Un bataillon fut installé à
Mostaganem, un deuxième à Bougie et un troisième à Bône.
Bien qu'ils fussent « l'exutoire de l'armée », ils finirent par
conquérir une certaine considération quand on les vit si courageux devant l'ennemi, si résignés à leur sort, si travailleurs.
Leur insouciance et leur légèreté leur valurent le nom de
zéphyrs ou de *joyeux* qui depuis leur est resté [1].

C'est également en Afrique que furent cantonnés les bataillons de la légion étrangère [2]. Ils eurent d'abord pour chef l'é-
nergique colonel Combes qui eut beaucoup de peine à maintenir son autorité sur tous ces soldats étrangers dont beaucoup
désertaient et dont presque tous étaient instinctivement hos-
tiles aux officiers français. Pendant que le premier bataillon
guerroyait en Espagne pour le compte de la régente Marie-
Christine, l'autre s'organisait peu à peu à Bougie et, à partir
de 1840, les étrangers formèrent deux régiments complets
dont l'un fut cantonné à Oran et l'autre à Constantine. C'est
ce dernier régiment qui se couvrit de gloire en Crimée ; ce fut
également la légion étrangère qui contribua à la défaite de
Bou-Amama en 1871 et à la conquête du Tonkin en 1883.
Aujourd'hui le premier régiment de la légion réside à Sidi-
Bel-Abbès, le deuxième à Saïda, sur la lisière même du Sahara. C'est là le seul souvenir des régiments étrangers de
l'ancien régime.

Telle fut l'organisation de l'infanterie africaine. Mais dans
un pays où l'homme n'est respecté que lorsqu'il monte à cheval, il fallait une excellente cavalerie, capable de forcer à la
course les cavaliers indigènes. De là l'idée des chasseurs

1. « Une fois que la grande capote grise a été endossée par les hommes
de fortune et de valeur diverses, ils sont soumis à une discipline moins
humiliante que celle des compagnies, mais autrement dure que celle des
régiments. La moindre infraction est sévèrement punie. Les fautes même
légères amènent de dures corrections, une aggravation dans le travail
imposé. » (E. CAT, *Nos soldats d'Afrique*.)

2. Voir l'*Histoire de la Légion étrangère*, par ROGER DE BEAUVOIR.

algériens, plus tard chasseurs d'Afrique, le 10 décembre 1830.
« Cette petite troupe portait à l'origine un costume à l'orientale : veste à manches de couleur garance, gilet bleu fermé par devant et sans boutons, pantalon bleu à la turque, ceinture large amarante, grandes bottes ; pour manteau un burnous blanc ; pour armes, un long sabre recourbé, des pistolets passés à la ceinture, un fusil porté en bandoulière. » L'expérience ayant donné de bons résultats, une ordonnance du 17 novembre 1831 constitua deux régiments de chasseurs. A partir de 1839, les régiments furent au nombre de quatre. On sait quelle part glorieuse ils prirent à la conquête de l'Algérie ; comment ils réprimèrent les insurrections des Kabyles, grâce à l'admirable direction du général de Galliffet ; enfin comment, sous les ordres du général Margueritte, ils accomplirent sur le champ de bataille de Sedan cette glorieuse charge qui arracha à l'empereur Guillaume lui-même un cri d'admiration.

Tout d'abord les chasseurs d'Afrique s'étaient indifféremment composés d'indigènes et de Français ; mais à partir de 1884, les indigènes formèrent un corps spécial à quatre escadrons qui prirent le nom de spahis réguliers de Bône ; d'autres escadrons furent constitués de la même façon à Mostaganem (1835), à Tlemcen et à Guelma (1840). Enfin, en 1841, cette cavalerie fut définitivement organisée en un corps de *spahis* composé de 20 escadrons répartis dans les trois provinces et placés sous les ordres du colonel Youssouf. [1] Bientôt on admit dans leurs rangs, et surtout pour constituer les cadres, des volontaires français [2].

Durant cette longue période de 1815 à 1848, à côté de l'ar-

---

[1]. Le premier chef fut le commandant Marcy-Monge.

[2]. « Un grand attrait pour les indigènes, non moins que pour les Français, c'est la splendeur du costume des spahis Une culotte bleue à la turque qui ne va qu'aux genoux, des bottes molles en filali rouge, un gilet bleu soutaché de noir, une large ceinture rouge, une veste rouge avec des arabesques noires, un haïck blanc qui s'enroule au sommet en turban retenu par les nombreux tours de la corde brune en poil de chameau, pardessus un burnous blanc, et enfin un grand burnous rouge, voilà, avec la carabine et le fusil, la tenue complète. » (E. CAT, *Nos soldats d'Afrique*.)

mée française recrutée par voie de tirage au sort existe la garde nationale composée de tous les citoyens français payant une certaine contribution. Louis XVIII et Charles X honorent de leur faveur cette garde bourgeoise, parce qu'elle a été la première à remplacer la cocarde tricolore par la cocarde blanche ; et si Charles X la dissout brutalement en 1827, Louis-Philippe en fait sa garde particulière, parce que la révolution de 1830 qui l'a mis sur le trône par surprise est l'œuvre de la bourgeoisie où elle se recrute. Il est vrai que le gouvernement, se réservant la nomination des officiers, peut tout d'abord se servir de la garde nationale pour défendre sa politique et maintenir l'ordre. Mais du jour où Louis-Philippe a l'imprudence de confier à l'élection de ces soldats improvisés la nomination de leurs officiers, les gardes nationaux deviendront les pires fauteurs de désordres, et le premier soin du second Empire sera avec raison de licencier ces miliciens turbulents et inexpérimentés.

Napoléon III ne conserva, en effet, qu'une garde volontaire, habilement choisie parmi les citoyens aisés et dévoués au nouveau régime, et qui ne fut qu'une armée de parade. Après quelques années, elle n'existait plus guère que sur le papier. A Paris comme en province, on oublia de convoquer les « bataillons » qui avaient remplacé les « légions », et personne ne songea à s'en plaindre. Pour l'armée active, Napoléon III en revint à l'organisation du maréchal Soult, se contentant pour toute modification de substituer au remplacement l'*exonération*. Désormais, tout Français appelé à servir peut se faire remplacer, mais il ne lui est plus nécessaire de trouver lui-même son remplaçant ; il se contente de verser dans les mains de l'Etat une certaine somme, et l'Etat se charge de trouver un homme en réengageant, à l'aide de primes, un soldat « qui a fini son temps ». Ce système devait avoir l'heureux résultat de fournir à l'armée, non pas des soldats inexpérimentés et inintelligents, arrachés à leur village ou trouvés sur le pavé des villes par « les marchands d'hommes », mais des soldats déjà aguerris, rompus aux exigences de leur métier et qui n'avaient qu'à prolonger leur séjour à la caserne. En

regard de cet avantage indéniable, il faut placer les inconvénients très graves qui résultent de ce procédé. D'abord, les
rengagés ne sont pas à beaucoup près aussi nombreux que
les exonérés ; de là, des insuffisances d'effectif qui s'élèvent
quelquefois à trente mille hommes ; ensuite l'argent versé
dans « la caisse de dotation de l'armée » n'est pas consacré, tant s'en faut, à acheter les hommes nécessaires à la
défense ; le gouvernement prend facilement l'habitude d'y
puiser à pleines mains et pour d'autres buts. Enfin, vice
plus grave encore, l'armée créée par ce procédé n'est pas une
armée nationale. L'état militaire devient un métier auquel
ne se consacrent pas toujours les plus intelligents et les
plus travailleurs ; c'est bien plutôt une armée de mercenaires
qu'une armée de citoyens. Il y a divorce complet entre l'armée et la nation.

Si encore les régiments, bien qu'incomplets, conservaient
leurs meilleurs soldats, leurs têtes de colonne ; si les soldats
étaient encadrés par des sous-officiers expérimentés ! Mais il
n'en n'est rien. Par cette manie d'imiter son oncle qui le hanta
pendant toute sa vie, Napoléon crée, lui aussi, sa garde impériale. En 1865, elle s'élève à 52,000 hommes et elle comprend naturellement les meilleures troupes qui méprisent les
régiments ordinaires et qui en sont détestées. Non seulement
il n'y a plus de liens entre l'armée et le peuple, mais il n'y a
plus de cohésion entre les différentes fractions de l'armée. En
vertu de la force acquise et grâce au manque d'entraînement
des soldats autrichiens et russes, l'armée française sera
encore victorieuse en Crimée et en Italie ; mais, loin de se
guérir, les maux dont souffre l'armée vont en s'aggravant ;
les rengagés diminuent ; les grades sont donnés à la faveur ;
les états-majors sont encombrés d'officiers dont les aptitudes
sont plus que douteuses et l'expérience nulle : vienne une
guerre et la défaite est inévitable. L'armement lui-même
laisse à désirer ; les canons rayés employés pendant la guerre
de 1859 sont, il est vrai, excellents, et la substitution du boulet
conique en acier au boulet rond en fonte constitue un progrès
indiscutable dans l'art de tuer ; mais ces mitrailleuses dont

Napoléon s'attribue la découverte sont des engins bien médiocres, et notre fusil Chassepot tant vanté (1866), « celui
qui a fait merveille à Mentana», est, en somme, inférieur au
fusil à aiguille dont Dreyse a pourvu les Prussiens depuis
1836.

Les généraux clairvoyants n'ignorent rien de cette situation
et poussent des cris d'alarme. La brochure du général Trochu
sur l'armée française (1867) dénonce tous les vices de cette
armée prétorienne, et son retentissement est tel que son auteur est envoyé en disgrâce à Montpellier. Mais, de l'avis de
tous, il faut faire *quelque chose*, et c'est alors que le maréchal Niel, devenu ministre de la guerre, propose au Parlement le projet de loi dont nous parlons plus loin dans le
corps du volume (1868). Ce système était encore bien impar-
fait, mais, tel qu'il était, il constituait un progrès évident ; et
s'il avait été adopté en bloc, la lutte eût été possible,
même avec les Prussiens qui, depuis 1808, se préparaient
silencieusement à une guerre de revanche. Malheureusement
les Chambres furent effrayées par les propositions de Niel et
n'en adoptèrent qu'une partie [1]. Le ministre, usé par des adversaires que son projet atteignait dans leurs intérêts personnels, trahi par ses propres bureaux qui lui opposaient
une incroyable force d'inertie, plaisanté à la cour qui ne prenait rien au sérieux, mourut à la tâche sans avoir pu réaliser
son œuvre. Les exonérations et les dispenses arbitraires
affaiblirent, comme par le passé, le contingent qui aurait dû
figurer sous les drapeaux ; la garde mobile ne fut ni armée,
ni organisée ; les officiers seuls furent nommés, et ces officiers ne furent ni des sous-officiers instruits, ni d'anciens
soldats, mais des jeunes gens protégés et désireux de porter

---

1. Par la loi de 1868, le Corps législatif réduisit le projet de Niel. Dès
lors le chiffre total de notre armée ne pouvait s'élever qu'à 450,000 hommes.
Elle se composait de deux parties tout à fait étrangères l'une à l'autre :
une armée active, et une garde mobile. Ajoutez à cela une garde nationale
qu'on se proposait d'appeler à l'occasion, mais qui n'était pas organisée,
même sur le papier. On se borna à nommer les officiers de la mobile ; on
ne fit rien pour exercer leurs hommes. » (A. RAMBAUD. *Histoire de la
civilisation contemporaine.*)

sans risque un uniforme quelconque. Nos munitions avaient été épuisées dans la guerre du Mexique ; on ne voulut pas trouver l'argent nécessaire pour les remplacer. C'est dans ces conditions et par un acte effroyable de légèreté que le gouvernement déclara la guerre à la Prusse [1].

Quand, après la guerre, M. Thiers passa pour la première fois en revue les malheureux débris de notre armée, les larmes montèrent spontanément aux yeux des spectateurs. Il semblait que jamais plus la France ne pourrait reconstituer son armée détruite. Sauf les 12,000 hommes avec lesquels le maréchal Mac-Mahon avait écrasé la Commune, nous n'avions plus que des squelettes de régiments, et c'était un spectacle lamentable que celui de ces hommes revenus d'Allemagne, aux vêtements en lambeaux, pour la plupart sans armes, se traînant péniblement. C'étaient pourtant ces soldats qui devaient fournir le noyau de notre future armée ! Sans se décourager, le gouvernement se mit à l'œuvre, et, en 1872, M. Thiers présentait un projet de loi qui fut adopté presque sans discussion, parce qu'il fallait, avant tout, aboutir [2].

1. L'armée française se composait en 1870 : 1° De la maison de l'empereur (les cent-gardes) ; 2° de la garde impériale (grenadiers, voltigeurs, zouaves, carabiniers, cuirassiers, lanciers, dragons, guides, gendarmes d'élite, artillerie, génie) ; 3° de la gendarmerie divisée en vingt-six légions, sans compter la garde de Paris ; 4° des troupes de ligne (infanterie : cent régiments de ligne, vingt bataillons de chasseurs, trois régiments de zouaves ; trois régiments de tirailleurs algériens, trois bataillons d'infanterie légère d'Afrique, deux régiments étrangers) ; 5° cavalerie (dix régiments de cuirassiers, douze de dragons, huit de lanciers, douze de chasseurs, huit de hussards, trois de chasseurs d'Afrique, trois de spahis); 6° artillerie (cinq régiments à pied, dix montés, quatre à cheval) ; génie trois régiments.) En tout : 180,000 hommes à peine.

2. Loi du 27 juillet 1872 :

Article premier. — Tout Français doit le service militaire personnel.

Article II. — Il n'y a dans les troupes françaises ni primes en argent ni prix quelconque d'engagement.

Article III. — Tout Français qui n'est pas déclaré impropre à tout service militaire peut être appelé, depuis l'âge de vingt ans jusqu'à l'âge de quarante ans, à faire partie de l'armée active et des réserves, selon le mode déterminé par la loi.

Article IV. — Le remplacement est supprimé.

Article V. — Les hommes présents au corps ne prennent part à aucun vote.

Ce projet en revenait enfin au principe dont on n'aurait jamais dû se départir. L'armée devait être de nouveau nationale. Tout citoyen doit le service militaire. Il ne peut s'en dispenser ni par l'exonération, ni par le remplacement. Seuls les soutiens de famille, les fils de veuve sont dispensés. D'autre part, il apparaît comme pratiquement impossible de retenir cinq ans sous les armes les jeunes gens qui se destinent aux fonctions publiques, aux métiers libéraux, ceux qui, ayant passé des examens, ont ainsi acquitté une part de leur dette à la nation en augmentant son patrimoine intellectuel. Comment donc concilier ces exigences indéniables et le principe de la loi ? De ce problème ainsi posé la solution fut le *volontariat d'un an*. Tout citoyen en état de porter les armes, bachelier ou ayant passé un examen créé spécialement dans ce but, ne devait plus à l'État qu'un an de service militaire et quinze cents francs, sous le prétexte de payer les frais d'équipement, mais qui n'étaient, en réalité, qu'un impôt déguisé. Ces « *quinze cents francs* », comme on les appela, étaient soumis à un entraînement spécial et à une instruction militaire appropriée ; ils pouvaient, en quittant le régiment, recevoir les galons de sous-officier et, après un nouvel examen, le grade de sous-lieutenant de réserve. C'est en cette qualité que la plupart d'entre eux devaient faire les deux périodes d'instruction de 28 jours comme réservistes, et leur période de 13 jours comme territoriaux [1], car l'examen du volontariat ne les dispensait pas de leurs devoirs et dans tous les cas ils devaient suivre le sort de leur classe.

Article VI. — Tout corps organisé en armes est soumis aux lois militaires, fait partie de l'armée et relève soit du ministre de la guerre, soit du ministre de la marine.

Article VII. — Nul n'est admis dans les troupes françaises, s'il n'est Français.

1. Titre III de la loi du 27 juillet :
Tout Français qui n'est pas déclaré impropre à tout service militaire fait partie :
De l'armée active pendant cinq ans ;
De la réserve de l'armée active pendant quatre ans ;
De l'armée territoriale pendant cinq ans ;
De la réserve de l'armée territoriale pendant six ans.
Les membres de l'enseignement (professeurs et instituteurs) sont dis-

Restait le contingent ordinaire : il se divisait en deux portions par voie de tirage au sort. La première portion devait cinq ans de service qui se réduisaient à quatre dans la pratique ; la deuxième portion un an seulement.

Quel est le chiffre de cette armée ainsi réorganisée ? Si on estime à 280,000 le chiffre du contingent annuel, il faut d'abord en déduire 40,000 exemptés (pour cause d'infirmités), 45,000 dispensés et 30,000 employés aux services auxiliaires (pour faiblesse de constitution, insuffisance de taille etc.) ; mais il faut d'autre part y ajouter 20,000 volontaires de cinq ans qui chaque année entrent dans l'armée avec l'intention d'y rester et qui fournissent les meilleurs sous-officiers. Cela donne pour chaque classe une levée de 100,000 hommes, soit pour les cinq ans, et en tenant compte des défalcations inévitables, une armée de 450,000 hommes présents, en temps de paix, sous les drapeaux. Sur pied de guerre, à cette armée viendront naturellement s'ajouter les 300,000 volontaires d'un an ou soldats de la deuxième portion, et 500,000 réservistes ayant déjà reçu une instruction militaire. L'armée territoriale et sa réserve une fois organisées devront fournir environ un million d'hommes. Donc, si la France est attaquée, la nation tout entière sera debout pour la défendre, et les armées de la frontière avec celles des côtes et de l'intérieur compteront trois millions d'hommes.

Ce système, presque complètement calqué sur le système prussien (service actif-landwer-landsturm), fut d'abord accueilli avec une grande faveur ; mais bientôt les vices de la nouvelle organisation apparurent et les critiques se formulèrent très vives. D'abord la réserve de l'armée territoriale ne fut jamais organisée ; ensuite l'armée territoriale elle-même, commandée par des officiers improvisés, ne donna pas les résultats attendus ; le procédé du tirage au sort semblait contraire à l'égalité, puisque le devoir militaire devenait ainsi,

---

pensés de tout service, à condition de s'engager à servir pendant dix ans dans l'enseignement public ; les candidats aux fonctions ecclésiastiques également. Une mesure analogue est prise pour les élèves de nos grandes écoles.

pour les perdants, un lourd impôt et une corvée; le volontariat d'un an était attaqué avec plus de force encore, comme antidémocratique. Pendant que les adversaires de la loi faisaient remarquer qu'en un an il était impossible d'avoir des soldats exercés et des sous-officiers expérimentés, d'autres critiquaient au contraire la durée du service et demandaient que tout Français fût astreint au service personnel, mais pour un laps de temps plus court. Ce furent ces derniers qui l'emportèrent. La loi militaire de 1872 fut modifiée par le Parlement le 15 juillet 1889[1]. La durée du service actif fut abaissée de cinq ans à trois ans, le volontariat d'un an fut supprimé; l'obligation du service fut imposée, mais pour un an seulement, aux membres de l'enseignement, aux élèves des grandes écoles, aux membres du clergé. Enfin, la loi consacrait le principe du recrutement régional « qui, disait M. de Freycinet, ministre de la guerre, facilite la mobilisation en renvoyant le réserviste dans le régiment où il a déjà servi et groupe ensemble, sur le pied de guerre, les soldats et les officiers qui se sont connus pendant le service en temps de paix ». Par la nouvelle loi, l'effectif de l'armée était augmenté d'un tiers.

---

1. Tout Français, à partir de vingt ans révolus, doit le service militaire personnel pendant 25 années. Les jeunes gens reconnus impropres au service pour infirmités sont exemptés par le conseil de revision; en temps de paix, après un an de présence sous les drapeaux, sont envoyés en congé dans leurs foyers jusqu'à leur passage dans la réserve : l'aîné d'orphelins de père et de mère, le fils unique ou l'aîné des fils de veuve; le fils unique ou l'aîné des fils d'une famille de sept enfants au moins; celui dont un frère sera mort en activité de service ou aura été réformé pour blessures, ou sera présent sous les drapeaux au moment de l'appel de la classe, enfin les soutiens de famille à raison de 5 pour 100 du contingent à incorporer pour 3 ans. En temps de paix, sont également envoyés en congé, après un an de présence sous les drapeaux, jusqu'à leur passage dans la réserve; les jeunes gens qui contractent l'engagement de servir dix ans dans l'instruction publique; les jeunes gens qui ont obtenu ou étudient pour obtenir les diplômes de licencié ès lettres, de licencié ès sciences, de docteur en droit de docteur en médecine, de pharmacien de 1re classe, de vétérinaire, d'archiviste; ceux qui ont obtenu l'un des prix de Rome; les jeunes gens exerçant les industries d'art qui sont désignés par un jury départemental formé d'ouvriers et de patrons; les jeunes gens admis, à titre d'élèves ecclésiastiques, à continuer leurs études en vue d'exercer le ministère dans l'un des cultes

On le voit, l'effort de la troisième République pour donner à la France une armée nationale a été immense. Pour encadrer ces troupes colossales (car par excès de civilisation on en revient aux époques barbares où les nations se précipitaient tout entières les unes contre les autres), le gouvernement a essayé de retenir les sous-officiers par de hautes-payes, des distinctions dans le costume, par l'appât d'emplois civils qui leur sont réservés après quinze ans de service. Pour avoir des officiers et des administrateurs utiles, elle a créé en dehors de Saint-Cyr, dont le nombre des élèves a été porté à 525, l'école de Saint-Maixent (ancienne école du camp d'Avor) où sont reçus, après concours, les sous-officiers ayant au moins trois ans de grade ; l'école de Versailles pour les sous-officiers de l'artillerie et du génie ; l'école de Saumur pour les sous-officiers de cavalerie ; l'école de Vincennes pour les sous-officiers d'administration. Tous, après un séjour d'une année, obtiennent le grade d'officier.

L'armement a été également modifié. Le fusil Chassepot a été remplacé par le fusil *Lebel*, beaucoup plus léger, fusil à répétition grâce à des cartouches déposées dans le magasin de la crosse et se chargeant avec une poudre sans fumée.

reconnus par l'Etat. Les jeunes gens reçus à l'Ecole Polytechnique, à l'Ecole Forestière ou à l'Ecole Centrale des Arts et Manufactures, qui sont reconnus propres au service militaire, n'y sont définitivement admis qu'à la condition de contracter un engagement volontaire de trois ans pour les deux premières écoles et de quatre ans pour l'Ecole Centrale ; ils sont considérés comme présents sous les drapeaux dans l'armée active pendant tout le temps passé par eux dans les dites écoles.

Les jeunes gens exemptés, ajournés, dispensés, classés dans les services auxiliaires, sont assujettis au payement d'une taxe militaire annuelle comprenant : 1º une taxe fixe de 6 francs ; 2º une taxe proportionnelle égale au montant du principal de la cote personnelle et mobilière de l'assujetti.

Tout Français reconnu propre au service militaire fait partie successivement : *de l'armée active pendant trois ans ; de la réserve de l'armée active pendant sept ans ; de l'armée territoriale pendant six ans ; de la réserve de l'armée territoriale pendant neuf ans.* Chaque année, après l'achèvement des opérations du recrutement, le Ministre de la guerre fixe sur la liste du tirage au sort de chaque canton et proportionnellement, en commençant par les numéros les plus élevés, le nombre d'hommes qui seront envoyés dans leurs foyers en disponibilité après leur première année de service.

GUY. — Mémoires militaires.   g

Les canons ont diminué de volume et se chargent maintenant par la culasse ; un nouveau système de hausses assure la rectitude de tir. Grâce aux nouveaux engins explosifs, la guerre de siège devient à peu près impossible. Les villes fortes ont été presque toutes déclassées et la défense du territoire est assurée par des forts détachés, à peine visibles et disposés sur un vaste périmètre autour de la ville. Le pistolet a été abandonné pour le revolver, la baïonnette triangulaire pour le sabre-baïonnette.

Mais les belles charges d'autrefois, si favorables à la *furia francese*, seront désormais impossibles. La guerre est devenue *scientifique*. Ce sera la guerre à longue portée où deux ennemis, devenus invisibles l'un pour l'autre, se détruiront méthodiquement à l'aide d'engins meurtriers et mathématiques. Sa carte d'état-major à la main, disposant d'obus à la mélinite, aidé par la télégraphie optique et par l'aérostation militaire, renseigné sur la situation de l'adversaire par des lunettes perfectionnées, communiquant avec ses chefs par le pigeon-voyageur, le bicycliste militaire et le fil télégraphique, l'officier des armes savantes est le grand arbitre de la guerre. Jamais l'art de se tuer par principe n'a été poussé plus loin. On discute maintenant la question du service de trois ans, et un grand nombre de publicistes demandent l'abaissement du service à deux ans. Les militaires doivent connaître les inconvénients et les avantages de ce nouveau système ; le malheur est qu'on ne les consulte pas et que seuls ceux qui n'y connaissent rien discutent âprement le projet. Gardons-nous de les imiter !

De cette trop longue étude il apparaît que notre pays n'a jamais manqué de soldats courageux, de chefs habiles et énergiques ; la nation française a toujours été une nation militaire ; et si parfois ses gouvernements ont trahi sa fortune, si le nombre l'a emporté sur la valeur personnelle et sur le droit, jamais, du moins, elle ne s'est abandonnée. La façon merveilleuse dont elle a recréé son armée en moins de vingt ans en est une preuve. Ces qualités vraiment nationales de courage individuel, de volonté ferme, d'initiative personnelle n'ont rien perdu de leur vigueur. Nos officiers, énervés de la vie sédentaire, ont trouvé dans la conquête de notre empire colonial l'emploi de leur activité, et cette conquête n'a été qu'une transformation de l'esprit militaire français. Les conquérants, quelquefois pacifiques, qui s'appellent Archinard, Humbert, Trentinian, Borgnis-Desbordes ; ces explorateurs qui se nomment Binger, Monteil, Toutée, Hourst, Baud, seraient en temps de guerre d'admirables chefs ! Souhaitons toutefois que cette guerre n'éclate pas ; que l'intelligence consacrée à inventer de nouveaux engins, plus monstrueux les uns que les autres, s'emploie à résoudre pacifiquement les problèmes de la politique et les complications internationales.

La guerre n'est plus de notre âge ; avec les engins actuels elle ne serait qu'une sauvage extermination[1]. Quant à la France, elle n'a rien à gagner à de nouvelles guerres ; elle a dans son passé assez de gloire pour ne pas en désirer d'autre et dans son présent assez de droits pour ne rien demander à la force. Mais elle se garde vigilante et l'Europe ne l'ignore pas. Tant que la question d'Alsace-Lorraine ne sera pas résolue, il ne peut être question de désarmement ; mais déjà on peut prévoir le moment où le triomphe du droit et de la justice permettra de consacrer au développement social de

1. L'infanterie française compte actuellement 200 régiments de ligne à 4 bataillons de 4 compagnies, plus 2 de dépôt ; 30 bataillons de chasseurs à pied ; 4 régiments de zouaves ; 3 régiments de tirailleurs algériens, 3 bataillons d'infanterie légère, 5 compagnies de discipline, 2 régiments de la légion étrangère. La cavalerie se divise en 12 régiments de cuirassiers, 30 de dragons, 20 de chasseurs, 12 de hussards, 4 de chasseurs d'Afrique, 3 de spahis, 8 compagnies de cavalerie de remonte.

L'artillerie compte 40 régiments d'artillerie montée, 10 bataillons d'artillerie de réserve ; 6 régiments du génie (les pontonniers ont été supprimés ; 10 compagnies d'ouvriers, 3 compagnies d'artificiers ; 50 escadrons du train des équipages.

L'armée territoriale compte 145 régiments d'infanterie, 8 bataillons de zouaves, 1 bataillon de chasseurs, 30 bataillons de douane ; 35 compagnies de chasseurs forestiers ; la cavalerie : 18 régiments (dragons, chasseurs, hussards) ; 4 escadrons de chasseurs d'Afrique ; 3 escadrons de chasseurs forestiers ; l'artillerie : 18 régiments ; 2 compagnies de canonniers sédentaires du Nord ; 13 batteries territoriales d'Afrique ; le génie : 18 bataillons, et le train, 18 escadrons.

Les cadres de la réserve se composent d'environ 6,000 officiers.

l'humanité des forces aujourd'hui enchaînées par la crainte d'une guerre dont les conséquences seraient effroyables pour le vieux monde.

Je tiens à remercier ici les éditeurs qui ont bien voulu m'accorder l'autorisation de reproduire les extraits contenus dans ce volume, et particulièrement la maison Plon et Nourrit qui m'a permis, avec une extrême bonne grâce, de puiser dans son admirable collection de mémoires militaires. Je ne saurais oublier non plus le nom de M. André Parmentier, professeur au collège Chaptal, dont les notes si savantes sur l'armée révolutionnaire m'ont été d'un puissant secours.

EXTRAITS

DE

MÉMOIRES HISTORIQUES

ET

MILITAIRES

PREMIÈRE PARTIE

DE 1792 A 1815

Déclaration de guerre à l'Autriche.

(20 AVRIL 1792)

Le roi Louis XVI, contraint par l'opinion publique et par les instances de ses ministres, se décide, le 20 avril 1792, à demander à la Chambre, conformément à la Constitution, de déclarer la guerre à l'empereur François II. A midi, le roi entre dans la salle des séances de l'Assemblée législative, accompagné de ses ministres. Tous les membres **sont** debout et découverts. Le ministre des affaires étrangères donne lecture de son rapport au roi, et celui-ci ajoute : « Maintenant, je viens, aux termes de la Constitution, vous proposer formellement la guerre contre le roi de Hongrie et de Bohême. » La discussion s'engage.

M. Mailhe. — Depuis longtemps vos vœux, vos délibérations même appelaient la proposition que le roi vous a faite ce matin ; et sans les manœuvres d'un ministre perfide[1] qui ménageait à nos ennemis le temps de réunir leurs forces, déjà peut-être les menaces de la maison d'Autriche se trouveraient converties en supplications. Quoi ! lorsque la cour de Vienne couvrait encore du voile de la paix ses complots contre la liberté, vous provoquiez la guerre pour la forcer à reconnaître votre indépendance ; et aujourd'hui que ce voile est déchiré, aujourd'hui qu'elle prend une attitude hostile, vous perdriez le temps à de vaines discussions ! Songez bien à l'effet que peut produire la manière dont vous allez prononcer votre confiance dans le courage des défenseurs de la Constitution. Faites voir au peuple français, faites-lui voir par une délibération unanime... (*Plusieurs voix s'élèvent dans une partie de l'Assemblée :* Non ! Non ! — *M. Mailhe continue au milieu des applaudissements de la grande majorité de l'Assemblée et des tribunes. — De nouveaux murmures l'interrompent encore.*)

M. Goupilleau. — Monsieur le président, maintenez donc l'Assemblée dans l'ordre, et faites cesser les interruptions et les clameurs de cette partie de l'Assemblée.

M. Mailhe. — Puisque vous êtes fortement pénétrés des atteintes portées, par les menaces de la cour de Vienne, à la dignité nationale, ne perdez pas de temps en vaines discussions ; en un mot, ne faites pas aux braves défenseurs de la patrie l'injure de douter un seul instant de leur courage. (*Il s'élève de nouveaux applaudissements.*)

On demande que la discussion s'ouvre à l'instant. Cette motion, appuyée avec chaleur par un grand nombre de membres, est accueillie par les acclamations réitérées des spectateurs.

---

1. L'orateur entend, sans doute, désigner l'ancien ministre feuillant, M. de Narbonne.

M. LE PRÉSIDENT. — L'Assemblée me paraît disposée à entrer sur-le-champ dans le fond de la discussion. J'observe qu'en ce cas M. Mailhe n'est pas inscrit le premier sur la liste de la parole. Je vais mettre la proposition d'ordre aux voix.

L'Assemblée décide, à une très grande majorité, que la discussion est ouverte sur la proposition du roi. . . . Les ministres entrent dans la salle, pour assister à la discussion.

M. PASTORET. — Sans doute, nous ne devons pas nous laisser entraîner aux mouvements exagérés de l'enthousiasme ; cette passion ne doit pas, plus que toutes les autres, atteindre les législateurs d'un grand empire [1]; mais est-ce donc d'aujourd'hui que nous sommes provoqués, et doute-t-on encore de notre longue patience, pour oser nous accuser d'enthousiasme? Le ministre des affaires étrangères [2] nous a présenté aujourd'hui, le tableau des griefs de la nation française envers la maison d'Autriche. Je n'entreprendrai pas de vous le retracer; mais enfin ces armements de concert provoqués par l'empereur, et maintenus, au prix de toutes sortes de sacrifices, par le roi de Hongrie et de Bohême; la violation répétée des traités faits avec la France, depuis quatre cents ans... voilà, sans doute, des motifs suffisants pour autoriser la France menacée, attaquée, à se mettre enfin en état de guerre pour sa propre défense. Il est temps de s'arracher enfin à la longue incertitude qui, depuis longtemps, tourmente tous les vœux et toutes les pensées; il est temps que l'on voie une grande nation déployer tout son courage et toute la force de sa volonté pour défendre sa liberté, c'est-à-dire, la cause universelle des peuples... Oui, la liberté va triompher ou le despotisme va nous détruire. Jamais le peuple français ne fut appelé à de

---

1. On remarquera l'emploi de ce mot « empire », qui n'avait pas à cette époque le sens qu'on lui a donné depuis. Ici, *empire* est mis manifestement pour *état*.

2. Le ministre des Affaires étrangères était alors le général Dumouriez.

plus hautes destinées. Nous ne pouvons douter du succès
d'une guerre entreprise sous de si généreux auspices. La
victoire sera fidèle à la liberté, et les soldats citoyens et
les citoyens soldats s'empresseront à la défendre d'une
ardeur égale et à l'affermir par des triomphes. Les défenseurs de la Constitution ne sont pas tous aux frontières ;
ils existent dans nos villes, ils font prospérer nos campagnes, ils travaillent dans nos ateliers ; enfin, partout
où il y a des Français libres, il y a des défenseurs de la
liberté ; et si nos ennemis pouvaient avoir un moment de
succès, l'on verrait aussitôt se réunir, de toutes les parties de l'empire, des citoyens pour repeupler nos
armées, y ranimer l'énergie et leur assurer des triomphes. Jamais la nation française n'a mieux senti le
besoin de la gloire, de la sûreté et de l'indépendance.

Je propose le projet de décret suivant :

« *L'Assemblée nationale, délibérant sur la proposition
formelle du roi, décrète qu'il y a lieu de déclarer la guerre
au roi de Bohême et de Hongrie, ordonne qu'une députation
de vingt-quatre de ses membres portera le décret au roi.* »

M. Mailhe. — Il ne s'agit plus de discuter la question
de savoir si vous décréterez la guerre ; il s'agit de la
décréter, ou de vous résoudre à vous avilir aux yeux de
l'Europe, et à compromettre la liberté de la nation que
vous représentez ; il s'agit de déconcerter les projets
d'un roi qui ne s'est permis d'insulter la France que
parce que des rebelles lui ont donné une fausse idée de
sa situation intérieure et de ses forces publiques ; il
s'agit de déployer la contenance fière que vous avez tant
de fois annoncée ; il s'agit de soutenir par votre confiance le peuple français sur la hauteur de courage où il
s'est élevé. Faites voir à ce grand peuple, par une délibération prompte, unanime, que vous méprisez les ennemis, et il les méprisera ; faites-lui voir que vous le
croyez invincible et il le sera. Que dis-je ? Combien de
fois ne vous a-t-il pas, lui-même, dit et répété que tous
les despotes réunis parviendraient plutôt à réduire la

France entière en une vaste solitude, qu'à y faire rétrograder la liberté d'un seul pas? Combien de fois le peuple bon et loyal, mais fortement sensible à une injure nationale, ami de la paix, parce que sa Constitution le veut ainsi, mais avide de combattre, quand le besoin de sauver cette même Constitution lui en fait un devoir, ne vous a-t-il pas sollicités d'accorder un libre cours aux mouvements d'indignation et de vengeance dont il est animé contre ceux qui osent menacer sa souveraineté?

Hâtez-vous donc de céder à sa juste, à sa généreuse impatience. L'humanité souffre, sans doute, lorsque l'on considère qu'en décrétant la guerre, vous allez décréter la mort de plusieurs milliers d'hommes; mais considérez aussi que vous allez décréter peut-être la liberté du monde entier. Considérez la crise politique qui travaille l'Europe. Considérez les lâches, les coupables espérances qu'on donne en France aux traîtres, et les inquiétudes meurtrières dont on y agite les bons citoyens. Considérez qu'au dehors le despotisme est dans ses dernières convulsions, qu'une prompte attaque précipitera son agonie; mais qu'il pourrait devenir plus redoutable que jamais, si vous lui donniez le temps de rappeler autour de lui toutes ses ressources. Considérez qu'au dedans la liberté présente une masse de forces qu'elle n'avait encore eue chez aucun peuple, mais qu'elle y est comprimée par une foule de contradictions qui menacent de l'étouffer, et qu'elle ne cessera d'être en danger que lorsque vous aurez permis à ses défenseurs de renverser les obstacles qui arrêtent sa marche et son extension. Considérez, enfin, que le sort de cette grande lutte entre la liberté et le despotisme dépend peut-être de l'accélération du décret[1] que vous allez porter. Une guerre, entreprise pour une telle cause et dans de pareilles circonstances, ne doit pas être regardée comme le fléau, mais comme le triomphe de l'humanité.

1. Cette expression serait considérée aujourd'hui comme absolument incorrecte.

Je demande que l'Assemblée ne désempare pas [1] sans avoir décrété la guerre.

Les acclamations des spectateurs se reproduisent avec plus de force encore.

Une grande partie de l'Assemblée demande à aller aux voix.

M. Dubayet. — Je partage l'impatience de l'Assemblée... Je partage votre impatience. Sans doute, s'il existe une grande question, c'est celle-ci : elle est parfaitement digne des pères de la patrie. Daignez m'entendre : je parle pour l'honneur national. J'observe : 1° que l'Assemblée ne peut, sans lâcheté, ne pas décréter la guerre. Nous sommes tous Français, et le même sang bouillonne dans nos veines. Lorsque les puissances coalisées, j'ose dire le mot, ont *l'audace* de prétendre à nous donner un gouvernement, (*Un grand nombre de voix s'élèvent : Non, non, elles n'y parviendront pas*) non, non, sans doute, nous ne le souffrirons jamais ; nous voulons la guerre, puisqu'elle est nécessaire pour défendre notre liberté, et dussions-nous tous périr, le dernier de nous prononcerait le décret. (*Nombreux applaudissements.*).... Ne craignez pas de précipiter votre décision : elle ne saurait être trop prompte ; car dès l'instant que vous aurez décrété la guerre, dès lors tous les citoyens seront obligés de se prononcer ; tous les partis rentreront dans le néant ; les torches de la discorde s'éteindront pour n'être remplacées que par le feu des canons et des baïonnettes. Je conclus au décret de la guerre.

On renouvelle la demande de fermer la discussion. M. *Merlin* se présente à la tribune. On persiste à demander que la discussion soit fermée.

On en décrète la clôture.

M. Merlin : Ce que je voulais dire, c'est qu'il faut déclarer la guerre aux roix et la paix aux nations. (*Les tribunes applaudissent.*)

---

1. Même observation. Il faudrait que «l'Assemblée ne se sépare pas sans... » etc.

L'Assemblée entre en délibération. Il se fait un profond
silence.

Le décret d'urgence est porté.

M. le Président met aux voix la proposition du roi. Elle
est adoptée par une délibération unanime, et au bruit des
applaudissements de tous les spectateurs.

> (*Moniteur de la Révolution,*
> 2ᵉ série, t. III, nᵒ du 22 avril 1792.)

La guerre commence. Trois armées, péniblement recrutées
et mal commandées, puisque un grand nombre d'officiers ont
suivi les princes à l'étranger, défendent la frontière nord-est de
la France. La première, sous les ordres du maréchal Luckner,
occupe le pays compris entre la mer et la Lys ; la deuxième
est postée, avec Rochambeau, entre la Lys et la Meuse ; la
troisième, sous Lafayette, entre la Meuse et le Rhin. Mais les
débuts sont désastreux. Les soldats du général Biron
prennent la fuite et ceux de Dillon massacrent leur général.
Les trois armées reculent et la frontière est ouverte.

Déroute des soldats de Biron et de Dillon [1].

Le 28 avril, une colonne, commandée par Théobald
Dillon, marchait de Lille sur Tournay ; les hussards autrichiens parurent tout à coup ; aussitôt la cavalerie française tourna bride en criant *sauve qui peut* et entraîna
l'infanterie. Dillon essaya de rallier les fuyards ; ses
propres soldats lui tirèrent deux coups de pistolet, l'ar-
rachèrent de la grange où il s'était réfugié, le ramenèrent
à Lille tout sanglant et l'égorgèrent dans la rue. Le colonel du génie Berthois, l'ancien curé de la Madeleine et
quatre prisonniers autrichiens furent pendus.

Le même jour, Biron se porte de Quiévrain sur Mons

---

1. Arthur Chuquet : *Histoire des Guerres de la Révolution,* t. 1ᵉʳ. Plon
et Nourrit, éditeurs.

et chasse de Boussu quelques uhlans ; mais il voit les hauteurs de Jemmapes garnies de troupes. Il n'ose tenter l'attaque, et, sur le soir, après une canonnade inutile contre les avant-postes ennemis, il ordonne la retraite. Il campe à Boussu.

Mais ses soldats étaient épuisés par la marche, la chaleur et la faim ; ils avaient jeté leur pain sur la route. Soudain, à dix heures, le bruit se répand que la cavalerie autrichienne a pénétré dans le camp.

Les dragons du 5e et du 6e enfourchent leurs chevaux et s'enfuient au grand trot sur le chemin de Valenciennes, en criant : « *Nous sommes trahis !* » Biron et Dampierre s'efforcent de les arrêter : Dampierre ramène la moitié du 5e régiment, mais Biron et les officiers de son État-Major parcourent plus d'une lieue sans pouvoir rallier les dragons du 6e.

Il faisait, dit Latour-Foissac, un beau clair de lune, mais sa lumière était horriblement obscurcie par les flots épais de poussière que la course précipitée des chevaux élevait loin au-dessus des têtes ; on était emporté par le torrent, on ne se reconnaissait pas, on ne se voyait pas. Enfin, Biron parvient à se faire obéir ; il reforme les dragons dans la plaine d'Orun et les reconduit au camp. Le lendemain, au point du jour, on se dirige dans le plus grand désordre sur Valenciennes et on laisse les uhlans s'emparer de Quiévrain.

Vainement le maréchal de camp Fleury se met à la tête du 68e régiment et tente de reprendre le village ; blessé, jeté à bas de son cheval, il voit le régiment se débander en criant qu'il faut retourner à Valenciennes. Vainement Biron mène le 49e régiment à l'attaque de Quiévrain, et refoule les uhlans ; deux autres régiments d'infanterie, qu'il court chercher pour garder le village reconquis, refusent de suivre leur général. Biron abandonne Quiévrain et repasse la fontière un des derniers. Tout se confondait dans cette déroute, infanterie, cavalerie, artillerie ; les chemins étaient couverts de fusils, de sabres et de sacs ; plus de soixante soldats expirèrent de fatigue et de peur ; quelques-uns, tourmentés par une soif ardente, se traînèrent jusqu'à des mares d'eau fétide et y moururent. On laissa sur la place les effets de campagne, les équipages, plusieurs pièces de canon ; on rentra et s'entassa pêle-mêle dans Valenciennes ; on leva les ponts ; personne ne voulait regagner les cantonnements et quitter l'abri qu'offraient les murailles. Biron ne déblaya la ville que le lendemain.

La guerre ne pouvait commencer sous de plus tristes auspices, et cette double déroute trompa l'Europe sur la valeur de l'armée française. On crut partout qu'elle se débanderait dès la première bataille.

Les Autrichiens affichèrent sur les arbrés de la Flandre les mots : *Vaincre ou mourir.* « O Français, s'écriait le poète allemand Bürger, honte à vous qui cachez votre lâcheté sous des actes de tigres, qui égorgez votre général et vos prisonniers, qui fuyez comme des gredins ! Je voulais être votre Tyrtée, mais je souhaite la victoire à quiconque vous portera des chaînes. Celui qui ne peut mourir pour la liberté mérite que le prêtre et le noble le chassent à coups de fouet de ses propres foyers ! »

On croyait, en effet, dit Latour-Foissac, que, pour vaincre ces fameux soldats de la Révolution, il n'y avait plus besoin que de fouets de poste.

Bientôt la France est envahie ; les Prussiens entrent à Longwy, et la place forte de Verdun, qui devait défendre la ligne de la Meuse, capitule sans résistance. A l'appel patriotique de Danton, les volontaires accourent ; une armée s'organise sous les ordres de Dumouriez et de Kellermann. Il s'agit de défendre les passages de l'Argonne que Dumouriez considère comme les Thermopyles de la France. Le 20 septembre, le combat s'engage entre les armées française et prussienne.

Bataille de Valmy [1]

Il faisait grand jour quand on se mit en mouvement. Comme le régiment de Weimar avait le pas, on donna à l'escadron des gardes du corps, comme étant à la tête de toute la colonne, les hussards qui devaient connaître le chemin de notre destination. Alors, nous avançâmes, parfois au grand trot, à travers des champs et des collines sans arbres ni buissons ; seulement, on voyait à gauche, dans le lointain, la forêt de l'Argonne. La pluie nous fouettait le visage. Bientôt nous vîmes une allée de peupliers, d'une belle venue et bien entretenus, qui coupait obliquement notre route. C'était la chaussée de Châlons à Sainte-Menehould, la route de Paris en Allemagne : on nous mena au delà et puis à l'aventure.

Nous avions déjà observé les mouvements de l'ennemi campé devant les bois ; nous avions pu également remarquer que de nouvelles troupes arrivaient ; c'était Kellermann [2] qui faisait sa jonction avec Dumouriez [3] pour former son aile gauche. Les nôtres brûlaient d'impatience de marcher aux Français ; officiers et soldats souhaitaient avec ardeur que le général voulût attaquer dans ce moment ; notre marche impétueuse semblait annoncer ce

1. GŒTHE. *Campagne de France.* (Traduction Jacques Porchat.) Librairie Hachette.

2. « Il ne faut pas oublier qu'à la bataille de Valmy, Kellermann était le collègue et non le lieutenant de Dumouriez »

3. Dumouriez était né en 1739. Après une jeunesse agitée et après avoir servi longtemps dans les armées autrichiennes, il était venu se mettre au service de son pays et avait su profiter de la situation. Ministre des affaires étrangères lors du premier ministère girondin, il avait essayé, sans succès, après la démission de Roland, de constituer un ministère dont il serait le chef. Il avait demandé alors et obtenu le commandement de l'armée du Nord. Vainqueur à Valmy, puis à Jemmapes, il entre à Bruxelles ; mais battu à Nordlingen, il engage avec les Autrichiens, par l'intermédiaire du colonel Mack, des négociations coupables. Dénoncé à la Convention, il essaie vainement de soulever les soldats et prend la fuite dans le camp ennemi. Il mourut en 1824.

dessein ; mais Kellermann avait pris une position trop avantageuse. Alors commença cette canonnade sur laquelle on a fait tant de récits, et dont on ne peut toutefois décrire la violence soudaine, ni même faire revivre l'idée dans son imagination.

La chaussée était déjà bien loin derrière nous, et nous poursuivions vers l'ouest notre course impétueuse, quand tout à coup un adjudant arrive au galop et nous commande de repasser la chaussée et de nous poster auprès, du côté gauche, pour appuyer l'aile droite ; nous nous trouvons en face de l'ouvrage avancé désigné sous le nom de la Lune, qu'on pouvait voir joignant la chaussée, sur la colline, à la distance d'un quart de lieue. Notre commandant vint au-devant de nous ; il venait de mener sur la hauteur une demi-batterie d'artillerie volante. Nous reçûmes l'ordre d'avancer sous sa protection et, en chemin, nous vîmes, gisant sur la terre, un vieux maître d'équipage, première victime de cette journée. Nous allions pleins de confiance ; nous voyions de plus près l'ouvrage avancé ; la batterie établie dans son voisinage faisait un feu bien nourri.

Mais bientôt nous nous trouvâmes dans une étrange position ; les boulets pleuvaient sur nous et nous ne pouvions comprendre d'où ils venaient ; nous avancions sous la protection d'une batterie des nôtres, et l'artillerie des ennemis, postée sur les collines en face de nous, était beaucoup trop éloignée pour nous atteindre. Arrêté à l'écart devant le front [1], j'avais sous les yeux le plus singulier spectacle : les boulets tombaient par douzaines devant notre escadron, heureusement sans ricocher, parce qu'ils enfonçaient dans le sol humide ; mais la boue aspergeait les hommes et les chevaux, qui, tenus en bride par de bons cavaliers, ronflaient et mugissaient ; toute la masse, sans se rompre ou se confondre, ondulait.

Enfin arriva l'ordre de rétrograder et de descendre :

---

1. « Devant le front de la bataille », évidemment.

tous les régiments de cavalerie l'exécutèrent avec beaucoup d'ordre et de tranquillité ; nous n'avions perdu qu'un cheval, tandis que nous aurions pu, et surtout à l'extrême droite, être tués tous. Quand nous fûmes dégagés de ce feu incompréhensible et remis de notre surprise, l'énigme s'expliqua : nous trouvâmes la demi-batterie, sous la protection de laquelle nous avions cru avancer, tout au bas de la colline, dans un creux, comme le terrain en présentait plusieurs çà et là dans cet endroit. Repoussée de la hauteur, elle était descendue par un ravin de l'autre côté de la chaussée, en sorte que nous n'avions pu remarquer sa retraite. L'artillerie ennemie avait pris sa place, et ce qui aurait dû nous protéger avait failli nous être fatal. A nos reproches, les campagnons répondirent en riant et nous assurèrent, d'un ton goguenard, qu'on était mieux en bas à l'abri.

Mais, lorsque ensuite on voyait de ses yeux quels efforts inouïs il fallait faire pour traîner les batteries volantes, à travers ces effroyables collines fangeuses, on avait un nouveau sujet de réfléchir sur la situation critique dans laquelle nous étions engagés.

Cependant la canonnade continuait. Kellermann occupait près du moulin de Valmy un poste dangereux, contre lequel notre feu était surtout dirigé. Là, un caisson sauta, et l'on se réjouit du mal que cela pouvait avoir causé chez les ennemis. Chacun était donc réduit à regarder et à écouter, qu'il fût au feu ou qu'il n'y fût pas. Nous nous arrêtâmes sur la chaussée de Châlons, auprès d'un poteau qui indiquait le chemin de Paris. Ainsi, nous avions à dos cette capitale, et l'armée française se trouvait entre nous et la patrie. Jamais peut-être plus forts verrous n'avaient été poussés. Situation bien alarmante pour un homme qui depuis quatre semaines étudiait incessamment une bonne carte du théâtre de la guerre.

Nos hussards avaient heureusement surpris plusieurs chariots de pain qui devaient se rendre de Châlons à l'armée, et ils les amenaient par la chaussée. Comme nous devions trouver étrange d'être postés entre Paris et Sainte-Menehould, les Châlonnais ne pouvaient supposer que l'armée ennemie se trouvât entre eux et les leurs. Les hussards me laissèrent pour quelque argent un peu de ce pain. Les Français ont horreur du pain noir. J'en distribuai plus d'une miche à mes amis, à condition de m'en garder une portion pour les jours suivants. Je trouvai aussi l'occasion de faire un nouvel acte de prévoyance : un chasseur de l'escorte avait acheté de ces mêmes hussards une bonne couverture de laine ; je lui proposai de me l'abandonner pour trois nuits, à raison de huit gros pour chaque nuit, à charge par lui de la garder pendant le jour. Il jugea ce marché très avantageux : la couverture lui avait coûté un florin ; au bout de peu de temps, elle lui revenait avec profit. De mon côté, je devais aussi être satisfait ; mes précieuses couvertures de laine de Longwy étaient restées avec le bagage, et, dans un moment où je n'avais ni feu ni lieu, je m'assurais un supplément à mon manteau.

Tout cela se passait au milieu du tonnerre incessant de l'artillerie. On tira ce jour-là dix mille coups de chaque côté. Nous ne perdîmes cependant que douze cents hommes, qui même tombèrent sans aucune utilité. Cet immense ébranlement éclaircit le ciel ; la canonnade était si vive, qu'on eût dit des feux de peloton, mais inégaux, tantôt plus faibles, tantôt plus nourris. A une heure après midi, après une courte pause, les feux redoublèrent de violence ; la terre tremblait véritablement, et cependant on ne voyait pas dans les positions le moindre changement. Personne ne savait où cela aboutirait.

J'avais beaucoup entendu parler de la fièvre de canon, et je désirais m'en rendre compte. L'ennui et un tempérament que tout danger porte à l'audace et même à la témérité m'engagèrent tout tranquillement à pousser mon cheval vers le bastion de la Lune. Les nôtres l'avaient repris, mais il présentait un affreux aspect. Les toits percés, les gerbes de blé répandues alentour, les soldats mortellement blessés étendus çà et là, et quelquefois encore un boulet de canon qui, s'égarant de ce côté, fracassait les restes des tuiles. Seul et abandonné à moi-même, je chevauchais sur les hauteurs, et je pouvais d'un coup d'œil voir distinctement l'heureuse position des Français. Ils étaient rangés en amphithéâtre, dans un repos et une tranquillité imperturbables ; toutefois Kellermann, placé à l'aile gauche, était plus accessible.

J'étais en plein dans la région où arrivaient les boulets envoyés par l'ennemi. Le bruit est assez étrange ; on le dirait composé du bourdonnement de la toupie, du clapotement de l'eau et du sifflement de l'oiseau. Ils étaient moins dangereux, à cause du sol humide. Où ils tombaient, ils s'enfonçaient : ma folle expérience était du moins à l'abri du péril des ricochets.

Cependant je pus observer qu'il se passait en moi quelque chose d'extraordinaire. Je m'en rendais un compte exact, et toutefois on ne pourrait donner l'idée de cette sensation que par des images. Il semble qu'on soit dans un lieu très chaud et qu'on se sente pénétré de la même chaleur, et par conséquent, en parfaite harmonie avec l'élément dans lequel on se trouve. Les yeux ne perdent rien de leur force et de leur clairvoyance, mais il semble que le monde ait pris une teinte rougeâtre, qui rend la situation, comme les objets, encore plus appréhensible. Je n'ai rien pu observer quant au mouvement du sang. Tout me semblait plongé dans cette fournaise ; et voilà dans quel sens on a pu nommer cet état une fièvre. Cependant, il est à remarquer que cette horrible angoisse nous est communiquée par les oreilles seulement, car le tonnerre du canon, les hurlements, les sifflements, le fracas des boulets dans l'air, sont la véritable cause de ces sensations.

Quand je fus revenu sur mes pas et en parfaite sûreté, je m'étonnai que tout cet embrasement s'éteignît tout à coup et qu'il ne restât pas le moindre vestige d'un mouvement fiévreux. Au reste, cet état

est un des moins souhaitables où l'on se puisse trouver,
et, parmi mes nobles et chers compagnons de guerre, je
n'en ai pas rencontré un seul qui parût en avoir le goût
passionné.

Ainsi s'était écoulé le jour : les Français restaient
immobiles ; Kellermann [1] avait pris à son tour une meilleure position ; on rappela nos gens du feu, et ce fut
comme s'il ne s'était rien passé. La plus grande consternation se répandit dans l'armée. Le matin encore, on ne
parlait que d'embrocher et de manger tous les Français.
Ma confiance absolue dans une telle armée et dans le
duc de Brunswick [2] m'avait moi-même entraîné dans cette
périlleuse expédition : maintenant chacun paraissait
rêveur ; on ne se regardait pas, ou si cela arrivait, c'était
pour juger ou maudire. A la nuit tombante, nous
avions par hasard formé un cercle, au milieu duquel un
feu ne put même être allumé comme d'ordinaire. La plupart se taisaient, quelques-uns discouraient, et pourtant,
à proprement parler, chacun manquait de réflexion et de
jugement. Enfin on m'interpella, pour me demander ce
que je pensais de tout cela (car j'avais assez souvent égayé
et réjoui la compagnie par de courtes réflexions). Je
répondis cette fois : « De ce lieu et de ce jour date une

1. Kellermann était né à Strasbourg, en 1735. Officier pendant la
Guerre de sept ans, il était devenu
maréchal de camp en 1785. Il adhéra
de bonne heure à la cause révolutionnaire, fut nommé général de division et contribua puissamment à
la bataille de Valmy. Mais suspect
de tiédeur, il fut jeté en prison et
n'obtint sa liberté qu'après le 9 thermidor. Partisan de Napoléon, il devint maréchal de France et duc de
Valmy. En dépit des faveurs impériales, il applaudit au retour des
Bourbons, reçut le titre de pair de
France et siégea constamment à la
gauche de cette assemblée. Il mourut à Paris en 1820.

2. Le duc de Brunswick était le
généralissime des armées coalisées.
Une proclamation insolente signée
de son nom et rédigée, en réalité,
par un émigré, le marquis de Limon,
n'avait eu d'autre résultat que de
surexciter en France le sentiment
patriotique. Officier distingué, il
avait, pendant la Guerre de sept ans,
assisté à la bataille de Rosbach et
contribué à l'invasion de la Polo-
gne. Il devait, en 1806, commander une armée prussienne et se faire
battre par Davoust à Auerstædt.
C'est à cette bataille qu'il fut mortellement blessé.

nouvelle époque dans l'histoire du monde, et vous pourrez dire : *J'y étais.* »[1]

La canonnade de Valmy avait sauvé la France. Mais que d'efforts à faire ! L'armée, désorganisée, par la faute des chefs et la mauvaise volonté des anciennes troupes royales, manque à la fois d'hommes, d'armes et de vivres. Il est vrai que Dumouriez a envahi la Belgique et gagné, sur les conseils du conventionnel Carnot, la bataille de Jemmapes. Mais la vieille Europe marche tout entière contre la jeune Révolution. La misère est atroce et tout est à créer. Carnot ordonne alors la levée en masse de 300,000 hommes, improvise les fabriques d'armes et de poudre, réquisitionne les chevaux et les vivres, établit un service de santé, et, à force d'énergie, de volonté et d'audace, *organise la victoire.*

Bataille de Jemmapes[2].

L'attaque commença, dès le 5 novembre, au poste de Quaregnon, défendu par une artillerie formidable. Le général Ferrand rencontra des prairies marécageuses coupées de fossés, qui empêchèrent son artillerie de le suivre, il la laisse en arrière, chargée à mitraille ; marche à la baïonnette en avant, emporte le village de Quaregnon, puis celui de Jemmapes. Ce général, déjà âgé, a son cheval tué sous lui ; il reçoit une forte contusion à la jambe, cela n'arrête pas son courage ; il se place à pied à la tête des grenadiers de sa colonne et continue l'attaque. A la droite, l'attaque[3] de Beurnonville était retardée par un feu bien nourri de cinq redoutes voisines du village de Cuesnes ; elle avait rencontré un pays coupé, et perdait

1. Au nombre des officiers d'état-major de Dumouriez était le jeune duc de Chartres, fils de Philippe-Egalité, qui sera plus tard roi des Français sous le nom de Louis-Philippe ; ce fut même à lui que Dumouriez confia la mission flatteuse d'apporter à Paris la nouvelle de la victoire.

2. Pascal. *Les Bulletins de la Grande Armée.* Appendice. — Édition 1844.

3. « L'attaque », c'est-à-dire « l'armée chargée de l'attaque. »

l'espoir de le forcer, lorsque Dampierre prend la résolution soudaine d'emporter la gauche de l'ennemi à la tête
du régiment de Flandre et du bataillon de Paris qu'il pré-
cède de cent pas : il enlève les deux premières redoutes,
où il entre le premier, tourne les canons contre les Autrichiens et fait 1,600 prisonniers.

Frappés d'un dévouement si héroïque, les blessés
oubliaient, après la bataille, quelques instants leurs
douleurs pour se demander : « Dampierre a-t-il survécu[1] ? »

L'aile droite de l'ennemi se trouvait enlevée, son corps
de bataille tourné et pris à revers, quand Dumouriez
donna au centre l'ordre de l'attaque. « Voilà les hauteurs de
Jemmapes, dit-il à ses soldats, et voilà l'ennemi : l'arme
blanche et la terrible baïonnette, voilà la tactique nouvelle à employer pour y parvenir et pour vaincre. »

L'ordre d'attaque fut reçu avec allégresse ; les bataillons perdirent leur alignement en traversant la plaine qui
les séparait de l'ennemi ; quelques escadrons autrichiens
s'étant subitement présentés au centre de la position,
dans l'endroit où le chemin qui conduit à Jemmapes
forme une ouverture au milieu du bois, il y eut un moment d'hésitation dans les colonnes d'attaque. Une brigade demeurant en arrière rompit la ligne du centre. Un
jeune domestique de Dumouriez, nommé Baptiste, aperçoit ce désordre. Par une de ces inspirations qui indiquent un grand caractère, il se porte sur le point où se
fait ce tourbillonnement, rallie l'infanterie, fait avancer
sept escadrons qui se trouvaient en arrière et rétablit le
combat. Déjà ce mouvement s'était communiqué aux
troupes les plus prochaines ; trois colonnes de bataillon
s'étaient arrêtées sous le feu terrible des redoutes ; elles
commençaient à se mêler, présage certain d'une fuite prochaine.

Le duc de Chartres rallie ces troupes ébranlées et déjà

_____

1. Dampierre devait, d'ailleurs, mourir quelques semaines plus tard
sous les murs de Valenciennes.

éparses, en forme une masse en colonne, lui donne le nom de bataillon de Jemmapes, marche en avant et enlève les redoutes. La cavalerie légère y entre par leurs intervalles, presque aussitôt que l'infanterie. Dans ce moment, l'attaque de gauche, commandée par le général Thouvenot, dépasse le village de Jemmapes et met l'ennemi entre deux feux. Une partie se précipite dans la rivière d'Aine.

La bataille est gagnée à la droite et au centre. Au premier instant de cette attaque, Dumouriez se porta vers son aile droite où le combat se soutenait sans succès décisif; son artillerie n'avait pu encore éteindre le feu des redoutes. Incertain du succès du centre, il pensait déjà à retirer les troupes de cette attaque pour protéger la retraite, lorsqu'il rencontra quelques bataillons de Paris qui avaient combattu sous lui au camp de Maulde, et dix escadrons de cavalerie légère. Une colonne de cavalerie s'ébranlait pour les charger, mais une décharge à bout portant leur fit un rempart d'hommes et de chevaux; les escadrons français s'élancent alors, et toute cette cavalerie autrichienne fuit jusqu'à Mons. Beurnonville, arrivant avec l'avant-garde, occupe ce même terrain ; les troupes qui venaient de repousser les Autrichiens marchent aux redoutes; on entonne l'hymne des combats. Ces retranchements, défendus par les grenadiers hongrois, attaqués de front et tournés par la gorge, sont emportés. Il s'y fait de part et d'autre un grand carnage ; la bataille, engagée sur tous les points du front, est gagnée [1].

...... La journée de Jemmapes couvrit l'armée française d'une très grande gloire. On crut la défense de la Belgique impossible, dès qu'on vit, peu de jours après cette bataille, le gouverneur autrichien abandonner Bruxelles et se retirer sur Ruremonde. Les Français, en entrant

1. Et pourtant on raconte que le duc de Cobourg visitant, la veille de la bataille, les positions prises par ses troupes, se serait écrié: « Si les Français arrivent jusqu'ici, je me fais Jacobin ! »

dans les villes conquises, étaient accueillis par des démonstrations d'allégresse et des actions de grâces ; la
plupart des villes imitèrent Mons, qui, après une sommation, vint offrir ses clefs.

La misère de l'armée [1]

La misère augmentait tous les jours pour les défenseurs de la patrie ; nous avions été réduits à douze onces
de pain par jour, et bien des fois on ne pouvait pas en
avoir. Il fallait cependant faire son service, bivouaquer et
monter la garde très souvent. Mais le printemps nous
produisait des plantes pour un peu nous soutenir, qui
étaient des feuilles de pois sortant à peine de terre, des
coquelicots ou *feu-d'enfer*, du sarrasin, des pissenlits.
Avec tous ces herbages, nous en faisions une farce que
nous mangions en guise de pain ; et lorsque le seigle est
venu en grains, on allait lui couper la tête, et on le faisait griller sur le feu. Les pommes à peine défleuries nous
servaient de nourriture.

C'était vraiment une grande misère ; on voyait plusieurs
soldats cachés derrière des haies, attendant que le laboureur qui plantait des pommes de terre, fendues en quatre
pour en récolter pour l'hiver prochain, fût parti de son
champ. Aussitôt les soldats affamés parcouraient le
champ, cherchant dans la terre les petits morceaux de
pommes de terre, et revenaient au camp avec leur petite
proie, en les faisant cuire.

---

1. *Journal du sergent Fricasse de la 127ᵉ demi-brigade.* (Lorédan Larchey.) — Le « Journal » si vivant du sergent Fricasse a été publié par M. Lorédan Larchey. Ce Fricasse, dont le nom est authentique, malgré son apparence de vaudeville, était né à Autreville (Haute-Marne), en 1773. Sans instruction aucune, il fit d'abord comme simple soldat, puis comme sous-officier, toutes les campagnes de 1792 à 1802, et servit dans le même régiment que le futur maréchal Soult.

Huit ou dix jours après on reparcourait les champs; les morceaux de pommes de terre qui avaient échappé à la première recherche commençaient à sortir de terre : on les enlevait avec beaucoup de contentement de se voir quelques petits morceaux de pommes de terre pour se sauver la vie.

Le matin, on battait la breloque [1], pour le pain, la viande, mais on revenait souvent sans viande. Le soir, à l'entrée de la nuit, pas tous les jours, on revenait avec un pain pour quatre hommes. Tout le monde sortait de ses baraques et la gaîté renaissait pour un moment dans le camp; dans la journée, tout le monde était comme mort, sur sa pauvre paille, prenant la misère en patience, et s'amusant à détruire sa vermine.

Après une misère pareille et des maux si longs et si pénibles, quelques-uns diront : «Les soldats ne sont que des voleurs? Voyez comme ils allaient dévaster les travaux des pauvres laboureurs! » Nous sentions bien la perte que nous causions, mais lequel pouvait-on préférer dans pareil cas, de mourir? Non, mais, je crois, de vivre et d'être utile !

La levée en masse [2].

Le projet d'une levée en masse avait fait hésiter d'abord la Convention : il l'étonnait par sa hardiesse; elle le renvoya à l'examen du Comité du Salut public. C'était le 12 août. Le 14, Carnot [3] fut adjoint au Comité;

---

1. Le mot véritable est : berloque. On désigne ainsi la batterie de tambours des heures de repas et des distributions.

2. La *Levée en masse* (extrait des *Mémoires sur Carnot*). — En supplément du *Journal du sergent Fricasse* — Lorédan Larchey.

3. Lazare Carnot était né à Nolay, en 1753, d'une famille bourgeoise, « vivant noblement ». Sorti de l'École du Génie de Mézières, il était capitaine du génie à Arras, où il s'était marié, quand il fut nommé député à la Législative, puis à la Convention. C'est à cette époque

le 16, le décret fut rendu au milieu des acclamations universelles ; le 23, une loi organisa en ces termes la *réquisition permanente de tous les Français pour la défense de la patrie* :

« Les jeunes gens iront au combat ; les hommes mariés forgeront les armes et transporteront les subsistances ; les femmes feront des tentes, des habits, et serviront dans les hôpitaux ; les enfants mettront le vieux linge en charpie ; les vieillards se feront porter sur les places publiques pour exciter le courage des guerriers, prêcher la haine des rois et l'unité de la République ;

» Les maisons nationales seront converties en casernes, les places publiques en ateliers d'armes ; le sol des caves sera lessivé pour en extraire le salpêtre ;

» Les armes de calibre seront exclusivement remises à ceux qui marcheront à l'ennemi : le service de l'intérieur se fera avec des fusils de chasse et l'arme blanche ;

» Les chevaux de selle sont requis pour compléter les corps de cavalerie ; les chevaux de trait et autres que ceux employés à l'agriculture conduiront l'armée et les vivres ;

» Le Comité du Salut public est chargé de prendre les mesures nécessaires pour établir sans délai une fabrication extraordinaire d'armes de tous genres, qui réponde à l'élan et à l'énergie du peuple français. »

La France offrit bientôt à ses adversaires le tableau que Barère avait ainsi tracé d'avance.

qu'il se consacre tout entier à la défense de la France menacée. Non content de réorganiser l'armée, il paye de sa personne à Jemmapes, à Hondschoote et à Fleurus, et n'obtient pour toute récompense que le grade de chef de bataillon. Ministre de la guerre et membre du tribunat, il reste fidèle aux doctrines républicaines et fait à l'empereur une opposition très nette. En 1807 il se retire de la vie publique et ne réapparaît qu'en 1813, pour offrir à l'empereur vaincu et à la France malheureuse le secours de son expérience et de son exemple. Il accepte pendant les Cent jours le ministère de l'Intérieur ; puis, devant les membres du gouvernement provisoire, il lutte contre le retour des Bourbons. Proscrit après la deuxième restauration, il meurt à Magdebourg d'où ses restes ont été ramenés en France en 1889 et déposés au Panthéon.

A Valmy, à Jemmapes encore, l'armée régulière avait joué l'unique rôle; mais, à dater du temps que nous racontons, elle fut absorbée par la multitude des volontaires et des réquisitionnaires. Désormais, la République sera moins servie sur les champs de bataille par des militaires de profession que par des citoyens destinés à quitter l'uniforme après l'accomplissement de leur croisade; grand exemple qui révéla aux Français leur aptitude à acquérir promptement les qualités de soldat. Ce n'est pas que, dans les premiers moments, ces conscrits qui ne savaient pas tenir leur arme, qui s'élançaient follement et se débandaient au moindre choc, ne donnassent de la tablature [1] aux généraux; la correspondance des représentants est toute semée de plaintes et d'inquiétude à leur sujet; mais leur noviciat ne fut pas long : « Dès la fin d'août, dit Jomini, les effets de la nouvelle levée se firent sentir; le déblocus de Dunkerque et celui de Maubeuge en furent les premiers résultats, et la grande réquisition acheva de nous assurer la supériorité. »

Il faut ajouter que cette grande réquisition rencontra moins de difficultés que le recrutement de trois cent mille hommes au mois de mars précédent. Le mouvement révolutionnaire s'était étendu, et l'idée républicaine, que tout citoyen doit le service à son pays, avait gagné les esprits.

Toutefois, ce n'est pas avec des bandes tumultueuses que la France aurait vaincu l'Europe; il fallait que la nation se transformât en armée.

C'est alors que se déploya surtout l'activité de Carnot.

Il s'agissait d'organiser, selon le principe d'unité, une multitude aussi peu homogène dans ses éléments que dans sa constitution.

Elle se composait d'anciens soldats et de conscrits amenés, soit par la levée des trois cent mille hommes, soit par la levée en masse, sans compter les engagés

---

1. C'est une expression familière. causer de la peine ou mieux du Donner de la tablature, c'est-à-dire souci.

volontaires de toutes les dates, les débris des compagnies franches et les étrangers.

Certains corps étaient restés comme avant la Révolution, tandis que plusieurs généraux avaient formé les leurs en demi-brigades, selon le monde nouveau ; puis il existait des légions françaises ou étrangères, mélange de toutes armes. Il y avait des bataillons aguerris, expérimentés, d'autres entièrement novices ; il y avait des différences considérables d'effectifs entre les corps de même espèce ; il y avait des grades irrégulièrement acquis et en nombre exagéré ; des soldats incorporés à la hâte, sans qu'ils fussent aptes au service ; les états manquaient à peu près complètement. Quant à l'irrégularité des fournitures et de la comptabilité, on aurait de la peine à s'imaginer ce qu'elle était.

Par quel moyen ce chaos fut-il débrouillé ? c'est ce que nous ne pourrions dire sans surcharger une simple biographie de détails qui appartiennent à l'histoire générale de l'armée française.

Ce qui est certain, c'est que cette armée ne tarda pas à devenir la plus homogène de l'Europe. Effacer toute distinction extérieure fut un des premiers objets de sollicitude. La troupe de ligne avait, en grande partie, conservé l'ancien uniforme blanc, tandis que les nouveaux arrivés portaient l'habit national ; source féconde en mésintelligences. Dès le 29 août, un arrêté prescrivit l'unité du costume.

L'arme du génie reçut une organisation nouvelle, dont Carnot s'occupa tout spécialement. Les nombreuses compagnies de canonniers volontaires, qui s'étaient formées et remarquablement bien exercées, furent incorporées dans l'artillerie. On réussit même à improviser une cavalerie. La disette des chevaux était extrême : des achats faits dans toutes les contrées étrangères où nos agents purent pénétrer, une levée extraordinaire dans les cantons et les arrondissements de la République, et des dons spontanés nombreux, permirent de mettre en ligne des cavaliers capables de se mesurer avec les formidables escadrons des coalisés.

En février 1792, la France n'avait qu'un effectif de 228,000 hommes (204,000 sous les armes) ; avant le mois de mai, grâce à l'activité déployée, elle comptait 471,000 soldats (présents : 397,000) ; au 15 juillet, 479,000, si l'on s'en rapporte à une note de Saint-Just, conservée pour sa propre instruction, et dont nous possédons l'autographe. Le tableau officiel que nous consultons présente un chiffre qui s'en éloigne peu, 483,000 (inscrits : 599,000).

En décembre, l'effectif de l'armée s'élevait à 628,000 hommes (présents sous les drapeaux, 554,000). Ce nombre alla croissant jusqu'à 1,026,500 (732,000 sur le terrain du combat en septembre 1794). Il n'y a pas de raison sérieuse pour contester ces états, publiés à une époque où l'exagération ne pouvait profiter de rien (1797). Cependant on a dit que les phalanges républicaines n'avaient jamais compté au delà de 600,000 hommes, un écrivain les a réduites à 500,000, un autre à 400,000, en ajoutant qu'ils n'étaient ni armés, ni nourris, ni vêtus. Espère-t-on, par de telles assertions, rabaisser le mérite des dictateurs révolutionnaires ? On l'élève au contraire. Moins on leur supposera de ressources entre les mains, plus admirable apparaîtra le résultat obtenu : la coalition vaincue ne doit pas de reconnaissance aux auteurs des nouveaux calculs.

« Rien ne peut effacer cette vérité historique, que la Convention a trouvé l'ennemi à trente lieues de Paris, et qu'on a dû à ses prodigieux efforts de conclure la paix à trente lieues de Vienne. » C'est Benjamin Constant qui dit cela. Benjamin Constant est un esprit de 1791 ; partisan des principes, il est généralement peu admirateur des faits de la Révolution.

Bientôt les armées de la Révolution prennent l'offensive. Jourdan sur la Meuse, Pichegru et Hoche sur le Rhin et la

Moselle, Dugommier et Moncey aux Pyrénées mettent en
fuite les envahisseurs. Comme le dit le décret rendu par la
Convention : « La France est debout contre les tyrans. »

Le général Houchard devant le tribunal révolutionnaire[1].

Il était difficile de placer le soupçon de l'intrigue ou de
la trahison sur la figure de ce vieux guerrier. Houchard[2]
avait six pieds de haut, la démarche sauvage, le regard
terrible. Un coup de feu avait déplacé sa bouche et l'avait
renvoyée vers son oreille gauche. La lèvre supérieure
avait été partagée en deux par un coup de sabre, qui avait
encore offensé le nez, et deux autres coups de sabre
sillonnaient sa joue droite de deux lignes parallèles. Le
reste du corps n'était pas mieux ménagé que la tête. Sa
poitrine était découpée de cicatrices. Il semblait que la
victoire s'était jouée en le mutilant. Elevé dans la ru-
desse des camps, et parvenu, au prix de son sang, du métier de soldat au grade de général, l'âpreté de ses manières faisait encore ressortir le caractère menaçant de sa
figure.

J'ignore s'il fut un général habile, mais au moins il
est certain qu'il avait été un général heureux. Rappelé,
embastillé, accusé par suite du système qui pardonnait
encore moins à un général une victoire qu'une défaite,
on avait cependant quelque embarras à dresser son acte
d'accusation.

Après le protocole d'usage sur la complicité avec ceux
qui attentaient à la liberté, à la souveraineté du peuple,

1. Beugnot. *Mémoires.* — Dentu, éditeur, 1866.

2. Houchard était lieutenant-colonel de dragons en 1789 et général de division en 1792. C'est alors que du commandement de l'armée de la Moselle il passa à l'armée du Nord. Né en 1640, il fut exécuté le 17 novembre 1793.

à l'unité et à l'indivisibilité de la République, on l'accusa
de n'avoir pas « assez tué d'Anglais » ; ce sont les termes.
Houchard rédigea lui-même, pour sa défense, une sorte
de harangue, dont je regrette toujours d'avoir négligé la
copie. Certes, le style n'en était pas académique, mais elle
respirait une éloquence sauvage, et surtout l'indignation
d'un grand courage. Il la présenta modestement à ma cen-
sure, et je me suis bien gardé de lui conseiller d'y toucher. Je l'engageai à la débiter telle qu'il l'avait écrite ;
mais il ne sentit pas toute la valeur de mon avis, et, à mon
défaut, il s'adressa à un véritable polisson, nommé Osse-
lin, qui délaya en style de palais ce morceau vraiment
remarquable et se fit payer fort cher ce mauvais service.

... On devine quel fut le sort du général : il était décidé
d'avance ; mais, ce à quoi il ne s'attendait pas, ce à quoi
personne ne pouvait s'attendre, c'est que le moine Dumas
osa reprocher à Houchard d'être un lâche. A ce mot qui
commençait le supplice du vieux guerrier, il déchira ses
vêtements, et s'écria en présentant sa poitrine couverte de
cicatrices : « Citoyens jurés, lisez ma réponse, c'est là
qu'elle est écrite. » Ce mouvement, qui eût soulevé le
peuple romain, fut jugé fort impertinent par la canaille
parisienne. On imposa silence à Houchard, qui retomba
sur le fatal fauteuil, abîmé dans ses pleurs. C'étaient les
premiers, peut-être, qui échappaient de ses yeux. Dès
lors, on put le juger, le conduire au supplice, l'assassi-
ner, il ne s'apercevait plus de ce qui se passait autour de
lui. Il n'avait plus qu'un sentiment dans le cœur, celui du
désespoir, et qu'un mot à la bouche, qu'il répéta jusqu'à
l'échafaud : « Le misérable, il m'a traité de lâche ! » Tant
il est vrai que, pour un grand courage, il est une sorte
d'injures plus dures à supporter que la mort.

Malheureusement, la discipline n'est pas toujours respectée. Excités par les privations, les soldats se révoltent quelquefois et compromettent la marche offensive de l'armée.

Une révolte de grenadiers en thermidor 1795. [1]

Le 11, la disette s'étant fait sentir plus que jamais, le représentant du peuple[2] fit donner une ration de pain plus faible qu'à l'ordinaire. A la distribution, les grenadiers des 1er et 2e bataillons, de la 2e demi-brigade[3], refusèrent de prendre le pain ; à leur exemple, les basses compagnies[4] refusèrent également et furent chez le représentant du peuple pour lui faire des observations, disant que, ne recevant aucune solde, il leur était impossible d'acheter des légumes ; par conséquent, on ne pouvait subsister avec une aussi légère ration de pain. Le représentant du peuple les fit retirer ; ils s'en furent dans des cabarets et se mirent à boire ; quantité se prirent de boisson et commencèrent à faire de grandes sottises. Ils retournèrent chez le représentant qui leur fit défendre sa porte ; de là ils se répandirent dans les rues et insultèrent différentes personnes. On fit battre la générale et bientôt toute la garnison fut sur la place d'armes. Le représentant y vint et ordonna au chef de la 2e demi-brigade d'arrêter, sur-le-champ, un nommé La Réjouissance, caporal des grenadiers du 1er bataillon, qui avait insulté et menacé la Représentation nationale dans la personne d'un de ses représentants. Le chef de brigade Marpaudé se présenta devant la compagnie de ce caporal, ordonna à La Ré-

---

1. Journal du canonnier Bricard. — Delagrave éditeur.

2. La convention avait délégué auprès de chaque général en chef un conventionnel en mission. Ces conventionnels se conduisirent généralement avec un grand courage (Merlin de Thionville à Mayence, Saint-Just à Strasbourg, Jean Bon Saint-André sur mer, etc.), mais trop souvent ils crurent bon de substituer leur autorité à celle du général et compromirent souvent ainsi, par leurs ordres, les mouvements de l'armée.

3. L'organisation de l'armée révolutionnaire avait consisté dans l'*amalgame* des troupes de ligne et des volontaires nationaux. Avec un bataillon de ligne et deux bataillons de volontaires on formait une demi-brigade. On eut ainsi, dès le mois d'août 1793, 228 demi-brigades. Cette organisation avait été votée par l'Assemblée sur un rapport de Dubois-Crancé.

4. Les grenadiers formaient des compagnies d'élite.

jouissance de remettre son fusil à son sergent-major et de le suivre. Ce caporal exécuta l'ordre du chef et le suivit ; mais, lorsqu'il fut devant la maison commune et qu'il s'aperçut qu'on allait le mettre en prison, il se retira quatre pas en arrière, sabre à la main, et présentant la pointe à son chef. Des officiers, à l'instant, sortirent de leurs rangs pour porter secours au chef de brigade. Au même moment, les grenadiers croisèrent la baïonnette et se portèrent en masse sur le corps d'officiers ; prudemment on laissa échapper le caporal, et la mêlée ne fut pas meurtrière. Cependant, quelques officiers furent très maltraités à coups de crosse de fusil.

. . . .

Dans ce moment, je rentrais à mon logement, qui était en face ; plusieurs grenadiers vinrent à moi et me demandèrent des cartouches. Je leur dis que j'avais tout distribué à des détachements partis pour lever des contributions. Ils persistèrent dans leur demande, et moi dans mon refus, car j'avais bien garde de me mettre dans un si mauvais cas, et j'aurais préféré me faire tuer que de consentir à distribuer des cartouches !

Pendant ce débat, quatre autres grenadiers se présentèrent comme des lions en demandant le sujet de notre dispute ; les premiers leur dirent que j'étais du parti opposé au leur et que je leur refusais des cartouches. Les derniers arrivés dirent aux autres : « Allons ! allons ! il n'y a qu'à lui donner son compte ! » Ils firent reculer tout le cercle, et moi, au milieu, je reçus une quantité de coups de crosse de fusil sur la tête et sur les bras. L'un d'eux, plus enragé encore que les autres, me lança un coup de baïonnette dirigé sur la poitrine ; j'eus assez de bonheur pour détourner le coup avec la main, et, tenant fermement la baïonnette, je reçus des coups de sabre qui, par le plus grand hasard, ne furent point mortels. Ces tigres étaient tellement ivres que la plupart des coups de sabre qu'ils me portèrent ne m'atteignirent que de la garde. Au moment où j'allais succomber sous les coups, le chef de bataillon Langlois, avec un adjudant et des canonniers, vinrent à mon secours; ils reçurent aussi plusieurs bourrades et ne purent me débarrasser de leurs mains. Je fus traîné vers la place de la Comédie, où était notre artillerie, et lorsque nous fûmes vers le milieu de la rue de Cologne, une dispute s'éleva entre eux et ils se mirent à se battre. Je profitai de cette querelle pour m'évader en gagnant, à quatre pattes, une allée qui, heureusement, se trouva ouverte. Je sortis de cette maison par la porte de derrière et fus chez le général pour lui faire part des intentions des grenadiers de se procurer des cartouches. A l'instant, il envoya un ordre pour que l'artillerie fût gardée par un piquet de cinquante hommes.

Je rentrai dans mon logement, où on me prodigua beaucoup de soins. J'avais les membres et la tête meurtris de coups, mais le sang avait très peu coulé; on me fit prendre différentes liqueurs, et j'en fus quitte pour la douleur.

. . . .

Dans la nuit du 12 au 13 arriva le régiment de cuirassiers que le représentant du peuple avait fait appeler; le 13 au matin, on fit assembler toute la garnison sur la place d'armes; on fit l'inspection des armes dans le plus grand ordre et dans le plus grand silence. Le représentant du peuple arriva, et donna ordre au chef de brigade de faire avancer au centre la compagnie de grenadiers du 1er bataillon de la 2e demi-brigade; il fit lecture à la garnison d'un arrêté pris contre les révoltés dans la journée du 11. Cet arrêté prononçait le licenciement de la compagnie, et l'envoi devant un conseil de guerre de tous ceux qui avaient le plus participé à la révolte.

Cette triste expédition se fit de suite; les grenadiers, la plupart en pleurant, déposèrent armes et buffleteries, et se retirèrent pour se disposer à partir pour Givet, où ils devaient se rendre en attendant la décision du gouvernement. Le représentant du peuple fit un discours très énergique à la garnison, et la fit entrer dans ses quartiers.

On nomma une commission militaire pour juger les délits de cette mémorable journée.

Le 13, au soir, le représentant du peuple fit rendre les sabres aux grenadiers, et leur promit qu'avant peu il espérait les réintégrer; il remit leur départ pour Givet au lendemain.

Le 14, les grenadiers partirent d'Aix-la-Chapelle; nous fûmes très sensibles à leur sortie, car nous savions que beaucoup n'avaient pris aucune part aux cruautés commises; les officiers et les sous-officiers avaient fait tous leurs efforts pour les ramener à l'ordre. Mais, cependant, il fallait un exemple; ce qui décida le représentant à prononcer leur licenciement.

Les grenadiers du 2ᵉ bataillon avaient d'abord pris part à l'insurrection, mais étant rentrés dans l'ordre, et n'ayant ni insulté, ni frappé, ils ne furent pas inculpés.

. . . .

Le 27, je reçus une assignation de l'accusateur militaire pour comparaître, le 28 au matin, devant le tribunal militaire, et déclarer ce que je connaissais de l'insurrection du 11 courant. Je fus fort embarrassé. Mon intention n'était pas de charger ces militaires, égarés par la boisson, poussés par la misère et le mécontentement.

Le 28, je me rendis au tribunal, où nous nous trouvâmes trente-deux témoins. Dix-sept grenadiers, accusés d'être auteurs de la révolte, parurent devant le tribunal. On entendit les dépositions en commençant par les officiers supérieurs; mon tour vint sur les quatre heures et je fis ma déclaration de manière qu'elle ne comprît aucun des accusés particulièrement.

Vers les six heures, on avait entendu les rapports tant à charge qu'à décharge, et la parole fut accordée au défenseur officieux, qui était le gazetier de la ville, homme d'esprit et de mérite. Il soutint la défense de ces malheureux avec une énergie et un esprit étonnants; il cita mille traits à l'avantage des accusés et termina par un discours qui fit pleurer tous les spectateurs.

vint sur l'autre bord de l'Adige. La tête de nos colonnes se rencontra à moitié des digues avec deux autres divisions d'Alvinzi. Il se livra un combat opiniâtre ; nos troupes furent alternativement en avant et en arrière. Pendant un moment, les balles arrivaient sur le pont. La 75ᵉ avait été rompue ; le général en chef plaça la 32ᵉ en embuscade, ventre à terre, dans un petit bois de saules, le long de la digue d'Arcole. Cette demi-brigade se releva, fit une décharge, marcha à la baïonnette, et culbuta dans les marais une colonne ennemie, épaisse de toute sa longueur ; c'étaient 3,000 Croates ; et ils y périrent tous. Masséna, sur la gauche, éprouvait des vicissitudes ; mais il marcha à la tête de sa division, son chapeau au bout de son épée, en signe de drapeau, et fit un horrible carnage de la division qui lui était opposée.

Après midi, le général français jugea qu'enfin le moment d'en finir était venu. Car si Vaubois avait été battu le jour encore par Davidowich, il serait obligé de se porter, la nuit prochaine, à son secours et à celui de Mantoue. Dès lors Alvinzi se porterait sur Vérone, il recueillerait l'honneur et les résultats de la victoire : tant d'avantages remportés dans trois journées seraient perdus. Il fit compter soigneusement le nombre des prisonniers, récapitula les pertes de l'ennemi ; il conclut qu'il s'était affaibli dans ces trois jours de plus de 20,000 hommes ; qu'ainsi désormais ses forces en bataille ne seraient pas beaucoup plus d'un tiers au-dessus des nôtres. Il donna ordre de sortir des marais et d'aller attaquer l'ennemi en plaine.

Les circonstances de ces trois journées avaient tellement changé le moral des deux armées, que la victoire nous était assurée. L'armée passa le pont jeté à l'embouchure de l'Alpon : Elliot, aide de camp du général en chef, chargé d'en construire un second, y fut tué. A deux heures après midi, l'armée française était en bataille, sa gauche à Arcole et sa droite dans la direction de Porto-Lignano ; elle avait en face l'ennemi, dont la droite s'appuyait à l'Alpon, et la gauche à des marais. L'ennemi était à cheval sur la route de Montébello. L'adjudant Lorcet était parti de Lignano avec 6 à 700 hommes, 4 pièces de canon et 200 chevaux, pour tourner les marais auxquels l'ennemi appuyait sa gauche. Vers trois heures, au moment où ce détachement de la garnison de Lignano se portait sur l'ennemi, que la canonnade était vive sur toute la ligne, et que les tirailleurs étaient aux mains, le général français ordonna au chef d'escadron Hercule de se porter, avec 50 guides, et 4 ou 5 trompettes, au travers des roseaux, et de charger sur l'extrémité de la gauche de l'ennemi, au même moment que la garnison de Lignano commencerait à le canonner par derrière ; ce qu'il exécuta avec intelligence, et contribua beaucoup au succès de la journée. L'ennemi fut culbuté partout ; sa ligne fut rompue, il laissa beaucoup de prisonniers. Alvinzi avait échelonné 7 à 8,000 hommes sur ses derrières, pour assurer sa retraite et pour escorter ses parcs : et par là sa ligne de bataille ne se trouva pas plus forte que la nôtre. Il fut mené battant tout le reste de la soirée. Toute la nuit il continua sa retraite sur Vicence. Notre cavalerie le poursuivit au delà de Montébello.

Arrivé à Villa-Nova, Napoléon s'arrêta pour avoir les rapports de la poursuite de l'ennemi, et de la contenance que faisait son arrière-garde. Il entra dans le couvent de Saint-Boniface ; l'église avait servi d'ambulance. Il y trouva 4 ou 500 blessés, la plus grande partie morts ; il en sortait une odeur de cadavre. Il recula d'horreur ! Il s'entendit appeler par son nom ; deux malheureux soldats français blessés étaient depuis trois jours au milieu des morts, sans avoir mangé ; ils n'avaient point été pansés ; ils désespéraient d'eux-mêmes ; mais ils furent rappelés à la vie par la vue de leur général. Tous les secours leur furent prodigués.

Le général français visita les hauteurs de Caldiero, et se remit en marche vers Vérone. A mi-chemin, il rencontra un officier d'état-major autrichien que Davidowich envoyait à Alvinzi. Ce jeune homme se croyait au milieu des siens. D'après ses dépêches, il y avait trois jours que les deux armées ne s'étaient communiquées.

Davidowich ignorait tout.

Napoléon entra triomphant dans Vérone, par la porte de Venise, trois jours après en être sorti mystérieusement par la porte de Milan. On se peindrait difficilement l'étonnement et l'enthousiasme des habitants ; nos ennemis même les plus déclarés ne purent rester froids, et joignirent leurs hommages à ceux de nos amis. Le général français passe sur la rive droite de l'Adige, et court sur Davidowich qui était encore à Rivoli. Il est chassé de poste en poste, et poursuivi l'épée dans les reins jusqu'à Roveredo. De ses 60 à 70,000 hommes, on calcule qu'Alvinzi en perdit de 30 à 35,000 dans ces affaires, et que ce fut l'élite de ses troupes.

Cependant, de si grands résultats ne s'étaient pas obtenus sans pertes, et l'armée avait plus que jamais besoin de repos. Le général français ne jugea pas devoir reprendre le Tyrol, et s'étendre jusqu'à Trente. Il se contenta de faire occuper Montébello, la Corona, les gorges de la Chiusa et de l'Adige. Alvinzi se rallia à Bassano et Davidowich à Trente. Cependant, on devait croire qu'on s'emparerait bientôt de Mantoue, avant que le général autrichien ne pût recevoir une nouvelle armée. Les fréquentes sorties de Wurmser, pour obtenir quelques vivres, le grand nombre de déserteurs qui étaient maigres, et depuis un mois à la demi-ration, le dénuement de ses hôpitaux et le grand nombre de ses malades, tout dut donner l'espoir d'une prompte reddition.

Napoléon au pont d'Arcole [1].

Alvinzi crut important de rejeter ces troupes françaises au-delà de l'Adige, pour tranquilliser ses derrières. Il dirigea une division sur la digue d'Arcole, et une autre vers la digue qui longe l'Adige, avec un ordre de tomber tête baissée sur ce qu'elle rencontrerait et de tout jeter dans la rivière. Vers les neuf heures du matin, ces deux divisions attaquèrent, en effet, vivement. Masséna, qui était chargé de la digue de gauche, ayant laissé engager l'ennemi, courut sur lui au pas de charge, l'enfonça, lui causa beaucoup de pertes et lui fit un grand nombre de prisonniers. On en fit autant sur la digue d'Arcole : on attendit que l'ennemi eut dépassé le coude du pont; on l'attaqua au pas de charge. On le mit en déroute, et on lui fit beaucoup de prisonniers. Il devenait de la plus haute importance de s'emparer d'Arcole, puisque de là on débouchait sur les derrières de l'ennemi, et qu'on pouvait s'y établir avant que l'ennemi pût être formé. Mais ce pont d'Arcole, par sa situation, résistait à toutes nos attaques. Napoléon essaya un dernier effort de sa personne : il saisit un drapeau, s'élança vers le pont et l'y plaça. La colonne qu'il conduisait l'avait à moitié franchi, lorsque le feu de flanc fit manquer l'attaque. Les grenadiers de la tête, abandonnés par la

---

1. *Mémorial de Sainte-Hélène*, par le comte de Las Cases, t. III. Le comte de Las-Cases avait accompagné Napoléon à Sainte-Hélène, en qualité de secrétaire. Là, il entreprit de noter au jour le jour les propos et les réflexions de l'empereur déchu et de le réhabiliter : « J'ai recueilli, dit-il, consigné jour par jour, tout ce que j'ai vu de Napoléon, tout ce que je lui ai entendu dire durant les dix-huit mois que j'ai été auprès de sa personne. Or, dans ces conversations du dernier abandon et qui se passaient comme étant déjà de l'autre monde, il devra s'être peint lui-même comme dans un miroir et dans toutes les positions et sous toutes les faces ; libre à chacun de l'étudier, les erreurs ne seront plus dans les matériaux. » Le *Mémorial* devint en quelque sorte le bréviaire des partisans de Napoléon.

queue, hésitent ; ils sont entraînés dans la fuite, mais ils ne veulent pas se dessaisir de leur général ; ils le prennent par le bras, les cheveux, les habits, et l'entraînent dans leur fuite, au milieu des morts, des mourants et de la fumée. Le général en chef est précipité dans un marais ; il y enfonce jusqu'à la moitié du corps ; il est au milieu des ennemis ; mais les Français s'aperçoivent que leur général n'est point avec eux. Un cri se fait entendre : « Soldats, en avant pour sauver le général ! » Les braves reviennent aussitôt au pas de course sur l'ennemi, le repoussent jusqu'au delà du pont, et Napoléon est sauvé. Cette journée fut celle du dévouement militaire. Le général Lannes était accouru de Milan ; il avait été blessé à *Governolo ;* il était encore souffrant dans ce moment : il se plaça entre l'ennemi et Napoléon, le couvrit de son corps et reçut trois blessures, ne voulant jamais le quitter. Muiron, aide de camp du général en chef, fut tué, couvrant de son corps son général... Mort héroïque et touchante !... Belliard[1], Vignoles furent blessés en ramenant les troupes en avant. Le brave général Robert y fut tué.

Les victoires de Bonaparte en Italie sur Alvinzi, Provera, Davidowich et l'archiduc Charles, la reddition de Mantoue et l'arrivée de l'armée française à Léoben avaient contraint l'Autriche à signer la paix de Campo-Formio, D'autre part, Jourdan et Hoche avaient menacé Vienne par leurs marches respectives dans la vallée du Maïn et celle du Danube. Mais Hoche, arrêté par la nouvelle des préliminaires de Léoben, meurt, probablement phtisique, dans son camp retranché du Wetzlar. La France entière pleura ce grand général, « qui fut une des gloires les plus pures de la Révolution. »

La fête du 30 vendémiaire an VI [2].

Nous l'avons célébrée à Neuf-Brisach, en l'honneur du

---

1. Ce général plus brave qu'intelligent devait, plus tard, contribuer à notre échec final en Egypte.

2. *Journal du sergent Fricasse, de la 127ᵉ demi-brigade.* — Lorédan Larchey.

général Hoche,[1] un des grands hommes que la République a perdus. Il est mort dans les environs de Paris.

Cette fête de reconnaissance a été annoncée la veille par plusieurs décharges d'artillerie ; le lendemain 30, à six heures du matin, une décharge d'artillerie s'est faite de quart d'heure en quart d'heure ; les cloches de la ville ont été sonnées pendant une heure. A dix heures, les autorités civiles et militaires se sont assemblées et se sont rendues à la maison communale où tout le monde devait se réunir. Quand tout a été prêt, on s'est mis en marche ; le cortège était ouvert par un détachement de cavalerie de la garde nationale ; ensuite venaient les vieillards rangés sur deux rangs ; le premier qui marchait à la tête portait une bannière sur laquelle était écrit : *Nos enfants suivront son exemple.* Marchaient après eux des jeunes femmes habillées de blanc, un crêpe en écharpe ; un petit garçon de sept à huit ans portait une bannière sur laquelle était écrit : *Il était bon père et bon époux.* — Après eux marchaient une quantité de jeunes filles de huit à onze ans, aussi habillées de blanc ; elles portaient dans leurs mains des guirlandes de laurier et de chêne, et de petites corbeilles remplies de toutes sortes de fleurs. Après venait notre musique qui jouait des airs funèbres ; après venait un char de triomphe attelé de deux chevaux gris-souris avec harnachements de deuil ; aux quatre coins étaient placées quatre jeunes citoyennes âgées de onze à

1. Né en juin 1868, Hoche était sous-officier quand éclata la Révolution. Il se donna avec fougue au nouveau régime, devint en moins de trois ans général de division et commandant en chef de l'armée de la Moselle. La victoire du Geisberg, qui sauva Landau et l'Alsace consacra sa réputation. Mis à la tête de l'armée de la Vendée, il contribua autant par sa douceur que par son habileté à pacifier la Vendée. La prise de Quiberon termina, en réalité, la guerre civile. Arrêté à la suite d'un dissentiment avec Saint-Just, il avait échappé par miracle à la mort, grâce au 9 thermidor. Désigné en 1796 pour diriger une descente en Irlande, il fut arrêté par les tempêtes et chargé du commandement de l'armée de Sambre-et-Meuse (1797). Il mourait quelques mois après, dans son camp de Wetzlar, probablement d'une maladie de poitrine, bien qu'on ait cru pendant longtemps à un empoisonnement.

douze ans, bien mises, coiffées en cheveux, avec une guirlande de roses par-dessus ; un ruban très large, tricolore, mis en écharpe. Ces quatre citoyennes portaient chacune une bannière sur laquelle on avait inscrit : 1° *Il allait être le Bonaparte du Rhin ;* 2° *Immortel après sa destinée ;* 3° *Il a inspiré la terreur aux rois ;* 4° *Son ennemi fuit devant sa vaillance.* — Au milieu du char était placé en effigie le cercueil couvert d'un drap mortuaire ; dans l'un des bouts était écrit : *Ici gît Hoche.* Son portrait était au bas de cet écriteau ; au milieu dudit cercueil était placé un chapeau bordé en or, avec le panache tricolore qui est la coiffure de nos généraux. Les coins du drap mortuaire étaient portés par les quatre plus anciens de service, pris parmi les officiers et les soldats indistinctement. Les estropiés qui se sont trouvés dans les dépôts, qui étaient à Brisach, suivaient le char. Ensuite venaient les tambours voilés en noir, qui exécutaient de temps en temps des roulements sombres. Ensuite, venaient les généraux, les officiers de la garnison et les autorités civiles ; il y avait un détachement de grenadiers qui suivaient le cortège sur deux rangs ; le reste de la troupe était sans armes.

Après avoir fait le tour de la ville en dedans, tout le cortège a été conduit à l'église ; on a placé l'effigie de cercueil sur un autel de la patrie qui avait été préparé, et dont le tour était décoré de larmes. La musique a joué plusieurs airs funèbres. Puis on nous a fait le détail de la manière dont on avait fait l'enterrement à Paris, et comment toutes les communes de la République devaient célébrer une fête de reconnaissance pour le général Hoche. Ce discours fini, les jeunes citoyennes ont chanté plusieurs hymnes funèbres et républicaines. Puis nôtre chef de demi-brigade a fait un discours où il a rappelé plusieurs traits de bravoure du citoyen Hoche ; ensuite la musique a joué à plusieurs reprises, pendant que toutes les jeunes citoyennes porteuses de guirlandes, de couronnes de laurier et de branches de chêne, les déposaient autour du cercueil et par-dessus. Ceci a été exposé plusieurs jours à l'église, et chacun s'est retiré dans ses logements.

Bonaparte, las d'attendre, veut hâter le coup d'État auquel il pense depuis longtemps. Pour accomplir ce projet, il lui faut une armée qui n'obéisse qu'à lui, et qui, dans les campagnes lointaines, apprenne à obéir aveuglément à son général. C'est alors que Bonaparte songe à l'Égypte. Tout l'attire dans ce pays, berceau de l'humanité : des motifs d'ambition personnelle, sa haine contre l'Angleterre qu'il frappera ainsi sûrement sur la route des Indes, et des raisons d'ordre scientifique. Le Directoire, heureux de se débarrasser de ce rival dangereux, lui accorde l'autorisation qu'il sollicite et Bonaparte s'embarque à Toulon.

La bataille des Pyramides[1].

Bonaparte, informé que Mourad-bey, à la tête de six mille Mamloùks[2] et d'une foule d'Arabes et de Fellâhs, est retranché au village d'Embabé, à la hauteur du Caire, vis-à-vis Boulac, et qu'il attend les Français pour les combattre, s'empresse d'aller lui présenter bataille.

Le 2 thermidor, à deux heures du matin, l'armée part d'Omm-el-Dinar. Au point du jour, la division du général Desaix, qui formait l'avant-garde, a connaissance d'un corps d'environ six cents Mamloùks et d'un grand nombre d'Arabes qui se replient aussitôt. A deux heures après-midi, l'armée arrive aux villages d'Ebverach et de Boutis. Elle n'était plus qu'à trois quarts de lieue d'Embabé, et apercevait de loin le corps des Mamloùks qui se trouvait dans ce village. La chaleur était brûlante; le soldat était extrêmement fatigué. Bonaparte fait faire la

1. Berthier, *Campagne du général Bonaparte en Egypte.* — Firmin-Didot, éditeur.
2. Les Mamloùks ou Mameluks formaient une sorte de cavalerie féodale qui opprimait la population égyptienne composée d'Arabes, de Cophtes chrétiens et de Turcs.

halte. Mais les Mamloùks n'ont pas plutôt aperçu l'armée qu'ils se forment en avant de sa droite dans la plaine. Un spectacle aussi imposant n'avait point encore frappé les regards des Français. La cavalerie des Mamloùks était couverte d'armes étincelantes. On voyait en arrière de sa gauche ces fameuses pyramides dont la masse indestructible a survécu à tant d'empires et brave depuis trente siècles les outrages du temps. Derrière sa droite, étaient le Nil, le Caire, le Mokattam, et les champs de l'antique Memphis.

Mille souvenirs se réveillent à la vue de ces plaines où le sort des armes a tant de fois changé la destinée des empires. L'armée, impatiente d'en venir aux mains, est aussitôt rangée en ordre de bataille. Les dispositions sont les mêmes qu'au combat de Chebreis. La ligne, formée dans l'ordre par échelons et par divisions qui se flanquent, refusait sa droite. Bonaparte ordonne à la ligne de s'ébranler ; mais les Mamloùks, qui, jusqu'alors, avaient paru indécis, préviennent l'exécution de ce mouvement, menacent le centre, et se précipitent avec impétuosité sur les divisions Desaix et Regnier qui formaient la droite. Ils chargent intrépidement ces colonnes, qui, fermes et immobiles, ne font usage de leur feu qu'à demi-portée de la mitraille et de la mousqueterie ; la valeur téméraire des Mamlùks essaie en vain de renverser ces murailles de feu, ces remparts de baïonnettes ; leurs rangs sont éclaircis par le grand nombre de morts et de blessés qui tombent sur le champ de bataille, et bientôt ils s'éloignent en désordre sans oser entreprendre une nouvelle charge.

Pendant que les divisions Desaix et Regnier repoussaient avec tant de succès la cavalerie des Mamloùks, les divisions Bon et Menou, [1] soutenues par la division Klé-

<hr>

1. Menou avait longtemps combattu en Vendée. Incapable et prétentieux, ignorant et autoritaire, il commanda l'armée égyptienne après l'assassinat de Kléber, se fit battre à Canope, enfermer à Alexandrie et dût capituler le 2 septembre 1801. Cette capitulation chassait les Français d'Egypte.

ber, commandée par le général Dugua, marchaient au pas de charge sur le village retranché d'Embabé. Deux bataillons des divisions Bon et Menou, commandés par les généraux Rampon et Marmont, sont détachés avec ordre de tourner le village et de profiter d'un fossé profond pour se mettre à couvert de la cavalerie de l'ennemi, et lui dérober leurs mouvements jusqu'au Nil.

Les divisions, précédées de leurs flanqueurs, continuent de s'avancer au pas de charge. Les Mamloùks attaquent sans succès les pelotons de flanqueurs; ils font jouer et démasquent quarante mauvaises pièces d'artillerie. Les divisions se précipitent alors avec plus d'impétuosité, et ne laissent pas à l'ennemi le temps de recharger ses canons. Les retranchements sont enlevés à la baïonnette; le camp et le village d'Embabé sont au pouvoir des Français. Quinze cents Mamloùks à cheval et autant de Fellâhs, auxquels les généraux Marmont et Rampon ont coupé toute retraite, en tournant Embabé et prenant une position retranchée derrière un fossé qui joignait le Nil, font en vain des prodiges de valeur; aucun d'eux ne veut se rendre, aucun d'eux n'échappe à la fureur du soldat; ils sont tous passés au fil de l'épée, ou noyés dans le Nil. Quarante pièces de canon, quatre cents chameaux, les bagages et les vivres de l'ennemi, tombent entre les mains du vainqueur.

Mourad-bey, voyant le village d'Embabé emporté, ne songe plus qu'aux moyens d'assurer sa retraite. Déjà les divisions Desaix et Regnier avaient forcé sa cavalerie de se replier; l'armée, quoiqu'elle marchât depuis deux heures du matin et qu'il en fût six du soir, le poursuit encore jusqu'au Gizeh. Il n'y avait plus de salut pour lui que dans une prompte fuite; il en donne le signal, et l'armée prend position à Gizeh après dix-neuf heures de marches ou de combats.

Jamais victoire aussi importante ne coûta moins de sang aux Français; ils n'eurent à regretter dans cette journée que dix hommes tués et environ trente blessés,

Jamais avantage ne fit mieux sentir la supériorité de la tactique moderne des Européens sur celle des Orientaux, du courage discipliné sur la valeur désordonnée.

Les Mamloùks étaient montés sur de superbes chevaux arabes richement harnachés ; ils portaient les plus brillantes armures ; leurs bourses étaient pleines d'or ; et leurs dépouilles dédommagèrent le soldat des fatigues excessives qu'il venait de supporter. Il y avait quinze jours qu'il n'avait pour toute nourriture qu'un peu de légumes sans pain ; les vivres trouvés dans le camp des ennemis lui firent faire un repas délicieux.

Pendant que Bonaparte combat en Égypte, le Directoire défend ses frontières menacées. Brune lutte en Hollande, Jourdan dans la Forêt-Noire ; Schérer en Italie et Masséna en Suisse. Les premiers mois ne sont pas heureux, quand tout à coup Masséna, par la victoire de Zurich, sauve la situation compromise.

Bataille de Zurich[1].

L'armée du Danube avait terminé par une victoire signalée la campagne de l'an VII[2] ; elle avait repris le Gothard et tous les petits cantons helvétiques. Il lui était réservé d'ouvrir, par des victoires plus brillantes encore, la campagne de l'an VIII.

Une bataille de quinze jours sur une ligne de plus de soixante lieues de développement, contre trois armées combinées, conduites par des généraux expérimentés, la plupart environnés de grandes réputations, occupant des positions réputées inexpugnables, telles ont été ses opérations.

Trois armées battues et dispersées, 20,000 prison-

1. Masséna. Rapport officiel adressé au Directoire (*Moniteur de la Révolution*).

2. En deux jours (6-8 mars 1799), Masséna avait conquis la vallée du Rhin de ses sources au lac de Constance, pendant que le général Lecourbe occupait l'Engadine.

niers, plus de 10,000 morts ou blessés, 100 pièces de canon, 15 drapeaux, tous les bagages des ennemis, 9 de
leurs généraux tués ou pris, l'Italie et le Bas-Rhin dégagés, l'Helvétie libre, le prestige de l'invincibilité des
Russes dissipé, tel a été le résultat de ces combats.

Quelque détaillé que puisse être ce rapport, je n'y ren-
drai jamais tous les traits de bravoure et d'héroïsme qui
ont signalé cette bataille mémorable. Chacun s'est multi-
plié, chacun s'est surpassé, et quand, en donnant des
éloges à quelques-uns et citant les belles actions de quelques autres, je garderai le silence sur une quantité d'autres encore plus considérables, la faute en est à leur trop
grand nombre et au besoin de resserrer enfin dans des
bornes quelconques le récit d'une suite d'actes de dévouement qui n'en avait aucunes.

La ligne de la Linth, de la Limath et de l'Aar était, sous
le double rapport de la défensive et de l'offensive, la position la plus forte que l'armée austro-russe pût occuper
en Helvétie. Ces rivières plus ou moins larges, mais toujours profondes et torrentueuses, étaient bordées, sur la
rive droite, de montagnes hautes et du plus difficile accès.
La place de Zurich, sur la Limath, fournissait à l'ennemi,
sur la rive gauche de la rivière, une tête de pont dont la
propriété offensive portait au dernier degré de perfection
le système d'action et de répulsion de cette ligne ;
60,000 Austro-Russes la défendaient, et je devais les en
chasser avec un corps de troupes bien inférieur en
nombre.

Une entreprise formidable menaçait la France. La
Suisse, le boulevard de tout notre système militaire, si
souvent attaqué et toujours si opiniâtrement défendu, devait, sous peu de jours, être écrasée par les efforts de trois
armées combinées ; mais je connaissais leurs projets, et,
fort de la bouillante ardeur, de la bravoure et de la constance des soldats républicains, de la bonne harmonie qui
existait entre tous les corps et les officiers généraux et
particuliers, fort du zèle et de l'émulation qu'ils mon-

traient tous pour la gloire et le triomphe de la république, j'étais sûr de vaincre.

Les deux seuls points de passage que présentât le
développement de la ligne ennemie, depuis Zurich jusqu'au Rhin, étaient le confluent de la Limath, de la
Reuss et de l'Aar, et l'anse de Diettikon sur la Limath.

Chacun de ces deux points avait peu d'avantages et
beaucoup d'inconvénients majeurs. Le premier avait la
faculté de transporter par la Reuss et l'Aar, des bateaux
nécessaires au passage ; mais il n'y avait, sur la rive opposée, que deux points uniques et très étroits de débarquement ; ces points étaient tellement marqués, la ligne
de passage que les bateaux avaient à parcourir était si
bien désignée, que l'ennemi les avait rendus inabor-
dables par plusieurs batteries tellement disposées que de
la rive gauche il était à peu près impossible d'en éteindre
le feu. Qu'on ajoute à tout cela une position formidable
et presque inaccessible qu'il fallait enlever, même en se
formant sur la rive opposée, et on aura la mesure des
difficultés que présentait ce point de passage.

L'anse de Diettikon offrait de grands obstacles pour
le transport des bateaux, pour leur mise à flot ; aucun
ruisseau navigable n'y aboutissait, aucune île ne permettait de ramasser, à l'insu de l'ennemi, les bateaux nécessaires au passage et à la construction du pont. Une
plaine découverte bordait la rive gauche et surtout son
développement ; on y voyait, de la rive droite, un homme
depuis les pieds jusqu'à la tête. Il fallait porter sur des
voitures ou à bras, jusque dans l'eau, tous les bateaux et
les matériaux nécessaires ; mais aussi la forme demi-cir-
culaire de cette anse donnait les moyens de l'envelopper
et de la croiser en tous sens par le feu d'une artillerie
formidable, pour protéger les travaux du passage, et cela
me détermina à l'adopter.

Je fis à Brugg tous les préparatifs nécessaires pour
donner à croire à l'ennemi que mon point de passage
était le confluent des trois rivières, mais ce fut, pour le

point de Diettikon que j'ordonnai les préparatifs les plus réels, et que je réunis les moyens les plus propres à assurer le succès de mon entreprise.

J'ordonnai également les préparatifs nécessaires au passage de la Linth et à l'attaque des positions occupées par l'ennemi dans cette partie.

L'ennemi a si bien pris le change sur toutes ces dispositions qu'il a cru que le passage était à Brugg, et qu'il y avait réuni la majeure partie de ses forces.

C'est à la suite de ces dispositions que, dans la nuit du 2 au 3 vendémiaire, je réunis autour de Diettikon un corps de 14,000 hommes ; c'était la division Lorge, partie de la division Mesnard, et la réserve commandée par le général Klein. Les trois brigades de Lorge et Mesnard étaient destinées à exécuter le passage de vive force, tandis que la réserve, composée de grenadiers et d'un gros corps de cavalerie, devait couvrir cette opération contre les sorties qui pourraient être faites par la garnison de Zurich, sur la rive gauche de la Limath, et que la division Mortier devait faire l'attaque du village Volisansen.

Le général Mesnard, avec le reste de sa division, devait faire sur Brugg, au confluent de la Reuss et de la Limath, toutes les démonstrations d'un prochain passage.

Le général Soult devait, de son côté, exécuter le passage de la Linth, entre les lacs de Zurich et de Walenstadt.

Le 3, à cinq heures du matin, une attaque d'artillerie, destinée, en apparence, à éteindre le feu des batteries de l'ennemi, fut engagée par le général Mesnard ; tous les bateaux de la Reuss et de l'Aar, mis en mouvement comme pour tenter le passage, et des têtes de colonnes se présentant sur plusieurs points, comme pour attendre l'instant favorable, tels furent les mouvements qui confirmèrent l'ennemi dans l'opinion que Brugg était le vrai point de passage, et qui tinrent sur ce point, pendant presque toute la journée du 3, une partie de l'armée russe.

A Diettikon, vingt pièces d'artillerie, commandées par le chef d'escadron Foix, cernaient et étaient prêtes à croiser de leur feu, dans tous les sens, l'anse du passage. Les pontonniers, aidés par 3,000 soldats, et dirigés par le chef de brigade d'artillerie Dedon, portaient, à bras et sur les épaules, les plus gros bateaux. Le jour était prêt à paraître ; le signal est donné, et, en un instant, les bords de la rivière sont couverts de bateaux et de troupes ; les premiers entraient à peine dans l'eau que les nombreux postes russes qui enveloppaient l'anse sur la rive droite firent une décharge générale et un feu nourri de mousqueterie, qui, loin de refroidir l'ardeur des pontonniers et des travailleurs, ne fit que la centupler ; mais les premiers coups de fusil étaient à peine tirés de la part de l'ennemi que notre artillerie eut bientôt écrasé tout ce qui s'opposait à l'abordage de la rive opposée.

Le général Gazan commandait l'avant-garde, et sous lui le brave chef de bataillon Grain-d'Orge tenait, avec les carabiniers, un bataillon de la 10ᵉ légère et quatre compagnies de la 37ᵉ, la tête de la colonne.

Les postes russes, chassés des bords de la rivière, se réunirent au goulet de l'anse, dans un bois épais, où, soutenus par les troupes qui occupaient le camp et le plateau de Fahr, et par sept pièces d'artillerie, ils se disposèrent à se défendre. La tête de notre avant-garde y arrivait à peine que, quoique sans canon et sans cavalerie, elle commença l'attaque, et que successivement soutenue par les troupes que l'activité des pontonniers passa, en moins de deux heures, d'une rive à l'autre, au nombre de 8,000 hommes, elle les en chassa, après en avoir fait un carnage effroyable, et se trouva maîtresse du bois, du plateau de Fahr et du camp tendu de l'ennemi. Sur deux bataillons de grenadiers russes qui l'occupaient, quelques hommes à peine se sont échappés ; tout le reste a été tué, blessé ou pris.

C'est alors que, la pont de bateaux se trouvant construit et une communication ouverte à travers le bois épais qui bordait la rivière, le reste des deux brigades Gazan et Bontemps, sous les ordres du général Lorge, et la brigade Quetard, détachée de la division Mesnard, terminèrent leur passage.

L'armée de Korsakow était alors répartie sur deux points, celui de Zurich et celui de Frendnau, au-dessous des confluents ; pour la battre, malgré sa supériorité en nombre, il fallait l'empêcher de réunir ces deux corps, et les combattre séparément. Pour cela, je portai sur Delliken et Degenttorf la brigade Bontemps ; j'occupai ainsi les revers principaux de la Glatt et les communications de Regensberg à Zurich. Je portai partie de la brigade Quetard sur Vurenloos, pour couvrir la gauche du général Bontemps contre le corps ennemi de Vettingen et Frendnau ; le reste était, partie en réserve au pont de Diettikon, et l'autre partie, sous les ordres du général Oudinot, mon chef d'état-major, devait soutenir la brigade Gazan, que je chargeai de l'attaque de Hoüg et de la partie occidentale de Zurich-Berg.

C'est entre ces deux points de Regensberg et Zurich que l'ennemi avait réuni la presque totalité des forces qu'il avait dans cette partie. Le général Gazan l'attaqua avec impétuosité, et tourna, par une manœuvre habile, le village de Hoüg, dont il s'empara. C'est alors que s'est engagée, depuis Vurenloos jusqu'au Zurich-Berg, la bataille du 3.

Dans le temps que les généraux Quetard et Bontemps, par les efforts les plus vigoureux, rejetaient la droite de l'ennemi au delà de la Glatt, le général Gazan, avec une partie de sa brigade, attaquait et enlevait à la baïonnette les hauteurs d'entre Hoüg et Assholteren, et attaquait ensuite, conjointement avec le général Oudinot, les faubourgs de Zurich, et la partie occidentale de Zurich-Berg, par laquelle passe la communication de cette place avec Vintherthur. Rien n'égale l'acharnement qu'on a mis de part et d'autre dans ce combat, qui a duré depuis dix heures du matin jusqu'à la nuit close. Nous sommes restés maîtres et des faubourgs et de la position. Toutes les troupes y ont fait des prodiges de valeur. On y a vu la légion helvétique rivaliser de bravoure avec la 10e légère ; la 37e, la 57e, la 2e et la 102e de bataille, la 9e de hussards, l'artillerie légère s'y sont particulièrement distinguées. Le général Lorge se loue infiniment du chef de bataillon Marousin, des capitaines Melin de la 37e, Cabos et Simomien de la 10e légère, des lieutenants Minaud et Maingonand qui s'y sont distingués, ainsi que du brave Dubalin de la 10e légère, qui a été blessé en chargeant à la baïonnette. Le terrain était couvert de morts et de blessés, et sur trente on comptait à peine un Français.

Devant Zurich, sur la rive gauche, le général Mortier attaquait avec son impétuosité ordinaire le village de Villishoffen, et faisait payer chèrement aux six bataillons russes qui le défendaient leurs efforts pour s'y maintenir et favoriser par là plusieurs charges mêlées d'infanterie et de cavalerie, dirigées contre la réserve aux ordres du général Klein. Je me trouvais alors sur ce point ; j'ordonnai à ce général de faire soutenir le général Mortier par un bataillon de grenadiers de la réserve, aux ordres du général Humbert, et bientôt, aidé par ce renfort, il mit les ennemis en déroute et les força à rentrer dans la place, après une perte considérable et avoir eu deux généraux blessés.

Entre les lacs de Zurich et de Vallenstadt, nos succès n'étaient ni plus faciles ni moins brillants ; le général Soult avait franchi la Linth, défendue par plus de quarante redoutes et par des ennemis nombreux, à qui il avait été impossible de dérober nos préparatifs, et qui nous attendaient de pied ferme.

A trois heures du matin, pendant que le citoyen Lochet, chef de brigade de la 94e de ligne, à la tête de 800 hommes partis de Lachen, opérait un débarquement à Schmérikou, sous la protection de trois chaloupes canonnières commandées par le lieutenant des pontonniers Gauthier, suivait le chemin de ce village au bourg d'Utznach, s'emparait des redoutes de l'ennemi, attaquait son camp et faisait rétablir le pont de Gzynau pour faciliter le passage des troupes du général Laval, deux cents nageurs armés de lances, pistolets et sabres, réunis vis-à-vis Schœnis, sous la conduite de l'adjudant-major Delaar, traversaient la rivière, battaient la charge, portaient la terreur dans le camp autrichien, enlevaient les postes ennemis qui défendaient le point projeté pour le passage, et facilitaient, par ce mouvement aussi hardi qu'extraordinaire, le moyen de lancer à l'eau les barques et de jeter sur la rive droite le bataillon des grenadiers.

Cela s'exécutait tandis que le commandant Lapisse, chargé de l'attaque du centre, contenait d'une rive à l'autre les troupes de renfort qui arrivaient à l'ennemi[1].

Il était cinq heures, le jour commençait à paraître, et l'ennemi, revenu de sa surprise, formait des colonnes d'attaque et nous menaçait. Six compagnies étaient passées ; trois fois elles s'emparèrent du village de Schœnis et trois fois elles furent repoussées. Le passage se continuait ; nous nous maintînmes ; la résistance fut extrême ; l'acharnement fut si grand, et chacun y prit tellement part que le feld-maréchal Hotze, commandant en chef les troupes autrichiennes, y perdit la vie : son corps fut trouvé, quelques heures après, sur le champ de bataille, ainsi que ceux de plusieurs officiers supérieurs.

Déjà le 2e bataillon de la 25e demi-brigade avait suivi les grenadiers. On s'en servit pour attaquer de nouveau Schœnis. L'ennemi y fut forcé et se retira en désordre sur Kauttenbrun.

Le passage étant effectué et les troupes de l'attaque du centre devenant inutiles dans leur première position,

1. Le général Souvarow, qui accourait à ce moment de l'Italie à travers les Alpes pour opérer sa jonction avec Korsakof, arriva trop tard. Obligé de s'enfuir à travers le massif du Saint-Gothard, il perdit la majeure partie de son armée.

le général Soult [1] fit porter vers Utznach le chef de brigade Lapisse, à la tête de deux bataillons de la 56ᵉ. Pour s'y rendre, ils devaient passer le pont Gzynau; mais à peine quelques soldats y furent que le pont se rompit. Une réserve des Russes venant de Rapperschwill au secours des Autrichiens, voulant profiter de cet accident, forma une colonne d'attaque, et vint avec une audace rare charger tout ce qui se trouvait sur la rive droite. Il ne restait à cette troupe que la victoire ou la mort; le chef de brigade Lochet le lui fit sentir. Elle reçut la charge des Russes avec sang-froid, et, après un feu terrible qui mit le désordre dans les rangs ennemis, elle en fit une tellement à propos, que presque tout fut pris ou tué. Un drapeau resta en notre pouvoir, avec un colonel et 300 hommes. La terre était couverte de morts.

A Kauttenbrun, l'ennemi tenait encore; mais peu après, ce village fut emporté à la baïonnette; nous fîmes 400 prisonniers, et la nuit mit fin au combat.

Le général Soult se loue beaucoup du citoyen Lochet, chef de la 94ᵉ, de l'adjudant général de Saligny, du commandant Godinot, des citoyens Franchesky et Soult, aides de camp; des citoyens Compère et Scherb, adjoints; de l'adjudant-major Talot, de l'adjudant-major Delaar, commandant les nageurs, et du capitaine Muller, commandant le bataillon des grenadiers; cet officier a été blessé à l'attaque de Schœnis.

Le chef d'escadron Foix, commandant l'artillerie de la division Lorge, et Prost, commandant celle de la division

1. Le Soult dont il est ici question est bien le fameux maréchal Soult qui fit toutes les campagnes de l'empire, espéra un moment, pendant la campagne d'Espagne, le titre de roi de Lusitanie et défendit en 1814 le midi de la France contre le duc de Wellington. Après avoir été, en 1799, le fidèle collaborateur de Masséna pendant cette bataille de Zurich, il lui créa de graves difficultés en 1810, et contribua par son inaction à le faire battre par les Anglais à Mondego. La première Restauration en fit un ministre de la guerre, et malgré la part active qu'il avait prise aux Cent Jours, il fut de nouveau investi du ministère de la guerre en 1827, en 1839 et en 1840. Nommé, en 1847, maréchal-général par Louis-Philippe, titre qui n'avait été porté jusqu'alors que par Turenne, Villars et le maréchal de Saxe, il mourut en 1852, à l'âge de 83 ans.

Klein, se sont conduits d'une manière digne des plus grands éloges.

Cette première journée du 3 s'était terminée par la défense du corps russe réuni sous Zurich, et par celle du corps autrichien qui défendait la Linth. Mais mes forces n'étaient pas encore réunies sur la rive droite, et la place de Zurich m'en empêchait; je résolus donc de m'en emparer. Mais avant de prendre un parti violent contre cette place, que je voulais préserver encore une fois ou d'une ruine totale, ou des suites que pourrait avoir pour elle une prise de vive force, j'avais, dans la soirée du 3, fait sommer le général russe qui y commandait d'en ouvrir les portes. Le chef de brigade Ducheiron, commandant le 9e hussards, avait été chargé de cette mission, et avait, contre le droit des gens, été retenu dans la place sous divers prétextes. Ce n'est que le 4, à sept heures du matin, que je reçus, par une lettre de cet officier, la réponse verbale du général russe, qui offrait de rendre la place à condition qu'il aurait la faculté d'en évacuer tous les bagages, ses blessés (il y en avait 6,000), son artillerie et tout ce qui pouvait lui appartenir.

Pendant la nuit du 3 au 4, l'ennemi avait évacué totalement les positions qu'il occupait aux confluents de l'Aar, de la Reuss et de la Limath; une partie de ses forces s'était portée sur Coblentz, où elle avait fait sa jonction avec un corps de 3,000 hommes en position à Waldshutt, et que de fortes reconnaissances, poussées du camp de Bâle, sur la rive droite du Rhin, avaient aussi tenu en échec pendant toute la journée du 3. Le reste, formant la majeure partie, était venu à la faveur de la nuit, en faisant un détour considérable, se réunir, sur les hauteurs de Zurich, aux troupes qui couvraient et défendaient cette place, de manière qu'au point du jour elles nous attaquèrent, et nous forcèrent à replier, sur les hauteurs d'entre Hoüg et Alshalteren, les postes avancés que nous avions sur le revers septentrional de Zurich-Berg. Je n'avais pas voulu compromettre, en le portant sur le revers, un trop gros corps de troupes, qui, par la disposition du terrain, eût pu, dans la nuit, être attaqué et battu avant de pouvoir être soutenu. Ce dernier mouvement de l'ennemi avait pour objet de dégager la route de Zurich à Vintherthur, pour y faire filer ses équipages qui n'avaient plus d'autre issue que celle-là, le général Soult ayant, à la suite de son mouvement, et conformément à ses instructions, occupé la communication de Rapperschvill.

Le besoin d'occuper Zurich devenait toujours plus pressant ; je devais, par la réunion de mes troupes, acquérir une supériorité telle que je pusse exterminer les restes de l'armée austro-russe avant leur jonction avec le corps de Condé [1] et les troupes bavaroises qui marchaient à leur secours.

Je fis donc mes dispositions pour l'attaque de Zurich, et cependant, fidèle aux principes qui m'avaient toujours dirigé, je voulus auparavant tenter la voie de la négociation ; mais les avant-postes russes ayant tiré sur l'officier parlementaire et blessé le trompette qui l'accompagnait, indigné de ce procédé, et voyant bien que ces retards étaient ménagés par l'ennemi pour gagner la journée du 4, j'ordonnai l'attaque et du corps russe qui occupait les hauteurs, et des faubourgs de Zurich, et celle du corps de la place. J'autorisai seulement un officier, que j'envoyai auprès du général Klein pour lui porter l'ordre de l'attaque, à donner à l'ennemi un quart d'heure pour l'évacuation de la place.

Les généraux Lorge, Gazon et Bontemps étaient à la gauche et au centre ; le général Oudinot à la droite, sous la mitraille du corps de la place. La route de Vintherthur fut plusieurs fois prise et perdue par nos troupes. Déjà, après un combat long et opiniâtre, nous nous croyions

---

1. Le prince de Condé avait donné, en 1790, le signal de l'émigration. Il avait organisé à Coblentz un corps d'émigrés presque tous recrutés parmi les anciens officiers de l'armée royale. Ce régiment fit campagne contre la France avec les armées étrangères jusqu'en 1802.

maîtres de cette position, lorsqu'une colonne ennemie, ayant de la cavalerie et de l'artillerie, débouchant par la crête de Zurich-Berg, fit plier notre gauche et notre centre, et occupa un instant la route de Vintherthur ; elle cherchait même à déborder notre gauche pour nous prendre en flanc ; mais, sans tenir compte à l'ennemi de cette feinte [1], je fis marcher sur son centre les carabiniers de la 10ᵉ légère, soutenus par deux bataillons de la 2ᵉ demi-brigade de bataille et deux escadrons du 23ᵉ régiment de chasseurs. Le général Gazan chargea à la tête de l'infanterie, le général Lorge à la tête de mes guides et du 9ᵉ de hussards : l'infanterie ennemie fut bientôt culbutée, tous ses canons pris, sa cavalerie en fuite, le revers septentrional de Zurich-Berg occupé, et enfin les débris de ce nouveau corps ennemi, totalement écrasé, se retirèrent en désordre sur Vintherthur, n'emmenant avec eux qu'une seule pièce de canon qu'ils avaient fait filer à l'avance, et laissant, avec sa position, tous ses bagages, ses munitions, et une quantité considérable de prisonniers.

Je fis de suite resserrer la place de Zurich ; l'ennemi s'y défendait encore pour protéger sa sortie par la porte de Rapperschwill qu'il tenait, et par laquelle il espérait encore retirer ses troupes et ses équipages ; mais le général Oudinot [2], qui déjà s'était emparé du faubourg de Zurich, marchait sur le corps de la place avec la 37ᵉ, un bataillon de la 46ᵉ, la légion helvétique, un escadron du 9ᵒ de hussards, et une compagnie d'artillerie légère. Le chef de brigade Lacroix, à la tête de la colonne, enfonce

---

1. Expression peu claire. Le général veut dire qu'il ne se laissa pas troubler par cette feinte de l'ennemi.

2. Oudinot était né en 1767 et avait pris part à toutes les guerres de la Révolution. Le Consulat le trouva général de division, et c'est en cette qualité qu'il contribua puissamment aux victoires d'Austerlitz et de Friedland. Nommé maréchal de France après les batailles d'Essling et de Wagram, il se conduisit glorieusement à Borislol, lors de la retraite de Russie, gagna, en 1813, la bataille de Bautzen, mais recula devant Bernadotte à Gross-Beeren. Quand il mourut, en 1847, il était grand-chancelier de la Légion d'honneur et gouverneur des Invalides.

à coups de canon la porte de Baden, égorge tout le poste russe qui le défendait, et entre dans la ville, faisant un carnage horrible de tout ce qui entreprenait de se défendre.

Le général Klein entrait dans le même temps par une des portes de la rive gauche, que l'ennemi avait abandonnée.

C'est ainsi que se termina la bataille du 4, qui acheva la déroute du corps russe de Korsakow.

Mais si Masséna a détruit en Suisse les armes de Souvaroff et de Korsakoff, nos armées reculent en Italie. Schérer a dû céder le commandement à Moreau battu à Cassano ; Joubert, qui lui succéde est battu à Novi ; Championnet échoue à Génola et Mac-Donald, accouru des extrémités de la péninsule, est défait à son tour à la Trebbie. Le premier consul prend à son tour la direction de l'armée. L'admirable résistance de Masséna dans Gênes lui donne le temps nécessaire pour combiner ses opérations.

Épisode du siège de Gênes [1].

Le général en chef Masséna avait toujours renvoyé ses prisonniers, à condition qu'ils ne serviraient pas contre nous avant six mois. Les officiers avaient tenu religieu-

1. MARBOT, *Mémoires*, t. I. — Librairie Plon et Nourrit. — Le maréchal Marbot, né en 1782, dans la Dordogne, débuta dans l'armée comme simple hussard et suivit son père qui était général de division, au siège de Gênes. Remarqué par Napoléon, il conquit rapidement ses premiers grades et se distingua à Iéna et à Eylau. La campagne d'Espagne lui fit perdre du temps malgré l'héroïsme dont il fit preuve à plusieurs reprises : en 1810, il n'était encore que colonel. « Il soutient vaillamment les derniers efforts de nos armées en Russie, en Saxe, à Waterloo ; puis il sert la monarchie avec fidélité, prend part aux campagnes d'Afrique et meurt en 1854, lieutenant-général, baron et pair de France. Mais plus que ses hauts faits militaires, ses mémoires pleins de verve et de franchise, de fougue, de philosophie, lui assurent la célébrité. Aucun livre ne donne une idée aussi nette de l'épopée napoléonienne, et l'empereur avait raison d'écrire dans son testament : « J'engage le colonel » Marbot à continuer à écrire pour » la défense de la gloire des armées » françaises et à en confondre les » calomniateurs et les apostats. »

sement leur promesse ; quant aux malheureux soldats qui, rentrés dans le càmp autrichien, ignoraient l'enga- gement que leurs chefs avaient pris pour eux, on les in- corporait dans d'autres régiments et on les forçait à com- battre encore contre les Français. S'ils retombaient entre nos mains, ce qui arrivait souvent, nous les rendions de nouveau ; on les incorporait derechef, dans d'autres bataillons, et il y eut ainsi une grande quantité de ces hommes qui, de leur propre aveu, furent pris quatre ou cinq fois pendant le siège. Le général Masséna, indigné d'un tel manque de loyauté de la part des généraux au- trichiens, décida que trois mille grenadiers qu'il venait de prendre seraient retenus, officiers et soldats ; et, pour que le soin de les garder n'augmentât pas le service des troupes, il fit placer ces malheureux prisonniers sur des vaisseaux rasés, au milieu du port, et fit braquer sur eux une partie des canons du môle ; puis il envoya un parle- mentaire au général Ott, qui commandait le corps autri- chien devant Gênes, pour lui reprocher son manque de bonne foi et le prévenir qu'il ne se croyait tenu de donner aux prisonniers que la moitié de la ration que recevait un soldat français, mais qu'il consentait à ce que les Autri- chiens s'entendissent avec les Anglais, pour que des bar- ques apportassent tous les jours des vivres aux prisonniers et ne les quittassent qu'après les leur avoir vu manger, afin qu'on ne crût pas que lui, Masséna, se servît de ce prétexte pour faire entrer des vivres pour ses propres troupes. Le général autrichien, espérant qu'un refus amènerait Masséna à lui rendre ses trois mille hommes qu'il comptait probablement faire combattre encore contre nous, refusa la proposition philanthropique qui lui était faite ; alors Masséna exécuta ce qu'il avait annoncé.

La ration des Français se composait d'un quart de livre de pain affreux et d'une égale quantité de chair de cheval ; les prisonniers ne reçurent donc que la moitié de chacune de ces denrées ; ils n'avaient par conséquent par jour qu'un quart de livre pesant pour toute nourriture !... Ceci avait lieu quinze jours avant la fin du siège. Ces pauvres diables restèrent tout ce temps-là au même régime. En vain, tous les deux ou trois jours, le général Masséna renouvelait-il son offre au général ennemi ; celui-ci n'accepta jamais, soit par obstination, soit que l'amiral anglais (lord Keith) ne voulût pas consentir à fournir ses chaloupes, de crainte, disait-on, qu'elles ne rapportassent le typhus à bord de la flotte. Quoi qu'il en soit, les malheureux Autrichiens hurlaient de rage et de faim sur les pontons. C'était vraiment affreux !... Enfin, après avoir mangé leurs brodequins, havresacs, gibernes, et même peut-être quelques cadavres, ils moururent presque tous d'inanition !... Il n'en restait guère que sept à huit cents, lorsque, la place ayant été remise à nos ennemis, les soldats autrichiens, en entrant dans Gênes, coururent vers le port et donnèrent à manger à leurs compatriotes avec si peu de précaution, que tous ceux qui avaient survécu jusque-là périrent...

J'ai voulu rapporter cet horrible épisode, d'abord comme un exemple des calamités que la guerre entraîne après elle, et surtout pour flétrir la conduite et le manque de bonne foi du général autrichien, qui contraignit ses malheureux soldats faits prisonniers et rendus sur parole à reprendre les armes contre nous, bien qu'il se fût engagé à les renvoyer en Allemagne[1].

L'armée du Premier Consul traverse les Alpes au Saint-Bernard et descend en Italie par la vallée de la Doria-Riparia et celle de Bardonnèche. L'avant-garde commandée par Lannes se heurta, le 7 juin 1700, à l'armée de M. de Mélas et remporta un brillant avantage après un sanglant combat à Montebello.

---

1. La défense de Gênes est le plus beau fait d'armes de la carrière militaire de Masséna. Pendant cinquante-huit jours il força l'armée à combattre, malgré que les soldats fussent décimés par une atroce famine. A la fin du siège, les soldats et les habitants, qui n'osaient pas se révolter devant la fière attitude du général, en furent réduits à vivre d'herbes et de pain d'amidon. « Ce diable d'homme, disaient les grenadiers français, il nous fera manger jusqu'à nos bottes ! » Quand il capitula, il obtint les honneurs de la guerre. (Voir les *Mémoires de Thiébaut*, t. III.)

Un canonnier au feu pour la première fois [1].

Nous partîmes le matin pour suivre le mouvement de cette grosse avant-garde, et on nous plaça à une demi-lieue en arrière de Montebello, dans une belle plantation de mûriers, dans une allée très large. On nous fit former les faisceaux par bataillon.

Nous étions à nous régaler de mûres (les arbres en étaient chargés), lorsque, sur les onze heures, nous entendîmes la canonnade. Nous la croyions très loin. Pas du tout ! Elle se rapprochait de nous.

Il arrive un aide de camp pour nous faire avancer le plus vite possible. Le général était forcé de tous les côtés. « Aux armes ! dit notre colonel. Allons, mon brave régiment ! c'est notre tour aujourd'hui de nous signaler. Et nous de crier : « Vive notre colonel, vivent nos bons officiers ! »

Notre capitaine, avec ses cent soixante-quatorze grenadiers, dit : « Je réponds de ma compagnie. Je serai le premier à la tête. »

On nous met par sections sur la route, on nous fait charger nos armes en marchant, et c'est là que je mis ma première cartouche dans mon fusil. Je fis le signe de la croix avec ma cartouche et elle me porta bonheur.

Nous arrivons à l'entrée du village de Montebello où nous voyons beaucoup de blessés, et voilà la charge qui bat...

Je me trouvai à la première section, au troisième rang, par mon rang de taille. En sortant du village une pièce de canon fit feu à mitraille sur nous et ne fit de mal à personne. Je baissai la tête à ce coup de canon. Mais mon sergent-major me donne un coup de sabre sur mon sac : « On ne baisse pas la tête, me dit-il. — Non ! » lui répon-

1. *Cahiers du capitaine Coignet.* — Hachette éditeur.

dis-je. Le coup parti de cette pièce, le capitaine Merle crie pour prévenir le second coup : « A droite et à gauche, dans les fossés ! »

Comme je n'avais pas entendu le commandement de mon capitaine, je me trouvais tout à fait à découvert. Je cours sur la pièce, je dépasse nos tambours et tombe sur les canonniers. Comme ils finissaient de charger, ils ne me virent pas ; je les passai à la baïonnette tous les cinq. Et moi de sauter sur la pièce, et mon capitaine de m'embrasser en passant ! Il me dit de garder ma pièce, ce que je fis, et nos bataillons se jetèrent sur l'ennemi. C'était un carnage à la baïonnette, avec des feux de peloton ; les hommes de notre demi-brigade étaient devenus des lions.

Je ne restai pas longtemps. Le général Berthier vint au galop et me dit : « Que fais-tu là ? — Mon général, vous voyez mon ouvrage. C'est à moi cette pièce, je l'ai prise tout seul. — Veux-tu du pain ? Oui, mon général. »

Il parlait du nez et dit à son piqueur : « Donne-lui du pain ». Puis il tire un petit calepin vert et me demande comment je m'appelle : « Jean-Roch Coignet. — Ta demi-brigade ? — Quatre-vingt-seizième. — Ton bataillon ? — Premier. — La compagnie ? — Première. — Ton capitaine ? — Merle. — Tu diras à ton capitaine qu'il t'amène, à dix heures, près du Consul. Va le trouver, laisse là ta pièce ! »

Et il part au galop. Moi, bien content, je pars à toutes jambes rejoindre ma compagnie, qui avait pris dans un chemin à droite.

Ce chemin était creux, bordé de haies et encombré de grenadiers autrichiens. Nos grenadiers les attaquaient à la baïonnette, ils étaient dans un désordre complet, sur tous les points. Je me présente à mon capitaine, et lui dis qu'on m'avait mis en écrit : « C'est bien, dit-il. Passons par ce trou pour gagner le devant de la compagnie ; ils pourraient être coupés, ils vont trop vite. Suivez-moi. »

Je passe par le même trou ; à deux cents pas de l'autre côté du chemin, il se trouvait un gros poirier sauvage, et derrière, un grenadier hongrois qui attendait que mon capitaine fût en face de lui pour l'ajuster. Mais comme il le vit, il me cria : « A vous, grenadier ! »

Comme j'étais en arrière, je le mets en joue à dix pas ; il tombe raide mort, et mon capitaine de m'embrasser : « Ne me quittez pas de la journée, dit-il ; vous m'avez sauvé la vie ! » Et nous voilà à courir pour gagner le devant de la compagnie qui était trop avancée.

Voilà un sergent qui passe de l'autre côté comme nous ; il est enveloppé par trois grenadiers. Moi, de courir pour le délivrer : ils le tenaient et me disaient de me rendre. Je leur tends mon fusil de la main gauche et je lui fais faire bascule de la main droite, en plongeant ma baïonnette dans le ventre d'un et ainsi de suite à son camarade ; le troisième fut jeté par terre par le sergent qui le prit par le haut de la tête et le mit sous ses pieds. Le capitaine finit la besogne.

Le sergent reprit sa ceinture et sa montre, et les dépouilla à son tour. Nous le laissâmes se remettre et se rhabiller ; nous courûmes pour gagner le devant de la compagnie qui débouchait dans une grande prairie où le capitaine prit la tête pour se réunir au bataillon qui marchait toujours au pas de charge.

Nous étions embarrassés de trois cents prisonniers qui s'étaient rendus dans le chemin creux ; on les réunit à des hussards de la mort qui avaient échappé, car ils avaient été massacrés le matin ; il n'en restait pas deux cents de mille.

On faisait des prisonniers ; on ne savait qu'en faire. Personne ne voulait les conduire et ils s'en allaient tout seuls. C'était une déroute complète. Ils ne faisaient plus feu sur nous ; ils se sauvaient comme des lapins, surtout la cavalerie, qui avait mis l'épouvante dans leur infanterie...

Le Consul arriva pour voir bataille gagnée et le général Lannes couvert de sang (il faisait peur), car il était partout au milieu du feu, et c'est lui qui fit la dernière charge. Si nous avions eu deux régiments de cavalerie, toute leur infanterie était prise.

Le soir, le capitaine me prend par le bras, me présente au colonel et lui dit ce que j'avais fait dans ma journée. Il répond : « Mais, capitaine, je n'en savais rien du tout. » Il vient me serrer la main et dit : « Il faut le noter. »

— Le général Berthier veut le présenter au Consul à dix heures, ce soir, dit mon capitaine ; je le mène.

— Ah ! c'est bien, mon grenadier. »

En arrivant près de Berthier, mon capitaine lui dit : « Voilà mon grenadier qui a pris la pièce, puis il m'a sauvé la vie et a délivré mon premier sergent ; il a tué trois grenadiers hongrois.

— Je vais le présenter au Consul. »

Le général Berthier et mon capitaine vont auprès du Consul, et lui parlent un peu de temps. On me fait approcher.

Le Consul vint et me prit par l'oreille. Je croyais que c'était pour me gronder. Pas du tout. C'était de l'amitié. Me tenant l'oreille, il dit : « Combien as-tu de services ? — C'est le premier jour que je vais au feu. — Ah ! c'est bien débuté. Berthier, lui dit-il, marque-lui un fusil d'honneur. Tu es trop jeune pour être dans ma garde ; il faut quatre campagnes. Berthier, marque-le de suite et porte-le dans le portefeuille des notes... Va, me dit-il, tu viendras dans ma garde. »

Et mon capitaine me prit, et nous vînmes bras dessus, bras dessous, comme si j'étais son égal. « Savez-vous écrire, me dit-il ? — Non, mon capitaine. — Oh ! que c'est fâcheux pour vous ; votre carrière serait ouverte. Mais c'est égal, vous serez bien noté. — Je vous remercie, mon capitaine. »

Tous les officiers me serrèrent la main, et le brave sergent que j'avais délivré vint m'embrasser devant toute la compagnie qui me fit compliment. Comme j'étais heureux !

Ainsi finit la bataille de Montebello.

Quelques semaines avant de partir pour l'Italie, Bonaparte avait dit à Duroc en lui montrant une carte de la péninsule : « Je battrai les Autrichiens là. » Et son doigt se posait sur le village de Marengo. C'est là, en effet, que le 14 juin 1800 s'engagea la bataille. Jusqu'à trois heures les Autrichiens furent victorieux ; mais à ce moment, Desaix, revenu au bruit du canon, ordonna une charge de cavalerie qu'il conduisit lui-même et qui lui coûta la vie. Mais la déroute des Autrichiens fut complète et la vallée du Pô fut de nouveau reconquise.

La nouvelle de la victoire de Marengo parvient à Paris [1].

Le premier consul arriva à Paris dans la nuit du 12 au 13 messidor (30 juin au 1er juillet), dix-huit jours après la bataille de Marengo. Les corps politiques de l'Etat, les magistrats, les administrateurs, enfin tout ce qu'il y avait dans la capitale d'hommes distingués par leurs emplois ou leur considération personnelle, allèrent le féliciter. La foule remplit les appartements des Tuileries ; les révérences, les éloges, les flatteries de tout genre furent prodigués : jamais vainqueur n'avait joui en France d'un plus grand triomphe. (Et cela était tout simple : on ne craignait pas, en louant le général, de déplaire au chef de l'Etat.) Chacun semblait se disputer à qui élèverait plus haut l'homme qu'il venait encenser et donnerait à la

1. Miot de Mellito, *Mémoires*. — Plon, éditeur. — Miot de Mellito s'était jeté, dès le début, dans le mouvement révolutionnaire. Il avait été ministre des Affaires étrangères en 1795, puis ministre plénipotentiaire à Rome et ambassadeur en Sardaigne en 1796. L'empire en fit un tribun, puis un conseiller d'Etat jusqu'au jour où il suivit la fortune de Joseph Bonaparte qui le nomma ministre de l'Intérieur à Naples. Né en 1762, il mourut à Paris en 1841.

reconnaissance publique une expression plus emphatique et plus obséquieuse. Ainsi, la nation, dont tous ces flatteurs se disaient l'organe, semblait courir au-devant du joug, et quelque juste que fût l'admiration qu'une si éclatante victoire dût inspirer, c'était franchir toutes les bornes que de concentrer cette admiration sur la seule personne du chef, sans faire aucune mention de l'armée qui l'avait si glorieusement secondé. A peine quelques mots se firent jour, à travers tant de discours adulateurs, pour déplorer le sang que la victoire avait coûté et la perte de ce brave guerrier, de ce général Desaix que les Arabes en Egypte avait surnommé le sultan juste, et qui avait perdu la vie sur le champ de bataille de Marengo. Le soir, de nouvelles illuminations, plus brillantes que les premières, manifestèrent au dehors du palais la joie publique [1].

Avec les soldats qui l'avaient aveuglément suivi en Italie et en Egypte, le premier consul constitua un corps d'élite, qui prit le nom de garde consulaire et dont il s'occupa personnellement En 1804, il créa l'ordre de la Légion d'honneur, destiné à récompenser les services civils et militaires, et il remit solennellement les premières croix aux soldats de sa garde.

Revue des grenadiers de la garde consulaire [2].

On nous fit part que le premier consul devait passer dans notre caserne, et qu'il fallait nous tenir sur nos gardes. Mais il trompa son monde, il nous prit tous dans

1. Nous avons tenu à reproduire ce petit tableau de mœurs qui donne une idée juste de l'engouement de la France pour le premier consul. Dès cette époque l'empire était fait et on se demande pourquoi Bonaparte hésita si longtemps à prendre une couronne que la foule lui offrait spontanément. Comme l'avait dit autrefois Tacite, à propos de Rome, la France était mûre pour la servitude.

2. *Cahiers du capitaine Coignet.* — Hachette, éditeur.

nos lits. Il était accompagné du général Lannes, son favori.

Il venait de nous arriver des malheurs ; des grenadiers s'étaient suicidés, on ne sut pourquoi. Il parcourt toutes les chambres et arrive à mon lit. Mon camarade, qui avait six pieds quatre pouces, s'allongea en voyant le Consul près de notre lit ; ses jambes passent de plus d'un pied notre couchette. Le Consul croit que c'est deux grenadiers l'un au bout de l'autre et vient à la tête de notre lit pour s'assurer du fait, et suit de sa main tout le long de mon camarade pour s'assurer. « Mais, dit-il, ces couchettes sont trop courtes pour mes grenadiers. Vois-tu, Lannes ? il faut réformer tout le coucher de ma garde. Prends note, et que toute la literie soit mise à neuf ; celle-ci passera pour la garnison. »

Mon camarade de lit fut cause d'une dépense de plus d'un million et toute la garde eut des lits neufs de sept pieds.

Le Consul fit une morale sévère à tous nos chefs, et il voulut tout voir ; il se fit donner du pain : « Ce n'est pas cela, dit-il ; je paie pour du pain blanc, je veux en avoir tous les jours. Tu entends, Lannes ? tu enverras ton aide de camp chez le fournisseur pour qu'il vienne me parler. »

Le Consul nous dit : « Je vous passerai en revue dimanche, j'ai besoin de vous voir. Il y a des mécontents parmi vous ; je recevrai leurs réclamations. »

Ils s'en retournèrent aux Tuileries. Sur l'ordre qu'il passerait la revue le dimanche, le colonel Dorsenne se donna du mouvement pour que rien ne manquât pour la tenue. Tout le magasin d'habillement fut bouleversé, tous les vieux habits furent réformés, et il passa son inspection à dix heures ; il était d'une sévérité à faire trembler les officiers. A onze heures, on part pour se rendre aux Tuileries ; à midi, le Consul descend pour passer la revue monté sur le cheval blanc que Louis XVI montait, disait-on. Ce cheval était de la plus grande beauté, couvert par sa queue et sa crinière ; il marchait dans les rangs au pas d'un homme ;

on pouvait dire que c'était le plus fier cheval [1].

Le Consul fit ouvrir les rangs ; il marchait au pas. Il reçut beaucoup de pétitions, il les prenait lui-même et les remettait au général Lannes. Il s'arrêtait partout où il voyait un soldat lui présenter les armes, et il lui parlait.

Il fut content de la tenue, et nous fit défiler. Nous trouvâmes des tonneaux de bon vin à la caserne, et la distribution se fit à chacun son litre. Les pétitions furent presque toutes accordées ; le contentement était général.

Le grenadier Coignet décoré par le premier consul [2].

Fait général des grenadiers à pied, le général Dorsenne forma un deuxième régiment. La garde devint nombreuse et, par sa sévérité, il en fit un modèle de discipline. Sévère et juste, soldat à toute épreuve, brillant sur le champ de bataille comme aux Tuileries, voilà le portrait de ce général. On fit venir les sous-officiers et soldats marqués pour recevoir la croix [3], et nous nous trouvâmes dix-huit cents dans la garde.

1. Cette phrase ne signifie pas grand'chose, mais il ne faut pas oublier que le soldat Coignet était un ignorant qui savait à peine lire et qui n'apprit à écrire que très tard et mal. C'est, du reste, cette maladresse qui donne à ses *Mémoires* une saveur particulière.

2. *Cahiers du capitaine Coignet.* — Hachette, éditeur.

3. L'ordre de la Légion d'honneur destiné à récompenser les services de toute sorte, fut créé en mai 1804. La Révolution avait donné, pour récompenser les actes héroïques, des fusils et des sabres d'honneur ; mais les soldats demandaient quelque chose de plus. Malgré les protestations des républicains au nom de l'égalité, Bonaparte créa un ordre et décida qu'il serait donné aux civils comme aux militaires. La Légion d'honneur devait compter 15 cohortes, chaque cohorte 7 grands-officiers, 20 commandeurs, 30 officiers et 350 chevaliers. « Voyez, disait Bonaparte, ces vaines futilités que les esprits forts dédaignent tant ! Le peuple n'est pas de leur avis. Il aime ces cordons de toutes couleurs, comme il aime les pompes religieuses. Avec ces hochets tant dédaignés on fait des héros... Il faut que les vertus civiles aient leur part de récompense comme les vertus militaires. Croyez-vous que ce soit uniquement parce que je suis réputé un grand général, que je commande à la France ? Non ! c'est parce que l'on m'attribue des qualités d'homme d'Etat et de magistrat. La France ne tolérera jamais le gouvernement du sabre ; ceux qui le croient se trompent étrangement. Il faudrait cinquante ans d'abjection pour qu'il en fût ainsi. » (THIERS.)

Le 14 juin 1804, la cérémonie eut lieu au dôme des Invalides. Voilà comme nous étions placés : à droite en entrant sur des gradins jusqu'en haut, était la garde ; les soldats de l'armée étaient à gauche sur des gradins pareils, et les invalides étaient au fond jusqu'au plafond. Le corps d'officiers occupait le parterre ; toute la chapelle était pleine.

Le Consul arrive à midi, monté sur un cheval couvert d'or ; les étriers étaient massifs en or. Ce riche coursier était un cadeau du Grand Turc ; on fut obligé de mettre des gardes autour pour ne pas le laisser approcher (ce n'était que diamants sur la selle) [1].

Il se présente ; le plus grand silence règne dans la chapelle. Il traverse tout ce corps d'officiers et va se placer à droite, dans le fond, sur son trône. Joséphine [2] était en face, à gauche, dans une loge ; Eugène [3], au pied du trône, tenait une pelote garnie d'épingles, et Murat avait une nacelle remplie de croix. La cérémonie commence par les grands dignitaires, qui furent appelés par leur rang d'ordre. Après que toutes les grandes croix furent distribuées, on fit porter une croix à Joséphine, dans sa loge, sur un plat que Murat et Eugène lui présentèrent.

Alors on appela : « Jean-Roch Coignet ! » J'étais sur le deuxième gradin ; je passai devant mes camarades, j'arrivai au parterre et au pied du trône. Là, je fus arrêté par Beauharnais qui me dit : « Mais on ne passe pas. »

---

1. Voir au sujet du goût de Napoléon pour les bijoux et le détail de ses costumes et de ses armes, l'ouvrage de M. Frédéric Masson : *Napoléon chez lui*

2. Joséphine Tascher de la Pagerie de Beauharnais, veuve du général Alexandre de Beauharnais, exécuté après le siège de Mayence, avait été épousée par Bonaparte, alors général de brigade, en 1795. Elle était plus âgée que lui et exerça pendant longtemps un ascendant considérable sur Napoléon.

Il la répudia toutefois, en 1809, pour épouser Marie-Louise, archiduchesse d'Autriche. Il donna alors à Joséphine le domaine de la Malmaison, où elle mourut en 1813. Elle n'eut pas d'enfants de Napoléon, mais elle avait eu de son premier mariage un fils, Eugène de Beauharnais, dont Napoléon fit un vice-roi d'Italie, et une fille Hortense, qui épousa Louis-Napoléon Bonaparte, roi de Hollande. C'est de cette union que naquit le futur Napoléon III.

3. De Beauharnais.

Et Murat lui dit : « Mon prince, tous les légionnaires sont égaux ; il est appelé, il peut passer. »

Je monte les degrés du trône. Je me présente droit comme un piquet devant le Consul, qui me dit que j'étais un brave défenseur de la patrie et que j'en avais donné des preuves. A ces mots : « Accepte la croix de ton Consul, » je retire ma main droite qui était collée contre mon bonnet à poil, et je prends ma croix par le ruban. Ne sachant qu'en faire, je redescendis les degrés du trône en reculant ; mais le Consul me fit remonter près de lui, prit ma croix, la passa dans la boutonnière de mon habit, et l'attacha à ma boutonnière avec une épingle prise sur la pelote que Beauharnais tenait. Je descendis, et traversant tout cet état-major qui occupait le parterre, je rencontrai mon colonel, M. Lepreux, et mon commandant Merle, qui attendaient leurs décorations. Ils m'embrassèrent tous les deux au milieu de tout ce corps d'officiers, et je sortis du dôme.

Je ne pouvais avancer, tant j'étais pressé par la foule qui voulait voir ma croix. Les belles dames qui pouvaient m'approcher pour toucher à ma croix, me demandaient la permission de m'embrasser ; j'ai vu l'heure que j'allais servir de patène à toutes les dames et messieurs qui se trouvaient sur mon passage.

J'arrivai au pont de la Révolution[1], où je trouvai mon ancien régiment qui formait la haie sur le pont. Les compliments pleuvaient de tous côtés ; enfin, pressé de toutes parts, je finis par entrer dans le jardin des Tuileries, où j'eus bien du mal à pouvoir gagner ma caserne. En arrivant à la porte, le factionnaire porte les armes. Je me retourne pour voir s'il n'y avait pas d'officier près de moi, et j'étais tout seul. Je vais près du factionnaire, je lui dis : « C'est donc pour moi que vous portez les armes ? — Oui, me dit-il ; nous avons la consigne de porter les armes aux légionnaires. »

1. Aujourd'hui pont de la Concorde.

Je lui pris la main, la serrai fortement et lui demandai son nom et sa compagnie. Lui mettant cinq francs dans la main, en le forçant de les prendre, je lui dis : « Je vous invite à déjeuner lors de la descente de votre garde. »

Dieu ! que j'avais faim ! Je fit venir deux litres de vin pour mon ordinaire, et je dis au cuisinier : « Voilà pour mes camarades ! »

Le caporal voit ces bouteilles et dit : « Qui a fait venir ce vin ? — C'est Coignet qui mourait de faim. Je lui ai donné son souper tout de suite, car le lieutenant est venu le chercher ; ils sont partis bras-dessus, bras-dessous, et il a dit de boire à sa santé. »

Mon lieutenant, qui m'avait vu décorer le premier, ne m'avait pas perdu de vue, et s'était emparé de moi. Il me dit obligeamment : « Vous ne me quitterez pas de la soirée. Nous allons voir les illuminations, et de là, nous irons au Palais-Royal prendre notre demi-tasse de café. L'appel se fait à minuit, et nous ne rentrerons que quand nous voudrons ; je réponds de tout. »

Nous nous promenâmes dans le jardin pendant une heure ; il me mena au café Borel, au bout du Palais-Royal, et me fit descendre dans un grand caveau où il y avait beaucoup de monde. Là, nous fûmes entourés tous les deux. Le maître du café vint près de mon lieutenant, et lui dit : « Je vais vous servir ce que vous désirez ; les membres de la Légion d'honneur sont régalés gratis. »

Depuis le 2 décembre 1804, Bonaparte était l'empereur Napoléon Ier. La haine qu'il avait jurée à l'Angleterre était plus vivace que jamais. Aussi conçut-il le grand projet d'envahir l'Angleterre et d'aller détruire cette puissance dans son île.

Projet de descente en Angleterre [1]

Je m'étais ménagé la possibilité du débarquement ; je possédais la meilleure armée qui fût jamais, celle d'Aus-

---

1. *Mémorial de Sainte-Hélène*, t. IV.

terlitz, c'est tout dire [1]. Quatre jours m'eussent suffi pour
me trouver dans Londres ; je n'y serais point entré en
conquérant, mais en libérateur : j'aurais renouvelé Guillaume III, mais avec plus de générosité et de désintéres-
sement. La discipline de mon armée eût été parfaite, elle
se fût conduite dans Londres comme si elle eût été encore
dans Paris : point de sacrifices, pas même de contributions exigées des Anglais ; nous ne leur eussions pas
présenté des vainqueurs, mais des frères qui venaient
les rendre à la liberté, à leurs droits. Je leur eusse dit
de s'assembler, de travailler eux-mêmes à leur régénération ; qu'ils étaient nos aînés en fait de législation politique [2] ; que nous ne voulions y être pour rien, autrement
que pour jouir de leur bonheur et de leur prospérité, et
j'eusse été strictement de bonne foi. Aussi quelques mois
ne se seraient pas écoulés que ces deux nations, si vio-
lemment ennemies, n'eussent plus composé que des
peuples identifiés désormais par leurs principes, leurs
maximes, leurs intérêts ; et je serais parti de là pour
opérer, du Midi au Nord, sous les couleurs républicaines
(j'étais alors Premier Consul), la régénération euro-
péenne que plus tard j'ai été sur le point d'opérer du
Nord au Midi sous les formes monarchiques. Et ces deux
systèmes pouvaient être également bons, puisqu'ils tendaient tous les deux au même but, et se seraient tous deux
opérés avec fermeté, modération et bonne foi. Que de
maux qui nous sont connus, que de maux que nous ne
connaissons pas encore eussent été épargnés à cette
pauvre Europe ! Jamais projet plus large dans les intérêts de la civilisation ne fut conçu avec des intentions
plus généreuses, et n'approcha davantage de son exécution. Et, chose bien remarquable, les obstacles qui m'ont
fait échouer ne sont point venus des hommes ; ils sont

1. L'armée de débarquement était
concentrée au camp de Boulogne,
pendant que sur l'ordre du ministre
de la marine Decrès, des centaines
de bâtiments de transport avaient
été concentrés à Boulogne, Amble-
teuse, Wimereux et Wissant et dans
tous les petits ports de la côte.

2. La Constitution anglaise date, en
effet, de 1688.

tous venus des éléments : dans le Midi, c'est la mer qui m'a perdu ; et c'est l'incendie de Moscou, les glaces de l'hiver, qui m'ont perdu dans le Nord ; ainsi, l'eau, l'air et le feu, toute la nature, et rien que la nature, voilà quels ont été les ennemis d'une régénération universelle, commandée par la nature même !... Les problèmes de la Providence sont insolubles !!!...

Après quelques instants de silence, l'Empereur en est revenu à développer son invasion : « On croyait, a-t-il dit, que mon invasion n'était qu'une vaine menace, parce qu'on ne voyait aucun moyen raisonnable de la tenter ; mais je m'y étais pris de loin, j'opérais sans être aperçu ; j'avais dispersé tous nos vaisseaux [1], les Anglais étaient obligés de courir après sur les divers points du globe ; les nôtres pourtant n'avaient d'autre but que de revenir à l'improviste et tous à la fois, se réunir en masse sur nos côtes. Je devais avoir soixante-dix ou quatre-vingts vaisseaux français ou espagnols [2] dans la Manche : j'avais calculé que j'en demeurais maître pendant deux mois ; j'avais trois ou quatre mille petits bâtiments qui n'attendaient que le signal ; mes cent mille hommes faisaient chaque jour la manœuvre de l'embarquement, comme tout autre temps de leur exercice ; ils étaient pleins d'ardeur et de bonne volonté ; l'entreprise était très populaire parmi les Français, et nous étions appelés par les vœux d'une grande partie des Anglais. Mon débarquement opéré, je ne devais calculer que sur une seule bataille rangée ; l'issue n'en pouvait être douteuse ; et la victoire nous plaçait dans

---

1. Le plan de Napoléon était, en effet, celui-ci : Une flotte, commandée par l'amiral Missiessy, devait sortir de Rochefort et opérer sa jonction avec celle de Toulon sous les ordres de Villeneuve, pour feindre une attaque sur les Antilles anglaises. Pendant que l'amiral anglais Nelson courrait au secours des colonies menacées, une troisième flotte commandée par Gantheaume devait sortir de Brest, fermer la Manche dans le cas d'un retour offensif et permettre ainsi l'invasion de l'Angleterre. Ce plan échoua, grâce à la clairvoyance de Nelson qui, loin de quitter la Manche, se contenta de bloquer Gantheaume dans Brest.

2. Nous avions obtenu l'alliance de la flotte espagnole, commandée par Gravina. Cette flotte fut détruite avec la nôtre à la bataille de Trafalgar (21 octobre 1805).

Londres, car le local [1] du pays n'admettait point de guerre de chicane ; ma conduite morale eût fait le reste. Le peuple anglais gémissait sous le joug de l'oligarchie ; dès qu'il eût vu son orgueil ménagé, il eût été tout aussitôt à nous ; nous n'eussions plus été pour lui que des alliés venus le délivrer.

Ce projet si bien conçu par Napoléon et si bien préparé par Decrès échoua par le génie et la volonté de Nelson. Napoléon y renonça et se tourna contre les Autrichiens et les Russes que l'argent de l'Angleterre avait armés contre lui. Après avoir forcé le maréchal Mack, par les batailles de Memmingen, Elchingen et Augsbourg, à capituler dans Ulm, il descend la vallée du Danube et entre à Vienne. Il s'installe au château de Schœnbrunn que l'empereur François II vient d'abandonner et opère là la concentration de son armée.

Marches forcées [2].

Nous partîmes de Metz pour ne plus nous arrêter ni jour ni nuit ; nous étions conduits par la baguette des fées. Nous arrivâmes à Ulm [3] de nuit, on nous donna nos billets de logement, mais, après avoir mangé, la grenadière [4] battit, il fallut prendre les armes et partir de suite. Sur la route d'Augsbourg [5] on fit l'appel de neuf à dix heures du soir. Plus de voitures ! nous étions sur le pays ennemi. Il fallut nous dégourdir les jambes et mar-

1. Cette phrase signifie que la topographie du pays ne permet pas, comme en Espagne, par exemple, la guerre d'embuscades. C'est, en effet, sur Londres que Guillaume III, en 1688, avait marché directement et que, quelques siècles auparavant, Guillaume le Conquérant avait immédiatement dirigé son attaque.

2. *Cahiers du capitaine Coignet.* — Hachette, éditeur.

3. Sur le cours supérieur du Danube, en avant de Ratisbonne.

4. Batteries des tambours de grenadiers.

5. Sur le Lech, affluent du Danube.

cher toute la nuit ; nous arrivâmes à un bourg, le matin, sur les neuf heures ; on ne nous donna que trois quarts d'heure pour manger et partir de suite. Il fallut faire vingt-et-une lieues[1] le premier jour avec notre pesant fardeau sur le dos ; rien qu'une halte d'une demi-heure !

Le lendemain, point de repos que le temps de manger et de repartir. Nous avions encore vingt lieues au moins à faire pour arriver à Schœnbrunn ; après avoir fait quinze ou seize lieues, en avant d'un grand village, on nous fit mettre en bataille, et là, on demanda vingt-cinq hommes de bonne volonté pour aller rejoindre l'Empereur aux portes de Vienne et monter la garde au château de Schœnbrunn. Je le connaissais et j'y avais fait la faction bien des fois. Je sortis le premier du rang. « Je pars, dis-je à mon capitaine. — C'est bien, dit le général Dorsenne ; le plus petit montre l'exemple. »

On fut au complet de suite, et en route !

On nous promit une bouteille de vin à trois lieues de Vienne. Nous arrivâmes sur les neuf heures du soir, bien fatigués et bien altérés, comptant sur la bouteille promise ; mais point de vin ! il fallut passer tout droit sans s'arrêter.

Nous arrivâmes au village de Schœnbrunn à minuit ; nos officiers eurent l'imprudence de nous laisser reposer à un quart d'heure de chemin du château pour prendre les ordres de l'Empereur qui fut surpris d'une pareille nouvelle et furieux : « Comment, vous avez fait faire à mes vieux soldats quarante et des lieues en deux jours ? Qui vous a donné l'ordre ? Où sont-ils ? — Près d'ici. — Faites-les venir, que je les voie ! »

Ils vinrent aussitôt nous faire lever, mais nos jambes étaient raides comme des canons de fusil, nous ne pouvions plus avancer, il fallut prendre nos fusils pour nous servir de béquilles pour finir d'arriver. Lorsque l'Empereur nous vit courbés sur la crosse de nos fusils, pas un

---

1. 21 lieues, c'est-à-dire 84 kilomètres ! La chose serait difficile à admettre, si le capitaine Coignet ne l'affirmait à plusieurs reprises.

de droit, tous la tête penchée, ce n'était plus un homme,
c'était un lion : « Est-il possible de voir mes vieux soldats dans un pareil état ! Si j'en avais besoin ! Vous êtes
des..... » Ils furent traités de toutes les manières. Il dit
aux grenadiers à cheval : « Faites de suite de grands
feux au milieu de la cour, allez chercher de la paille pour
les coucher ; faites-leur chauffer des chaudières de vin
sucré ! »

De suite on mit les grandes marmites au feu pour nous
faire de la soupe ; il fallait voir tous les cavaliers se multiplier et l'Empereur faire tout apporter. Dans le bombardement de Vienne, les habitants de la ville avaient sauvé
des voitures d'épicerie qui étaient devant les portes du
château ; il s'y trouvait du sucre et des quatre mendiants.
Voilà le sucre qui paraît ; on en fait mettre dans les bas-
sines de vin chaud, on apporte des tasses de toutes sortes.
L'Empereur ne quittait pas, il resta plus d'une heure ; les
tasses étaient prêtes, les grenadiers à cheval arrivèrent
autour des feux pour nous faire boire. Ne pouvant nous
soulever, ils furent obligés de nous tenir la tête pour que
nous pussions boire ; les malins grenadiers se moquaient
de nous :

« Eh bien ! les dessous-de-pieds et les bretelles de vos
sacs vous ont anéantis. Allons, buvez à la santé de l'Empereur et de vos bons camarades ! nous passerons la nuit
près de vous à vous soigner ; tout à l'heure nous vous
donnerons encore à boire et vous pourrez dormir là ; la
soupe se fait. Demain il n'y paraîtra plus. »

L'Empereur remonta dans son palais à cinq heures ; on
nous mit sur notre séant pour nous faire manger la soupe,
de la viande, du pain et du bon vin.

A neuf heures, l'Empereur descendit pour nous voir,
il dit aux officiers de nous faire lever, mais il fallait deux
hommes pour nous promener, les jambes étaient raides.

L'Empereur tapait des pieds de colère, les grenadiers
se moquaient de nous et nos officiers n'osaient se faire
voir par crainte d'être mal reçus. Le soir, on nous donna

des logements dans ce beau village très riche. Toute la garde arriva et fut bien logée.

C'est à Vienne que l'Empereur apprend la jonction des armées autrichienne et russe. Il quitte de nuit la capitale, précipite son armée sur la route du Brünn à Hollabrünn et atteint l'ennemi près du village d'Austerlitz.

Bataille d'Austerlitz [1].

Au jour naissant, on vint rendre compte à l'Empereur que les dernières troupes russes qui avaient encore passé la nuit sur le plateau de Pratzen [2] le quittaient, se dirigeant vers Telnitz : « Combien de temps faut-il à vos troupes pour couronner le plateau de Pratzen ? » demanda alors Napoléon au maréchal Soult ; et, sur la réponse qu'il fallait au plus vingt minutes, voulant mettre à profit un brouillard qui couvrait les vallées et empêchait de voir nos troupes qui s'y trouvaient comme blotties, l'Empereur ajouta : « Eh bien, nous attendrons encore un quart d'heure. » Ce quart d'heure écoulé, l'Empereur, de qui chacun avait reçu ses dernières instructions et ses ordres, donna le signal du départ ; chacun courut à son poste pour les exécuter : lui-même partit en s'écriant : « Finissons cette guerre par un coup de tonnerre », et au cri de : Vive l'Empereur ! que répètent les troupes, on achève de se séparer pour contribuer, chacun selon ses forces, à rendre plus écrasant le coup de tonnerre

1. Baron Thiébault. *Mémoires,* t. III. — Plon et Nourrit, éditeurs.
2. Dès la veille, Napoléon avait arrêté son plan de bataille et inspecté le champ de bataille du haut de la colline qui dominait son camp. Au retour, il fut reconnu par ses grenadiers, acclamé et suivi jusqu'à sa tente, à la lueur des torches. Le matin de la bataille, il fallut réveiller cet autre Alexandre.

annoncé par celui dans les mains de qui se trouvait alors la foudre [1].

Le soleil levant du 2 décembre 1805, le « soleil d'Austerlitz » qui, pendant tout le temps que le canon tira, joua lui-même un rôle historique dans cette journée, ce soleil, dis-je, fut salué par l'attaque de Telnitz et de Sokolnitz, où nos troupes firent des prodiges contre les trois premières colonnes russes, que la quatrième même devait suivre ; il éclaira le mouvement rétrograde des généraux Legrand et Friant, qui, ne pouvant résister aux masses des assaillants, se retirèrent, mais de manière à attirer les Russes le plus loin possible du point où le sort des armes devait se décider, et à remplir cette tâche de la manière la plus complète. Ce même soleil éclaira la marche offensive des divisions Saint-Hilaire et Vandamme gravissant les hauteurs de Pratzen, savoir : l'avant-garde Morand pour l'attaque du plateau qui domine la partie sud de ces hauteurs, la brigade Varé, ainsi que toute la division Vandamme, pour l'attaque de la partie est, et ma brigade pour enlever le village. Les Russes, attaqués alors qu'ils attaquaient eux-mêmes et qu'ils nous croyaient décidés à ne pas engager la lutte, menacés à leur centre alors qu'ils n'agissaient que sur l'insignifiante extrémité d'une de nos ailes, perdant les hauteurs qui étaient la clef de toutes leurs positions, et les ayant abandonnées pour égarer près de la moitié de leur armée dans une direction où bientôt elle ne trouverait plus un ennemi à combattre et où elle allait être coupée du reste de l'armée ; les Russes sentirent enfin la gravité de leur

---

1. « Pendant que, à notre gauche et surtout à notre droite, acculée au fond d'un vallon où l'ennemi s'avance et s'enfonce, on résistera, une formidable attaque sur le plateau élevé du centre, où l'armée alliée, en se prolongeant vers la gauche, nous présente un front affaibli, l'envahira. Les deux ailes ennemies se trouveront soudainement séparées par ce coup de guerre. Dès lors, l'une attaquée en face et débordée par notre victoire sur le centre, devra céder, tandis que l'autre, trop avancée, tournée, dominée par cette même victoire centrale et cernée entre des lacs dans ce coupe-gorge où elle s'est aventurée, y sera écrasée ou prise. »

(DE SÉGUR.)

situation et firent les plus grands efforts pour nous reprendre ces hauteurs de Pratzen. Quatre combats, soutenus ou renouvelés avec acharnement pendant plus de trois heures furent livrés sur ce point, mais encore, et quoique, malgré leur assertion, ils eussent l'entier avantage du nombre, quoique leurs troupes combattissent avec un grand courage, ils ne purent réparer la faute d'avoir osé dégarnir, en présence de Napoléon, les positions dont la possession donnait la victoire, et ils payèrent leur timidité par un effroyable désastre.

Vers trois heures du soir, j'avais été blessé au delà du château de Sokolnitz, et la bataille se trouva ainsi finie pour moi; elle ne tarda pas à l'être pour tout le monde. Il n'y eut plus, en effet, qu'une demi-heure de feu, et ce feu n'eut plus pour objet de la part de l'ennemi que de rendre la retraite de ses trois premiers corps moins désastreuse, et, pour notre part, de la rendre plus fatale. C'est pendant cette demi-heure que l'on prit des masses d'hommes, qu'on en noya trois ou quatre mille qui cherchaient à passer sur le lac de Satschau, dont vingt-quatre pièces d'artillerie de la garde impériale brisèrent la glace ; on s'empara d'une artillerie immense que personne ne défendait plus, et on entassa plus de trophées qu'aucune des batailles des temps modernes n'en a jamais donné [1].

La foudroyante victoire d'Austerlitz avait forcé l'empereur d'Autriche à signer la paix de Presbourg. L'Allemagne entière avait été remaniée au gré du vainqueur. Le Saint-Empire romain germanique n'était plus et de ses débris avaient été formés les royaumes de Bavière, de Saxe et de Wurtemberg. Le peuple prussien voulait la guerre et le parti militaire,

1. La bataille d'Austerlitz coûtait à l'ennemi 15,000 tués ou blessés, 20,000 prisonniers, 45 drapeaux et 146 canons : « Soldats, dit Napoléon, je suis content de vous. Vous avez, à la grande journée d'Austerlitz, justifié tout ce que j'attendais de votre intrépidité... Lorsque je vous ramènerai en France, mon peuple vous reverra avec joie, et il vous suffira de dire : « J'étais à la bataille d'Aus» terlitz » pour que l'on vous réponde : « Voilà un brave ! »

qu'électrisait le souvenir de Rosbach, la demandait à grands cris. A la cour, la reine y poussait son mari qui, plus clairvoyant, hésitait encore. Mais il dut céder et la campagne de 1806 commença.

Etat de l'armée prussienne en 1806 [1]

Les troupes prussiennes, en 1806, bien que fort instruites, n'étaient pas en état de se mesurer avec les nôtres, tant leur composition et leur organisation étaient mauvaises [2].

En effet, à cette époque, les capitaines prussiens étaient propriétaires de leur compagnie ou escadron [3] : hommes, chevaux, armes, habillements, tout leur appartenait. C'était une espèce de ferme qu'ils louaient au gouvernement, moyennant un prix convenu.

On conçoit que, toutes les pertes étant à leur compte, les capitaines avaient un grand intérêt à ménager leur compagnie, tant dans les marches que sur les champs de bataille ; et comme le nombre d'hommes qu'ils étaient tenus d'avoir était fixé, et qu'il n'existait pas de conscription, ils enrôlaient à prix d'argent, d'abord les Prussiens qui se présentaient, ensuite tous les vagabonds de l'Europe que leurs enrôleurs embauchaient dans les États voisins. Mais, cela ne suffisant pas, les recruteurs prussiens enlevaient de vive force un très grand nombre

1. Général Marbot. *Mémoires*. — Plon et Nourrit, éditeurs.

2. On considérait, en 1806, l'armée prussienne comme la meilleure de toute l'Europe, depuis Rosbach, et on attendait avec curiosité le duel des vieux tacticiens prussiens et du jeune général. La bataille d'Iéna stupéfia l'Europe. Il y a quelques années, un officier prussien, M. de Goltz, a essayé dans un livre intitulé : « *De Rosbach à Iéna* », d'expliquer cette écrasante et soudaine défaite, par la vieillesse du duc de Brunswick et du prince de Hohenlohe. Cette explication a une certaine valeur ; mais la vérité est que l'armée prussienne fut vaincue parce qu'elle était restée fidèle à l'ancienne tactique, alors que Bonaparte avait inauguré un nouveau système.

3. Il en avait été de même en France jusqu'au dix-huitième siècle. (Voir l'introduction.)

d'hommes, qui, devenus soldats malgré eux, étaient tenus de servir jusqu'à ce que l'âge les mît hors d'état de porter les armes ; alors on leur délivrait un brevet de mendiant, car la Prusse n'était pas assez riche pour leur donner les Invalides ou la pension de retraite [1].

Pendant la durée de leur service, ces soldats étaient encadrés entre de vrais Prussiens, dont le nombre devait être au moins de la moitié de l'effectif de chaque compagnie, afin de prévenir les révoltes.

Pour maintenir une armée composée de parties aussi hétérogènes, il fallait une discipline de fer ; aussi la plus légère faute était-elle punie par la bastonnade [2]. De très nombreux sous-officiers, tous Prussiens, portaient constamment une canne, dont ils se servaient très souvent, et, selon l'expression admise, on comptait une canne pour sept hommes. La désertion du soldat étranger était irrémissiblement punie de mort. Vous figurez-vous l'affreuse position de ces étrangers, qui, s'étant engagés dans un moment d'ivresse, et ayant été enlevés de force, se voyaient, loin de leur patrie, ou sous un ciel glacial, condamnés à être soldats prussiens, c'est-à-dire esclaves pendant toute leur vie ?... Et quelle vie ! A peine nourris, couchés sur la paille, n'ayant que des habits très légers, point de capote, même dans les hivers les plus froids, et ne touchant qu'une solde insuffisante pour leurs besoins. Aussi n'attendaient-ils pas pour mendier qu'on leur en donnât l'autorisation en les renvoyant du service, car, lorsqu'ils n'étaient pas sous les yeux de leurs chefs, ils tendaient la main, et il m'est arrivé plusieurs fois, tant à

---

1. M. Lavisse a raconté des anecdotes bien curieuses sur ces enrôlements forcés pendant le règne de Frédéric-Guillaume Ier.

2. La bastonnade était encore employée en Prusse comme moyen de répression, alors qu'elle était abandonnée depuis longtemps dans notre pays. Le comte de Saint-Germain, ministre de la guerre sous Louis XVI, avait essayé de ressusciter dans l'armée les châtiments corporels ; mais il se heurta à des répugnances invincibles des chefs, autant qu'à une résistance acharnée des soldats.

Potsdam qu'à Berlin[1], de voir les grenadiers, à la porte même du roi, me supplier de leur faire l'aumône !...

Les officiers prussiens étaient généralement instruits et servaient fort bien ; mais la moitié d'entre eux, nés hors du royaume, étaient de pauvres gentilshommes[2] de toutes les contrées de l'Europe qui, n'ayant pris du service que pour avoir de quoi vivre, manquaient de patriotisme et n'étaient nullement dévoués à la Prusse ; aussi l'abandonnèrent-ils presque tous, lorsqu'elle fut dans l'adversité. Enfin, l'avancement n'ayant lieu que par ancienneté, la grande majorité des officiers prussiens, vieux, cassés, se trouvaient hors d'état de supporter les fatigues de la guerre.

C'était une armée ainsi composée et commandée qu'on allait opposer aux vainqueurs d'Italie, d'Egypte, de l'Allemagne, et d'Austerlitz !... Il y avait folie ! Mais le cabinet de Berlin, abusé par les victoires que le grand Frédéric avait obtenues avec des troupes mercenaires, espérait qu'il en serait encore de même ! Il oubliait que les temps étaient bien changés !...

Détruire les deux armées prussiennes avait été, pour Napoléon, l'affaire d'une journée. Après Iéna et Auerstaedt, la monarchie Prussienne n'existait plus. Pendant que Murat entrait à Magdebourg et à Stettin, Napoléon s'installait à Berlin. Cependant l'armée Russe arrivait à marches forcées sous le commandement de Benningsen. Vaincue une première fois sur les bords du Bug et de la Narew (Pultusk, Golymin, Soldau, Czarnovo et Ostrolenka), elle reprenait l'offensive au mois de février 1807. Les deux armées se rencontraient à Eylau (8 février 1807). Ce fut la bataille la plus sanglante du premier Empire. On raconte que Ney parcourant à cheval, à la nuit tombante, le champ de bataille couvert de morts, disait en pleurant : « Quel massacre ! quel massacre ! et sans résultat ! »

1. Marbot avait été, en 1805, attaché militaire à l'ambassade française.

2. Les nobles seuls avaient droit au grade d'officier. Aujourd'hui encore, un grand nombre de régiments prussiens n'ont pour chefs que des officiers titrés et qui doivent justifier de leurs titres de noblesse avant d'être nommés sous-lieutenants.

Le 14ᵉ de ligne à Eylau [1]

Le 14ᵉ de ligne était resté seul sur un monticule qu'il ne devait quitter que par ordre de l'Empereur. La neige ayant cessé momentanément, on aperçut cet intrépide régiment qui, entouré par l'ennemi, agitait son aigle en l'air pour prouver qu'il tenait toujours et demandait du secours. L'Empereur, touché du magnanime dévouement de ces braves gens, résolut d'essayer de les sauver, en ordonnant au maréchal Augereau d'envoyer vers eux un officier chargé de leur dire de quitter le monticule...

Un brave capitaine de génie, nommé Froissard, fut chargé de porter l'ordre au 14ᵉ.

M. Froissard partit au galop : nous le perdîmes de vue au milieu des Cosaques, et jamais nous ne le revîmes ni sûmes ce qu'il était devenu. Le maréchal, voyant que le 14ᵉ de ligne ne bougeait pas, envoya un officier nommé David : il eut le même sort que Froissard ; nous n'entendîmes plus parler de lui !...

Pour la troisième fois, le maréchal appelle : « L'officier à marcher ! » — C'était mon tour !... Je m'élançai donc !...

Lisette, plus légère qu'une hirondelle, et volant plus qu'elle ne courait, dévorait l'espace, franchissant les monceaux de cadavres d'hommes et de chevaux, les fossés, les affûts brisés, ainsi que les feux mal éteints des bivouacs. Des milliers de Cosaques éparpillés couvraient la plaine. Les premiers qui m'aperçurent firent comme des chasseurs dans une traque, lorsque, voyant un lièvre, ils s'annoncent mutuellement sa présence par les cris : « A vous ! à vous !... » Mais aucun de ces Cosaques n'essaya de m'arrêter, d'abord à cause de l'extrême rapidité de ma course, et probablement aussi

1. Marbot, *Mémoires*, t. I. — Plon et Nourrit, éditeurs.

parce que, étant en très grand nombre, chacun d'eux pensait que je ne pourrais éviter les camarades placés plus loin. Si bien que j'échappai à tous et parvins au 14ᵉ de ligne, sans que moi ni mon excellente jument eussions reçu la moindre égratignure !

Je trouvai le 14ᵉ formé en carré sur le haut du monticule. Depuis la mort du colonel Savary, tué au passage de l'Ukra, il était commandé par un chef de bataillon. Lorsque, au milieu d'une grêle de boulets, je transmis à ce militaire l'ordre de quitter sa position pour tâcher de rejoindre le corps d'armée, il me fit observer que l'artillerie ennemie, tirant depuis une heure sur le 14ᵉ, lui avait fait éprouver de telles pertes que la poignée de soldats qui lui restait serait infailliblement exterminée si elle descendait en plaine ; qu'il n'aurait d'ailleurs pas le temps de préparer l'exécution de ce mouvement, puisqu'une colonne d'infanterie russe marchant sur lui, n'était plus qu'à cent pas de nous.

« Je ne vois aucun moyen de sauver le régiment, dit le chef de bataillon ; retournez vers l'Empereur, faites-lui les adieux du 14ᵉ de ligne, qui a fidèlement exécuté ses ordres, et portez-lui l'aigle qu'il nous avait donnée et que nous ne pouvons plus défendre ; il serait trop pénible en mourant de la voir tomber aux mains des ennemis ! »

Le commandant me remit alors son aigle, que les soldats, glorieux débris de cet intrépide régiment, saluèrent pour la dernière fois des cris de : Vive l'Empereur !... eux qui allaient mourir pour lui !...

Cependant, la colonne d'infanterie russe que nous venions d'apercevoir abordait le monticule ; c'étaient des grenadiers, dont les bonnets garnis de métal avaient la forme de mitres. Les hommes, gorgés d'eau-de-vie, et en nombre infiniment supérieur, se jetèrent avec furie sur les faibles débris de l'infortuné 14ᵉ, dont les soldats ne vivaient, depuis quelques jours, que de pommes de terre et de neige fondue ; encore, ce jour-là, n'avaient-ils pas eu le temps de préparer ce misérable repas !...

Néanmoins, nos braves Français se défendirent vaillamment avec leurs baïonnettes, et lorsque le carré eut été enfoncé, ils se groupèrent en plusieurs pelotons et soutinrent fort longtemps ce combat disproportionné.

A la bataille d'Eylau succéda bientôt la victoire de Friedland (juin 1807). La Russie était vaincue après la Prusse. La signature du traité de Tilsitt, sur les bords du Niémen, marque l'apogée du règne de Napoléon. Les deux Empereurs s'étaient partagé l'Europe : tout semblait donc réglé; mais l'Empereur, pour imposer à tous l'exécution du blocus continental, envahit le Portugal, puis l'Espagne. C'est dans les montagnes de la Péninsule qu'il allait perdre, de 1807 à 1814, les meilleurs de ses soldats et compromettre sa gloire.

Entrée de l'armée française à Lisbonne [1].

Alors même qu'il affectait le calme et la confiance, Junot [2] était dévoré de soucis, sentait parfaitement que dans l'état où se trouvait l'armée, il n'y avait pas de milieu pour elle entre le succès et une ruine complète. Il pleuvait à verse : le vent d'ouest, qui n'avait pas cessé de souffler depuis un mois, pouvait, en moins d'une heure, amener la flotte anglaise devant les quais de Lisbonne. Dix mille soldats et trente mille habitants en état de prendre les armes s'étaient rapprochés et se communiquaient leur douleur et leur exaltation. Cependant les

---

1. Général Foy. *Histoire de la guerre de la Péninsule.* — Plon et Nourrit, éditeurs.

2. Junot était né en 1771. Bonaparte l'avait remarqué au siège de Toulon où le jeune sous-officier avait fait preuve, dans une circonstance critique, d'un héroïque sang-froid. Constamment soutenu par l'affection de l'empereur, il avait suivi Masséna à Zurich, et Bonaparte dans la deuxième campagne d'Italie. Général de division en 1805, il avait fait la campagne de Prusse et avait été chargé par Napoléon de l'invasion du Portugal. Nommé maréchal de l'empire et duc d'Abrantès, il commanda un corps d'armée pendant la campagne de Russie. Mais il était déjà atteint de la maladie mentale qui devait le conduire au suicide en 1813, et il laissa échapper les troupes de Kutusoff à la bataille de Borodino.

colonnes de l'armée française marchaient lentement et
presque à la débandade, séparées par des torrents et des
plaines inondées. La plus rapprochée avait fait halte à
Santarem, parce que le général Delaborde, qui la conduisait, voulait mettre ensemble du moins un tiers de ses
troupes. La division qui venait ensuite était à deux
marches en arrière. On n'avait de nouvelles ni du général Travot[1], ni de sa cavalerie, ni de l'artillerie. On
ignorait si les corps d'armée espagnols destinés à envahir l'Alemsejo et l'Entre-Duero-el-Minho, avaient
seulement commencé leur mouvement. Si le général en
chef avait avec lui, à Santarem, quinze cents hommes,
c'était tout au plus ; encore étaient-ils mal ordonnés et
harassés de fatigue.

On agit sur les hommes dans un moment donné, on les
étonne, on les subjugue plus souvent par la force morale,
qui est vague et indéfinie de sa nature, que par la force
matérielle, dont les effets probables sont soumis au cal-
cul. Junot ne voulut pas donner aux Portugais le temps
d'apprendre par des récits malveillants le désordre de
sa marche et le petit nombre de ses soldats. Il entra dans
la capitale du Portugal, à la tête des cadres, ou plutôt
des débris de ses quatre bataillons d'élite, le 30 novembre 1807, cent soixante-sept ans, jour pour jour,
après celui où les Portugais renversèrent la tyrannie des

1. Le général Travot avait conquis péniblement tous ses grades, car, malgré sa bravoure, il n'avait pas l'affection de Napoléon qui le trouvait trop indépendant. De son côté Junot ne lui pardonna pas d'avoir apaisé par sa seule influence une révolte du peuple de Lisbonne qu'avait exaspéré la dureté du général en chef. Aussi Travot ne fut-il baron de l'Empire et général de division qu'après 1812. Il fut, malgré tout, un des premiers à mettre son épée au service de l'empereur pendant les Cent Jours et contribua à la pacification de la Vendée qui s'agitait et qui venait de prendre les armes. Pour prix de ce service, Travot fut traduit devant un conseil de guerre, sur la dénonciation d'un ennemi personnel, et, bien que l'amnistie eût été déjà proclamée, il fut condamné à mort. Louis XVIII commua sa peine en celle de la détention perpétuelle ; mais cette mesure ironique de clémence ne servit à rien, Travot étant devenu fou à la nouvelle de sa condamnation. Il mourut en 1830, dans une maison de santé.

Espagnols[1]. Le général français courut à Belem, fit tirer le canon par les canonniers du prince-régent sur quelques bâtiments de la flotte royale[2], qui, restés en arrière, cherchaient à rejoindre le convoi, les força à rentrer dans le port, mit garnison de son infanterie dans les batteries fermées des deux rives du Tage, et revint dans la ville, suivi des officiers de son état-major, n'ayant d'autre escorte que trente cavaliers portugais.

Les signes précurseurs de la tempête s'évanouirent subitement. L'ordre public ne souffrit aucune atteinte. On ne discontinua pas les travaux journaliers. Des piquets de la garde royale portugaise de police servirent de guides aux troupes françaises, et les conduisirent aux casernes disposées pour elles. Les voilà entrés, ces guerriers formidables devant qui toute l'Europe se tait, et dont le prince-régent n'a pas osé soutenir l'aspect ! Une nation d'imagination vive s'était attendue à voir des héros d'une espèce supérieure, des colosses, des demi-dieux. Les Français n'étaient que des hommes. Dix-huit jours de marche forcée, la famine, les torrents, les vallons inondés, la pluie battante avaient débilité leurs corps et ruiné leurs vêtements[3]. Il leur restait à peine la force nécessaire pour marcher en cadence au son du tambour. Une longue file de soldats maigres, éclopés, et la plupart imberbes, suivait à pas lents les masses peu épaisses des bataillons. Les officiers, les chefs eux-mêmes étaient délabrés et comme défigurés par de longues et excessives fatigues. L'artillerie, qu'on appelle la dernière raison des rois, parce qu'elle est l'épouvantail des

---

1. En 1640, les Portugais avaient chassé, avec l'aide secrète de la France, les Espagnols de Lisbonne et avaient installé sur le trône la dynastie nationale de Bragance qui y règne encore aujourd'hui.

2. A la nouvelle de l'arrivée des Français, le roi Jean VI de Portugal, accompagné de ses deux fils, Don Pedro et Don Miguel, avait pris la fuite et s'était embarqué pour la colonie portugaise du Brésil.

3. Junot avait, en effet, commis la faute extrêmement grave de ne pas suivre la côte du Portugal et de s'engager dans la vallée sauvage et déserte du Tage supérieur où ses soldats avaient souffert horriblement du manque de vivres et du manque d'abri.

peuples, ne marchait pas même avec la colonne d'infanterie. Les troupes n'avaient, pour attaquer et pour se défendre, que des fusils rouillés et des cartouches imprégnées d'eau. Les Portugais étaient préparés à la terreur ; ils n'éprouvèrent que le dépit d'avoir été abasourdis et mis sous le joug par une poignée d'étrangers. Cette dépréciation des forces françaises dans laquelle chacun se complaisait, en raison directe de la peur qu'il avait ressentie, laissa dans l'esprit du peuple un germe de révolte que les événements ne tarderont pas à développer.

Pendant que Junot s'emparait ainsi du Portugal, Napoléon, profitant des querelles intimes du roi d'Espagne Charles IV et de son fils Ferdinand VII, leur arrachait à Bayonne leur abdication et mettait son frère Joseph, roi de Naples, sur le trône de Madrid. Une armée française, commandée par Dupont et Vedel, attaquait les Espagnols dans la Sierra Morena. Mais la maladresse et la profonde inintelligence de Dupont amenaient le désastre de Baylen qui remplit de joie les ennemis de Napoléon et découragea nos soldats.

Capitulation de Baylen[1].

Le 23 juillet, les troupes de Dupont, après avoir défilé devant Castaños et Lapeña, généraux qui ne les avaient pas combattues, mirent bas les armes et se constituèrent prisonnières au nombre de 8,242 hommes. Vedel en avait 9,393. Ils remirent le 24, à Baylen[2], leur artillerie

---

1. Général Foy. *Histoire de la guerre de la Péninsule.* — Plon et Nourrit, éditeurs.

2. Dupont avait perdu la tête au point de comprendre dans sa capitulation toutes les troupes de son corps d'armée et même celles qui n'avaient pas encore franchi la Sierra-Morena !

et leurs fusils réunis en faisceaux sur le front de bandière, à des commissaires espagnols qui en dressèrent un inventaire. Il avait été convenu que les fusils seraient transportés sur des voitures à la suite de la colonne, et rendus ainsi que les canons au moment de l'embarquement. On n'en fit rien ; et les victimes de l'obéissance, de l'obéissance passive, furent confondues dans le même traitement avec les vaincus. Ni les uns ni les autres ne devaient plus revoir leur patrie. Le cruel pressentiment qu'ils en eurent ajouta à la confusion qu'ils éprouvaient d'avoir mis bas les armes devant un ramassis de soldats à demi vêtus, mal armés, mal ordonnés. Bientôt accoururent de plusieurs lieues à la ronde, sur le passage des prisonniers, les paysans exaspérés par les maux qu'ils avaient soufferts. Les prisonniers furent accablés d'outrages. On leur réclamait avec menaces et injures les vases sacrés des églises de Cordoue et de Jaën. Pour empêcher le sang de couler, les colonnes ne passèrent pas dans les villes. Castaños adressa des proclamations de paix à ses concitoyens ; plusieurs fois les soldats espagnols de l'escorte furent obligés d'employer la force pour contenir le peuple, et pour sauver la vie à ceux qu'ils étaient chargés d'escorter, mûs par cet intérêt qui conduit les hommes de guerre à protéger un malheur où ils peuvent tomber d'un jour à l'autre. A Puerto de Santa-Maria il y eut, contre les Français, une descente de 4 à 5,000 paysans qui, réunis au peuple de la ville, voulurent les massacrer.

On eut peine à faire échapper les officiers généraux sur des chaloupes qui les conduisirent au fort de Saint-Sébastien à Cadix. Les officiers généraux et d'état-major furent les seuls qu'on envoya en France. La troupe, officiers et soldats, après avoir passé quelque temps dans des villages autour de Cadix, fut entassée sur des pontons dans la rade de Cadix, et on ne les en tira que longtemps après pour leur faire endurer une captivité plus rude, en les mettant à la merci du haineux gouvernement d'Angleterre [1]. A l'exception d'un petit nombre de soldats qui, ayant pris service dans les troupes espagnoles, repassèrent ensuite sous les anciens drapeaux, et d'autres qui parvinrent à s'échapper de la rade de Cadix, tout ce corps d'armée fut perdu pour la France.

Quand Napoléon apprit le désastre de Baylen, il ne frappa point de sa tête les murs de son palais ; il ne s'écria point : « Varus, Varus, rends-moi mes légions ! » [2].

La perte de 17,000 soldats novices était facile à réparer pour celui qui disposait de la vie de 40 millions d'hommes. Mais il versa des larmes de sang sur ses aigles humiliées, sur l'honneur des armées françaises outragées. Cette virginité de gloire qu'il jugeait inséparable du drapeau tricolore était perdue pour jamais, le charme était rompu ; les invincibles avaient été vaincus, rangés sous le joug, et par qui ?... par ceux que, dans la politique de Napoléon, il importait de considérer et de traiter comme un ramassis de prolétaires révoltés [3]. Son coup d'œil juste et rapide perça dans l'avenir. Par la capitulation d'Andujar, la Junte [4], qui n'était auparavant qu'un comité d'insurgés, devenait un gouvernement régulier, une puissance. L'Espagne dut tout à coup apparaître à ses yeux fière, noble, passionnée, puissante, telle qu'elle avait été aux jours de son âge héroïque.

1. Au mépris de la capitulation, les prisonniers français furent internés, sous la surveillance de l'Angleterre, dans une des îles Baléares. Ils y moururent presque tous de faim, de froid ou des mauvais traitements qui leur furent infligés. En 1814, les survivants étaient tous à demi nus, car leurs geôliers n'avaient pas songé à renouveler les vêtements qu'ils portaient depuis 1807 !

2. « Rien ne saurait peindre sa colère contre les généraux Dupont et Vedel qu'il eut le tort d'enfermer pour éviter le scandale d'une procédure retentissante, et qui furent désormais considérés comme victimes du pouvoir arbitraire. On ne les traduisit en conseil de guerre que cinq ans après : c'était trop tard. »

(MARBOT.)

3. Le 31 juillet, il écrivait à son frère Joseph : « Je trouverai en Espagne les colonnes d'Hercule, mais non les limites de mon pouvoir. »

4. C'est le nom qu'on donne aux différents conseils ou comités en Espagne et en Portugal. A la suite de la nomination de Joseph Bonaparte comme roi d'Espagne, les principaux seigneurs espagnols avaient constitué à Andujar une junte centrale qui dirigea l'insurrection espagnole.

L'imagination effaçait des pages de l'histoire les souvenirs décolorés des derniers rois autrichiens et de la
dynastie des Bourbons, rapprochait et confondait ensemble les triomphes de Pavie et les palmes de Baylen.
Quel emploi de forces et de puissance allait devenir
nécessaire pour dompter une nation qui venait de sentir
sa force et qui même l'exagérait ! et quel effet sur les
autres nations ! L'Angleterre délira de joie ; l'Europe
opprimée se tourna vers l'Espagne, et tous les peuples
portèrent les yeux sur le point d'où jaillissait d'une façon
si imprévue une lumière qui devait éclairer le monde [1].

Profitant de la situation grave qui avait forcé Napoléon à
intervenir personnellement en Espagne, l'Autriche, toujours
à l'instigation de l'Angleterre, organise une nouvelle campagne et lève trois armées commandées par l'archiduc Ferdinand (Bohême), l'archiduc Charles (Danube), et l'archiduc
Jean (Italie). Malgré les solennels engagements qu'il avait
contractés à Erfurt, l'empereur de Russie reste immobile,
et les lieutenants de Napoléon, surpris par cette brusque
attaque, sont obligés de reculer. A cette nouvelle, Napoléon
accourt des Pyrénées, concentre ses troupes sur l'Inn et bat
l'archiduc Charles en cinq batailles différentes (Thann,
Abensberg, Eckmühl, Landshüt et Ratisbonne). Maître du
Danube, l'Empereur se fraie une route vers Vienne en mettant
en fuite le général Hiller au combat d'Ebersberg.

Combat d'Ebersberg (3 mai 1809) [2].

La petite ville d'Ebersberg [3] était foudroyée à coups
d'obus par les Autrichiens qui voulaient nous en chasser.
Les flammes nous incommodaient de toute part, et notre

1. Pour surcroît de désastre, Junot,
le 30 août de la même année, capitu-
lait à Cintra en Portugal, avec
13,000 hommes, mais, du moins, aux
termes de cette convention, les
troupes françaises furent transportées par mer avec armes et bagages,
et sans être prisonnières de guerre,
à Lorient et à Rochefort.

2. Général Lejeune. *De Valmy à
Wagram*. — Firmin Didot, éditeur.

3. Petite ville de la Haute-Bavière,
entre l'Isar et l'Inn.

position n'y était pas tenable ; il fallait en sortir. Déjà même un régiment de cavalerie, qui était entré en ville sans pouvoir passer outre, avait été obligé de retourner sur ses pas au delà du pont, afin de sauver les hommes et les chevaux ; on voulait éviter de monter par le sentier long et difficile du château, et il ne nous restait d'issue que la porte sur la route de Vienne. Cette porte, où le chemin passe sous une voûte de plusieurs arcades, n'ayant que la largeur d'une voiture, débouche au pied des hauteurs escarpées, couvertes de jardins clos par des haies, derrière lesquelles les Autrichiens étaient en bataille. Ces troupes, ainsi embusquées, tiraient à mitraille et presque à bout portant sur les têtes de colonnes qui sortaient au pas de charge par cet étroit défilé. Ici dut se renouveler une scène plus terrible encore que celle qui venait d'avoir lieu au passage du pont.

La rue, assez large aux abords de cette porte, était en feu, et les brandons enflammés tombaient sur les blessés autrichiens qui tâchaient de se sauver. Cependant Cohorn, n'ayant pas le choix du terrain, y réunit sa tête de colonne, fait croiser la baïonnette, commande l'assaut des jardins, et passe sur le corps de tous ces malheureux qui gênaient sa marche. Au cri de : « En avant ! en avant ! » que tous répètent en même temps, nos braves s'élancent au pas de course, et en ordre, jusqu'au delà des arcades, où le premier rang reçoit mille coups de fusil qui ne laissent pas un homme debout. Le second rang monte par-dessus, et il est encore renversé. La même ardeur anime tout ce qui suit ; le même cri se fait entendre : « En avant ! en avant ! » et vingt rangs tombent successivement sans arrêter la marche de ceux qui les pressent par derrière, ayant eux-mêmes sur le dos les flammes ardentes, auxquelles ils cherchent à échapper en gravissant par-dessus cet affreux encombrement de morts et de blessés. Mais bientôt les Autrichiens n'ont plus le temps de recharger ni fusils ni canons ; le combat s'engage à coups de baïonnette, et les troupes du général

Hiller, non moins braves que les assaillants, ne cèdent la position que lorsqu'elles se voient menacées, par derrière, par la cavalerie du général Durosnel et du maréchal Bessières qui avait passé la Traun à Lamback et à Wels. Ce mouvement détermina enfin leur retraite.

Aussitôt, les divisions de Claparède, de Legrand et tout le corps du maréchal Masséna, leurs canons, leurs caissons et la cavalerie d'avant-garde, traversent au galop sous cette même porte ; et c'est en écrasant sous les roucs, en foulant sous les pieds, en triturant les corps amoncelés de cinq à six cents Français et Autrichiens, sur un espace de quelques mètres de large, que les soldats de Masséna purent arriver pour prendre position et bivouaquer dans les jardins, sur la hauteur d'Ebersberg.

En traversant avec l'Empereur, à la suite de cette avant-garde, les jambes de nos chevaux s'enfonçaient dans cette boue de chair et de sang humain, encore chaud ; nous éprouvâmes un vif sentiment de dégoût et d'horreur, dont je n'ai jamais pu perdre le souvenir. La rue était couverte de corps hideux, à moitié brûlés ; et il nous fallait repousser, par un cruel amour de la victoire, le besoin de pleurer le malheur de ne l'avoir obtenue qu'en la payant si cher. Comparativement à l'espace rétréci sur lequel a eu lieu cette affaire, elle a été la plus sanglante de toutes celles de nos guerres, où cependant nous avions vu des masses bien plus considérables de victimes réduites au même état, en quelques heures, dans les bourbiers de Pultusk et de Golymin.

Mais l'archiduc Charles défend héroïquement la capitale. Posté sur la rive gauche du fleuve, il surveille la rive droite occupée par l'armée française. Napoléon, perdant patience, jette trois corps d'armée dans l'île Lobau et de là contre les Autrichiens. Mais les Français, coupés du gros de l'armée par une crue subite du fleuve qui emporte les ponts, se battent désespérément tout un jour contre des forces cinq fois supérieures en nombre, et, la nuit venue, se retirent en bon ordre dans l'île.

Épisode de la bataille d'Essling [1]. — Mort de Lannes [2].

Les cinquante pièces de canon des Autrichiens tonnaient sur nous sans que nous puissons faire un pas en avant, ni tirer un seul coup de fusil. Qu'on se figure les angoisses que chacun endurait dans une pareille position, on ne pourra jamais le dépeindre ; nous avions quatre pièces de canon devant nous, et deux devant les chasseurs, pour répondre à cinquante. Les boulets tombaient dans nos rangs et enlevaient des files de trois hommes à la fois, les obus faisaient sauter les bonnets à poil à vingt pieds de haut. Sitôt une file emportée, je disais : « Appuyez à droite, serrez les rangs ! » Et ces braves grenadiers appuyaient sans sourciller, et disaient en voyant mettre le feu : « C'est pour moi. — Eh bien, je reste derrière vous, c'est la bonne place ; soyez tranquilles. »

Il arrive un boulet qui emporte la file, et les renverse tous les trois sur moi : je tombe à la renverse. « Ce n'est rien, leur dis-je ; appuyez de suite ! — Mais, sergent, votre sabre n'a plus de poignée ; votre giberne est à moitié emportée. — Tout cela n'est rien, la journée n'est pas finie. »

Nos deux pièces n'avaient plus de canonniers pour les servir. Le général Dorsenne les remplaça par douze grenadiers et leur donna la croix, mais tous ces braves pé-

1. *Cahiers du capitaine Coignet.* — Hachette, éditeur.

2. Lannes était né à Lectoure en 1769. Volontaire dans les armées de la Révolution, colonel lors de la première campagne d'Italie, général de brigade la même année, il se lie avec l'empereur qui lui confie le commandement de la garde consulaire. Il prend une part très active à la bataille de Marengo, puis à la première campagne d'Allemagne. Il était maréchal de France en 1807. « Chez Lannes, dit Napoléon, le courage l'emportait sur l'esprit ; mais l'esprit montait chaque jour et, quand il est mort, il avait grandi au niveau de son courage, il était devenu un géant. »

rirent près de leurs pièces. Plus de chevaux, plus de soldats du train, plus de roues! les affûts en morceaux, les pièces par terre comme des bûches! Impossible de s'en servir! Il arrive un obus qui éclate près de notre bon général et le couvre de terre; il se relève comme un beau guerrier : « Votre général n'a point de mal, dit-il; il saura mourir à son poste. »

Il n'avait plus de chevaux, deux avaient péri sous lui. A de tels hommes que la patrie soit reconnaissante! Et la foudre tombait toujours... Un boulet emporte une file près de moi, je suis frappé au bras, mon fusil tombe; je crois mon bras emporté, je ne le sens plus. Je regarde; je vois attaché à ma saignée un morceau de chair. Je crois que j'ai le bras fracassé.

Pas du tout! c'était un morceau d'un de mes braves camarades qui était venu me frapper avec tant de violence, qu'il s'était collé à mon bras.

Le lieutenant arrive près de moi, me prend le bras, me le remue et le morceau de viande tombe; je vois le drap de mon habit. Il me secoue et dit : « Il n'est qu'engourdi. » On ne peut se figurer ma joie de remuer les doigts. Le commandant me dit : « Laissez votre fusil, prenez votre sabre.

— Je n'en ai plus, le boulet qui m'a renversé a emporté la poignée. » Je prends mon fusil de la main gauche.

Les pertes devenaient considérables; il fallut mettre la garde sur un rang pour faire voir à l'ennemi la même ligne sur le terrain. Sitôt cette opération faite, il arrive sur notre gauche un brancard porté par des grenadiers qui déposèrent au centre de la garde leur précieux fardeau. L'Empereur, du haut de son sapin, avait reconnu son favori; il avait quitté son poste d'observation et était accouru pour recevoir les dernières paroles du maréchal Lannes, frappé à mort à la tête de son corps d'armée.

L'Empereur mit un genou à terre pour le prendre dans ses bras, et le fit transporter dans l'île, mais il ne put supporter l'amputation. Là finit la carrière de ce grand général [1]. Tout le monde fut dans la consternation d'une pareille perte [2].

La bataille de Wagram répara l'échec d'Essling et contraignit l'Autriche à signer la paix de Vienne. Napoléon est enivré de sa gloire ; rien ne doit lui résister. Il reproche au tzar de ne pas avoir tenu les promesses qu'il avait faites, alors qu'il n'a pas tenu les siennes. Comptant sur l'alliance des Suédois et des Turcs, dont il a trahi les intérêts à Tilsitt, malgré les protestations et les avertissements de ses généraux, il déclare la guerre à Alexandre et envahit l'empire moscovite à la tête d'une armée de plus de cinq cent mille hommes. Dans cette armée colossale, figurent des Autrichiens avec Schwartzenberg, des Prussiens avec York, des Polonais avec Poniatowski, des Napolitains avec Murat, des Italiens avec Eugène de Beauharnais, des Westphaliens avec Jérôme. Mais les soldats russes, dirigés par Barclay de Tolly, fuient méthodiquement devant l'invasion, et un découragement profond s'empare de la Grande Armée. Malgré tout, l'armée s'avance dans l'intérieur de la Russie. Après le combat de Smolensk, Barclay de Tolly [3] est disgracié et Kutusoff nommé commandant en chef. Posté sur les bords de la Moskowa, sur les collines de Borodino, ce général veut couper aux Français le chemin de Moscou. Une lutte terrible s'engage ; mais Kutusoff [4] est vaincu et bientôt l'armée française arrive en vue de la ville sainte.

1. Le général Marbot raconte à peu près ainsi la mort du maréchal : « Il se lève et va s'asseoir sur les bords d'un fossé, la main sur les yeux et les jambes croisées l'une sur l'autre. Il était là, plongé dans de sombres réflexions, lorsqu'un petit boulet de trois, lancé par les canons d'Enzersdorf, arrive en ricochet et va frapper le maréchal au point où ses deux jambes se croisaient ! La rotule de l'une fut brisée et le jarret de l'autre déchiré ! Je me précipite à l'instant vers le maréchal qui me dit : « Je suis blessé, c'est peu de chose. Donnez-moi la main pour m'aider à me relever... » Il essaya, mais cela lui fut impossible ! Les régiments d'infanterie placés devant nous nous envoyèrent promptement quelques hommes pour transporter le maréchal vers une ambulance. »

2. La bataille d'Essling était très nettement un échec. « En dépit de mon bulletin, écrit le comte Beugnot, la bataille d'Essling fut tenue pour une défaite et l'ébranlement devint général en Allemagne. »

3. L'opinion publique protestait contre le système de Barclay « comme jadis les Romains contre la temporisation de Fabius. »

4. Kutusoff, a dit Léon Tolstoï, était un vrai Russe de la vieille roche, indolent, endormi en apparence, mais très judicieux, très patriote, comprenant mieux que personne le soldat russe et le caractère national.

Impression des soldats de Napoléon à la vue de Moscou[1].

A la vue de cette ville dorée[2], de ce nœud brillant de l'Asie et de l'Europe, de ce majestueux rendez-vous où s'unissaient le luxe, les usages et les arts des deux plus belles parties du monde, nous nous arrêtâmes saisis d'une orgueilleuse contemplation. Quel jour de gloire était arrivé ! Comme il allait devenir le plus grand, le plus éclatant souvenir de notre vie entière ! Nous sentions qu'en ce moment toutes nos actions devaient fixer les yeux de l'univers surpris et que chacun de nos moindres mouvements serait historique.

Sur cet immense et imposant théâtre, nous croyions marcher entourés des acclamations de tous les peuples ; fiers d'élever notre siècle reconnaissant au-dessus de tous les autres siècles ; nous le voyions déjà grand de notre grandeur et tout brillant de notre gloire.

A notre retour déjà tant désiré, avec quelle considération presque respectueuse, avec quel enthousiasme allions-nous être reçus au milieu de nos femmes, de nos compatriotes et même de nos pères ! Nous serions le reste de notre vie des êtres à part qu'ils ne verraient qu'avec étonnement, qu'ils n'écouteraient qu'avec une curieuse admiration ! On accourrait sur notre passage, on recueillerait nos moindres paroles. Cette miraculeuse conquête nous environnerait d'une auréole de gloire ;

1. De Ségur. *Histoire de Napoléon et de la Grande Armée pendant l'année 1812.*

2. La superficie de Moscou, à cette époque, égalait celle de Paris, bien que sa population ne fût que de 250,000 habitants ; elle comptait 1,600 églises, dont les clochers étaient presque tous construits en forme de minarets. Moscou était divisée en 4 quartiers enveloppés chacun d'une enceinte différente : le *Kremlin ;* la *Vitaye-Gorod* ou ville chinoise ; la *Beloye-Gorod* ou ville blanche, où résidait la noblesse russe ; et la *Zemlenoye-Gorod* ou ville de terre, résidence du bas peuple.

désormais on croirait respirer autour de nous un air de prodige et de merveille.

Et quand ces pensées orgueilleuses faisaient place à des sentiments plus modérés, nous nous disions que c'était là le terme promis à nos travaux ; qu'enfin nous allions nous arrêter, puisque nous ne pouvions plus être surpassés par nous-mêmes, après une expédition noble et digne émule de celle d'Egypte et rivale heureuse de toutes les grandes et glorieuses guerres de l'antiquité.

Dans cet instant, dangers, souffrances, tout fut oublié. Pouvait-on acheter trop cher le superbe bonheur de pouvoir dire toute sa vie : « J'étais de l'armée de Moscou ! »

Eh bien ! mes compagnons, aujourd'hui même, au milieu de notre abaissement, et quoiqu'il date de cette ville funeste, cette pensée d'un noble orgueil n'est-elle pas assez puissante pour nous consoler encore et relever fièrement nos têtes abattues par le malheur !

Napoléon lui-même était accouru. Il s'arrêta transporté : une exclamation de bonheur lui échappa. Depuis la grande bataille, les maréchaux mécontents s'étaient éloignés de lui ; mais à la vue de Moscou prisonnière, à la nouvelle de l'arrivée d'un parlementaire, frappés d'un si grand résultat, enivrés de tout l'enthousiasme de la gloire, ils oublièrent leurs griefs. On les vit tous se presser autour de l'empereur, rendant hommage à sa fortune, et déjà tentés d'attribuer à la prévoyance de son génie le peu de soin qu'il s'était donné le 9 pour compléter sa victoire.

Mais chez Napoléon les premiers mouvements étaient courts. Il avait trop à penser pour se livrer longtemps à ses sensations. Son premier cri avait été : « La voilà donc cette ville fameuse ! » Et le second fut : » Il était temps ! [1] »

1. Voici comment Thiers raconte le même événement : « Enfin arrivée au sommet d'un coteau, l'armée découvrit tout à coup au-dessous d'elle et à une distance assez rapprochée, une ville immense, brillante

Déjà ses yeux fixés sur cette capitale n'expriment plus que de l'impatience ; en elle il croyait voir tout l'empire russe. Ces murs renfermaient tout son espoir, la paix, les frais de la guerre et une gloire immortelle. Aussi ses avides regards s'attachaient-ils sur toutes ses issues. Quand donc ses portes s'ouvriront-elles ? Quand en verra-t-il sortir cette députation qui lui soumettra ses richesses, sa population, son sénat et la principale noblesse russe ? Dès lors, cette entreprise où il s'était si témérairement engagé, terminée heureusement et à force d'audace, sera le fruit d'une haute combinaison, son imprudence sera sa grandeur ; dès lors, sa victoire de la Moskowa si incomplète deviendra son plus beau fait d'armes. Ainsi, tout ce qui pouvait tourner à sa perte tournerait à sa gloire ; cette journée allait commencer à décider s'il était le plus grand homme du monde ou le plus téméraire ; enfin s'il s'était élevé un autel ou creusé un tombeau.

La joie des Français n'est pas de longue durée. Trois jours après, un incendie allumé par les ordres du gouverneur russe Rostopchine, dévore les principaux quartiers de Moscou, et Napoléon lui-même ne s'échappe qu'à grand'peine du Kremlin en flammes. Le véritable allié des Russes, l'hiver, surprend à son tour notre armée ; il faut organiser une lamentable retraite. Après les combats acharnés de Malo-Jarolaswetz et de Krasnoé, l'armée, décimée par le froid, épuisée par les privations, arrive sur les bords de la Bérésina dont les Russes défendent les approches.

de mille couleurs, surmontée d'une foule de dômes dorés resplendissants de lumière, mélange singulier de bois, de lacs, de chaumières, de palais, d'églises, de clochers, ville à la fois gothique et byzantine, réalisant tout ce que les contes orientaux racontent des merveilles de l'Asie. Tandis que des monastères flanqués de tours formaient la ceinture de cette grande cité, au centre s'élevait sur une éminence une forte citadelle, espèce de capitole où se voyaient à la fois les temples de la Divinité et les palais des empereurs, où au-dessus des murailles crénelées surgissaient des dômes majestueux, portant l'emblème qui représente toute l'histoire de la Russie et toute son ambition, la croix sur le Croissant renversé. Cette citadelle, c'était le Kremlin, ancien séjour des tzars.

Le passage de la Bérésina [1].

Le soir, de neuf heures à minuit, le maréchal Victor traversa la Bérésina [2] en se dérobant à l'ennemi, trop fatigué pour songer à nous poursuivre. Il fit écouler son artillerie par le pont de gauche, son infanterie par celui de droite ; et sauf les blessés, sauf deux bouches à feu, parvint à transporter tout son monde sur la droite de la Bérésina. Le passage opéré, il mit son artillerie en batterie afin de contenir les Russes, et de les empêcher de passer les ponts à notre suite.

Restaient plusieurs milliers de traînards débandés ou fugitifs, qui avaient encore à passer, qui dans la journée le voulaient trop, et qui le soir venu ne le voulaient plus, ou du moins ne le voulaient que le lendemain. Napoléon, ayant donné ordre de détruire les ponts dès la pointe du jour, fit dire au général Eblé, au maréchal Victor d'employer tous les moyens de hâter le passage de ces malheureux. Le général Eblé se rendit lui-même à leurs bivouacs, accompagné de plusieurs officiers, et les conjura de traverser la rivière, en leur affirmant qu'on allait détruire les ponts. Mais ce fut en vain. Couchés à terre, sur la paille ou sur des branches d'arbres, autour de grands feux, dévorant quelques lambeaux de cheval, ils craignaient les uns la trop grande affluence, surtout pendant la nuit, les autres la perte d'un bivouac assuré pour un bivouac incertain. Or, avec le froid qu'il faisait, une nuit sans repos et sans feu, c'était la mort. Le général Eblé fit incendier plusieurs bivouacs pour réveiller ces obstinés, engourdis par le froid et la fatigue ; mais ce fut sans succès. Il fallut donc voir s'écouler tout une nuit sans

1. Thiers. *Histoire du Consulat et de l'Empire*. Édition Furne et Jouvet, tome XIV.

2. La Bérésina est un affluent de droite du Dnieper. Les eaux de cette rivière, qui fut longtemps considérée comme le bras principal du fleuve, coulent avec une extrême lenteur.

que l'existence des ponts, qui allait être si courte, pût être utile à tant d'infortunés.

Le lendemain 29, à la pointe du jour, le général Eblé avait reçu ordre de détruire les ponts dès sept heures du matin. Mais ce noble cœur, aussi humain qu'intrépide, ne pouvait s'y décider. Il avait fait disposer d'avance sous le tablier les matières incendiaires, pour qu'à la première apparition de l'ennemi, on pût mettre le feu, et qu'en attendant, les retardataires eussent le temps de passer. Ayant encore été debout cette nuit, qui était la sixième, tandis que ses pontonniers avaient dans chaque journée pris un peu de repos, il était là, s'efforçant d'accélérer le passage, et envoyant dire à ceux qui étaient en retard qu'il fallait se hâter. Mais, le jour venu, il n'y avait plus à les stimuler, et convaincus trop tard, ils n'étaient que trop pressés. Toutefois, on défilait, mais l'ennemi était sur les hauteurs vis-à-vis. Le général Eblé qui, d'après les ordres du quartier général, aurait dû avoir détruit les ponts à sept heures au plus tard, différa jusqu'à huit. A huit, des ordres réitérés, la vue de l'ennemi qui approchait, tout lui faisait un devoir de ne pas perdre un instant. Cependant, comme l'artillerie du maréchal Victor était là pour contenir les Russes, il était venu se placer lui-même à la culée des ponts, et retenait la main de ses pontonniers, voulant sauver encore quelques victimes, si c'était possible. En ce moment son âme si bonne, quoique si rude, souffrait cruellement.

Enfin, ayant attendu jusqu'à près de neuf heures, l'ennemi arrivant à pas accélérés, et les ponts ne pouvant plus servir qu'aux Russes si on différait davantage[1], il se décida, le cœur navré et en détournant les yeux de cette scène affreuse, à faire mettre le feu. Sur-le-champ des

---

1. « Cependant l'armée russe occupait tous les passages de la Bérésina : cette rivière est large de 40 toises ; elle charriait assez de glaces ; ses bords sont couverts de marais de 500 toises de long, ce qui la rend un obstacle difficile à franchir. » (*XXIX*e *Bulletin de la Grande Armée.*)

torrents de fumée et de flammes enveloppèrent les deux ponts, et les malheureux qui étaient dessus se précipitèrent pour n'être pas entraînés dans leur chute. Du sein de la foule qui n'avait point encore passé, un cri de désespoir s'éleva tout à coup : des pleurs, des gestes convulsifs s'apercevaient sur l'autre rive. Des blessés, de pauvres femmes tendaient les bras vers leurs compatriotes, qui s'en allaient, forcés malgré eux de les abandonner. Les uns se jetaient dans l'eau, d'autres s'élançaient sur le pont en flammes, chacun enfin tentait un effort suprême pour échapper à une captivité qui équivalait à la mort. Mais les Cosaques[1] arrivaient au grand galop, et enfonçant leurs lances au milieu de cette foule, tuèrent quelques-uns de ces infortunés, recueillirent les autres, les poussèrent comme un troupeau vers l'armée russe, puis fondirent sur le butin. On ne sait si ce furent six, sept ou huit mille individus, hommes, femmes, enfants, militaires ou fugitifs, cantiniers ou soldats de l'armée, qui restèrent ainsi dans les mains des Russes.

L'armée se retira profondément affectée de ce spectacle, et personne n'en fut plus affecté que le généreux et intrépide Eblé, qui, en dévouant sa vieillesse au salut de tous, pouvait se dire qu'il était le sauveur de tout ce qui n'avait pas péri ou déposé les armes. Sur les cinquante et quelques mille individus armés ou désarmés qui avaient passé la Bérésina, il n'y en avait pas un seul qui ne lui dût ou la vie ou la liberté, à lui et à ses pontonniers. Mais ce grand service, la plupart des pontonniers qui

1. « Beaucoup de généraux et d'officiers ont perdu leurs bagages, par suite de la perte de leurs chevaux ; quelques-uns par le fait des embuscades des Cosaques. Les Cosaques ont pris nombre d'hommes isolés, d'ingénieurs-géographes qui levaient des positions, et d'officiers blessés qui marchaient sans précaution, préférant courir des risques plutôt que de marcher posément et dans des convois. » (*XXIXe Bulletin de la Grande Armée*.) Sur ce point l'opinion est unanime : « Cependant quelques milliers de Cosaques, attirés par l'espoir du pillage, supportaient encore l'intempérie de la saison et côtoyaient nos colonnes dont ils avaient même l'audace d'attaquer les points où ils apercevaient des bagages ; mais il suffisait de quelques coups de fusil pour les éloigner. »   (MARBOT.)

avaient travaillé dans l'eau l'avaient déjà payé ou allaient le payer de leur vie ; et le général Eblé[1] lui-même avait contracté une maladie mortelle à laquelle il devait promptement succomber.

Démoralisation des soldats de la Grande Armée [2].

La masse des fuyards cheminait, divisée en une multitude de petites associations de huit à dix hommes. Plusieurs de ces bandes possédaient encore un cheval chargé de leurs vivres, ou qui, lui-même, devait en servir. Des haillons, quelques ustensiles, un bissac et un bâton étaient l'accoutrement de ces malheureux et leur armure. Ils n'avaient plus du soldat ni l'allure, ni l'uniforme, ni la volonté de combattre d'autres ennemis que la faim et les frimas ; mais il leur restait la persévérance, la fermeté, l'habitude du danger et de la souffrance, et un esprit toujours prompt, souple et vif, pour tirer de leur situation tout le parti possible.

Mais depuis Maladeczno et le départ de Napoléon, quand l'hiver tout entier, redoublant de rigueur, attaqua chacun de nous, toutes ces associations contre le malheur se rompirent ; et ce ne fut plus qu'une multitude de luttes isolées et individuelles. Les meilleurs ne se res-

1. Eblé était né en Lorraine, en 1758. Après avoir organisé l'artillerie du royaume de Naples, il revint en France, fut nommé par la Révolution général de brigade ; prit part à toutes les guerres d'Allemagne et suivit Masséna en Portugal. En 1812, il commandait les équipages militaires. Il mourut quelques jours après le passage de la Bérésina, à l'hopital de Leipzick.

2. De Ségur. *Histoire de Napoléon et de la Grande Armée pendant l'année 1812.* M. de Ségur avait été un des héros de la guerre d'indépendance en Amérique. Il avait quitté le service en 1792 ; mais enthousiasmé par le génie de Bonaparte, il accepta du premier Consul le poste de conseiller d'Etat, puis, de l'Empereur, le titre de grand-maître des cérémonies. Après les Cent Jours, il entra à la Chambre des Pairs. Né en 1753, il mourut en 1830.

pectèrent plus eux-mêmes ; rien n'arrêta : les regards ne retinrent plus ; le malheur fut sans espoir de secours, ni même de regret ; le découragement n'eut plus de juges, pas même de témoins : tous étaient victimes.

Dès lors, plus de fraternité d'armes, plus de société, aucun lien ; l'excès des maux avait abruti. La faim, la dévorante faim avait réduit ces malheureux à cet instinct brutal de conservation, seul esprit des animaux les plus farouches, et qui est prêt à tout sacrifier ; une nature âpre et barbare semblait leur avoir communiqué sa fureur[1].

Tels que des sauvages, les plus forts dépouillaient les plus faibles : ils accouraient autour des mourants, souvent ils n'attendaient pas leurs derniers soupirs. Lorsqu'un cheval tombait, vous eussiez cru voir une meute affamée : ils l'environnaient, ils le déchiraient par lambeaux qu'ils se disputaient entre eux comme des chiens dévorants.

Toutefois le plus grand nombre conserva assez de force morale pour chercher son salut sans nuire ; mais c'était là le dernier effort de leur vertu. Chefs ou compagnons, si l'on tombait à côté d'eux, ou sous les roues des canons, c'était vainement qu'on les appelait à son secours, qu'on prenait à témoin une patrie, une religion, une cause commune ; on n'en obtenait pas même un regard. Toute la froide inflexibilité du climat était passée dans leurs cœurs ; sa rigidité avait contracté leurs sentiments comme leurs figures. Tous, à l'exception de quelques chefs, étaient absorbés par leurs souffrances et la terreur ne laissait plus de place à la pitié.

Ainsi l'égoïsme qu'on reproche à l'excès de la prospérité, l'excès du malheur le produisit, mais plus excusable : l'un étant volontaire, et celui-ci forcé, l'un crime du cœur, et celui-ci une impulsion de l'instinct, et toute phy-

---

1. C'est à Smorgoni, avant de quitter l'armée pour accourir à Paris, que Napoléon fit connaître à la France, par le XXIXe bulletin, le désastre de Russie. « Les chevaux, disait ce bulletin, mouraient par milliers » (sans dire un mot des hommes). Il se terminait ainsi : « La santé de S. M. l'Empereur et Roi n'a jamais été meilleure. »

sique ; et réellement il y allait de la vie de s'arrêter un instant. Dans ce naufrage universel, tendre la main à son compagnon, à son chef mourant, était un acte admirable de générosité. Le moindre mouvement d'humanité devenait une action sublime.

Cependant quelques-uns tinrent bon contre le ciel et la terre ; ils protégèrent et secoururent les plus faibles ; ceux-là furent rares [1].

A la nouvelle de la conspiration du général Malet, Napoléon a quitté l'armée française à Smorgoni. Sous les ordres de Beauharnais les débris de la Grande Armée entrent en Allemagne. Aussitôt les haines longtemps contenues se réveillent ; la Prusse, la Suède, l'Allemagne prennent les armes, et malgré les victoires de Bautzen, Wurchen, Gross-Beeren et Dresde, 150,000 Autrichiens se joignent à l'armée coalisée, après l'armistice de Pleswitz. Les armées se rencontrent sous les murs de Leipzick et là s'engage « la bataille des nations » perdue par Napoléon.

La bataille de Leipzick [2].

Le 18, de grand matin, l'Empereur resserra son armée ; l'ennemi était déjà en marche pour nous attaquer.

1. « On admet généralement que 420,000 hommes environ avaient franchi la frontière de Russie en juin 1812, et que 113,000 les rejoignirent ensuite dans l'intérieur de l'empire : au total 533,000 soldats. De cette masse d'hommes, le Niémen ne fut repassé, en décembre 1812, que par environ 18,000. Il faut y ajouter 55,000 survivants des corps de Macdonald, Reynier et Schwartzenberg. Environ 50,000 avaient déserté les drapeaux dès le début de la campagne. Environ 130,000 prisonniers étaient retenus en Russie. On peut donc évaluer à 250,000 le nombre de ceux qui périrent en Russie par les privations, par les maladies, par le froid, par le feu de l'ennemi ou les représailles des paysans. De ceux mêmes qui revirent leurs foyers, combien purent survivre aux suites des misères endurées ! »

(A. RAMBAUD.)

2. Maréchal Mac-Donald. *Mémoires.* — Librairie Plon et Nourrit.

J'eus l'ordre de ne me retirer que très lentement, ce que je fis, non sans grandes pertes, entre autres le général Aubry, commandant l'artillerie de mon corps ; enfin j'entrai en ligne. La canonnade était si vive, si multipliée, si outrée, qu'on pouvait la comparer à un feu d'infanterie de deux rangs et très nourri ; je perdis encore beaucoup de monde, beaucoup de mes chevaux d'artillerie ; une partie de mes pièces étaient démontées, mes munitions consommées ; je fis alors mettre mon infanterie à l'abri dans des ravins et derrière des accidents de terre. Je restai ainsi dans l'inaction quelques heures [1], pendant que la bataille continuait avec la même vivacité qu'elle avait commencé, exposé au feu de l'ennemi auquel je ne pouvais plus répondre.

L'armée formait alors, en avant de Leipzick [2], un croissant dont les extrémités s'appuyaient à l'Elster. Je faisais presser l'Empereur de remplacer mon artillerie : il détacha enfin une compagnie de sa garde qui m'arriva très à propos, car l'ennemi, remarquant que de ce point on ne répondait plus à son feu, jugea qu'il avait éteint le mien, et comme il n'apercevait pas de troupes, il pensa pouvoir s'établir sur l'endroit culminant où j'étais ; je ne tardai pas à le détromper. Pendant qu'il se présentait avec assurance, mes troupes se montrèrent tout à coup, protégées par la batterie qui m'était arrivée ; il rétrograda et son feu d'artillerie recommença, mais moins vivement ; il ménageait ses munitions ou bien il avait eu aussi une partie de ses pièces démontées.

Je me promenais sous ce feu avec le colonel Bongars, déplorant ensemble le grand nombre de victimes éten-

1. Il faudrait évidemment « pendant quelques heures ». Le style de Mac-Donald est particulièrement incorrect, mais ces incorrections ne nuisent en rien à la vivacité de l'expression et à la précision des images.

2. Leipzick est situé au milieu d'une plaine immense que traversent trois rivières : deux d'entre elles, l'Elster et la Pleiss, du sud au nord, la première à gauche, la seconde à droite ; et la troisième, la Partha, à l'est et au nord. La Partha se jette dans l'Elster, et l'Elster, dans la Saale.

dues à nos pieds ; préoccupé seulement de ce qui se passait sous nos yeux et de la triste issue que je prévoyais, je regrettais alors que le canon m'épargnât, tandis que tant de braves en étaient atteints ! Pendant que nous discourions sur ces tristes circonstances, je vis à ma gauche l'ennemi rétrograder et le corps du général Reynier, formé sur deux lignes, se porter en avant ; la première était composée du contingent saxon, la seconde de Français. Je fis préparer mes troupes pour les porter en avant ; mais quelle ne fut point ma douleur en voyant cette première ligne s'arrêter sur la position que l'ennemi venait de quitter, se retourner et faire feu sur la seconde ! Jamais l'histoire n'a signalé une semblable trahison [1] ; lorsque j'éprouvai, l'année précédente, la défection des Prussiens, au moins eurent-ils pour le moment la pudeur de ne pas faire feu sur nous. Etonnée, surprise, la seconde ligne lâcha pied et fut poursuivie immédiatement par cette même première ligne qui, un instant avant, était sous nos drapeaux. Comme il y avait connivence, l'ennemi appuya ce mouvement, et il eût été décisif pour lui, si l'Empereur ne fût accouru sur ce point pour l'arrêter et rallier la seconde ligne.

Il commençait à se faire tard ; le feu se ralentissait des deux côtés et finit par s'éteindre. Chacun conservait ses positions, au moins sur le point où j'étais depuis le ma-

---

1. « Pendant la bataille, les Saxons, au nombre de 12,000, avec 40 pièces de canon, passèrent à l'ennemi. Le général qu'ils choisirent, dans une armée qui comptait de braves et généreux guerriers, défenseurs dévoués de leur patrie, fut ce même Bernadotte, et afin que rien ne manquât à l'infamie de leur conduite, non contents de livrer, par leur trahison, le poste qu'ils avaient été chargés de défendre, ils tournèrent sur-le-champ leur artillerie contre les divisions françaises. » (A. Hugo.) Au dire de Marbot, cette trahison des soldats saxons eut lieu malgré l'opposition formelle du roi de Saxe.

« Mais de tout ce que nous venons de parcourir, rien n'égale encore le scandale et l'ignominie de la trahison des Saxons, qui, nos frères de péril et de fortune, dans nos rangs mêmes, se retournent subitement contre nous pour nous égorger. Quelque étendu qu'ait été le dommage qu'ils nous ont causé, leur honte demeure encore plus grande que tout le mal qu'ils nous ont fait. » (*Mémorial de Sainte-Hélène.*)

tin ; mais notre gauche avait été poussée plus près de Leipzick. Nous passâmes ainsi la nuit dans la plus grande surveillance, prévoyant de notre côté une retraite trop tardive, mais ne m'attendant pas à la catastrophe du lendemain.

Un officier me fut envoyé du quartier général pour me donner l'ordre de me retirer sur le faubourg de Leipzick où aboutit la grande route de Dresde, mais il s'égara et ne m'arriva qu'à sept heures du matin. Un brouillard épais couvrait heureusement les positions, et je pus me replier sans être aperçu ; les autres corps de l'armée avaient opéré le même mouvement rétrograde ; nous formâmes une nouvelle ligne. Les parcs ne pouvant être évacués, on les faisait sauter ; rien n'était plus propre à donner l'éveil à l'ennemi sur une retraite décidée, dont il ne manqua pas de profiter, en s'avançant sur les hauteurs qui me dominaient. Les jardins du faubourg étaient fermés par des clôtures en terre ; elles pouvaient servir à la chicane [1] contre l'infanterie et la cavalerie, mais étaient incapables de résister au canon. Nous avions barricadé toutes les issues, crénelé des murs, mais tout cela nous fut de peu de secours contre une grêle de boulets qui faisaient de grands ravages dans les maisons et parmi les troupes. L'ennemi vint en colonnes serrées ; nous l'arrêtâmes momentanément. Le feu était très vif, lorsque le général Girardin, alors aide de camp du prince de Neuchâtel, m'apporta l'ordre d'envoyer sur-le-champ une division à l'extrême droite, au secours du maréchal Augereau : « Voyez, lui dis-je, si je puis me dégarnir ; j'ai bien plutôt besoin de renfort ; allez reporter cela à l'Empereur. J'ai rempli ma mission, dit-il ; vous ferez ce que vous voudrez » ; et il partit. Je n'avais pas même assez de troupes pour faire face partout ; mais réfléchissant que si le corps du maréchal Augereau et, par suite, les intermédiaires entre nous deux étaient forcés, moi, qui formais

1. C'est un terme d'art militaire. Une guerre de chicane est une guerre où l'on ne livre que de petits combats pour disputer le terrain.

une pointe, je serais tourné et coupé, je me déterminai à envoyer, non une division, mais une brigade de la division hessoise.

Pendant ce temps, quoique nous défendissions le terrain pied à pied et que le faubourg eût été pris et repris plusieurs fois, nous étions acculés sur le boulevard de la ville. On me rendit compte alors que la brigade hessoise revenait, n'ayant trouvé ni amis ni ennemis sur le point désigné, ce qui me surprit étrangement. Pressé en front, j'invitai le prince Poniatowski [1] à tenter, avec le peu de cavalerie qui nous restait, une dernière charge, pendant que je ferais replier l'infanterie sur le pont, afin d'y passer l'Elster [2]. La division hessoise, pendant ce temps, entrait dans la ville; je crus que le général Marchand qui la commandait lui en avait donné l'ordre; mais, au lieu d'aller passer l'Elster par la grande rue qui aboutissait au pont, elle monta sur les remparts et commença à faire feu sur nous. Cette nouvelle trahison acheva de décourager nos troupes; elles se replièrent en confusion, et malgré mes efforts pour rétablir l'ordre, elles m'entraînèrent avec elles. Pour combler nos infortunes, j'appris alors que le pont, notre unique communication, avait sauté [3]!

Cette affreuse nouvelle, que l'on chercha inutilement à cacher, jeta partout la consternation; sur les figures se peignaient la stupeur, la rage, le désespoir, et je

1. Poniatowski était né à Varsovie en 1763. Après avoir servi dans l'armée autrichienne, il revint dans son pays pour prendre part à la guerre de l'indépendance, et fut un des meilleurs lieutenants de Kosciusko jusqu'en 1798. En 1806, il se rallia à Napoléon, soutint, en 1809, un combat héroïque à Razin, contre 60,000 Autrichiens. En 1813, il fut nommé maréchal de France à Leipzick, mais trois jours après il se noyait dans l'Elster.

2. L'Elster est un affluent de la Saale. Elle se jette dans cette rivière un peu en avant de Halle après avoir arrosé Leipzick.

3. C'était un sapeur du génie commis à la garde du pont qui l'avait fait sauter avant que l'armée eût achevé sa retraite. Ce sapeur perdit-il la tête à l'approche de l'ennemi ou fut-il coupable de trahison? c'est ce qu'il a toujours été impossible de déterminer. Mac-Donald explique plus loin, d'une autre façon, ce lamentable accident.

n'étais pas des moins animés. Avant, pendant et après la bataille, aucune précaution n'avait été prise pour franchir l'Elster et le défilé jusqu'à Lindenau, quoiqu'il eût été facile de pratiquer un grand nombre de passages pour les différentes armes et même pour les divers corps sur une rivière aussi étroite. Aucune troupe n'avait été non plus postée sur la rive gauche pour protéger la retraite, au cas que le pont fût resté intact ou qu'on en eût établi d'autres ; cependant le grand quartier général de l'Empereur lui-même était alors à Markranstadt. Je ne sais encore comment qualifier cette coupable indifférence : ineptie, lâcheté, ou absence de tout sentiment, de tout regret de sacrifier tant de monde à la fois [1] !

Il y avait quelques heures que le pont était anéanti, mais le bruit du canon, la fusillade, les caissons qui sautaient, les parcs que l'on détruisait, empêchèrent d'entendre le bruit de l'explosion. On voulut mettre à la charge d'un officier supérieur du génie [2] la responsabilité d'un tel événement ; mais on n'osa pas le faire passer devant un conseil de guerre, car il est resté évident qu'il n'avait reçu aucun ordre et qu'au contraire il avait proposé au major général de pratiquer des passages pendant la bataille, et que celui-ci avait répondu qu'il serait temps lorsque l'Empereur le prescrirait. Voici la version la plus probable de cette catastrophe : on fit miner le pont, on y laissa un malheureux caporal et quelques artilleurs ou sapeurs, avec l'ordre de le faire sauter s'ils aperce-

1. D'après le général Pelet et le baron Fain, Napoléon aurait donné des ordres formels pour l'établissement de nouveaux ponts, mais ces ordres n'auraient pas été exécutés par Berthier qui, extrêmement timoré, n'obéissait qu'aux ordres qui lui étaient donnés par écrit. Marbot écrit de son côté : « Quoiqu'il en soit, l'opinion de l'armée accusa encore le major général (Berthier) de négligence, et l'on disait avec raison qu'il aurait dû confier la garde du pont à une brigade entière dont le général aurait été chargé, *sous sa responsabilité personnelle*, d'ordonner lui-même de mettre le feu aux poudres lorsqu'il reconnaîtrait que le moment était favorable. Mais le prince Berthier se défendait avec sa réponse habituelle : « L'Empereur ne l'avait pas ordonné. »

2. Le colonel de Montfort, que Napoléon songea même à faire passer devant un conseil de guerre.

vaient l'ennemi. Ces pauvres gens savaient, entendaient, voyaient qu'une partie de l'armée était encore sur la rive droite, mais ils ignoraient s'il n'y avait pas d'autres passages ; ils aperçurent quelques tirailleurs ennemis ; il n'en fallut pas davantage pour leur faire exécuter leur mission. On a dit depuis que, lors même que le pont fût resté intact, on n'aurait pu en faire usage, attendu qu'il était, ainsi que ses abords, encombré d'artillerie et d'équipages : cela peut être, mais du moins l'infanterie eût cherché à traverser ; les cavaliers eussent abandonné leurs chevaux, et l'on eût pu ainsi sauver beaucoup de monde. L'encombrement provenait de ce qu'on n'avait exercé aucune surveillance, donné aucun ordre pour régulariser le passage de ce défilé : deux colonnes de voitures filaient à droite et à gauche des boulevards de Leipzick, une troisième par la grande rue de la ville : toutes trois débouchaient à l'entrée du pont ; c'était à qui passerait ; les voitures s'accrochèrent, l'encombrèrent, et notre malheureux sort fut décidé.

J'échappai cependant, avec une ferme résolution de ne point tomber entre les mains de l'ennemi ; plutôt me faire tuer ou me noyer. Entraîné comme je l'ai dit, je traversai avec la foule deux petits bras de l'Elster, l'un sur un ponceau, me tenant au garde-fou, car mes pieds ne touchaient pas le plancher ; j'étais soulevé ; dix fois je faillis être culbuté ; l'autre sur un cheval qui me fut prêté par un maréchal des logis dont je regrette d'avoir oublié le nom, — mais je lui ai rendu service depuis. — Je me trouvai dans une grande prairie, toujours environné de la foule ; j'y errais ; elle me suivait toujours, persuadée que je devais connaître des passages ; ma carte cependant n'en indiquait aucun. Restait le bras principal. Lauriston [1],

1. Lauriston était né à Pondichéry en 1768. Il fut un des compagnons les plus fidèles de Napoléon qu'il accompagna en Italie et aux conférences d'Erfurt. Blessé à Wagram, il combattit en 1813, à Bautzen et à Wurchen, et fut fait prisonnier à Leipzick. Il se rallia plus tard au nouveau régime et fut même nommé maréchal de France, après la campagne d'Espagne de 1823. Il mourut en 1828.

qui m'accompagnait dès avant le passage des petits cours
d'eau, fut séparé de moi. Des aides de camp du prince
Poniatowski vinrent me dire qu'il était noyé ; je le
croyais encore derrière moi. Je l'avais prié, comme je
l'ai dit, d'exécuter une charge, et je ne l'avais pas vu de
retour ; la charge n'avait pas eu lieu ; les cavaliers, appre-
nant la catastrophe du pont, ne l'avaient pas suivi et ne
songèrent qu'à leur salut. Ces aides de camp étaient en
larmes en me racontant la perte de leur prince : il s'était
jeté à l'eau avec son cheval, mais il n'avait pu gravir la
rive opposée trop raide : le cheval s'était renversé sur
lui et le courant trop rapide les avait entraînés [1].

Pendant ce récit, l'un de mes aides de camp, Beurnonville, saisissant la bride de mon cheval, me dit :
« Monsieur le maréchal, il ne s'agit pas de cela ; il faut
vous sauver. » Et m'entraînant au galop pour me délivrer
de la foule des malheureux qui m'environnaient toujours,
il me dit que le colonel du génie Marion, qui commandait cette arme dans mon corps d'armée, avait pu passer
de l'autre côté ; il avait fait couper deux arbres, les avait
fait jeter à travers la rivière et réunir avec des portes,
des volets, des planches. Nous y courûmes, mais l'endroit était encore encombré de troupes. On me dit que
les maréchaux Augereau et Victor avaient traversé ce
frêle pont avec leurs chevaux, malgré toutes les repré-
sentations ; que les extrémités n'en étaient pas encore
fixées, et les deux arbres s'étant écartés, tout le plancher avait croulé. Il ne restait donc plus que les deux
troncs, mais personne n'osait passer. Je pris mon parti
et je me hasardai : je mis donc pied à terre avec grand'-
peine, à cause de la gêne de la foule, et me voilà jambe
de-ci, jambe de-là, et sous moi l'abîme. Il faisait un vent
violent ; je portais un ample manteau à manches : craignant que le vent me fît perdre l'équilibre ou que quel-

1. D'après une autre version, Poniatowski, désespéré de l'issue de la bataille et voulant éviter de tom-ber aux mains des ennemis, se serait volontairement noyé.

qu'un ne m'accrochât, je m'en débarrassai. J'étais parvenu déjà aux trois quarts du passage, lorsque des hommes se déterminèrent à me suivre ; de leurs pieds mal assurés ils ébranlèrent les deux troncs et je tombai à l'eau. Je trouvai pied heureusement, mais la rive était escarpée, la terre grasse et mouvante ; je me débattais vainement pour atteindre la berge ; des tirailleurs ennemis avaient passé je ne sais où ; ils tirèrent sur moi presque à bout portant et me manquèrent ; quelques-uns des nôtres, qui étaient non loin de là, les éloignèrent, et m'aidèrent à sortir de l'eau.

J'étais mouillé de la tête aux pieds et en même temps ruisselant de sueur par les efforts que j'avais faits ; j'en avais presque perdu la respiration. Le duc de Raguse [1], qui était passé depuis le matin, m'ayant aperçu sur l'autre rive, vint à moi et me fit donner un cheval : j'avais plus besoin de changer de vêtements, mais je n'avais rien. Un de mes palefreniers, nommé Naudet, qui était chargé de mon portefeuille, n'osant point franchir l'obstacle, remit le portefeuille à un soldat qui se déshabilla et se mit à la nage avec sa charge. Je n'avais pas d'argent pour le récompenser ; le maréchal Marmont me prêta sa bourse que je lui donnai. — Il nous accompagna trois lieues tout nu, et moi toujours mouillé. — Pendant que nous étions encore au bord de l'Elster, les tirailleurs ennemis revinrent en plus grand nombre ; je pris une trentaine d'hommes faisant partie d'un détachement établi non loin de là pour protéger une pièce de canon ; je les chargeai ; ils s'éloignèrent.

De l'autre côté de l'Elster, le feu continuait ; il s'éteignit tout à coup. Nos malheureuses troupes étaient ramenées en foule sur la rivière ; des pelotons s'y précipitaient et étaient entraînés ; des cris de désespoir éclataient sur l'autre rive ; les soldats m'apercevaient ; malgré les clameurs et le tumulte, j'entendais distinctement

1. Le maréchal Marmont.

ces mots : « Monsieur le maréchal, sauvez vos soldats ! Sauvez vos enfants ! » Et je ne pouvais rien pour eux. Tour à tour agité par la rage, la colère, la fureur, je pleurais !

Hors d'état de donner aucun secours à ces infortunés, je quittai ce lieu de désolation. Des personnes qui m'avaient vu tomber dans la rivière me crurent noyé ; le bruit de ma mort se répandit rapidement, avec celle du prince Poniatowski, parmi les débris de l'armée qui avaient passé l'Elster, ou au grand quartier général. En me revoyant vivant, on montra beaucoup de joie ; on m'embrassait ; chacun désirait connaître les détails de l'épouvantable catastrophe et de mon salut miraculeux.

Après avoir écrasé les Bavarois à Hanau, l'armée française rentre en France. Mais de nombreux prisonniers sont restés en Allemagne. Internés en Hongrie, en Bavière et en Prusse, ils sont malheureux de ne pouvoir servir leur pays aujourd'hui envahi par cinq armées à la fois : l'armée de Bernadotte par l'Oise, celle de Blücher par la Marne, de Schwartzenberg par la Seine, de Bubna et Bellegarde par le Rhône, de Wellington par la Garonne. Encore sont-ils moins à plaindre que ceux qui ont été pris en Russie ou qui sont aux mains des Espagnols.

Les prisons de Hongrie en 1814 [1].

Jennersdorf, 3 avril 1814.

Tout malheureux que nous sommes, il faut convenir que nous le serions matériellement bien davantage si, au lieu d'être devenus les prisonniers de l'Autriche, nous étions ceux de la Russie.

Ici, du moins, nous habitons une contrée qui a de l'analogie avec notre patrie par son climat et ses produc-

1. *Journal du général Faustin des Odoards.* — Plon et Nourrit, éditeurs.

tions. Toutes les denrées y sont à vil prix, circonstance d'autant plus appréciable que l'empereur François n'est pas prodigue envers nous. Si la mince solde qu'il nous accorde était en numéraire, elle nous mettrait à peu près à l'aise ; mais elle n'est payée qu'en billets de banque, espèce d'assignats tellement discrédités que le florin, qui représente 45 de nos sous, n'en vaut pas aujourd'hui plus de 20. Logés chez les paysans du village, mes officiers y font eux-mêmes leur maigre cuisine.

Moi, j'habite avec mes chefs de bataillon un bâtiment de l'Etat, destiné aux remontes de la cavalerie, où j'ai pu à grand'peine réunir un mauvais lit et quelques meubles grossiers.

Nos domestiques, et nous-mêmes au besoin, veillons au pot-au-feu et au modeste rôti. Mon cuisinier m'a abandonné en chemin et il a eu raison : son art serait ici à peu près inutile. Malgré le piteux état de mes finances, je puis cependant, chaque dimanche, admettre encore à ma table frugale un certain nombre de mes subordonnés. Ces réunions sont tristes, car il n'y a aujourd'hui qu'amertumes, craintes et regrets ; mais nous y buvons à la France, et si le vin de Hongrie ne nous console pas, du moins il nous étourdit momentanément.

Dans toutes les familles du village, mes officiers sont vus de bon œil, et même avec un certain respect, bien que cette hospitalité prolongée doive être importune à cause de l'exiguïté des habitations. Ceci n'est pas seulement le résultat de l'obéissance habituelle des paysans aux ordres de l'autorité, mais encore de la haute opinion qu'ils ont de notre puissance militaire. « N'offensons pas ces Français, se disent-ils, car un jour ils seront encore les maîtres chez nous. » Le nom de Napoléon est ici, comme partout à l'étranger, synonyme d'extraordinaire. Il y a à Jennersdorf un jeune villageois, grand, fier, énergique et beau parleur ; c'est le coq de la paroisse : on l'a surnommé Napoléon.

Le cheval le plus remarquable, le taureau le plus vigoureux y jouissent du même honneur, hommage bizarre qui en dit plus que le panégyrique le mieux travaillé.

Nous ne savons ce qui se passe en France que par le bruit public et les fanfaronnades d'un journal allemand qui m'arrive de Gratz ; mais en faisant la part des mensonges dont on fatigue journellement nos oreilles, il ne nous est que trop démontré par les résultats que nos affaires vont de mal en pis, et qu'à cette heure les armées étrangères souillent de toute part le sol de notre malheureuse patrie. Les yeux sur la carte et la perfide gazette à la main, nous suivons avec anxiété la marche des événements.

Après avoir vu violer le territoire suisse et envahir nos provinces de Lorraine, de Franche-Comté, de Bourgogne et de Champagne, nous avons appris qu'on s'était battu à Brienne, à la Rothière, à Champaubert, à Montereau et en bien d'autres lieux.

Le génie de Napoléon pourra-t-il triompher dans cette épouvantable lutte ? Aura-t-on assez de bras et de patriotisme en France pour y creuser un tombeau à ce million de soldats lancés sur un seul peuple ? Mon Dieu, que cette attente est douloureuse ! Et pendant qu'on immole ainsi notre patrie, cinquante mille soldats français sont en Hongrie, les bras croisés.

Malgré les éclairs de génie de Napoléon à Troyes, à Champaubert et à Montmirail ; malgré la brillante victoire de Montereau, Paris est tombé aux mains des ennemis ; Napoléon a capitulé dans Fontainebleau et Louis XVIII est rentré en France. Mais ce n'est pas pour longtemps. Quelques mois après, Napoléon quittait l'île d'Elbe, où il avait été relégué, débarquait au golfe Jouan, et « l'aigle impériale volait triomphalement de clocher en clocher jusqu'aux tours de Notre-Dame ». A cette nouvelle, les souverains réunis au Congrès de Vienne concentrent leurs forces ; deux armées prussienne et anglaise s'établissent autour de Bruxelles. Napoléon, d'abord vainqueur à Ligny et à Fleurus, est écrasé à Waterloo.

Déroute de Waterloo (18 juin 1815) [1].

Vers huit heures du soir, il y eut un court moment où toute la droite de l'armée française, l'Empereur lui-même et son entourage crurent à la réalité de la présence de Grouchy et prirent Blücher [2] pour ce dernier. En débouchant sur la gauche de l'armée alliée, Blücher se trouva en présence des bataillons de Nassau, commandés par le prince de Saxe-Weimar.

Ces soldats avaient encore les uniformes qu'ils portaient dans l'armée impériale avant 1814. Blücher, les prenant pour des Français, les chassa de leurs positions. Quelques officiers français, à la vue de ce mouvement rétrograde, se mirent à crier : « Voilà Grouchy [3], puisque l'aile gauche de l'ennemi recule ! » Ces mots volèrent de bouche en bouche, mais ils furent bientôt remplacés, à la vue des uniformes prussiens, par les mots décevants et sinistres de : « Voilà les Prussiens de Blücher ! »

. . . .

Blücher débusquait en personne avec 23.000 hommes et 24 canons, entre les fermes de Ter-la-Haye et de Papelotte, à la sortie du bois de Frichemont. Il culbuta les Français qui défendaient ces points avancés. Ils appartenaient à la 4e division du corps n° 1. Ils firent tout d'abord

1. Georges Barral. *L'Épopée de Waterloo* (Plon et Nourrit, éditeurs).

2. Blücher était né à Rostock, dans le Mecklembourg, en 1742 ; d'abord simple hussard suédois en 1757, il était entré au service des Prussiens en 1760, après avoir été leur prisonnier. Officier de hussards noirs, il quitta le service en 1773, à la suite d'un démêlé avec un de ses supérieurs, mais il y revint en 1786 ; conquit rapidement tous ses grades et fut nommé prince de Walstatt en 1814. Il mourut en 1819.

3. Quand Grouchy, qui avait pris une grande part à la bataille de Ligny, entendit le canon de Waterloo, il se tint, malgré les prières de ses trois chefs de corps, Gérard, Excelmans et Vandamme, à la lettre des instructions que Napoléon lui avait données le 17 juin. Le 18, il ne reçut du quartier général que deux ordres sans précision ; le second ne lui arriva qu'au bout de quatre heures. Le grand tort de Grouchy, dans cette journée, fut de n'avoir pas renouvelé la témérité heureuse de Desaix à Marengo ». (H. Vast.)

une défense énergique, mais en face de troupes ennemies quadruples et neuves, ils ne purent résister longtemps, et vainement ils tentèrent de se créneler dans les bâtiments de ces exploitations rurales.

La trouée faite, notre ligne rompue, la cavalerie de Blücher inonda littéralement la plaine. Bulow [1], de son côté, avait repris un mouvement offensif et fait reculer définitivement Lobau. La cohue se propagea très vite dans nos rangs, à un tel point que Napoléon ordonna un changement de front à la Vieille Garde, qui s'était formée pour se porter en avant. Ce mouvement se fit encore avec ordre dans ce sens : de la gauche du côté de la Haye-Sainte jusqu'à la droite du côté de la Belle-Alliance, faisant front aux Prussiens de Blücher et à l'attaque du hameau de Smohain. Il est très facile de se rendre compte de ce mouvement stratégique, le dernier de la bataille et le dernier de la carrière militaire de Napoléon.

Nous fûmes chassés successivement des postes avancés de Papelotte, Ter-la-Haye, Smohain, Frichemont. Ils furent réoccupés par les troupes néerlandaises, sous le commandement du duc Bernard de Saxe-Weimar, pour laisser les Prussiens libres de nous attaquer en masse.

... Tout se dressait donc contre nous. Wellington [2] avait

1. Bulow est né en 1755 et mort en 1816. Il avait combattu le maréchal Ney à Grosbeeren et à Dcune-vitz et avait pris une grande part à la bataille de Leipzig.

2. Wellesley, duc de Wellington, était né en 1763 en Irlande et avait été nommé sous-lieutenant en 1787. Il fit ses premières armes dans l'Inde sous les ordres de son frère et ne revint en Europe qu'en 1805. Il ne donna sa véritable mesure comme général que dans la campagne d'Espagne, où il battit successivement Junot et Masséna à la tête d'une armée anglo-espagnole. Après s'être longtemps défendu derrière les formidables retranchements de Torrès-Vedras, il prend l'offensive à son tour, bat Marmont aux Arapyles, envahit la France à la suite de l'armée de Soult et inflige à ce général les défaites d'Orthez et de Toulouse. Nommé généralissime, en 1815, des armées coalisées, c'est à son invincible énergie et à sa résistance héroïque que les alliés durent leur victoire à Waterloo. Généralissime de l'armée qui occupa la France jusqu'en 1818, il s'occupa à partir de cette époque des affaires politiques, fut à plusieurs reprises le représentant de l'Angleterre dans les congrès, grand maître de l'artillerie, ministre, chef du parti tory et commandant en chef de l'armée. Il mourut en 1852, à l'âge de 83 ans.

souhaité Blücher et la nuit. Il avait les deux, la nuit et Blücher. Le destin se prononçait pour lui et contre Napoléon.

Pendant toute la journée, les alliés avaient combattu sans cris, presque muets. A huit heures un quart du soir, quand les Prussiens accomplirent leur jonction avec les Anglais et disloquèrent la ligne de la Vieille Garde, un immense hourra tonna dans tous les rangs de nos adversaires, tandis que dans les flots dispersés et atterrés de nos régiments, le bruit sinistre de : « La Garde recule ! » se répandit avec la rapidité de l'éclair. La Garde en effet, la Jeune Garde, la Vieille Garde, espoir suprême, ne reculaient pas encore, mais elles étaient brisées, éparpillées, submergées. Elles rétrogradaient lentement cependant, quoique assaillies aussi en flanc gauche par deux mille chevaux de la cavalerie anglaise qui pénétraient comme un ouragan dans leurs lignes. Les escadrons de service placés à côté de l'Empereur furent écrasés, désorganisés par ces flots tumultueux. Napoléon manqua d'être pris, et c'est à peine s'il eut le temps de se mettre sous la protection d'un des carrés de la Garde en formation et qui se referma sur lui.

« Quelques carrés de la Garde impériale, a écrit V. Hugo, dans son langage expressif, immobiles dans le ruissellement de la déroute, comme des rochers dans de l'eau qui coule, tinrent jusqu'à la fin du crépuscule. D'après mon grand-père Barral, du 1er grenadiers, il y en eut six qui prirent position, isolés les uns des autres, à Rossomme, à la sortie du bois de Neuvecour, à Plancenais, derrière la Haye-Sainte, en avant de Hougoumont, et là, pour la sixième fois, sur l'emplacement même du Lion-Belgique actuel. Successivement ils furent abattus, détruits par le feu convergent des alliés. Wellington avait serré et courbé sa ligne d'attaque de façon à nous prendre comme dans un filet et à nous décimer par des feux concentriques.

» C'est dans le carré du Lion-Belgique, formé par 500 hommes provenant du 1er et du 3e grenadiers, parmi lesquels il y avait des vétérans de Marengo, que l'Empereur s'était réfugié. Il ordonna à ces illustres braves de se préparer à une attaque désespérée, pour mourir ensemble. Beaucoup de généraux étaient accourus pour partager les destinées de l'Empereur : Ney, Soult, Bertrand, Drouot, Cambronne, Corbineau, de Flahaut, Labédoyère, Gourgaud, le roi Jérôme, étaient là.

» Tous mettent l'épée à la main et redeviennent soldats. Les vieux grenadiers, incapables de trembler pour euxmêmes, s'épouvantent des dangers qui menacent l'Empereur. Ils le conjurent de s'éloigner, de partir quand il en est encore temps : « Retirez-vous, notre Empereur, lui dit mon grand père Barral ; vous voyez bien que la mort ne veut pas de nous. Ne la bravez pas inutilement pour tomber entre les mains des Prussiens. » Napoléon résiste aux supplications de ses derniers compagnons et commande le feu. Soult, alors, s'empare de la bride de son cheval, lui dit : « Ah ! sire, les ennemis sont déjà assez heureux. Quelle joie s'ils pouvaient vous prendre ! » Puis il l'entraîne dans le courant irrésistible de l'armée française en fuite.

» L'Empereur[1], parti avec le prince Jérôme, Soult et tous les généraux accourus, excepté Cambronne, le bataillon se referme et se précipite les têtes baissées sur l'ennemi, en criant : « Vive l'Empereur ! » Une effroyable décharge accueille ces héros. Restés seuls dans le vallon,

1. « Quant à lui, il n'espérait plus rien. Il se retirait à cheval au centre du carré, le visage sombre, mais impassible, sondant l'avenir de son regard perçant, et dans l'événement du jour découvrant bien autre chose qu'une bataille perdue. Il ne sortait de cet abîme de réflexions que pour demander des nouvelles de ses lieutenants, dont quelques-uns d'ailleurs étaient près de lui, parmi les blessés que le carré de la garde emmenait dans ses rangs... Du reste, dans ce carré qui contenait Napoléon, il régnait une telle stupeur qu'on marchait presque sans l'interroger. Napoléon seul adressait quelques paroles tantôt au major général, tantôt à son frère Jérôme qui ne l'avaient pas quitté. Quelquefois, quand les escadrons prussiens étaient trop pressants, on faisait halte pour les écarter par le feu de la face attaquée, puis on reprenait cette marche triste et silencieuse, battus de temps en temps par le flot des fuyards ou par celui de la cavalerie ennemie. » (THIERS.)

à peu de distance de la Haye-Sainte, réduits de 500 hommes à 300 hommes, ils s'obstinent à combattre. « Mourons tous, ne nous rendons pas ! » disent-ils. Entourés de cadavres humains, de chevaux tués, ils resserrent leurs rangs à mesure qu'ils s'éclaircissent. Réduits à 150 hommes, ils se mettent en triangle et rétrogradent lentement en présentant des côtés hérissés de baïonnettes, sous le commandement du baron Martenot, chef de bataillon du 3ᵉ régiment de grenadiers, bien que le général Cambronne fût là, démonté, l'épée à la main, sans chapeau, les habits en lambeaux. Dans le carré voisin de la pointe d'Hougoumont, le général Michel, type accompli de bravoure, avait été tué en prononçant ces mots superbes : « La Garde meurt et ne se rend pas! »

» ..... Cette poignée de héros fut couchée à terre par un flot de balles. Les uns, blessés, couverts de sang, de contusions, restent évanouis ; les autres, plus heureux, sont tués net. Ceux dont la mort a trompé l'attente, et qui se redressent, se fusillent mutuellement pour ne point survivre à leurs compagnons, surtout pour ne pas être sabrés, massacrés, achevés de la main de leurs ennemis. Mon grand-père Barral resta sans connaissance auprès de Cambronne et tous deux se réveillèrent côte à côte, le lendemain, dans une auberge du Mont-Saint-Jean. Cette besogne accomplie, le bataillon anglais avait continué son chemin, marchant sur les cadavres. La Garde était morte sans s'être rendue. Pendant ce sacrifice d'une beauté sans exemple, l'Empereur, entouré d'une cinquantaine d'hommes dévoués, ayant à sa droite le roi Jérôme, à sa gauche Soult, était remonté à la Belle-Alliance, à Rossomme, au Caillou. En route, il avait aperçu Ney sur la chaussée de Charleroi, méconnaissable sous ses habits lacérés et souillés de sang et de boue, essayant d'arrêter le flot des fuyards, de les ramener à l'ennemi, leur disant : « Venez voir comment meurt un maréchal de France ! »

» Mais il n'y avait plus autre chose à faire qu'à suivre le

torrent. On sait ce que c'est qu'une armée, la plus héroïque du monde, lorsqu'elle est en désordre et en déroute. Il n'y a pas de puissance humaine capable de la retenir. Peu à peu le champ de bataille se vida, la fusillade s'apaisa, les canons se turent. On se précipita dans le plus inexprimable désordre sur les lignes de communication ; les soldats, les cavaliers, les chevaux démontés, les caissons se suivant pêle-mêle et se hâtant pour se mettre hors des atteintes... [1]

Et le combat cessa faute de combattants.

» Jamais ce vers de Corneille n'eut une plus cruelle et véridique application. »

L'épopée impériale est terminée. Victime de sa folle ambition, de son audace et de son mépris pour la justice et le droit, Napoléon a été relégué par l'Angleterre sur les rochers de Sainte-Hélène. Comment s'expliquer l'enthousiasme des soldats pour Napoléon ? Napoléon a su conquérir leur cœur par une bonhomie voulue et une brutalité bienveillante. Il a eu, aussi, pour servir ses prodigieux desseins, une force de travail qui dépasse l'entendement.

L'Aigle perdue et retrouvée [2].

Arrivé devant le front d'un bataillon qui avait fléchi un moment sous l'effort d'une division de cavalerie de la

1. « C'est sûr que dans ces circonstances je n'avais plus en moi le sentiment du succès définitif ; ce n'était plus ma confiance première, soit que l'âge qui d'ordinaire favorise la fortune commençât à m'échapper, soit qu'à mes propres yeux, dans ma propre imagination, le merveilleux de ma carrière se trouvât entamé ; toujours est-il certain que je sentais en moi qu'il me manquait quelque chose. J'avais en moi l'instinct d'une issue malheureuse, non que cela ait influé en rien sur mes déterminations et nos mesures assurément, mais toutefois j'en portais le sentiment au dedans de moi. » (NAPOLÉON : *Mémorial de Sainte-Hélène*.)

2. Marco Saint-Hilaire. *Anecdotes du temps de Napoléon*. — Hachette, éditeur.

garde impériale russe, le visage de l'Empereur se rembrunit ; et faisant reculer son cheval de quelques pas, tout en parcourant la ligne d'un regard irrité, il s'écria brusquement :

« Soldats ! qu'est devenue l'aigle 1 que je vous ai donnée ? Vous m'aviez fait le serment de la défendre jusqu'à la mort ! »

Un léger murmure, suivi bientôt du plus profond silence, répondit seul à cette vive interpellation ; le commandant de ce bataillon sortit des rangs et s'avança la pointe de l'épée basse :

« Sire, dit-il avec une sorte d'hésitation, le porte-drapeau a été tué au moment de la première charge, et ce n'est qu'après la seconde que, le régiment ayant pu se former en carré, nous nous sommes aperçus de la disparition de notre aigle.

— Et qu'avez-vous fait sans drapeau ? reprend Napoléon d'un ton sévère.

— Sire, nous sommes allés chercher ceux-ci au milieu des cuirassiers russes, pour supplier Votre Majesté de nous rendre une aigle en échange. »

Et deux sous-officiers sortirent des rangs, portant chacun un étendard russe sur lequel brillait l'aigle à deux têtes. L'Empereur considéra un instant les deux trophées ; il sembla hésiter, puis il reprit :

« Soldats, me jurez-vous qu'aucun de vous ne s'est aperçu de la perte de l'aigle ?

— Nous le jurons ! répond le régiment tout d'une voix.

— Me jurez-vous que vous seriez tous morts pour la reprendre si vous l'aviez su ?

— Oui ! oui !

— Et vous garderez bien à l'avenir celle que je vous donnerai ? car, vous le savez, un soldat qui a perdu son drapeau a tout perdu. »

---

1. Les drapeaux impériaux où, comme on disait alors, les aigles impériales, avaient été distribués pour la première fois au camp de Boulogne en 1804.

Des acclamations frénétiques répondirent cette fois.

« Eh bien donc, dit l'Empereur en étendant la main, je consens à recevoir ces drapeaux et à vous rendre votre aigle. Quant à vous, commandant, ajouta-t-il d'un ton moins sévère que la première fois, vous viendrez me trouver après la revue, j'ai à vous parler. »

A peine cette longue inspection était-elle terminée, que ce chef de bataillon était en présence de l'Empereur.

« Monsieur, je suis bien aise de vous voir, lui dit-il en lui rendant son salut et en l'attirant à l'écart ; c'est votre bataillon qui a faibli hier ?

— Sire, les Russes nous serraient de si près qu'il nous a été impossible d'exécuter nos feux avec ensemble.

— Toujours des prétextes... des excuses...

— Sire, ce n'est pas ma faute si je ne suis pas tué ! reprit l'officier avec une sorte d'humeur.

— Ah ! commandant, que me dites-vous là ! vous me comprenez mal. »

Puis, se rapprochant doucement de l'officier, il avise au collet de son habit une déchirure qui a noirci la couleur tranchante du drap.

« Qu'est-ce que cela ? lui demande Napoléon avec intérêt, en même temps qu'il fourre le doigt dans cette déchirure ; voilà une boutonnière qui n'est plus d'ordonnance aujourd'hui, ajoute-t-il.

— Je ne sais, répond le commandant d'un ton d'indifférence ; c'est peut-être un trou...

— Et cette épaulette, continua Napoléon toujours du même ton ; voyez dans quel état elle est ! Il vous en faut une autre, monsieur... »

En effet, la moitié de l'épaulette avait été enlevée par un biscaïen ; il n'en restait que la torsade, à laquelle pendaient encore quelques graines d'épinard froissées.

« Sire, peut-être est-ce une balle, répond l'officier sans avoir l'air d'attacher d'autre importance à ces preuves irrécusables de son courage.

— Oui, une balle qui a fait un trou : c'est cela... Un

moment, monsieur ! vous êtes bien pressé, fit l'Empereur, j'ai encore quelque chose à vous dire. » Et fourrant de nouveau son doigt dans la déchirure du collet qu'il élargit encore davantage, il continue : « Ce soir, monsieur le major, après avoir assisté à l'appel et avoir fait l'inspection de vos hommes, vous irez trouver le major général de ma part, et vous lui direz de vous donner une rosette pour boucher ce trou-là. » Et Napoléon, voyant que celui-ci s'attendrissait, se hâta d'ajouter : « Allons, soyons calme !... Allez, et faites en sorte de ne pas vous faire tuer comme vous aviez l'air de m'en faire la menace, à moi qui vous aime et vous apprécie mieux que personne. »

Et après lui avoir légèrement tiré la moustache, il lui tourna le dos, sans doute pour éviter, comme il avait coutume de dire, une scène de sensiblerie, et rejoignit le groupe des officiers généraux au milieu duquel il s'entretenait auparavant.

L'Empereur au travail[1].

L'Empereur est rentré dans son cabinet : les portes en sont fermées et bien gardées, nul n'y saurait pénétrer. Il a enlevé son épée qu'il a jetée, ainsi que son chapeau, sur une chaise, et, après s'être un moment assis sur la causeuse pour revoir les lettres déposées sur le petit guéridon, il a commencé à se promener dans la pièce, de long en large. Le secrétaire est assis à sa petite table, dans l'embrasure de la fenêtre, le dos tourné au jardin, où souvent des curieux stationnent, regardant cette ombre qui va et vient[2].

1. Frédéric Masson. *Napoléon chez lui.* — Dentu, éditeur.

2. « L'esprit de l'Empereur est la partie de lui-même la plus singulièrement remarquable. Il serait difficile, je pense, d'en avoir un plus étendu. L'instruction n'y avait guère ajouté : car, au fond, il est ignorant, n'ayant que très peu lu, et toujours avec précipitation. Mais il s'est em-

L'Empereur dicte. A mesure qu'il entre dans son sujet et concentre sa pensée, la marche se presse, la parole se précipite et il répète un mouvement du bras droit qu'il tord en tirant avec la main le parement de son habit. Il ne s'inquiète point de savoir si le secrétaire peut suivre de la plume. C'est affaire à lui. Le secrétaire ne doit point prétendre saisir littéralement toute la dictée, mais il note les expressions caractéristiques et les points de repère, de façon à rétablir, sous une forme moins imagée sans doute, mais qui n'a plus la chaleur de l'improvisation, la pensée mère. Napoléon ne regarde qu'aux idées, et les expressions qui les rendent le mieux sont pour lui les bonnes. Il ne craint donc pas d'aller jusqu'au bout dans ce premier jet, de pousser un mot net et cru, de renforcer d'une incorrection l'énergie de sa pensée.

Dans quelques-uns des brouillons de dictées conservés par miracle, on sent le scandement que la marche donne à sa phrase, les arrêts brusques au bout du cabinet, et le jetage des mots dans l'allée et venue. On l'entend parler, et les mots écrits ont le son de sa voix...

La plume de Meneval [1] court sans arrêt, dans une écriture très abrégée, pourtant à peu près lisible, où seuls les noms d'hommes, remplacés par des lettres initiales, peuvent faire doute. Sous d'autres écritures (Fain [2],

---

paré vivement du peu qu'il a appris, et son imagination le développe d'une manière qui a pu en imposer souvent... Chez lui une seule idée en enfante mille autres, et le moindre mot transporte sa conversation dans des régions toujours élevées, où la saine logique ne l'accompagne pas toujours, mais où l'esprit ne cesse de se faire remarquer.

(Madame DE RÉMUSAT.)

1. Méneval fut le secrétaire intime, ou « secrétaire du portefeuille », de 1802 à 1813. C'était un homme peu intelligent, et même naïf, mais d'une probité absolue et d'une discrétion à toute épreuve. Il avait le rang de maître des requêtes, le titre de baron, un traitement de 24,000 francs et une dotation annuelle de 30,000.

2. Fain eut le titre de secrétaire-archiviste jusqu'en 1813, époque à laquelle il remplaça Méneval. Il reçut de même le titre de baron, mais son traitement ne s'éleva qu'à 18,000 francs et sa dotation à 20,000.

Clarke [1], Depouthon [2], les officiers d'ordonnance, le chef
d'état-major) le fond est toujours pareil, c'est la même
faculté de trouver le mot qui convient et qui caractérise,
la même lucidité dans l'exposition, la même fermeté dans
l'expression, la même simplicité dans la construction des
phrases. Il n'y a plus pour le rédacteur qu'un travail
très léger d'élimination qui se comprend à merveille
lorsqu'on compare les dictées aux lettres définitives
que toutes d'ailleurs Napoléon revoit et qu'il signe.
(Il y a des lettres qui sont bien de lui, que Berthier [3]
signe par ordre ; d'autres que signe le secrétaire, mais
c'est chose rare, et rien ne dit qu'il n'a pas aussi revu
ces lettres.) Ce travail consiste à supprimer les répé-
titions de mots, à atténuer les paroles trop vives, à con-
denser les phrases, à enlever l'aspect oratoire à l'écriture. Il est si simple que n'importe quel scribe un peu
adroit peut l'opérer, et c'est là ce qui explique que,
quoique l'Empereur ait eu successivement trois secrétaires particuliers, quoiqu'il ait souvent employé Berthier,
Maret [4], Duroc [5], au besoin l'aide de camp de service,
un préfet du palais, un officier d'ordonnance, n'importe
qui, un valet de chambre, s'il y en avait un qui sût écrire,
il est impossible de méconnaître son style, de découvrir

1. Clarke, d'origine irlandaise, eut
le titre de secrétaire du cabinet. Il
était extrêmement intelligent, mais
d'un caractère profondément misérable, car il trahit tous ses protec-
teurs les uns après les autres ; Il fut
ministre de la guerre en 1807.

2. Deponthon, ancien officier du
génie, ancien officier d'ordonnance
de l'Empereur, avait reçu également,
en 1806, le titre de secrétaire du cabinet, mais il était le plus souvent
en voyage.

3. Berthier était un des amis personnels de Napoléon. Il le nomma
maréchal de l'empire, prince de Neuf-
châtel, duc de Valengin, vice-conné-
table ; mais il ne tarda pas à se
brouiller avec l'empereur, après avoir

obtenu de lui tout ce qu'il pouvait
en obtenir, et en 1814, il fut un des
premiers à provoquer l'abdication
de Napoléon. Il mourut à Bam-
berg pendant les Cent Jours, probablement assassiné.

4. Maret était de même le confident
de Napoléon qui le conserva auprès
de lui malgré les préventions de
l'opinion publique, et lui donna
même le titre de duc de Bassano.
Maret eut le mérite rare, à cette
époque, de rester invinciblement
fidèle à l'Empereur. Après les Cent
Jours il se retira à Gratz, d'où
il ne revint qu'en 1830. Né en 1763,
il mourut en 1839.

5. Mais l'homme que Napoléon
aima le plus fut certainement Du-

par quel secrétaire telle dépêche a pu être rédigée, tant l'unité est conservée, tant les formules sont identiques, tant, d'un bout à l'autre de sa vie, les mêmes procédés de travail produisent les mêmes résultats, quels que soient les instruments qu'il emploie.

L'Empereur, pour dicter ses lettres, a souvent sous les yeux les rapports qui lui ont été adressés, ou les dépêches auxquelles il doit répondre, mais en bien des cas, il agit *motu proprio* et sans que l'idée lui ait été suggérée : elle est originale et personnelle. Une fois conçue par lui, cette idée sera suivie de façon à recevoir tous les développements qu'elle comporte. Dans l'écheveau emmêlé des projets qu'il a conçus au milieu de cet afflux de plis et de dépêches qui, de tous les points de l'Europe, galopant aux sacoches des courriers, viennent chaque jour se répandre sur sa table, il ne perdra point de vue cette idée et lui fera un sort. Désormais, elle est classée, elle occupe un des innombrables tiroirs de son cerveau ; un événement survient qui permet à l'idée de recevoir son exécution : l'Empereur tire le tiroir et l'idée sort aussi fraîche, aussi nette que lorsqu'il l'a conçue. Chaque jour, avec la même facilité, il tire dix, quinze, vingt tiroirs : il y en a pour la guerre, pour chacune des armées, pour chacun des régiments, presque pour chacune des compagnies ; il y en a pour la cour et le cérémonial, il y en a pour l'administration préfectorale, la justice, les cultes, les ponts et chaussées. Il y en a pour les relations extérieures autant qu'il y a dans le monde d'Etats amis ou ennemis, il y en a pour chacun des bâtiments de la flotte, pour chaque ville maritime.

Qu'on prenne ses lettres d'un seul jour ; qu'on admette que de ce jour, le 7 février 1810, par exemple, on ait dans la *Correspondance* toutes les lettres qu'il a écrites, voici

roc, dont il avait fait la connaissance au siège de Toulon et qu'il conserva toujours auprès de lui après en avoir fait un général de division, un grand maréchal du palais et un duc de Frioul. Il mourut à Bautzen, le 22 mai 1813.

une lettre au ministre des relations extérieures, où, jour par jour, heure par heure, il règle le voyage de Marie-Louise ; tous les détails sont prévus, toutes les étapes ordonnées ; voici une note pour les ministres du trésor et de la guerre avec un projet de décret sur l'ordonnancement des dépenses, qui est d'un comptable expert ; une lettre au ministre de la guerre sur les dépenses de la division Molitor dans les villes hanséatiques ; une lettre au même, indiquant, brigade par brigade et régiment par régiment, ce qu'il appelle le second mouvement de l'armée d'Allemagne ; une troisième lettre sur l'occupation d'une partie de la Hollande ; une lettre au grand-maître de l'Université qui est une consultation doctrinale sur l'organisation de ce corps et sur ses privilèges [1]. Et, sans doute, on n'a ici que le dixième des lettres expédiées.

Le travail de dictée des lettres est pourtant le moindre peut-être. Chacun des ministres dépose ou envoie son portefeuille plein de papiers, et chaque papier, que l'Empereur le lise ou qu'il se le fasse lire, porte en marge la réponse. Elle est brève pour l'ordinaire, mais si concluante et si nette que nulle incertitude ne peut subsister. Il passe d'un travail à un autre avec la même facilité que du sommeil à la veille, et, sans s'arrêter, sans se reprendre, il va de la guerre aux travaux publics, des relations extérieures à la marine, descendant à l'infini détail, toujours trouvant la note qu'il faut donner, qu'il s'agisse d'un individu ou d'un principe, ou que, d'une espèce proposée, il tire une généralisation de doctrine.

Il a dit, un matin, à son lever, en faisant ses ongles : « Je suis né et construit pour le travail... pas pour manier la pioche. Je ne connais pas chez moi la limite du travail. » Cela est vrai : il ne la connaît pas de 1795 à

---

1. « L'Empereur se mêlait de toutes choses, son intellect ne se reposait jamais, il avait une espèce d'agitation perpétuelle d'idées... Napoléon avait des lacunes dans le génie, son entendement ressemblait au ciel de cet autre hémisphère sous lequel il devait aller mourir, à ce ciel dont les étoiles sont séparées par des espaces vides. »

(Chateaubriand.)

1814. En 1815, il y a ralentissement. Il ne se met plus au travail avec le même entrain ; il n'abat plus la besogne avec cette superbe désinvolture : il y a comme des heures de découragement ; mais jusque-là, il épuise chacune des affaires qu'il traite, et tant qu'il en rencontre. Pour chacune, il faut des connaissances spéciales : il les a. Pour chacune, il faut se souvenir des précédents : il s'en souvient. Pour chacune, il faut prévoir l'avenir : il le prévoit. Les détails importent, mais nul détail ne lui échappe. Il n'a que rarement besoin de recourir aux archives du Cabinet, moins encore à celles de la Secrétairerie d'Etat. Tout est classé et enregistré en sa mémoire, et sa mémoire est à ce point obéissante qu'elle présente toujours le renseignement dont il a besoin au moment seulement où il en a besoin. Il n'est point obsédé par les réminiscences, pas plus qu'il n'est inquiété par l'obligation de rappeler ses souvenirs. Cela jaillit sans nul effort, sans nulle pression, et, ce robinet fermé, Napoléon en ouvre un autre qui s'épanche comme le premier, et puis un autre, un autre encore, indéfiniment.

Quant aux idées qui se présentent à son esprit, qu'elles soient ou non destinées à être réalisées, il aime à leur donner une forme et à pousser le roman jusqu'aux détails infimes d'exécution. Il est ainsi des projets que l'on pourrait entièrement croire arrêtés et qui n'ont été, semble-t-il, qu'un amusement d'imagination. Mais comme, chez lui, l'imagination tend sans cesse au réel, et que sa pensée est habituée à se traduire en faits, il ne se contente point d'une rêvasserie. Quelque invraisemblable que soit le conte auquel il s'amuse, il ne peut l'être plus que sa destinée, et ce conte ne lui plaît que lorsqu'il a pu — même en imagination — se démontrer à lui-même que l'impossible peut être réalisé grâce aux moyens pratiques qu'il a découverts. C'est là comme un jeu auquel il se plaît : jeu dangereux, car, à force de se prouver qu'il n'est point pour lui d'impossible, il en arrive à vouloir le prouver aux autres.

On pourrait penser que ces dictées de projets occupent les jours oisifs : il n'en est rien. D'abord, il n'y a point de jour sans labeur; puis, c'est souvent dans les jours les plus chargés de travail, actif, courant, obligatoire, qu'on voit les romans apparaître : c'est comme s'il avait voulu s'y distraire ; jeter un peu d'irréel au milieu des réalités ambiantes; mais dans cet irréel même, son esprit n'est satisfait que lorsqu'il a trouvé une forme pour le réaliser.

DEUXIÈME PARTIE

DE 1815 A 1870

Entrée de Louis XVIII à Paris [1].

Nous laissâmes nos chevaux à l'hôtel d'Autriche et nous nous rendîmes à pied au Palais-Royal, où nous nous promenâmes jusqu'à trois heures. Nous allâmes alors chez Véry, près des Tuileries, et nous prîmes place à une fenêtre d'où nous vîmes Louis XVIII faire son entrée dans Paris.

Je sais que certains ont trouvé ce spectacle magnifique ; pour moi, je n'ai jamais vu de plus sales va-nu-pieds que ceux qui précédaient le Roi et qui s'intitulent son armée. Le vieillard [2] paraissait heureux ; il souriait et saluait tout le monde. Mais il n'y avait pas la vingtième partie de la foule que nous nous attendions à voir. A notre arrivée, ce matin, le drapeau tricolore flottait sur la colonne Vendôme et sur tous les édifices publics ; tous les gardes nationaux avaient la cocarde tricolore ; dès que Louis fut à la porte de Paris, le drapeau blanc flotta partout et on ne vit plus que cocardes blanches.

---

1. *Journal du lieutenant Woodberry*. (Éditeurs E. Plon, Nourrit et Cie.)

2. Louis XVIII avait alors 60 ans, étant né le 16 novembre 1755. Il était le troisième fils du dauphin Louis, fils de Louis XV, et par conséquent le frère de Louis XVI.

Après avoir dîné chez Véry, nous nous sommes promenés dans le jardin des Tuileries ; nous avons vu le Roi se montrer à ses partisans à l'une des fenêtres du palais. La populace répondait à ses saluts par ses vociférations de « Vive le Roi ! » Si son rival Napoléon s'était montré en même temps et avait prononcé quelques mots du haut d'un banc, le peuple aurait bien vite crié : « Vive l'Empereur ! »

La plus grande partie des Parisiens semblait indifférente à l'arrivée de Sa Majesté, et j'ai la ferme conviction que Bonaparte lancera encore ce malheureux pays dans une guerre avec l'Europe, s'il réussit à atteindre l'Amérique où l'on croit qu'il veut se réfugier [1]. Des gens du monde m'ont dit : « Le Roi que vous nous avez donné ne restera sur le trône que tant que les alliés seront là. »

Nous avons parcouru les boulevards avec Luard jusqu'à neuf heures. Cette promenade, délicieuse le soir, était couverte de gens qui jouissaient un peu de l'agrément d'une belle soirée [2]. L'air était si calme qu'il agitait à peine les feuilles des arbres ou les flammes des bougies de cire qu'on avait fixées à la façade des maisons pour fêter le retour du Roi. Je dois dire que les illuminations étaient mesquines et auraient déshonoré une ville de province. Des troupes d'individus à mine suspecte, évidemment payés par quelques agents du gouvernement, parcouraient les rues en criant : « Vive le Roi ! » et forçaient les habitants à illuminer.

Les souverains réunis à Vienne avaient, sous l'inspiration du tzar, formé une Sainte-Alliance qui n'avait d'autre but que

1. Après la bataille de Waterloo, Napoléon avait gagné le port de Rochefort, avec l'intention de s'embarquer sur un des navires en rade et de gagner ainsi l'Amérique. Mais les Anglais, prévoyant son dessein, avaient bloqué le port et Napoléon se résigna à aller demander asile au régent d'Angleterre « comme au plus constant, au plus obstiné et au plus généreux de ses ennemis. »

2. Louis XVIII était arrivé à Cambrai le 27 juin. C'est de cette ville qu'il avait lancé la fameuse proclamation, dans laquelle il annonçait « qu'il venait se placer une seconde fois entre les Français et les armées alliées. » Il entra à Paris le 8 juillet.

de réprimer les mouvements libéraux qui pourraient se produire en Europe. L'Espagne, soulevée contre le despotisme de Ferdinand VII, réclamait la constitution de 1812. Un congrès réuni à Vérone décida de réprimer cette insurrection, et le gouvernement français, imprudemment engagé par ses représentants Chateaubriand et Montmorency, dut accepter la tâche ingrate d'exécuter cette décision. Une armée, commandée de nom par le duc d'Angoulème et en réalité par le général Moncey, entre en Espagne, arrive à Madrid et poursuit le gouvernement insurrectionnel jusqu'à Cadix.

La prise du Trocadéro [1]

Le duc d'Angoulème [2] avait consacré les premiers jours de son arrivée devant Cadix à faire opérer une minutieuse reconnaissance des abords de cette place. Une petite presqu'île, connue sous le nom de *Trocadéro*, et qui s'avance dans la baie de Puntalès, en face de Cadix, dont elle défendait le port intérieur, parut la position la plus essentielle à emporter. Les Espagnols l'avaient rendue très forte à l'aide d'une profonde et large coupure, espèce de canal long de soixante-dix mètres, dans lequel entraient les eaux de la baie ; à ce travail, qui transformait le Trocadéro en une île, les Espagnols avaient ajouté, en arrière de la coupure, des retranchements armés de cinquante bouches à feu et défendus par une garnison de 1,700 hommes d'élite sous les ordres du colonel Garcès. La tranchée fut ouverte dans la nuit du 19 au 20 août, quatre jours après l'arrivée du prince. Telle fut la rapidité des travaux que, dès le 24, la seconde parallèle était établie à quarante mètres de la coupure et l'armement de cinq batteries complet. Tous les prépa-

----

1. Vaulabelle. *Histoire des deux Restaurations*, t. VIII. — Garnier frères éditeurs.

2. C'était le fils aîné du comte d'Artois et de Marie-Thérèse de Savoie, le neveu, par conséquent, de Louis XVIII. Il avait alors 48 ans.

ratifs se trouvèrent terminés le soir du 29. Le 30 au matin, nos batteries se démasquent et font un feu assez vif, assez soutenu, pour inquiéter sérieusement la garnison et la fatiguer en l'obligeant à se tenir, pendant tout le jour, sur pied et sous les armes, prête à repousser un assaut qui ne vint pas. L'artillerie espagnole avait vigoureusement répondu à la nôtre. A la fin, nos canons se turent : leur silence parut à la garnison le résultat des désordres portés par ses boulets dans nos ouvrages ; mais, pendant que les Espagnols se reposaient de leurs fatigues et de leurs alarmes de la journée, en se félicitant d'avoir écrasé notre feu, nos soldats se préparaient à donner l'assaut. D'après les calculs du colonel Garcès, cette opération, si nous devions l'entreprendre, ne pouvait être tentée qu'à trois heures, au plus, du matin, moment de la plus basse marée et où l'eau conservait encore une hauteur de plus d'un mètre. On savait, à notre quartier général, la négligence que les Espagnols, comme tous les peuples du Midi [1], mettent à se garder, et l'on avait tout disposé pour les surprendre. Le matin du 31, à deux heures, quatorze compagnies d'élite appartenant à l'infanterie de la garde, aux 34e et 36e régiments de ligne, cent sapeurs et une compagnie d'artilleurs, sous les ordres des généraux Obert, Gougeon et d'Escars, défilent sans bruit par la tranchée et viennent silencieusement se former en colonne à la hauteur de la seconde parallèle, à moins de quarante pas du canal. Les soldats reçoivent l'ordre de franchir la coupure et de s'avancer rapidement sur les retranchements, sans pousser un seul cri et sans tirer. A deux heures un quart, ils s'ébranlent, puis s'élancent au pas de course dans le canal, qu'ils traversent ayant de l'eau jusqu'aux épaules. Les canonniers espagnols, éveillés par les cris de quelques factionnaires, courent à leurs pièces ; mais

---

1. Cette réflexion est assez inexacte en ce qui concerne les Espagnols, qui avaient prouvé, pendant les guerres du premier empire, qu'ils savaient admirablement se garder.

déjà une partie de la colonne d'attaque avait pris pied
sur l'isthme, et, pendant que l'ennemi tire au hasard et
précipite ses décharges, nos grenadiers entrent dans les
batteries, et, ne pouvant faire usage de leurs cartouches
que l'eau a mises hors de service, ils se jettent sur les
artilleurs espagnols à coups de baïonnette et les tuent
presque tous sur leurs pièces. A ce moment, le reste de
la garnison accourt en désordre ; on se mêle, on se bat
corps à corps ; mais, après une demi-heure de lutte, nos
soldats restent maîtres des retranchements ; les Espagnols prennent la fuite et vont se mettre sous la protection d'un fort établi sur la partie de l'isthme que baignent
les eaux et dont les approches sont défendues par plusieurs canaux et par de profonds marais. A sept heures
du matin, un pont volant, jeté sur la coupure, permet au
généralissime d'arriver à son tour sur le Trocadéro.
avec plusieurs bataillons. De nouvelles cartouches sont
distribuées aux soldats ; une nouvelle colonne d'attaque
est formée ; les canaux, les marais sont franchis, le fort
est enlevé ; à neuf heures, le colonel Garcès et ses soldats mettaient bas les armes. La perte des Espagnols
s'élevait à 150 hommes tués, 300 blessés et 1,000 prisonniers ; la nôtre à 110 blessés et 34 tués.

La prise du Trocadéro consacra la défaite des parlemen-
taires espagnols. Mais, à l'autre extrémité de l'Europe, un
peuple longtemps opprimé se soulevait contre les Turcs. La
Grèce, se souvenant de son passé, luttait héroïquement.
L'Europe émue s'armait pour elle. Trois flottes commandées
par les amiraux russe de Hydden, français de Rigny et
anglais Codrington, bloquaient dans le port de Navarin la flotte
turco-égyptienne d'Ibrahim-pacha. Celui-ci ayant voulu forcer le passage, un terrible combat naval s'engagea.

Bataille de Navarin[1].

Le sultan Mahmoud[2], dans l'ivresse et l'orgueil de la victoire qu'il avait remportée sur les janissaires, avait tenté le plus puissant effort pour achever la soumission de la Grèce. Le trésor du sérail s'était ouvert pour l'armement de l'une des plus belles flottes musulmanes qui eussent paru depuis la bataille de Lépante[3]; c'était sous la direction du vice-roi d'Egypte, et dans le port d'Alexandrie, qu'elle avait été construite par des ingénieurs européens; d'autres étrangers, versés dans la marine, en dirigeaient les manœuvres; réunie aux vaisseaux d'Ibrahim[4], elle se montait à quatre-vingt-douze voiles, parmi lesquelles on comptait trois vaisseaux de ligne, un vaisseau rasé, seize frégates; le reste consistait en corvettes et en bricks formidables par leur nombre. Cette flotte, embossée dans la magnifique rade de Navarin, était protégée par le feu des batteries des forts.

Ibrahim, qui ne doutait plus de soumettre avec de telles forces les deux derniers boulevards de la Grèce, Napoli de Roumanie et l'île d'Hydra, frémit de rage quand il reçut des amiraux français, anglais et russe, l'invitation ou l'ordre de s'abstenir de toute hostilité,

1. Lacretelle. *Histoire de la Restauration*.

2. Mahmoud était sultan depuis 1808. C'était un prince intelligent et bon, qui tenta par de nombreuses réformes de modifier l'organisation intérieure de l'empire, de supprimer la tyrannie des janissaires et d'assurer la sécurité aux chrétiens installés en Turquie. Ses guerres furent presque toutes malheureuses et Méhemet-Ali réussit même à lui enlever l'Egypte. Il mourut en 1839.

3. La bataille de Lépante, gagnée par les Espagnols sur les Turcs, date de 1571.

5. Ibrahim-pacha était le fils de Méhemet-Ali, ancien esclave albanais qui, par son audace, son habileté et ses talents politiques avait affranchi l'Egypte du joug des Turcs. Lors de l'indépendance de la Grèce, il offrit au sultan, qui l'accepta, l'appui de la puissante flotte égyptienne, en échange de son indépendance.

jusqu'à ce que les deux parties belligérantes eussent accepté le plan de conciliation offert par les trois puissances. Le conquérant du Péloponèse revint, dans sa fureur, aux habitudes d'un barbare qu'il avait glorieusement interrompues, et fit de sa conquête un horrible désert en brûlant les moissons, coupant les oliviers [1], n'épargnant ni arbres, ni maisons, ni moulins. On ne pouvait donner un plus effrayant indice d'un plan d'extermination ; car, que faire d'une population à qui on enlevait tout moyen de subsistance ? L'indignation se répandit dans la flotte coalisée ; le langage des contre-amiraux devint plus superbe et plus irrité ; injonction fut faite à Ibrahim de ne point sortir avec une flotte de Navarin ; il répondit qu'il ne savait obéir qu'aux ordres de son maître. Dès lors, on envisagea la nécessité d'un combat terrible ; le commandement fut déféré à sir Edward Codrington, fortement animé de l'amour de la gloire et de la liberté [2]. Ces sentiments étaient communs à l'amiral français de Rigny [3] ; la mission qu'il remplissait depuis plusieurs années, dans le but d'arracher des victimes à la férocité musulmane, avait dû exalter ses sentiments chevaleresques. Quant à l'amiral russe Hydden, on peut présumer que les instructions qu'il avait reçues de sa cour l'autorisaient à montrer la plus grande énergie, car l'empereur Nicolas brûlait d'ouvrir son règne et de calmer son armée par des conquêtes, et peut-être par celle même de Constantinople. L'escadre combinée se composait de dix vaisseaux de ligne, dix frégates, une seule corvette et quelques petits bâtiments. Les forces

---

1. Le procédé des Turcs à l'égard des Grecs fut toujours le même : brûler les moissons et couper les oliviers à toute tentative de révolte, de façon à réduire les insurgés à la misère et à la famine.

2. Si l'amiral Codrington éprouvait ce qui est peu probable, les sentiments que lui prête l'auteur, il n'en était pas de même de la nation anglaise. Le gouvernement de Londres n'était entré dans la coalition, que pour empêcher la Russie de profiter de son interventiont et l'ordre formel donné par lord Palmerston à l'amiral était de n'engager la bataille à aucun prix. On le vit bien, lorsqu'après la victoire de Navarin, le premier ministre qualifia à la tribune ce sanglant combat de « *regrettable malentendu.* »

3. Rigny, 1783-1835.

respectives des trois puissances y étaient à peu près également réparties ; celles de l'Angleterre y avaient quelque supériorité.

Le 20 octobre, vers deux heures, comme Ibrahim annonçait l'intention de forcer le passage, le combat devint inévitable ; l'amiral Codrington prit la tête de la ligne, l'escadre française vint ensuite, et les Russes formèrent l'arrière-garde. Une balle lancée d'un brûlot turc atteignit un aspirant de la marine anglaise : ce fut le signal du choc le plus épouvantable, du plus vaste incendie qui ait rougi les flots de la Méditerranée. L'escadre combinée s'avança pour forcer l'entrée du port ; les croisés ne mirent jamais tant d'ardeur, et surtout tant d'harmonie, dans leurs plus terribles combats sous les murs de Jérusalem, d'Antioche ou de Ptolémaïde, qu'on vit régner parmi ces marins, ces hommes du dix-neuvième siècle, que n'animait aucun fanatisme et qui ne combattaient que pour la civilisation. Une même âme gouvernait trois escadres : Français, Anglais, Russes n'étaient plus que des frères de gloire ; c'était à qui s'avancerait le plus près des batteries de Navarin en éprouvant sur ses flancs le plus terrible feu. L'amiral de Rigny, monté sur la belle frégate *la Syrène*, qui s'était longtemps promenée sur les mers comme une reine de l'Archipel, vint courageusement remplir le vide qu'avaient laissé entre elles trois frégates égyptiennes. Son vaisseau, *le Scipion*, le suivit bientôt. Si le fanatisme est absent d'un côté, de l'autre, il enflamme, il aveugle les musulmans, et les entraîne vers une destruction totale. L'incendie qui se déclare de tous côtés dans leurs voiles les transporte de fureur ; ils poussent leurs bâtiments embrasés contre les vaisseaux qui les foudroient. D'un autre côté, ils les attaquent par les brûlots que Canaris [1] leur a rendus si funestes. À leur tour, ils éprouvent

1. Canaris fut un célèbre marin qui fit contre les Turcs la guerre de course et leur infligea des pertes im- menses. Voir, au sujet de Canaris, *Les Orientales* de V. Hugo.

la joie de voir l'incendie s'allumer dans les rangs ennemis ; mais de ce côté, le travail des pompes est aussi bien dirigé que le feu des boulets. *La Syrène, le Scipion* et *l'Azow*, vaisseau amiral russe, ont pris feu plusieurs fois et se sont rendus maîtres des flammes. Les vagues bouillonnent sous un ciel serein, les vaisseaux sont portés sur des volcans qu'eux-mêmes ont formés par leurs foudres. On voit voler des tourbillons de mèches, d'étincelles, de cordages enflammés, redoutables pour les vainqueurs. Le combat est livré de si près, soutenu avec tant de rage, qu'ils ont beaucoup à souffrir. Dès la première attaque, leur succès était certain. *L'Azow*, mutilé, soutient un long combat contre le vaisseau amiral ottoman, plus mutilé encore, et parvient à le faire sauter en l'air. Au bruit des effroyables décharges, se mêle de moment en moment celui de l'explosion des vaisseaux qui vont s'engloutir. Les vaincus ne se lassent pas de chercher la mort, et parviennent souvent à la donner. Le rivage est couvert de musulmans qui s'arrachent les cheveux, et d'Hellènes affamés, moribonds qui savourent tout bas leur vengeance en voyant leurs ennemis précipités dans le gouffre des flots. Ceux même des bâtiments turcs ou égyptiens qui ont échappé à l'incendie en venant échouer sur le rivage sont bientôt consumés par leurs maîtres eux-mêmes, qui ne veulent pas les laisser en proie à leurs ennemis. Quelques-uns se font héroïquement sauter. Le soleil, en se couchant, voit la fin du combat et de l'incendie ; il ne reste presque plus rien à dévorer aux flammes. Outre la presque totalité de leurs bâtiments, les musulmans ont perdu huit mille hommes. La perte des alliés s'éleva à quatre ou cinq cents hommes tués ou blessés [1].

1. La bataille de Navarin décida de la guerre ; les Français opérèrent une descente en Morée sous les ordres du général Maison, et le traité d'Andrinople (14 septembre 1829) consacra l'indépendance de la Grèce. Plus de 300,000 Grecs avaient payé de leur vie la liberté de leurs compatriotes.

La révolution de 1830, qui a chassé de France la famille des Bourbons, a eu dans l'Europe un immense retentissement. A l'ombre du drapeau tricolore et aux accents de la Marseillaise, Belges, Polonais, Allemands et Italiens ont réclamé leur indépendance. La Belgique a fait mieux : elle a voulu pour roi national un prince français, le duc de Nemours, qui lui a été refusé. Mais la France soutient cependant les revendications de la Belgique contre la Hollande, et une armée française, commandée par le maréchal Gérard, assiège Anvers occupé par les Hollandais.

Reddition d'Anvers [1]

Le général Chassé a envoyé, à huit heures du matin, au maréchal Gérard [2], le commandant du génie Delprat et le commandant de l'artillerie Zœlig pour traiter de la reddition de la place. Le feu a cessé à neuf heures : le dernier coup de canon a emporté le bras du lieutenant d'artillerie Charvet. Il y a eu sept officiers de cette arme tués ou blessés dans les dernières trente-six heures. On a été en pourparlers toute la journée. Le général Chassé voulait se retirer en Hollande avec sa garnison ; le maréchal Gérard exigeait la remise des forts de Lillo et de Liefkenshœck. Le général Chassé a répondu : « Ils ne sont pas sous mes ordres. » Le chef d'escadron Lafontaine lui

1. Maréchal de Castellane. *Mémoires*, t. III. — Plon et Nourrit, éditeurs. Castellane était né en 1788. Simple soldat en 1804, il conquiert ses premiers grades avec une incroyable rapidité (lieutenant en 1806, capitaine en 1810, chef de bataillon en 1812, colonel en 1813) : il ne reçoit les étoiles de général de brigade qu'en 1824 et celles de général de division qu'en 1832. Après avoir été nommé pair de France en 1837, il meurt commandant en chef de la place de Lyon en 1850.

2. Gérard était né le 4 avril 1773. Engagé volontaire en 1791, il se distingue à la bataille d'Austerlitz et devient général de brigade en 1806. Après avoir pris une part active à la campagne d'Espagne (bataille de Fuentès-de-Onoro), il commande en chef à Bautzen et, après 1814, se rallie aux Bourbons. Ministre de la guerre en 1830, il est nommé maréchal de France en 1831. Il dirige l'expédition d'Anvers et devient chancelier de la Légion d'honneur en 1836.

a été envoyé : on lui a bandé les yeux ; il a dit : « C'est inutile, je verrais des décombres, je le sais bien. » Le général Chassé lui a fait ôter le mouchoir et lui a parlé comme si la capitulation était conclue, lui demandant si les Français trouvaient sa résistance longue et sa défense assez belle ; il en est préoccupé.

. . . .

Vers trois heures, la garnison hollandaise est sortie de la place et a défilé, le général Favoges en tête, par pelotons, en capote et shakos couverts, devant le général en chef et les princes. Ce spectacle était imposant : ces 4,500 hommes de belles troupes, officiers, sous-officiers, ont l'air militaire. Après le défilé, ils ont formé les faisceaux et sont rentrés successivement, sans armes, dans la citadelle ; ils y resteront en attendant la réponse du roi Guillaume, qui décidera s'ils sont ou non prisonniers de guerre. S'il consent à remettre les forts de Lillo et de Liefkenshœck, on rendra à la garnison ses armes, et elle retournera en Hollande ; sinon, elle sera prisonnière. Le général Chassé, malade, n'a pas défilé.

Les Hollandais, avec lesquels je me suis entretenu, sont pleins d'enthousiasme pour leur cause ; ils traitent les Belges d'assassins, sont montés contre eux et pas du tout contre les Français. Six cents hommes ont été mis hors de combat dans leur belle défense ; notre perte est plus forte. Les cinq bombes de mille livres ont éclaté dans la citadelle et n'ont pas fait de dégât notable. « Si elles étaient tombées sur le magasin à poudre, m'a dit un officier hollandais, nous aurions sauté. » Il n'y avait pas un pouce de la citadelle qui ne fût sillonné de nos boulets et de nos bombes ; cela n'est pas étonnant, car il y en avait toujours une en l'air. Onze pièces successivement démontées ont été remplacées dans une autre embrasure.

. . . .

J'ai vu le général Chassé dans sa petite casemate où, malgré les blindages qui remplissaient l'ouverture de la fenêtre, il est tombé des éclats de bombes ; on s'occupait à rétablir le châssis pour replacer les carreaux. C'est un véritable vieillard de 65 ans qui a l'air d'en avoir bien davantage ; il a cinq pieds huit pouces, est impotent de corps, mais fort sain d'esprit. Il m'a donné sa parole d'honneur que depuis deux ans (époque de sa prise de commandement de la citadelle), son projet était de se faire sauter avec les assiégeants si on entrait. Une lettre de son roi, auquel il n'en avait rien dit, mais qui l'avait su, l'en a empêché. Je lui ai exprimé mes regrets que la capitulation m'eût privé de l'honneur de monter à l'assaut ; il m'a répondu : « Ni vous ni moi ne serions ici ; nous aurions fait l'un et l'autre un voyage vers l'Etre suprême. Si l'on avait pénétré dans la place par la brèche, le feu aurait été mis dans le magasin à poudre. » Il m'a demandé si nous étions contents de ses carabiniers ; je lui ai répondu que ses fusils de rempart nous avaient fait beaucoup de mal. Il m'a répliqué : « Vous êtes dans l'erreur ; les fusils de rempart ne valent rien. Je n'en avais pas ; on a tiré avec des carabines. » Il m'a parlé de sa reconnaissance pour la manière dont le maréchal Gérard le traite après la capitulation.

. . . .

A midi, la citadelle a été remise aux Belges. A l'instant même, les permissions que le maréchal Gérard avait données pour y entrer ont été refusées. J'ai vu refuser la porte à six canonniers et à un maréchal des logis d'artillerie qui venaient à la citadelle, avec un ordre du général Neigre, chercher du vieux fer pour raccommoder leurs voitures.

Le gouvernement de Charles X, dans l'espoir de faire oublier au peuple français ses libertés confisquées, en lui donnant la gloire à l'extérieur, avait entrepris, dès 1829, une guerre contre le dey d'Alger Hussein. Une armée, commandée malheureusement par Bourmont, le traître de Waterloo, débarque dans la baie de Sidi-Ferruch et marche sur Alger.

Prise du fort l'Empereur (4 JUILLET 1830) [1].

Le 4 juillet, à quatre heures moins le quart du matin, toutes nos batteries commencèrent leur feu à la fois. L'armée, qui attendait ce moment avec impatience, fut aussitôt sur pied, pleine de joie, d'espérance et avide de suivre les progrès de l'attaque. Nos boulets, dès les premières salves, portèrent en plein dans les embrasures du fort et dans les merlons [2] intermédiaires qui commencèrent bientôt à se dégrader. Le tir des bombes et des obus ne fut pas d'abord aussi juste, mais après quelques tâtonnements, il se rectifia et aucun projectile ne manqua plus le but. Les Turcs [3] ripostèrent avec vigueur, non seulement du fort l'Empereur, mais encore du fort de Bab-Azoun et de la Casbah. Pendant quatre heures, la défense fut aussi vive que l'attaque ; mais, à huit heures, elle commença à se rebuter. Une batterie de quatre bouches à feu de campagne, placée sous un mamelon en arrière de la batterie Saint-Louis, fit beaucoup de mal à l'ennemi : elle portait dans l'intérieur du fort, et sur ses communications avec la Casbah.

A dix heures, le feu du château était éteint ; les merlons, entièrement détruits, n'offraient plus aucun abri aux canonniers turcs ; les pièces étaient presque toutes

1. Maréchal Pélissier. *Annales algériennes.*

2. C'est un terme de fortification qui désigne la partie du parapet qui se trouve entre deux créneaux et deux embrasures.

3. Le mot Turcs n'est pas tout à fait exact : « Au seizième siècle, deux pirates, les deux Barberousse, originaires de Sicile ou de Lesbos, animés contre les chrétiens d'une haine implacable, rallièrent autour d'eux tous les aventuriers du Tell ; ils occupèrent Djidjelli, Cherchell et Alger et en firent des refuges, des magasins de ravitaillement, des re- paires pour cacher leurs prisonniers et leur butin. Ils remplacèrent par des étrangers, et notamment par des Turcs, les Arabes dans leurs emplois, organisèrent une milice d'Orientaux musulmans, qui choisit librement ses officiers, et leur confia tous les postes. Tel fut le noyau du gouvernement de l'Odjack, oligarchie militaire et religieuse, fondée sur la haine et pour la destruction des chrétiens. » (Blanchet.) La population de l'Algérie était donc composée de Maures, de Turcs, de Juifs et d'Arabes.

démontées, et l'intérieur du fort bouleversé par nos bombes et par nos obus. Le général Labitte venait d'ordonner de battre en brèche ; de nombreux éboulements annonçaient déjà que la place serait bientôt ouverte, lorsqu'une épouvantable explosion, accompagnée d'un épais nuage de fumée et de poussière, et suivie d'une horrible pluie de cendres, de pierres, de débris, de membres humains, nous annonça qu'elle n'existait plus. Les Turcs, désespérant de la défendre plus longtemps, l'avaient abandonnée, s'étaient retirés dans la Casbah et avaient mis le feu aux poudres. La tour intérieure fut entièrement renversée, ainsi que la presque totalité de la face ouest ; le reste, plus ou moins endommagé, n'offrait plus qu'un amas de ruines. Des pièces de canon d'un fort calibre avaient été projetées au loin. L'air fut obscurci pendant longtemps par des flocons de laine, provenant de la dispersion des ballots dont les Turcs avaient couvert le sol de leur batterie et les voûtes de leurs magasins.

Pendant l'obscurité produite par la poussière et par la fumée, nos batteries continuèrent à tirer ; mais lorsqu'elle fut dissipée et que l'on s'aperçut que le fort ne pouvait plus contenir un seul être vivant, le feu cessa ; quelques compagnies escaladèrent les ruines et en prirent possession. Le général La Hisse, s'y étant rendu aussi de sa personne, fit placer sur les débris deux pièces de campagne qui tirèrent aussitôt sur le fort Bab-Azoun. Il fit diriger sur les mêmes points le feu de trois pièces turques, que l'explosion avait épargnées. Ces cinq bouches à feu suffirent pour faire taire le fort Bab-Azoun, dans l'intérieur duquel elles plongeaient entièrement. Le général La Hisse choisit, à gauche de la voie romaine, un emplacement pour y construire deux batteries, une de canons et l'autre de mortiers, destinées l'une et l'autre à l'attaque de la Casbah. Elles devaient être placées sur une crête qui domine la ville et qui n'en est éloignée que de 150 mètres. C'était là qu'était autrefois le fort de l'Étoile ou du Togarins. Le génie se mit aussitôt à l'ouvrage, pour établir et abriter les communications entre ce point et le fort l'Empereur ; pendant ce temps-là, des Arabes de l'intérieur, sans s'embarrasser de ce qui se passait au siège, voulurent attaquer nos lignes ; ils se présentèrent devant le camp de la brigade Berkner. Quelques compagnies de voltigeurs et deux pièces de canon suffirent pour les balayer.

Cependant, la ville était pleine de trouble et de confusion ; le peuple, craignant une prise d'assaut, demandait à grands cris une capitulation. . . . .

Après deux heures de discussion, une capitulation fut rédigée et portée au dey par un de nos interprètes. Une suspension d'armes fut accordée jusqu'au lendemain sept heures, pour attendre la réponse de ce prince, qui ne tarda pas à être connue : il consentit à tout.

C'est le drapeau tricolore qui a flotté sur les murs d'Alger. Après bien des hésitations, le gouvernement de Louis-Philippe se décide à conserver et à étendre la conquête commencée. La côte est conquise ; de véritables croisades sont organisées contre l'émir Abd-el-Kader [1], et, en 1837, le gouverneur Damrémont se décide à attaquer dans Constantine le dey Achmed qui prêche la guerre sainte contre nous. Une première tentative échoue misérablement, mais, en 1837, la ville est prise d'assaut.

1. Abd-el-Kader fut le héros de la résistance des Arabes contre nous. Il était né en 1806, près de Mascara. Son père était un marabout et lui-même avait fait le pèlerinage de la Mecque ; nommé émir par les tribus de Mascara, il s'imposa bientôt à tous par sa beauté physique, son éloquence et sa connaissance profonde du Coran. « La petite armée d'Abd-el-Kader se composait d'environ 3,000 chevaux ; elle se mit en marche aux sons d'une musique étrange. Lui, monté sur son cheval que quatre nègres lui avaient amené, prit plaisir, pendant quelque temps, à le faire bondir dans la plaine... De nombreuses salves de mousqueterie annonçaient son approche, et pour le préserver des rayons du soleil, un de ses officiers portait à côté de lui un parasol en drap d'or, pendant que, armés de petits sabres et couverts de boucliers, des gladiateurs charmaient par leurs combats non sanglants l'ennui de la route. Après plusieurs heures de marche qui firent passer sous leurs yeux de riches vallons, des sites riants et d'immenses forêts d'oliviers, les envoyés français arrivèrent à Mascara, dont les habitants, avec leurs bournous surmontés de capuchons blancs et noirs, leur apparurent comme autant de moines, à l'œil ardent et à la physionomie sauvage. »

(Louis BLANC. *Histoire de dix ans.*)

Prise de Constantine [1].

Enfin, le bienheureux signal est donné, la charge bat de toutes parts, la canonnade de 24 se tait de notre côté comme par enchantement, et est remplacée par des obus de 12 que l'on jette sans discontinuer dans la place. Le brave Lamoricière s'élance avec ses zouaves. Lui et le commandant Vieux, du génie, suivis du capitaine Garderens qui porte un drapeau, gravissent la brèche où les couleurs françaises flottent glorieuses. En quelques minutes, la première colonne couronne la brèche. La deuxième est prête à s'élancer quand la brèche sera débarrassée par la première qui pénétrera dans la ville.

Mais en arrivant sur la brèche, au lieu de pouvoir pénétrer dans la ville comme on le croyait, la première colonne est arrêtée par un deuxième mur d'enceinte. Toutes les murailles, toutes les maisons, toutes les fenêtres sont garnies de turbans. C'est un mur de feu que l'on a devant soi... Les Français tombent, mais ne reculent pas.

A ce nouvel obstacle, le cri : Des échelles! des échelles! est partout répété. Le génie dirige ses braves soldats sur la brèche; ils sont pourvus d'échelles, de haches, cordes, sacs à poudre, etc., etc. Dans ce moment, les Turcs font tomber un pan de muraille qui écrase sous ses ruines le brave commandant Sérigny, du 2ᵉ léger, et environ quarante hommes. Cet avantage est bien loin de profiter aux

1. **Maréchal Saint-Arnaud.** *Lettres.* Saint-Arnaud était né en 1798. Ce fut le type de l'officier de fortune. Il fit toute sa carrière militaire en Algérie et se distingua notamment dans la campagne de Kabylie. C'est à cette époque que Fleury vint le chercher de la part du prince-président, pour en faire un général de division d'abord et le ministre de la guerre du coup d'Etat. Mis à la tête des troupes qui assiégeaient Sébastopol, il mourut des suites de ses fatigues sur le bateau qui le ramenait en France (1854). C'était un homme sans scrupules, mais un soldat très courageux.

« Le 21 novembre 1836, à midi, Constantine se dressa tout à coup aux yeux des soldats, protégée par un ravin d'une profondeur immense au fond duquel mugissait l'Oued-Rummel et qui présentait, pour escarpe et contrescarpe, un roc taillé à vif. »

Turcs, car les décombres comblent les intervalles, et l'on parvient à pénétrer dans une rue, rue étroite et serpentante, et rouge du feu que les Bédouins dirigent sur nous. . . . .

Pendant que nous gravissons la brèche, les Français, qui, avec les capitaines Richepanse, Répon, des zouaves, Leflô, du 2ᵉ, étaient entrés dans la ville, sont arrêtés court par une mitraillade infernale. Les Turcs, beaucoup plus nombreux, s'élancent de toutes parts sur nos soldats que la mitraille a surpris et arrêtés ; et, malgré les cris et les menaces des officiers qu'ils entraînent eux-mêmes, nos soldats sont ramenés aussi vivement qu'ils étaient entrés. — Les cris de : *En avant !* poussés avec énergie, ce tumulte de fuite attirent Lamoricière suivi d'un renfort, et il arrive pour voir les Turcs poussant les nôtres l'épée dans les reins, nos soldats tombant les uns sur les autres pêle-mêle avec les officiers, enfin un désordre épouvantable. — Lamoricière s'élance le sabre à la main. — Nous sommes arrivés au haut de la brèche. Notre étoile veut que la compagnie franche soit devant nous. C'est dans ce moment qu'eut lieu la terrible explosion... Un silence de mort succède un instant au tumulte... Ceux qui restent debout, repoussés par la force de l'explosion, cherchent un point d'appui sur leurs sabres, leurs voisins, ou le mur à gauche. Les plus près du haut de la brèche essuient leurs yeux pleins de terre, de poussière et de poudre, et sont un moment suffoqués.

Mais alors s'offre à tous les yeux le plus horrible spectacle... Les malheureux qui ont conservé leurs membres et qui ont pu sortir des décombres fuient vers la batterie et descendent la brèche en courant, et en criant : « Sauvez-vous, mes amis ; nous sommes perdus, tout est miné, n'avancez pas, sauvez-vous !!! » Quand je me rappelle ces figures brûlées, ces têtes sans cheveux, sans poils et dégouttantes de sang, ces vêtements en lambeaux tombant avec les chairs, quand j'entends ces cris lamentables, je m'étonne que ces fuyards n'aient pas entraîné toute la 2e colonne qui encombrait la brèche. — Combes et Bedeau étaient sur le haut de la position. D'un commun accord, ils élèvent leurs épées en l'air, aux cris de : « En avant, en avant ! » Ce cri, frère, je le répétais, je le vociférais avec eux ; je criais à mes soldats : « A moi, la légion ! A la baïonnette ! Ce n'est rien, c'est de la mitraille. En avant ! en avant ! » et je me précipitai le premier dans ce gouffre où, sur ma conscience, j'attendais une seconde explosion ; je croyais que c'était une mine, qu'elle devait être suivie d'une deuxième... Alors, frère, nous nous jetâmes dans la ville, chacun où le hasard et son instinct le poussèrent, car les ordres étaient confus. C'était un chaos, mais un chaos dont les éléments étaient l'intrépidité et l'oubli de soi-même.

J'avais ordonné à mes hommes de ne jamais me dépasser, mais de me suivre toujours ; je commençai par me jeter dans la batterie à gauche de la brèche.

Dans un petit carré servant de place à l'embrasure d'un canon, sept Turcs faisaient un feu continuel sur nous. Je m'élançai dans ce trou la tête baissée ; mes hommes me suivaient de près. Les Turcs se défendaient avec le courage du désespoir. Ils faisaient feu et nous les tuions rechargeant leurs armes : ce sont d'admirables soldats ; la baïonnette n'en laissa pas un vivant. On ne faisait pas de prisonniers.... Quelle scène, frère, quel carnage ! Le sang faisait nappe sur les marches... Pas un cri de plainte n'échappait aux mourants ; on donnait la mort ou on la recevait avec cette rage du désespoir qui serre les dents et renvoie les cris au fond de l'âme... Les Turcs cherchaient peu à se sauver, et ceux qui se retiraient profitaient de tous les accidents de murs pour faire feu sur nous... J'ai vu là bien des morts, j'ai fixé bien de ces terribles et poétiques figures de mourants qui me rappelaient le beau tableau de la bataille d'Austerlitz.

La maison prise, on redescendit à la hâte trouver dans la rue le même feu à peu près qu'on y avait laissé. Les Turcs s'étaient embusqués dans un coude et, de là, nous décimaient. C'est là, qu'à côté de moi, se promenant tranquillement au milieu de la rue, encourageant tout le monde de l'exemple, du geste et de la voix, l'intrépide Combes fut atteint d'une balle... Un simple mouvement nerveux accusa la souffrance ; il se retourna du côté de la brèche et reçut une seconde balle qui amena le même mouvement, sans une plainte, sans un mot ; il continua à marcher vers la brèche, la descendit seul, traversa l'esplanade jusqu'à la batterie de 24, où étaient réunis le prince, le général et tout son état-major. On s'aperçut qu'il était blessé et le prince lui en témoignait ses regrets... Combes répondit par un rapport clair et succinct de ce qui se passait à sa colonne, et termina en disant : « Monseigneur, ceux qui seront assez heureux pour revenir de cet assaut-là pourront dire qu'ils ont vu une belle et glorieuse journée. »

Et s'adressant au chirurgien-major de l'artillerie, il lui dit : « Docteur, j'ai de la besogne pour vous. » Le lendemain, la France perdait une des espérances de son armée, un intrépide guerrier, aussi froid au feu que sage dans le conseil... Moi, je pleurais un ami, car nous nous étions serré la main deux fois, dans des circonstances que les cœurs généreux n'oublient jamais... Une minute avant sa blessure, je lui disais : « Mon colonel, ne vous promenez pas là, il y fait trop chaud ; il faut que nous allions en avant à tout prix, la position n'est pas tenable... » Et il regardait comment on perdrait le moins de monde [1].

Avec la reddition d'Abd-el-Kader se termine la période héroïque de la guerre algérienne ; mais les tribus kabyles restent indomptées et, dans le sud, nos frontières sont menacées par les Arabes des grandes tentes. Pendant que Saint-Arnaud et Randon pénètrent dans les massifs de la Kabylie, le général Yusuf, Arabe passé au service de la France, s'empare de l'oasis de Laghouat.

---

1. Constantine avait été déjà assiégée une première fois sans succès en novembre 1836. Changarnier avait protégé la retraite. « Voyons ces gens-là en face, avait-il dit ; ils sont 6,000 et vous êtes 300. Vous voyez bien que la partie est égale. »

Prise de Laghouat (4 décembre 1852) [1].

Le général Yusuf, instruit que le chérif était campé à El-Reg, entre Ksar-el-Aïran et El-Assafia, marcha avec la plus grande partie de ses forces. Arrivé à Miroussa, le 18 novembre, à quinze lieues de l'ennemi, il donna quelques heures de repos à sa colonne, et le 19, à la pointe du jour, après une marche de nuit des plus rapides, il apparut à deux lieues d'El-Reg. L'ennemi fut surpris et, quelque hâte qu'il mît à prendre la fuite, il fut atteint par nos troupes qui lui tuèrent du monde et s'emparèrent d'une partie de ses troupeaux [2].

Le chérif [3] s'enfuit, mais cette fois, au lieu de prendre la route du désert, il se dirigea vers Laghouat. Les habitants, qui avaient embrassé sa cause, s'empressèrent de lui ouvrir les portes : sa présence et ses prédications fanatisèrent tous les esprits. Aussi, quand le général Yusuf s'appprocha de la ville, il se trouva face à face avec les Laghouati et les gens du chérif qui s'étaient portés en grand nombre en dehors de l'oasis, pour couvrir la tête des eaux [4] et empêcher la colonne de s'y établir. La fusillade commença avec vivacité ; les Arabes disputaient le terrain pied à pied. Une charge audacieusement exécutée par notre cavalerie repoussa l'ennemi jusque dans

---

1. Maréchal Randon. *Mémoires*. Randon conquit presque tous ses grades dans la guerre contre les Arabes et se distingua notamment dans la conquête de la Kabylie. Il fut ministre de la guerre en 1851 et mourut en 1870.

2. Les Arabes étaient des nomades qui se déplaçaient avec leurs femmes, leurs enfants et leurs troupeaux. C'est ainsi que le duc d'Aumale s'empara de la *smala* d'Abd-el-Kader qui s'enfuit avec quelques cavaliers, en laissant dans les mains des Français tout ce qu'il possédait

3. Ce chérif était un marabout, Mohamed-ben-Abdallah qui, escomptant l'insubordination des deux grandes tribus, les Ouled-Naïl et les Larba, avait voulu essayer à Laghouat ce qui avait failli réussir pour un autre marabout, Bou-Zida, à Zaatcha.

4. Les eaux étant assez rares à la limite du désert, l'occupation des puits et des sources est le véritable objectif de la campagne.

l'enceinte du jardin et mit fin à cette lutte. Les partisans du chérif perdirent une centaine d'hommes. De notre côté, nous eûmes des morts et des blessés ; parmi les premiers, le brave capitaine de Staël, du 1er chasseurs d'Afrique.

Malgré le succès obtenu, le général Yusuf ne crut pas devoir essayer de pénétrer dans la ville. Trop faible pour entreprendre le siège d'une place entourée de murailles et dont les habitants se disaient résolus à mourir pour expier le crime de leur ancienne alliance avec les chrétiens, il appela à son aide le général Pélissier[1] et le commandant supérieur de Boussada. En attendant leur arrivée, il s'établit à Russ-el-Aoïun, à 1,800 mètres de la ville, tâchant d'intercepter toute communication entre l'oasis et la campagne, afin d'éviter l'arrivée de nouveaux renforts.

La résistance s'étant concentrée dans Laghouat, il n'y avait pas de temps à perdre pour la vaincre. Si elle se prolongeait, nous devions nous attendre à voir s'accroître rapidement le nombre de nos ennemis.

En conséquence, une colonne de quatre bataillons, d'un escadron de chasseurs et d'une section d'artillerie de campagne, sous le commandement du colonel Bourbaki, du 1er zouaves, se réunit à Boghar, et une colonne de même force fut concentrée à Boussada.

Ces deux colonnes devant être prêtes à marcher le 6 décembre, le gouverneur général, qui s'en était réservé le commandement, quitta Alger le 1er de ce mois, pour aller établir son quartier général à Boghar, d'où il pouvait surveiller de plus près la marche des événements. Arrivé le 2 à Médéah, il y fut arrêté par une tempête et

---

1. Pélissier, né en 1792, sortit de l'Ecole de Saint-Cyr à vingt ans et fut promu capitaine en 1828, après la campagne d'Espagne ; chef de bataillon en 1830, il part pour l'Afrique, devient colonel en 1840 et général de brigade en 1846. Ce fut comme général de division qu'il dirigea en 1852 cette admirable expédition de Laghouat. Après la mort de Saint-Arnaud, il commanda en chef devant Sébastopol en 1855 et fut créé duc de Malakoff. En 1857, il est ambassadeur à Londres ; en 1859, grand-chancelier de la Légion d'honneur ; en 1860, gouverneur général de l'Algérie. Il mourut en 1865.

des pluies torrentielles qui, en peu d'heures, rendirent les chemins impraticables.

Les troupes furent obligées de rétrograder, et ce ne fut pas sans peine qu'elles gagnèrent Médéah pour y trouver un abri.

Le 6 décembre, la tempête avait cessé, et le gouverneur général se disposait à poursuivre sa route, lorsqu'un courrier lui apporta la nouvelle que, dans la journée du 4, Laghouat était tombé entre nos mains.

Voici ce qui s'était passé :

Le général Pélissier, informé à El-Biodh, par une lettre du général Yusuf, des événements survenus à Laghouat, s'était immédiatement dirigé vers ces oasis. L'ouragan qui avait éclaté dans le Tell [1] ne s'étant pas étendu au delà des hauts plateaux, la marche de sa colonne ne fut pas contrariée, et en sept jours il arriva à Ras-el-Aïoun, au camp du général Yusuf.

Le 3 décembre, il fit la reconnaissance de la place pour déterminer le point d'attaque qu'on fixa à l'ouest, au marabout de Sidi-Aïssa. Les capitaines Bessières et Franck, qui commandaient les compagnies de tirailleurs algériens chargées de cette opération, furent tués à la tête de leur troupe.

Pendant la nuit, la batterie de brèche fut établie à demi-portée de l'enceinte de la ville ; au point du jour, le feu fut ouvert et dirigé contre une tour qui dominait la défense de ce côté, et à dix heures, l'ordre de l'assaut fut donné. Au moment où les troupes s'ébranlaient, le général Bouscarin, qui la commandait, fut blessé mortellement.

La brèche fut bientôt franchie et les zouaves, pénétrant dans la ville, se portèrent à la maison de l'ancien khalife Ahmed-ben-Salem, qui s'élevait sur le point le plus culminant de la place. Dans cette marche, on perdit encore le chef de bataillon Morand.

1. L'Algérie se divise, au point de vue du climat et de la végétation, en trois zones parallèles à la Méditer- ranée et qui sont, en allant du nord au sud : 1° le Tell ; 2° les Hauts plateaux ; 3° le Sahara.

Pendant que cette vigoureuse attaque appelait vers l'ouest l'attention des Laghouati, le général Yusuf franchissait les murailles de l'est à l'aide d'échelles et se joignait bientôt au général Pélissier. On se battit encore quelque temps dans les rues et les maisons ; beaucoup d'habitants et de gens du chérif furent tués ou pris. Au milieu du jour, enfin, le feu cessa : la ville entière était en notre pouvoir.

La nuit suivante, une vingtaine de cavaliers en sortirent ; ils trompèrent nos postes d'observation, en disant qu'ils faisaient partie de nos goums et qu'ils étaient porteurs de dépêches. On supposa plus tard que c'était le chérif qui, avec cette faible escorte, s'échappait sain et sauf d'une lutte dont il avait été le promoteur [1].

L'empereur Napoléon III eut dès le début de son règne la naïveté de croire à la possibilité d'une alliance franco-anglaise et il soutint, en Orient, la politique de Londres contre celle du tzar Nicolas. De graves difficultés que souleva la question des grecs orthodoxes, établis dans l'Empire turc, amenèrent une coalition des Français, des Anglais et des Turcs contre la Russie [2]. L'Italie, à peine née, se joignit aux trois puissances et envoya un corps d'armée

1. « La possession de Laghouat nous faisait gagner 300 kilomètres dans le Sud. Laghouat n'est pas seulement une position militaire importante, c'est aussi une station commerciale de premier ordre. L'oasis, arrosée en toutes saisons par des eaux limpides et abondantes, se trouve sur la principale ligne d'eau qui se dirige vers le Sud. Cette circonstance géographique fait de Laghouat l'étape obligatoire de toutes les caravanes qui voyagent dans ces parages. »

(GAFFAREL.)

2. « Si jadis le tzar Alexandre Ier avait voulu fonder l'équilibre politique de l'Europe sur l'union fraternelle des rois, Napoléon III rêvait, lui, de l'établir par l'accord et le groupement des races émancipées chacune d'elles devant former exactement un Etat indépendant. Mais, comme le souverain russe, il partait d'une idée abstraite et ne se préoccupait pas suffisamment à l'avance des moyens d'application. Il ne savait pas nettement en quoi consistaient les nationalités qu'il voulait servir, jusqu'où s'étendaient leurs droits et leurs ambitions, dans quelle mesure la réalisation de leurs vœux était possible. Comme Alexandre, il avait l'esprit trouble et le caractère oscillant, il aimait à ruser, emmêlait comme à plaisir des projets contradictoires et subissait tour à tour les influences les plus opposées. »

(G. DEBIDOUR.)

commandé par le général La Marmora. La Russie fut attaquée de cinq côtés à la fois : dans ses établissements du Pacifique (blocus de Petropolaiestk); dans la Baltique (bombardement de Cronstadt); sur les bords du Danube, dans la mer Noire (démonstration devant Varna); et en Crimée. C'est autour de la place forte de Sébastopol que se concentrèrent bientôt les opérations. Le siège, qui dura près de dix mois, fut successivement dirigé par Saint-Arnaud, Canrobert et Pélissier.

Etat sanitaire de l'armée française pendant la guerre de Crimée [1].

Le scorbut fait d'horribles ravages. Nos effectifs baissent d'une façon effrayante ; chaque jour dans notre pauvre division, qui est réduite à quatre mille cinq cents hommes disponibles, nous avons de trente à quarante entrées à l'ambulance et seulement cinq ou six sortants. Les ambulances sont tellement empoisonnées de miasmes que le typhus y règne, et les scorbutiques y contractent cette affreuse maladie à laquelle ils succombent en fort peu de temps.

Un médecin bien renseigné nous affirmait, il y a quelques jours, qu'on enterrait, en Crimée, quatorze ou quinze cents hommes par mois ; si vous ajoutez un nombre égal de morts pendant la traversée ou à Constantinople, vous arrivez à un chiffre effrayant.

Les officiers de santé sont très éprouvés en ce moment, et cela se conçoit, respirant sans cesse cet air empesté des baraques d'ambulance.

Tous les médecins sont en ce moment sur leur triste champ de bataille, et c'est malheureusement leur tour de se dévouer.

A ce tableau lamentable de tant de souffrances, il y a

1. *Lettres du capitaine Loizillon.* — Ernest Flammarion, éditeur.

un contraste frappant ; c'est la bonne santé de tous les officiers.

Dans toute la division, il n'en est mort qu'un seul depuis un mois, et encore était-ce un vieux chef de bataillon complètement usé.

Cette différence entre les officiers et les soldats prouve que la mortalité qui sévit sur ces derniers tient à leur insuffisante et mauvaise nourriture et aux fatigues dont on les accable encore, en ce moment. *Ils ont plus de service que pendant le siège ; c'est incroyable, mais c'est ainsi, du moins chez nous.*

Je suis désespéré de voir ainsi mourir ces pauvres malheureux soldats, et c'est surtout pour cette raison que j'appelle de tous mes vœux l'instant où nous quitterons la Crimée pour aller n'importe où. Une autre preuve que ne donne pas le capitaine Loizillon, c'est que les soldats anglais, beaucoup mieux nourris et beaucoup moins surmenés que les nôtres, restèrent réfractaires à l'épidémie, qui faisait dans nos rangs tant de ravages.

Mort de Korniloff [1].

Les alliés ne s'endormaient point, eux aussi. Ils faisaient avancer de plus en plus vers nous leurs tranchées [2], et, le 3 octobre, ils se préparèrent à bombarder Sébastopol. Aussitôt que la canonnade eut commencé, Korniloff [3]

1. Alexandre III. *Souvenirs de Sébastopol*, traduction Notovich. — Plon et Nourrit, éditeurs.

L'Empereur Nicolas mourut le 2 mars 1855.

2. « C'était moins une ville assiégée par une armée que deux armées retranchées vis-à-vis l'une de l'autre et conservant toutes leurs communications. » (A. RAMBAUD.)

3. Korniloff était le meilleur des amiraux russes. Il s'était notamment distingué dans la guerre de la Russie contre les Turcs (bataille de Batoum). Il avait fait preuve dès le début des hostilités d'une intrépidité rare.

monta sur son cheval pour parcourir les fortifications. Un aide de camp et un cosaque l'accompagnèrent. Un formidable « hourra ! » retentit au milieu du bruit de la canonnade, lorsque le vaillant chef apparut sur les bastions. « Silence, enfants, dit-il ; quand les batteries de l'ennemi se tairont sous le tonnerre des nôtres, c'est alors que nous pousserons un hourra ! » Tous éprouvèrent une crainte pour sa vie, chacun eût été content de pouvoir racheter de sa tête la tête du héros. « N'allez pas à Malakoff, lui dirent les soldats ; là-bas pleuvent dru comme grêle les bombes de l'ennemi, elles ne vous épargneront point. » Mais ce n'est pas lui qui aurait été effrayé par les bombes de l'ennemi, ce n'est pas lui qui aurait eu peur de la mort. Il partit plus loin. Les obus et les bombes sifflaient au-dessus de sa tête, mais son cœur n'en battait guère plus fort, et il marchait toujours, plongé dans une profonde méditation. Enfin voilà Malakoff. Korniloff sauta à terre, jeta la bride de son cheval au cosaque et entra dans le bastion. Malakoff rendait déjà à la Russie son service sanglant ; il y tombait déjà beaucoup de victimes : on ramassait les morts en tas et on emportait les blessés. Les soldats stationnaient auprès de leurs canons et envoyaient courageusement décharge sur décharge, et Istomine se trouvait toujours au milieu du feu. Il pria Korniloff de s'éloigner. Avait-il le pressentiment de voir le héros pour la dernière fois ? Mais Korniloff salua gaiement ses braves soldats, passa la revue des batteries, eut soin des blessés et se prépara enfin à retourner chez lui. Le cosaque tenait toujours la bride de son cheval, mais avant que Korniloff eût le temps de monter en selle, il chancela et tomba : un obus lui emportait la jambe. Plusieurs soldats se jetèrent à son secours et l'étendirent entre deux canons. Une pâleur cadavérique couvrait déjà son visage. Il prononça d'une voix mourante : « Défendez Sébastopol ! » puis ses yeux se fermèrent.

Le médecin accourut, pansa sa blessure, et Korniloff

reprit connaissance. Il fallut le porter à l'ambulance, et
les soldats n'osèrent point le toucher. Mais le mourant
s'appuya des deux poings en terre, se souleva avec effort
et se jeta sur le brancard. A l'ambulance, tout le monde
pleura. Le prêtre arriva, et Korniloff communia. Il se
souvint de sa femme, de ses enfants, leur envoya sa dernière bénédiction et engagea ses enfants à servir fidèlement la Patrie. Sa voix faiblissait déjà et il priait toujours, priait pour la Russie, pour Sébastopol, pour sa
chère flotte, pour le Tzar.

L'intolérable souffrance arrachait quelquefois un cri
de la poitrine du patient. Le médecin approcha un médi-
cament de ses lèvres, il le prit, se calma et s'endormit.
Mais en ce moment on lui apporta une joyeuse nouvelle :
les canons anglais se taisaient. Alors il recueillit ses dernières forces, cria « hourra ! » et laissa tomber sa pâle
figure sur l'oreiller. Quelques minutes après, Korniloff
avait vécu.

On essayait de cacher sa mort à l'armée, mais le soir
même tout le monde l'avait apprise, et de tous côtés on
venait en pleurant saluer les restes du héros chéri. Le
lendemain, il fut enterré à côté de son grand maître
Lazareff. La nuit tombait déjà, et les flambeaux éclairaient
le cortège funèbre. Cependant l'ennemi recommençait le
bombardement et le corps de Korniloff fut porté jusqu'à sa dernière demeure sous une grêle de bombes et
d'obus.

La flotte et l'armée rendirent le dernier devoir à leur
chef : les canons russes l'honorèrent par une dernière salve, et les drapeaux des navires s'abaissèrent
devant lui.

L'attaque du fort Malakoff [1].

A l'attaque de la ville, les colonnes de la division Levaillant, commandées par les généraux Couston et Trochu, s'élancèrent des tranchées à deux heures précises. La face gauche du bastion central et le saillant de la lunette Schwartz furent assaillis en même temps ; les porteurs des ponts-échelles furent en grande partie tués ou blessés dans le trajet, et sur d'autres points les échelles d'escalade se trouvaient trop courtes. Néanmoins, après une lutte très vive, nos troupes pénétrèrent dans les deux ouvrages. Mais l'ennemi, replié derrière des traverses, tenait ferme partout ; une fusillade meurtrière partait de toutes les crêtes. Les Russes rentrèrent bientôt en possession du bastion ; nos troupes se trouvèrent alors en prise aux feux de mitraille partant de quelques embrasures de la face droite du bastion, et la face gauche, que l'on croyait éteinte depuis plusieurs heures, rouvrait son feu contre la colonne Couston. En outre, les Russes amenèrent en toute hâte quelques pièces de campagne qu'ils mirent en batterie sur différents points. Les généraux Couston et Trochu, qui venaient d'être blessés, avaient dû remettre leur commandement ; les généraux Rivet et Breton étaient tués. Les Russes profitèrent du désordre qui se manifestait dans nos colonnes pour faire sur la lunette Schwartz un retour offensif qui entraîna l'abandon de cet ouvrage. Il en résulta vers la tranchée un reflux qu'aucun effort ne put arrêter. Nos batteries reprirent alors leur tir contre l'enceinte, et forcèrent l'ennemi à s'abriter derrière les parapets. Le général de Salles faisait avancer la division d'Autemarre, et préparait une nouvelle attaque ; mais en ce moment nous étions assurés

Général Niel. — *Siège de Sébastopol,*

de la possession de l'ouvrage Malakoff, et le général en chef fit donner l'ordre au commandant du 1er corps de ne pas renouveler l'attaque de la ville.

Le sous-lieutenant Dréyssé, chargé d'explorer les mines de l'ennemi, s'était jeté avec le sergent Charles et quatre mineurs dans le fossé de la lunette Schwartz ; mais ses quatre mineurs ayant été tués ou blessés, il se trouvait seul avec le sergent, et dut se retirer lorsque nos soldats évacuèrent l'ouvrage dont ils s'étaient un moment emparés. Cependant l'attaque du faubourg passait par des phases diverses. Dès le début du combat, le général Bosquet, frappé d'un éclat de bombe au côté, avait dû quitter le champ de bataille ; son commandement fut remis au général Dulac.

La brigade de Saint-Pol, ayant en tête le 17e bataillon de chasseurs à pied, avait enlevé le petit redan, ainsi que nous l'avons déjà dit. Les officiers du génie commençaient à organiser la gorge du bastion n° 2 d'une manière défensive ; les chasseurs tournaient la deuxième ligne de défense de l'ennemi ; les ponts, rapidement mis en place, facilitaient le passage du fossé au 57e de ligne, qui suivait les chasseurs.

Au centre, la brigade Bourbaki, ayant en tête le 4e bataillon de chasseurs à pied, avait attaqué la courtine ; le passage du fossé n'avait pas présenté de grandes difficultés, et, la première enceinte étant franchie, l'ennemi avait été repoussé jusqu'à la seconde.

En ce moment les Russes, amenant des pièces de campagne, envoyèrent une grande quantité de mitraille sur la colonne du centre, qui rétrograda vers la première enceinte. En même temps, les batteries du bastion n° 1 et de la brisure de la courtine 1-2, les quatre bateaux à vapeur embossés à l'entrée de la baie du carénage et les batteries du nord couvraient le terrain conquis et la tête des tranchées de mitraille et de projectiles de toute nature. Un mouvement offensif des Russes contre le petit redan repoussa nos soldats, qui se replièrent dans cet ouvrage, et en sortirent pour regagner les tranchées, malgré les efforts tentés par les officiers pour les retenir. Le général de Saint-Pol fut frappé à mort au moment où il quittait le bastion avec les officiers du génie et leurs travailleurs. Au centre, la plupart des troupes dépassèrent aussi l'enceinte dans leur mouvement de retraite, et rentrèrent dans la sixième parallèle ; mais elles ne tardèrent pas à se reporter en avant, soutenues par une réserve de voltigeurs de la garde, et, quoique le bastion restât au pouvoir de l'ennemi, elles se maintinrent définitivement dans le fossé et le long du parapet de la courtine.

. . . .

Cependant les Russes, qui comprenaient que, s'ils nous abandonnaient le fort de Malakoff, la place était perdue pour eux, firent les efforts les plus héroïques pour le reprendre. Ils formèrent trois fortes colonnes : la principale, montant par la grande rampe du faubourg, se porta directement sur la gorge du fort ; une autre, prenant plus à droite, marcha par les versants de la batterie Gervais ; enfin la 3e, débouchant des ruines du faubourg, se porta vers la longue branche de l'Est et la gorge du fort où se trouvait le général Vinoy. La lutte fut des plus acharnées. Les Russes vinrent se heurter contre une partie des 20e et 27e de ligne et du régiment des tirailleurs algériens soutenus par deux compagnies de zouaves de la garde ; leur tête de colonne pénétra un moment jusqu'aux premières traverses du fort, mais presque tous ceux qui avaient pu franchir l'étroit passage de la gorge furent tués. Enfin, après plusieurs tentatives désespérées dans lesquelles il avait entassé ses cadavres au sommet de la rampe, les deux autres colonnes étant aussi repoussées, l'ennemi dut reconnaître son impuissance à nous enlever ses propres fortifications ; il se retira dans le faubourg et se contenta, à partir de trois heures, de nous inquiéter dans le fort Malakoff par une fusillade très vive, partant des maisons les plus rapprochées, et par les feux de son artillerie.

La petite garnison de la tour, composée d'un officier et d'une soixantaine de soldats, tenait toujours, tirant par les créneaux sur tous ceux qui passaient à sa vue. Comme on n'avait pas eu le temps de la réduire, on avait placé des sentinelles qui empêchaient d'approcher des créneaux ; mais, dès qu'on eut moins à se préoccuper des attaques extérieures, on amena un petit mortier au moyen duquel la porte de la tour fut enfoncée, et l'officier qui avait audacieusement continué son feu sur nos troupes qui l'entouraient en si grand nombre, fut forcé de se rendre. C'est au moment où les soldats russes sortaient de la tour en déposant leurs armes que le magasin à poudre de la courtine vint à sauter ; nos soldats, enveloppés d'un nuage de poussière, voyant plusieurs de leurs camarades écrasés autour d'eux par les débris de l'explosion et supposant que le feu avait été mis aux poudres par les Russes, voulaient se venger sur ceux qui venaient de se rendre ; mais les officiers calmèrent bien vite leur exaspération, et la petite garnison de la tour fut traitée avec les égards dus à sa bravoure.

.   .   .   .

La journée avait été sanglante pour les alliés comme pour les Russes ; plus de vingt mille hommes gisaient sur le sol. Nous avions attaqué la place sur quatre points : au petit redan (bastion n° 2), à Malakoff, au grand redan (bastion n° 3), et au bastion central (bastion n° 5). Partout nous avions franchi l'enceinte, et nous n'avions pu nous maintenir que dans le fort Malakoff ; mais cette conquête était décisive, et dès que les Russes eurent perdu l'espoir de nous l'enlever, ils prirent la résolution d'abandonner toute la partie de la place qui se trouve au sud du port, c'est-à-dire le faubourg avec ses grands établissements maritimes et toute la ville, avec un armement de près de quatre mille bouches à feu. Enfin, pour ne pas laisser brûler leur flotte, les Russes étaient réduits à la couler. On peut donc dire que, ne pouvant prolonger leur défense de quelques jours encore qu'en sacrifiant une partie de leur armée, les Russes nous abandonnaient Sébastopol.

En voyant l'intérieur de la place, on s'est facilement expliqué que la prise du fort Malakoff ait amené ce grand résultat; mais, avant qu'il se fût produit, on avait souvent contesté la nécessité des attaques de Malakoff, qui, après cinq mois d'un siège déjà bien pénible, étaient venues imposer à l'armée française un si grand surcroît de fatigues et de dangers.

Le mouvement de retraite des Russes s'annonça dans la soirée du 8. On vit des troupes et beaucoup de voitures passer par le pont, se rendant sur la rive nord du port. Dans la nuit, des incendies se manifestant sur tous les points ne laissèrent plus de doute sur le parti que prenaient les Russes d'évacuer la ville et de ne laisser que des ruines derrière eux. Des explosions successives, dont la première eut lieu à onze heures du soir, détruisirent les batteries, les magasins à poudre et à projectiles, et une partie des ouvrages de la place. Le général en chef ne crut pas devoir inquiéter la retraite des Russes ; on ne pouvait s'aventurer la nuit dans les rues d'une ville inconnue, lorsque les grandes explosions préparées par l'ennemi et les progrès de l'incendie qui faisait à chaque instant sauter les nombreux magasins dans lesquels la garnison avait déposé ses approvisionnements de poudre pouvaient écraser nos troupes. Le général en chef dut se borner à attendre le jour, en conservant ses positions. Au soleil levant, on put voir que les Russes repliaient le pont de radeaux et qu'ils avaient coulé tous les vaisseaux mouillés dans le port, ne conservant que quelques bâtiments à vapeur pour embarquer les derniers défenseurs. L'incendie continuait à dévorer la ville, et plusieurs explosions eurent encore lieu dans la matinée. Quelques-unes firent périr des maraudeurs qui s'étaient introduits dans la place malgré la défense qui en avait été faite.

Les Russes effectuèrent leur retraite[1] si précipitamment, qu'ils abandonnèrent une partie de leurs blessés qui périrent misérablement avant que nous pussions les secourir. D'après leurs rapports, le pont ne servit qu'à évacuer les défenseurs de la ville ; ceux du faubourg furent emmenés par les bateaux à vapeur ; les artilleurs et des tirailleurs volontaires occupaient les ouvrages de l'enceinte, et plusieurs régiments défendaient les barricades élevées dans la ville. Dans la nuit du 8 au 9, l'ennemi fit sauter trente-cinq magasins à poudre. Le 9, eurent lieu les explosions des batteries 7, 8 et 10. Le fort Saint-Pol sauta dans la soirée du même jour ; le temps manqua pour détruire le fort Nicolas qui était miné sur quelques points[2].

1. « Sur toute la ligne des bastions de Sébastopol, où pendant des mois entiers la vie bouillonnait, ardente et énergique, où pendant des mois la mort seule relevait les héros agonisants les uns après les autres et inspirant la terreur, la haine et enfin l'admiration à l'ennemi, sur ces bastions, dis-je, il n'y avait plus une âme ; tout y était mort, farouche, épouvantable, mais non pas silencieux : car tout croulait autour avec fracas. Sur la terre labourée par une récente explosion, gisaient çà et là des affûts brisés, des cadavres russes et français écrasés, de lourds canons de fonte renversés dans le fossé par une force effroyable, à moitié enterrés dans le sol et pour toujours muets, des bombes, des boulets, des éclats de poutres, des fossés, des blindes, et encore des cadavres en capotes bleues et grises qui semblaient secoués par de suprêmes convulsions et qu'éclairait par instants le feu rouge des explosions qui retentissaient dans l'air.

» Les ennemis voyaient bien qu'il se passait quelque chose d'insolite dans le redoutable Sébastopol, et ces explosions, ce silence de mort sur les bastions les faisaient trembler ; sous l'impression de la résistance calme et ferme de cette dernière journée, ils n'osaient encore croire à la disparition de leur invincible adversaire et attendaient avec anxiété, silencieux et immobiles, la fin de cette nuit lugubre.

» L'armée de Sébastopol, semblable à une mer dont la masse liquide et inquiète se répand et déborde, avançait lentement par une nuit sombre, en ondulant dans l'obscurité impénétrable, sur le pont de la baie, se dirigeant vers la Séverneïa, s'éloignant de ces lieux où étaient tombés en si grand nombre les héros qui les avaient arrosés de leur sang, de ces lieux défendus pendant onze mois contre un ennemi deux fois plus fort et qu'elle avait reçu l'ordre d'abandonner aujourd'hui même sans combat. »

(TOLSTOÏ. *Les Cosaques. Souvenirs de Sébastopol.* Hachette, éditeur.)

2. « Le dernier jour de Sébastopol était venu ; 874 bouches à feu tonnaient contre les bastions et contre la ville. Dans les vingt-huit derniers

La guerre de Crimée s'était terminée par le traité de Paris. Mais, malgré son discours de Bordeaux dans lequel il avait affirmé que « l'empire était la paix », Napoléon allait bientôt lancer la France dans de nouvelles expéditions dont la gloire la consolerait de la perte de ses libertés. Poussé par M. de Cavour, l'empereur Napoléon avait pris en main (rôle qui convenait à la tournure mystique de son esprit) la défense des nationalités. Or, la maison de Savoie poursuivait depuis bien longtemps contre l'Autriche la réalisation de l'unité italienne à son profit. Elle trouva un allié puissant dans Napoléon qui, brusquement, déclara la guerre à l'Autriche, et lança quatre corps d'armée, dont deux furent commandés par des maréchaux : Canrobert et Baraguey d'Hilliers, et deux par des généraux : Niel et Mac-Mahon. L'empereur en personne dirigea les opérations. Les Autrichiens, vaincus dans toutes les rencontres, durent accepter l'armistice de Villafranca, bientôt suivi de la paix de Zurich. Cette paix cédait à la France toute la Lombardie, à charge pour elle de la remettre à la royauté piémontaise.

Bataille de Solférino [1].

Tous les yeux étaient braqués sur les tours de Solférino et de Cavriana. Chaque Français sentait que le point important de la bataille se trouvait là. Le 1er corps était séparé de Solférino par un ravin profond dont les

jours du siège, les Russes perdirent 18,000 hommes, rien que par l'effet du bombardement. On avait lancé sur la ville un million et demi de boulets, bombes, obus, grenades : un seul jour, 70,000 projectiles. La canonnade s'entendait à plus de 100 kilomètres à la ronde. Les Français avaient creusé 80 kilomètres de tranchées pendant 336 jours de siège et 1,251 mètres de mines rien que devant le bastion du Mât. Ils avaient poussé leurs parallèles à 30 mètres de Malakoff. Le 8 septembre 1855, à midi, les batteries alliées cessent brusquement de tirer. Les Français s'élancent sur Malakoff et s'y maintiennent contre tout retour offensif. Malgré l'échec des Anglais au Grand-Redan, Sébastopol était pris. Les Russes évacuèrent la ville et le faubourg de Karabelnaïa, incendiant et faisant tout sauter derrière eux, et se retirèrent sur le côté nord. »

(A. RAMBAUD.)

1. Noir. *Souvenirs d'un simple zouave.*

pentes rapides étaient couvertes de cyprès. A la scène de meurtre qui allait avoir lieu, la nature donnait ainsi pour cadre un site funèbre. Le hasard fait parfois de la couleur locale.

Comme à Marignan, les Autrichiens étaient abrités derrière les murs d'un cimetière ; comme à Marignan aussi, nos soldats tentèrent un premier assaut qui fut repoussé, puis un deuxième qui n'eut pas plus de succès, puis un troisième qui allait échouer encore quand les voltigeurs de la garde furent lancés au secours du 1er corps. Ce renfort permit de repousser l'ennemi hors de Solférino.

L'empereur d'Autriche[1], dans sa proclamation à l'entrée de la campagne, avait comparé la valeur de l'armée française à un feu de paille, rappelant un proverbe qui depuis César court sur les Gaulois, et d'après lequel, si on parvenait à briser leur premier élan, ils seraient vaincus. Nous ne savons pas jusqu'à quel point l'opinion de César sur nos ancêtres était juste, mais nous avons montré à S. M. François-Joseph combien il s'était trompé à notre égard[2].

Dans cette bataille de Solférino qui dura seize heures, nos divisions firent toutes plusieurs retours offensifs, et quelques régiments chargèrent jusqu'à huit fois contre une même position avant de l'enlever.

. . . .

Après avoir enlevé Solférino, nous étions à peu près certains de la victoire. Toutefois Cavriana était un point formidable où l'ennemi pouvait encore nous arrêter.

Le 1er et le 2e corps gravirent vigoureusement le mont

1. L'empereur était François-Joseph.

2. « La guerre de 1859 consista en deux opérations où se manifestèrent l'incohérence de direction et le désarroi presque égal des deux armées. L'Autriche, avec 250,000 hommes, n'en avait que 110,000 disponibles ; 32 régiments français avaient un effectif inférieur à 140,000 hommes ; la mobilisation des deux parts fut lente et incomplète. »

(SEIGNOBOS.)

En résumé, l'armée autrichienne, forte de 100,000 hommes, avait à combattre l'armée sarde (70,000 hommes) et l'armée française (130,000 hommes).

Fontana, qui domine le village ; le régiment de turcos tenait la tête de l'attaque ; il fut magnifique d'élan et de ténacité ; on voyait leur fanion avancer rapidement sur les crêtes, quand tout à coup leur colonel et leur lieutenant-colonel furent tués dans un retour offensif tenté par la garde impériale ennemie.

Les turcos enlevèrent les corps de leurs chefs, les entourèrent et, selon la coutume arabe, trempèrent leurs mains dans leur sang ; c'était prendre l'engagement de les venger ou de mourir.

Appuyés par les zouaves et par les voltigeurs de la garde, les Algériens se ruèrent sur Cavriana avec une fougue irrésistible, et les premières maisons du village furent enlevées.

Le 72e et le 45e prirent une part brillante à cette affaire ; ils y perdirent les deux tiers de leur effectif. Les drapeaux furent plusieurs fois sur le point d'être enlevés.

L'aigle de l'un d'eux fut cachée un instant dans les plis d'un étendard autrichien ; une autre tomba cinq fois des mains mourantes de ceux qui la portaient ; une lutte terrible s'engagea autour de ce glorieux trophée sur lequel les combattants piétinèrent un instant. Enfin, un sapeur le ramassa et le sauva.

Dans les exercices, après maintes tentatives, le génie autrichien avait fini par regarder comme impraticable pour l'artillerie les pentes du mont Fontana qui domine Cavriana. L'on comptait beaucoup sur cette hauteur pour abriter ce village.

Grand fut l'étonnement de l'ennemi quand il vit deux batteries couronner cette cime escarpée. Les grenadiers du 1er régiment avaient hissé à force de bras plusieurs canons sur le plateau le plus élevé. Comme il n'était pas très large, ils n'avaient pas voulu l'encombrer par des caissons. S'échelonnant le long des flancs de la colline, ils faisaient la chaîne de la base au sommet pour transporter les munitions.

L'appui de cette artillerie fut décisif et décida la retraite de l'ennemi qui évacua Cavriana.

L'empereur d'Autriche était encore à Cavriana quand nos troupes envahirent les rues. Des chasseurs de la garde se précipitèrent vers une maison de belle apparence où stationnait un superbe cheval ; ils pensaient faire prisonnier quelque officier supérieur.

Un Italien à cheveux blancs se présenta à eux et leur demanda avec beaucoup de calme s'ils ne cherchaient point l'empereur d'Autriche.

— Oui, — répondirent les chasseurs.

— Alors, tournez à gauche, et hâtez-vous ; il vient de fuir par là, — dit le vieillard.

Les chasseurs suivirent ce conseil.

Dès qu'ils eurent disparu, un jeune homme portant l'uniforme de général sauta sur le coursier qui attendait et disparut au galop : c'était François-Joseph.

Le 2ᵉ régiment de zouaves[1], dont nous faisions partie, garda l'artillerie du 2ᵉ corps pendant toute la durée de la bataille. Plusieurs fois il reçut l'ordre de charger ; mais le général d'artillerie déclara qu'il retirerait ses canons s'il ne restait pas sous la protection des zouaves. Tous les autres régiments étant engagés, nous étions seuls autour des pièces, et l'on reconnut l'impossibilité de les abandonner.

C'est déjà bien peu d'un régiment pour défendre trente canons ; aussi l'ennemi essaya-t-il de les enlever à plusieurs reprises. Il fut toujours arrêté par la mitraille et par le feu de nos tirailleurs.

Quelques compagnies, ayant poursuivi un bataillon

1. Les zouaves furent d'abord des Kabyles de la tribu des *Zouaoux* organisés militairement (1830). Peu à peu les régiments, au nombre de trois, admirent dans leurs rangs des volontaires européens, si bien que les indigènes finirent par n'y être que l'exception. Les zouaves se distinguèrent d'abord au siège de Constantine sous les ordres de Lamoricière, puis à l'Alma et à Sébastopol avec Bourbaki. Ils firent également preuve de la plus grande audace à Solférino, à Puébla (Mexique) et en Extrême-Orient

ennemi qui se retirait, furent chargées par plusieurs escadrons.

Cette fois, les Autrichiens espéraient arriver sans peine jusqu'à l'artillerie masquée par les zouaves. Mais ceux-ci, au lieu de se former en carré, ce qui eût gêné le tir, se jetèrent à plat ventre. Les boulets passèrent par-dessus leur tête et la cavalerie ennemie essuya d'énormes pertes, d'autant plus que les zouaves, quoique couchés, la criblèrent de balles.

Vers la fin de la journée, tous les escadrons de la réserve ennemie se massèrent pour tenter un suprême effort. Grâce à un bouquet de bois, ils purent s'avancer très près de nous sans éveiller notre attention. Ils tombèrent avec impétuosité sur nos tirailleurs qui ne purent les arrêter.

Pris à l'improviste, nous formâmes des carrés très irréguliers autour des batteries. Malgré les vides qui s'y trouvaient, l'ennemi ne put les rompre. Les zouaves, chaque fois qu'ils furent entamés, se ruèrent sur les cavaliers au lieu de fuir, et les chargèrent avec rage. Les tirailleurs repliés se massèrent et coururent sur tous les points les plus menacés, creusant à leur tour de larges trouées dans les escadrons, qui tournèrent bride sous une grêle de balles. Plusieurs officiers allemands, faits prisonniers, manifestèrent leur surprise de nous avoir vus nous tirer si brillamment d'un si mauvais pas.

— C'est la première fois, — dit l'un d'eux, — que je vois l'infanterie courir sus à la cavalerie.

— Nous ne sommes pas des fantassins, répondit un zouave.

— Qu'êtes-vous donc ?

— Ce sont les en-tous-cas de l'armée, — répondit un général. — S'il n'y a pas de canons, on lance les zouaves ; ça fait l'effet d'une volée de boulets. Manque-t-on de cavalerie ? on leur crie : En avant ! et, ils écrasent une division comme si un régiment de cuirassiers avait passé sur elle. N'a-t-on pas de sapeurs du génie sous la main ?

ils improvisent une redoute. Faut-il tenir comme les plus solides bataillons de réserve ? ils se font tuer sans broncher.

Puis, se retournant vers nous, le général nous salua de la main et nous cria :

— Allez, zouaves, je suis content de vous ; vous avez sauvé mon artillerie.

Les canonniers nous pressaient les mains avec effusion ; ils ont conservé depuis. le souvenir de cette journée passée au milieu de nous et ne parlent pas sans émotion des services fraternels que leur a rendus le 2e zouaves.

Au moment où l'ennemi battait en retraite, vers le soir, l'artillerie tirait sans relâche, depuis cinq heures du matin. Les pièces étaient brûlantes. L'on peut, néanmoins, charger les canons chauffés à ce point en ayant soin de tenir la lumière bouchée ; mais cela offre toujours des dangers.

Le régiment, qui n'avait pas bu depuis le matin, mourait de soif. On aperçut à la gauche une petite ferme ; plusieurs compagnies obtinrent la permission d'en déloger les Autrichiens. On enviait leur sort. Les zouaves, quoique en petit nombre, mirent en fuite les Croates qui défendaient ce bâtiment. Quand on a la poitrine en feu, on culbuterait tous les obstacles pour arriver à un puits.

Dès que la ferme fut au pouvoir de nos compagnies, un officier d'artillerie y courut bride abattue. Le premier seau venait d'être tiré du puits, et chacun se précipitait.

— Un instant ! — cria l'officier en poussant son cheval entre le seau et les zouaves.

— Qu'est-ce qu'il veut, celui-là ? crièrent les zouaves furieux.

— Mes enfants, dit l'officier, mes canons sont rougis à blanc ; ils ont plus soif que vous.

Aussitôt les zouaves, avec une abnégation héroïque, formèrent une chaîne pour passer aux artilleurs des bidons pleins d'eau; pas un homme n'y trempa ses lèvres avant que les pièces fussent refroidies.

Bataille de Magenta[1].

Le maréchal Canrobert[2] s'élance vers un amas de maisons qu'entoure une épaisse fumée. Cet amas de maisons s'appelle Ponte-Vecchio-di-Magenta. Le canal qui traverse ce village le sépare en deux parties, sans communication entre elles, car les Autrichiens ont fait sauter le pont qui les unissait. Pourtant nos soldats devaient combattre sur les deux rives de ce cours d'eau. J'ai su depuis ce que le général Vinoy et le général Renault avaient fait sur la rive gauche. Je vois encore le maréchal sur la rive droite. Au moment où nous arrivons à Ponte-Vecchio, ce village, qui, en quelques heures, fut pris et repris sept fois, subissait une invasion autrichienne. Quoique animées d'un dévouement héroïque et commandées par des officiers intrépides, quelques compagnies se retiraient devant les masses poussées par le général Giulay, qui jetait en cette partie du champ de bataille colonne sur colonne, avec l'acharnement d'un joueur épuisant tout l'or de sa bourse sur un même coup. Le vent brûlant de la mousqueterie sifflait à travers le village, brisant les tuiles et arrachant le plâtre des mai-

---

1. Paul de Molènes. *Les Commentaires d'un soldat.* — Librairie des Bibliophiles.

2. Canrobert fut le type du soldat chevaleresque et séduisant. Avec ses longs cheveux flottant au vent en dépit de l'ordonnance, il marchait le premier au feu, entraînant par son insouciante intrépidité les soldats qu'il tutoyait tous avec bonhomie. Son souvenir en Afrique est resté vivant, et les zouaves surtout parlent encore avec enthousiasme de Canrobert et de Bourbaki. Maréchal de France après les services admirables qu'il avait rendus à Sébastopol et en Italie, il commanda la garde impériale et en 1870 dirigea un corps d'armée sous les ordres de Bazaine. Il n'a pas tenu à lui que la ville ne fût débloquée et Canrobert restera toujours le héros de Borny et de Saint-Privat. Resté fidèle à l'Empire, il prit sa retraite après 1871. Il est mort en 1895.

sons. Le maréchal Canrobert fait rebrousser chemin aux
soldats qu'il rencontre. « Allons, mes amis, leur crie-t-il,
encore un effort; à la baïonnette ! — A la baïonnette ! »,
répètent autour de lui des voix fatiguées, mais ardentes,
où l'on sent vibrer toute l'énergie que des vouloirs in-
domptables peuvent arracher aux dernières profondeurs
de l'âme. Et ces compagnies décimées, conduites par des
officiers qui presque tous ont reçu des contusions ou des
blessures, marchent de nouveau sur les feux ennemis, se
jettent sur la mort, qu'elles forcent à reculer comme un
fantôme vaincu par la sainte image de la foi.

Les Autrichiens se sont repliés à leur tour. Quand nos
yeux ne nous le diraient pas, nous le saurions par ces
longs sifflements qui traversent l'air, puis viennent aboutir sur le sol à une explosion soulevant autour de nos
chevaux les mottes de terre et les touffes d'herbes. L'ennemi recommence à lancer ces fusées qu'il tient en estime
particulière : projectile d'un poétique effet, mais lent,
maladroit, incapable de lutter contre ce coin de fer que
le canon rayé, à travers de fabuleuses distances, enfonce
au cœur d'une armée. Le canon rayé, je le vois jouer
son rôle sous la direction du général Lebœuf au pont du
chemin de fer où le maréchal Canrobert retourne un
instant. Le général Lebœuf a mis là quelques pièces en
batterie. Ces pièces, tournées vers Ponte-Vecchio, lancent
des boulets qui, décrivant une courbe immense, passent
au-dessus du village où sont retranchés nos soldats, et
vont retomber dans les rangs autrichiens. Ce chemin de
fer d'où tout à l'heure nous courions à l'ennemi offre un
spectacle entraînant. Le maréchal Canrobert y est
accueilli avec enthousiasme par des troupes heureuses
du secours chaleureux qu'il leur apporte, et qui assure
le succès de leurs longs efforts. Pendant que le commandant en chef du troisième corps échange quelques
mots avec le général Niel, qui vient de donner des ordres
à la division Vinoy, je promène mes regards sur ce qui
m'entoure. La confiance règne sur tous les visages.

Je reconnais dans ce coin du champ de bataille plusieurs visages que j'ai déjà vus, éclairés par des lueurs semblables à celles qu'ils réfléchissent maintenant. Ainsi je retrouve le général de Wimpfen[1], qui me rappelle l'Afrique et la Crimée. Les traits de ce vaillant soldat, dont le vieux nom est mêlé aux guerres de tous les pays et de tous les temps, sont ensanglantés et noircis ; mais son regard est rayonnant. Il m'adresse quelques paroles qui me font plaisir. « Ce sont toujours les mêmes hommes qui se font tuer », disait en riant le maréchal Bugeaud. Le fait est que les champs de bataille ressemblent à ces salons où l'on retrouve toujours une même société. Ils ont un personnel d'habitués que les balles endommagent et diminuent de temps en temps, mais dont on voit constamment reparaître quelques débris.

Bientôt le maréchal Canrobert reprend sa course. Nous retournons aux lieux que nous venons de quitter. Les Autrichiens n'ont pas renoncé à l'attaque de Ponte-Vecchio. Le maréchal s'arrête encore à ce village, puis parcourt de nouveau les lignes de tirailleurs qui en protègent les approches. Il se meut, à la fois calme et passionné, au milieu du feu. Il se porte à tous les endroits où un exemple énergique est nécessaire. Chaque soldat, tour à tour, entend à son oreille cette parole amicale et impérieuse, héroïque et familière, qui tantôt le pousse où il faut courir, tantôt l'enchaîne où il faut rester. Tandis que les heures s'écoulaient pour nous dans cet espace étroit, mais où se passait une grande lutte, le général Mac-Mahon[2] accomplissait son mouvement tournant sur

---

1. Le général de Wimpfen devait commander à Sedan le 2 septembre 1871.

2. Mac-Mahon, né d'une vieille famille écossaise en 1804, entra de bonne heure dans l'armée française, prit part à presque toutes les campagnes d'Algérie, se mit en valeur en montant le premier à l'assaut de Sébastopol et en prononçant les fameuses paroles : « J'y suis, j'y reste. » Il conquit sur le champ de bataille de Magenta son bâton de maréchal de France et le titre de duc de Magenta. Commandant en chef de l'armée algérienne, il fut, en 1870, chargé

Magenta. Le maréchal Canrobert avait envoyé le comte Vimercati s'enquérir des opérations du 2e corps. Tout à coup nous voyons cet officier s'avancer vers nous au galop. La joie d'une bonne nouvelle est sur ses traits. Il nous apprend en effet que Magenta, où il vient lui-même de pénétrer, est au pouvoir de nos armes. En cet instant, le maréchal Canrobert était sur la lisière d'un champ, à l'entrée de Ponte-Vecchio. L'ennemi tentait sur ce village un effort suprême. Le feu redoublait de furie. Je vois encore, à l'horizon d'un tableau que je pourrais dessiner, ces soldats autrichiens élégants et sveltes, avec leurs tuniques blanches et leurs bonnets bleus, ouvrant les bras et tombant à côté de leurs fusils. Dans ce paysage embrasé, la mort était en pleine moisson ; mais le maréchal Canrobert sentait la victoire décidée. En préservant le flanc droit de l'armée, il avait assuré les succès obtenus aux débuts de l'action par la garde ; la prise de Magenta par le général Mac-Mahon venait à présent confirmer l'heureux résultat de la lutte qu'il soutenait depuis plusieurs heures. Ainsi, trois actes éclatants amenaient le dénouement triomphant du drame [1].

de défendre la trouée des Vosges, fut vaincu, non sans gloire, aux combats de Wœrth et de Reischoffen et, revenu à Châlons-sur-Marne, tenta cette marche sur Metz qui devait aboutir au désastre de Sedan. Après la guerre, il commanda en chef l'armée chargée de réprimer la Commune. Il fut nommé Président de la République française le 25 mai 1873, et tomba du pouvoir en décembre 1877, après avoir tenté le coup d'Etat du 16 mai, mais après avoir refusé de trahir son serment au profit du comte de Chambord. Il rentra alors dans la vie privée et mourut en octobre 1894. L'amiral russe Avelane et son état-major suivirent le convoi du héros de Malakoff.

1. En réalité, la bataille de Ma-genta ne fut pas aussi facile que le prétend Paul de Molènes : « La bataille décisive de Magenta fut une lutte confuse, sans plan d'ensemble ; une attaque partielle des Français sur les ponts du canal fut suivie d'une série de combats entre les renforts envoyés des deux côtés. Le général autrichien avait déjà télégraphié sa victoire et Napoléon se croyait vaincu quand le corps de Mac-Mahon, arrivant à la fin, obligea les Autrichiens à la retraite ; l'armée française, en désordre, passa la nuit sur ses positions sans poursuivre l'ennemi. Le résultat fut la retraite des Autrichiens de la Lombardie. »

(SEIGNOBOS. *Histoire politique de l'Europe contemporaine.*)

Episode de la bataille de Magenta[1].

Pour gagner l'ambulance qu'on avait établie à la hâte, les blessés étaient obligés de suivre la route où se tenait l'Empereur. Ainsi aucune horreur de la bataille n'était épargnée à celui qui en réglait les mouvements. Comme les fils de cet illustre supplicié forcés de recevoir sous l'échafaud le sang de leur père, l'Empereur, en offrant lui-même sa chair aux balles, sentait tomber goutte à goutte sur son cœur tout le sang de son armée. Placé à quelques pas derrière lui, après m'être acquitté de mon message, j'accordais, je l'avoue, une assez médiocre attention au lugubre défilé dont j'étais le spectateur. J'étais rempli d'une joie immense, ma cervelle résonnait de fanfares. Le ciel, mélancolique pourtant, et où s'allongeaient les premières ombres du soir, me semblait pavoisé à nos couleurs ; mais soudain mon regard fut attiré par une civière où se tenait à demi couché un blessé dont le visage avait une particulière énergie. C'était un soldat. Ses jambes étaient cachées par sa capote grise, à laquelle ses épaulettes de laine étaient attachées encore ; une chemise grossière couvrait seule son buste, dont le bas portait des traces sanglantes, et le haut de ce buste offrait un terrible spectacle. Un boulet avait atteint cet homme à l'épaule et lui avait arraché le bras ; l'endroit où ce boulet avait frappé présentait une plaie sinistre, une immense surface de chair rougie où se tordaient des fibres déchirées. — Eh bien, en passant devant l'Empereur, ce soldat, par je ne sais quel effort, car, outre cette horrible plaie, il avait au ventre une autre

1. Paul de Molènes, *Commentaires d'un soldat.* — Librairie des Bibliophiles.

blessure, ce soldat parvint à se soulever, et, se mettant sur son séant, il appela l'Empereur... « Sire, votre main ! » s'écria-t-il avec cet accent étrange, violent et sourd, sonnant le formidable et l'inconnu, que prend le verbe de l'homme quand il s'agite comme un oiseau de nuit effrayé entre les parois de la masure d'où le chasse la mort. À cet appel, l'Empereur, comme si une puissance surhumaine l'eût évoqué, s'avança lentement, et mit sa main nue dans la main que le soldat agonisant lui tendit par-dessus sa capote, à quelques pouces de la plaie béante qui était la cause de cette étreinte. Après cette poignée de main, la civière poursuivit sa route. Le front du soldat était radieux, celui du souverain était voilé. L'Empereur donna encore la main à un officier blessé à la poitrine, qui, en passant devant lui, s'était soulevé également sur sa civière pour l'acclamer avec un accent qui avait quelque chose de jeune et de touchant. Toutefois, c'est du soldat mutilé que j'ai gardé le plus vif souvenir. Cette poignée de main sur ce brancard décoré par des épaulettes de laine m'a singulièrement remué.

Des hostilités avaient éclaté, en 1856, entre les autorités chinoises de Canton et les Anglais soucieux de vendre au meilleur prix possible l'opium destiné à empoisonner les Chinois. La France prit parti pour l'Angleterre qui venait de bombarder Canton, et les deux puissances réclamèrent l'observation intégrale des traités de 1842. Cette réclamation fut appuyée par une démonstration navale, puis par un débarquement de troupes. Canton fut pris et les Chinois durent signer le traité de Tien-tsin. Mais ce traité ne fut pas mieux observé que celui de 1842, et, en 1859, une grande expédition anglo-française fut décidée. Une armée anglaise dirigée par le général Grant et une armée française commandée par le général Cousin-Montauban marchèrent sur Pékin et s'en emparèrent. Les Chinois durent céder et le traité de Tien-tsin fut solennellement confirmé.

Combat de Palikao[1].

Des renseignements recueillis pendant les journées des 19 et 20 septembre apprirent au général de Montauban que l'armée tartare occupait des camps retranchés situés à cheval sur la route de Pékin et à peu de distance de Thoung-tchou, et que, par suite des ordres expédiés aux divers généraux divisionnaires par Sang-No-lin-sin, les troupes campées à peu de distance de nous devaient nous attaquer le 22.

Les généraux alliés résolurent de prévenir cette attaque, et firent tous leurs préparatifs pour accélérer un dernier combat avant d'arriver sous les murs de Pékin.

La grande chaussée macadamisée qui conduit de Pékin à Tien-tsin traverse, à peu de distance de Thoung-tchou, le canal qui relie le Peï-ho à cette dernière ville. Un très beau pont de granit, dit de Pa-li-Kao, met en communication les faubourgs de Thoung-tchou avec le petit village de Pa-li-Kao.

Le corps français, dont le tour de marcher en tête de colonne était venu, devait se porter directement au pont de Pa-li-Kao, pendant que l'armée anglaise, faisant conversion à gauche, vers le pont de bois de Pa-si-tsa, devait menacer les approches de la capitale.

Le 21, à trois heures du matin, clairons et tambours firent entendre le réveil et, à quatre heures, toute l'armée se mit en mouvement.

En quittant notre campement, le terrain qui s'offrait à notre vue était presque complètement boisé ; puis, çà et là d'immenses propriétés particulières, entourées de hautes murailles, et reliées entre elles par de petits bois touffus servant de lieu de sépulture.

1. De Mutrécy. *Journal de la campagne de Chine.* — Librairie Nouvelle.

Des cavaliers sont lancés en avant pour éclairer la route.

Nous arrivons sans voir un ennemi à la hauteur des dernières maisons de Thoung-tchou que nous laissons à notre droite, et nous marchons en ordre de bataille vers l'endroit supposé occupé par l'ennemi.

De nouveaux cavaliers, lancés en avant, reviennent aussitôt annoncer qu'un grand nombre de Tartares, retranchés derrière la ville, occupent trois villages qui forment les faubourgs, et que plus loin on aperçoit très distinctement un camp considérable dont les tentes sont encore toutes dressées. Nous étions alors à trois kilomètres environ du pont de Pa-li-kao.

Pendant que le corps anglais se déploie à gauche, nous nous portons vivement à droite. A peine le mouvement est-il terminé que, de tous côtés, apparaît sur notre front une quantité innombrable de cavaliers armés de lances et d'arcs, s'avançant en bon ordre, avec une allure très vive. Ils sont reçus à bout portant par deux compagnies du bataillon de chasseurs, déployées en tirailleurs et cachées dans un fossé. Ces deux compagnies forment, avec un détachement de pontonniers, deux pelotons d'artillerie à cheval et une batterie de 4, l'avant-garde que commande le général Collineau.

Le nombre de cavaliers tartares croissait de minute en minute, et bientôt toute notre ligne de bataille se trouva débordée.

Nous crûmes un instant être enveloppés de toutes parts par cette nuée de cavaliers dont le nombre devenait effrayant.

Le général Collineau avait vivement disposé les pièces de sa batterie; de nombreux projectiles lancés par elle mirent le désordre dans la cavalerie ennemie qui, forcée de fuir, revint une seconde fois à la charge en poussant des cris sauvages. Cette fois, elle fut mitraillée et reçue à coups de baïonnette par nos braves troupiers, qui profitèrent de la débandade de la cavalerie ennemie pour s'élancer sur les trois villages défendus par une formidable artillerie.

Sur ce point, dès le commencement de l'action, une vive canonnade s'était fait entendre. Le colonel Schmitz, chef d'état-major général, qui s'était porté de ce côté pour étudier la situation, n'avait pas hésité à indiquer au général en chef ce point comme le centre des forces ennemies. Le général de Montauban donna aussitôt l'ordre au général Jamin de se porter dans la direction de ces villages avec le reste du bataillon de chasseurs, la batterie de 12 et une compagnie de fuséens. Le 101e de ligne, commandé par le colonel Pouget, devait soutenir le mouvement en se portant à droite. Au centre comme à droite, nos braves troupiers, entourés par des ennemis dix fois plus nombreux, firent des prodiges de valeur.

Au moment où l'armée anglaise opérait son mouvement de conversion à gauche, le général en chef, M. de Montauban, tranquille sur son extrême-gauche, donnait au général Collineau l'ordre de tourner les villages pendant que le général Jamin les attaquerait de front. Les colonnes partirent au pas de course. Dès ce moment, rien ne put arrêter l'élan de nos troupes, et après vingt minutes d'un combat très vif, l'ennemi, chassé de ces trois villages, dut se replier tout en disputant vaillamment et pied à pied chaque accident de terrain. La bravoure de la résistance semblait augmenter la vigueur de l'attaque. Enfin, après avoir tenté une résistance désespérée, l'ennemi s'enfuit en désordre sur la rive gauche du grand canal impérial [1], où beaucoup de cavaliers et de fantassins trouvèrent la mort.

Un instant, on crut le combat terminé ; mais bientôt,

---

1. La richesse du régime hydrographique de la Chine explique que presque toutes les communications se fassent par les artères fluviales et les canaux de jonction. Le canal impérial relie entre elles les grandes rivières de l'empire, entre Pékin et Canton. Ce grand canal n'est d'ailleurs formé que de lacs et de rivières reliées entre elles. Il est toujours très fréquenté par les jonques.

aux coups précipités de canon[1] qui retentissaient sur la rive opposée du canal, on eut l'assurance que l'ennemi, confiant peut-être en la force de ses canons de gros calibre échelonnés sur la rive, prolongerait la résistance jusqu'au bout. On eût été imprudent de traverser, sous le feu de l'ennemi, le large pont de pierre qui relie les deux rives du canal et qui était fortement défendu par une batterie d'artillerie.

Pendant que les troupes, dont on avait été obligé de modérer l'ardeur, s'emparaient des maisons qui bordent le canal, le général Collineau prenait en écharpe l'artillerie chinoise, et le colonel de Beutzmann, avec la batterie de 12 et les fuséens, battait le pont d'enfilade. Dès que le feu de l'ennemi fut éteint, le général Collineau, à la tête de son avant-garde et d'une compagnie du 101e de ligne, commandée par le capitaine de Moncets, s'élança sur le pont, qu'il franchit aux cris de *Vive l'Empereur!* et poursuivit à l'arme blanche les Tartares[2] culbutés sur toute la ligne.

Il était midi et nous nous battions depuis sept heures du matin. Le général de Montauban fit sonner la halte ; deux heures après, tout le corps expéditionnaire était campé dans le camp retranché des Tartares.

Ainsi, dans cette journée du 21 septembre, nous avons eu à combattre un ennemi dont quelques-uns portent le nombre à 60,000. Cet ennemi était maître de positions stratégiques excellentes, et de plus, il disposait d'une ca-

---

1. A cette époque, l'armée chinoise disposait d'un assez grand nombre de canons de fort calibre, dont la plus grande partie avaient été fabriqués par des ingénieurs français. Pendant longtemps l'arsenal de Fou-Tchéou, également construit par un Français, Prosper Giequel, a eu la réputation de contenir une redoutable artillerie. Il a fallu la lutte de la France et de la Chine (1884-85) et la dernière guerre sino-japonaise pour montrer ce qu'avait de factice et de débile l'organisation militaire chinoise.

2. Le fond de l'armée chinoise n'est pas composé de Chinois. L'armée des « huit bannières » se recrute presque exclusivement parmi les Mongols et les Tartares-Mandchoux, mariés et installés dans une propriété qui leur appartient. Ce sont des colons militaires bien plus que des soldats. Le seul corps sérieux est le Hiao-Ki-ging, qui occupe la capitale et les environs.

valerie nombreuse et d'une artillerie considérable. En cinq heures, nous avons eu, en quatre endroits différents, quatre combats distincts presque sans interruption ; comme résultat matériel, cent pièces de canon, toutes les tentes du camp ennemi et une quantité énorme de munitions de guerre sont restées en notre pouvoir.

Pillage et incendie du palais impérial [1].

Dans la matinée du 7 octobre, le général de Montauban, accompagné des généraux Jamin et Collineau, du colonel Schmitz, du brigadier anglais Fattle, du colonel Fonley et du major Sley des dragons de la reine, se rendit au palais de l'empereur. Une compagnie d'infanterie était chargée d'ouvrir la marche pour faire face à toutes les éventualités ; mais le palais étant complètement évacué par les Tartares, il n'y eut pas un coup de fusil échangé. Après cette première visite dans le palais de Yuen-Wing-Yuen, le général de Montauban fit placer des sentinelles chargées de veiller à ce que personne ne pût pénétrer avant l'arrivée du général Grant [2].

Aussitôt l'arrivée de ce dernier, on désigna dans chaque corps d'armée trois commissaires chargés de faire mettre à part les objets de curiosité les plus précieux, et de procéder au partage des monnaies d'or et d'argent trouvées dans le palais. La part de prise pour chacun de nos soldats a été évaluée à 80 francs [3].

La commission anglo-française, présidée par le géné-

---

1. De Mutrecy. *Journal de la campagne de Chine.* Librairie Nouvelle

2. L'expédition contre la Chine avait été organisée par la France et l'Angleterre. Les troupes françaises étaient dirigées par le général Cousin-Montauban, les troupes anglaises par sir Hope Grant. La paix fut signée, après la prise du palais d'Eté,

par le baron Gros pour la France et lord Elgin pour l'Angleterre (traité de Tien-tsin, 25 octobre 1860).

3. Est-il bien nécessaire de faire remarquer que la façon dont l'armée du général Montauban se conduisit en Chine et le pillage qui suivit la prise du palais d'Eté, furent généralement et avec raison blâmés ?

ral Jamin, a décidé, au nom du corps expéditionnaire, d'envoyer à S. M. l'empereur Napoléon, ainsi qu'à S. M. la reine Victoria, les objets les plus curieux trouvés à Yuen-Wing-Yuen, à titre d'hommage et de souvenir.

Parmi les objets envoyés par l'armée à l'empereur Napoléon, figuraient :

Deux bâtons de commandement, longs de 40 centimètres environ : ils ont la forme d'un C allongé, et sont en or, ornés au milieu et aux extrémités de jade remarquable par la beauté, la grosseur des pierres et la perfection du travail.

Un costume complet de l'empereur de Chine. Ce costume consiste en plusieurs vêtements superposés les uns sur les autres ; le premier est en soie lamée d'or ; le second, en acier, forme cotte de mailles ; le troisième, le plus riche, est en soie couleur jaune d'or, avec de ravissantes broderies de toutes couleurs ; des boutons en or et en pierreries rehaussent encore la richesse de ce vêtement, qui est complété par un casque d'or et d'acier surmonté par une longue pointe en acier.

Une pagode en bronze ciselé et doré, d'un remarquable travail ; de gigantesques vases en émail aux couleurs variées ; plusieurs divinités en or et en émail. Ces objets faisaient partie d'un temple situé à peu de distance du palais, dans les vastes jardins impériaux.

Deux énormes chimères en cuivre doré, et pesant chacune près de 400 kilogrammes.

Deux stores d'une longueur démesurée, et d'un travail remarquable.

Enfin, des bagues, des colliers, des coupes, des laques, des porcelaines, et mille objets de curiosité[1].

Quand les objets précieux ont été réunis et partagés, il nous a été permis de visiter nous-mêmes ce merveilleux palais, véritable palais des *Mille et une Nuits*.

Quand nous avons pénétré dans ces jardins immenses

---

1. Tous ces objets se trouvent actuellement réunis dans une des salles du palais de Fontainebleau.

où, sur une étendue de quatre lieues environ, les palais, les pagodes, les lacs, se succèdent à chaque pas, nos regards étonnés ne savaient où se fixer.

Dans les pagodes, nous avons remarqué toutes les divinités bouddhistes [1], colossales statues d'or, d'argent et de bronze ; une seule, en bronze, a 70 pieds de hauteur.

Dans les palais, c'est une profusion d'objets d'art chinois et européens où les lambris d'ivoire, les candélabres étincelants aux mille facettes, les meubles de toute forme, les ornements d'or, de jaspe, de jade et de porphyre se mêlent, s'enlacent, se répercutent dans de grandes et belles glaces, qui semblent sortir de la manufacture de Saint-Gobain.

Dans des garde-meubles, sont entassées les dentelles les plus fines, les fourrures les plus riches, les soieries les plus variées.

Chacun a pu en prendre sa part, mais, limitée à la possibilité du transport, cette part a été bien modeste. On faisait du reste si peu de cas de ces riches tentures, que nos soldats s'en servaient en guise de toile d'emballage.

Dans un de ces bâtiments, on a retrouvé deux magnifiques voitures anglaises offertes à l'empereur de Chine par lord Wacartuey, lors de son ambassade.

Il faudrait des volumes pour décrire toutes les splendeurs amoncelées depuis des siècles dans le palais favori de l'empereur du Céleste-Empire.

C'est dans ce palais d'Yuen-Wing-Yuen que l'on conservait les tablettes de la dynastie auxquelles sont attachées, selon la croyance chinoise, les destinées de la famille régnante. Ce palais était vénéré par le peuple, ses galeries et ses parcs étaient renommés dans tout l'empire.

---

1. Les Chinois, en très grand nombre, se contentent, pour toute religion, de suivre les doctrines de Confucius. Mais, de plus en plus, la religion de Bouddha, venue de l'Inde, se répand dans le Céleste Empire. Presque tous les adversaires que la France eut à combattre, au moment de la guerre de 1884, appartenaient à la religion bouddhique.

C'est là que se donnaient les fêtes nationales et qu'avaient lieu les réceptions officielles, les spectacles et les concerts de la cour.

De toutes ces splendeurs, il ne restera bientôt plus que des ruines, car lord Elgin et le général Grant viennent de faire incendier ce fameux palais impérial, pour tirer vengeance des cruautés infligées aux prisonniers européens. A cet égard, je crois pouvoir dire que le général en chef du corps anglais, sous l'influence de lord Elgin, pressa de tout son pouvoir le général de Montauban, pour le décider à envoyer des soldats français chargés d'aider les soldats anglais à incendier le palais. A cette communication par écrit, notre général en chef répondit qu'il ne retournerait pas à Yuen-Wing-Yuen, et qu'il considérait le fait d'incendier le palais comme une représaille inutile.

Lord Elgin persista dans son projet. L'ambassadeur d'Angleterre a donné à son gouvernement des explications pour justifier ce fait, mais il importe de dire ici que les troupes françaises n'ont coopéré en rien à cet immense incendie, et que si la grande bibliothèque de Yuen-Wing-Yuen, si riche en collections diverses, et dont on peut avoir une idée en consultant le catalogue déposé à la Bibliothèque de Paris, a été brûlée, l'armée française et son chef avaient protesté d'avance contre cet acte, dont lord Elgin a assumé sur lui toute la responsabilité[1].

Si la campagne de Crimée peut se justifier par l'alliance anglaise, celle d'Italie par le devoir de défendre les nationalités, celles de Syrie et de Chine par le rôle de soldat chrétien que Napoléon voulait jouer en Extrême-Orient, rien ne peut expliquer la folle entreprise qui nous amena à combattre au Mexique en faveur d'un archiduc qu'un caprice des Tuileries avait improvisé empereur. Après de brillants dé-

---

1. Il est bon d'attirer l'attention du lecteur sur l'importance d'une pareille déclaration. Ce sont donc bien les Anglais qui ont incendié le palais d'Été comme ils avaient bombardé Copenhague au début du siècle, comme ils devaient détruire Alexandrie à la fin.

buts, couronnés par la prise de la capitale, nos soldats, d'abord commandés par Forey, puis par Bazaine, furent menacés à la fois par les guérillas du président Juarès et les rigueurs du climat.

Notre armée, rappelée sans raison, comme elle avait été expédiée sans motif, laissa sans défense notre protégé Maximilien qui mourut fusillé à Queretaro, victime moins des Mexicains que de la stupide fantaisie de l'empereur Napoléon. Et c'était cette campagne que des complaisants avaient considérée, à l'origine, « comme la plus belle pensée du règne ! »

Echec de Lorencez[1] dans la forêt de Guadalupe[2].

Cependant, le regard tourné vers la ville, le général semblait attendre l'effet de ces promesses tant de fois répétées depuis le jour de son débarquement. Vainement, il cherche dans cette plaine, devenue tout à coup silencieuse, l'« *enthousiasme de Puebla l'antijuariste* », les « *dix mille hommes de Marquez* » qui auraient dû s'y trouver en même temps que lui, et ce « *grand parti de l'intervention* » qui, depuis trois mois, lui était annoncé, chaque jour, pour le lendemain.

Rien dans la plaine, rien sur la route. Soudain, reten-

1. Malgré l'apparence de son nom, le général Lorencez était un général français qui commandait un corps de 6,000 hommes. Son échec dans la forêt de Guadalupe est du 5 mai 1862. La ville de Guadalupe est située au-dessus d'un mouvement de terrain d'un relief très accentué. San-Loretto, dont il sera question plus loin, est un petit fort situé à l'extrémité opposée du même mouvement de terrain. Ces deux points étaient à une distance d'un kilomètre.

2. G. Bibesco. *Combats et retraite des Six mille.* — Librairie Plon et Nourrit, 1887. — Georges Bibesco, fils de Georges-Dematio Bibesco, hospodar de Valachie jusqu'en 1848, entra à l'Ecole de Saint-Cyr. Il est toujours resté, depuis, Français de cœur et de services. Il prit une glorieuse part à la guerre du Mexique, fut un des officiers qui conduisirent la fameuse charge de Sedan et se retira avec le grade de chef de bataillon (il avait été le plus jeune de son grade). Depuis, il a consacré ses loisirs à l'étude de l'histoire (*Retraite des Six mille. Histoire d'une Frontière : Reims-Belfort-Sedan*, etc.) Il est membre de l'Institut et grand-officier de la Légion d'honneur.

tit un coup de canon, un seul. Il est parti du fort de Guadalupe. A ce signal, qui est peut-être, pour l'ennemi, celui du combat, le général prend ses dispositions d'attaque.

Trois colonnes sont formées.

La première comprend deux bataillons du 2e régiment de zouaves et dix pièces. Elle a ordre de franchir le ravin, de marcher parallèlement au fort de Guadalupe dans la direction de droite ; puis, une fois arrivée à la hauteur du fort, de tourner à gauche et de se diriger vers lui. La seconde, composée du bataillon de marins et d'une batterie de montagne servie par la marine, a pour mission de suivre la première et de s'opposer, pendant sa marche, à tout mouvement tournant sur son flanc droit. La troisième, forte d'un bataillon d'infanterie de marine, devra s'établir en arrière de la ligne formée par les zouaves, et se tenir prête à les appuyer. . . . .

Il est midi. Voilà notre colonne de tête qui arrive au changement de direction ; elle fait un à gauche, et, pendant que l'artillerie prend position à deux mille deux cents mètres de Guadalupe, les zouaves se déploient des deux côtés de nos batteries, attendant, l'arme au pied, l'ouverture d'une brèche qu'ils sont impatients de franchir.

Le feu de notre artillerie commence ; celui de l'ennemi devient plus vif. D'un point de la campagne qu'il a choisi pour mieux juger le combat, le général a bientôt constaté que notre tir, malgré sa justesse, est menacé de rester sans effet. Il envoie aussitôt au commandant de l'artillerie l'ordre de se porter en avant et de recommencer le feu. Toutefois, la disposition du terrain est telle qu'on perd complètement de vue le fort quand on s'en approche et qu'il n'est pas possible, pour le canonner, de placer les dix pièces d'artillerie montée à une distance plus proche que dix mille mètres. Au-delà, se présente une nouvelle barranca (ravin), au sortir de laquelle commencent les pentes qui conduisent à Guadalupe. Aussi l'ennemi, dont les pièces sont parfaitement servies, a-t-il, dès le commencement, l'avantage du tir ; et nous nous voyons forcés, au bout de cinq quarts d'heure d'une canonnade qui a épuisé la moitié de nos munitions, sans endommager les défenses de Guadalupe, de remettre le sort de la journée à l'intrépidité de notre infanterie seule.

Le général est déjà accouru ; déjà il a formé deux colonnes avec toutes les troupes présentes sur le lieu du combat, et il leur a montré les faces de Guadalupe, sur lesquelles elles reçoivent l'ordre de s'élancer. D'un côté, le commandant Cousin, à la tête d'un bataillon de zouaves, franchit, à gauche, les mouvements de terrain qui sont devant lui, et va atteindre le pied du glacis ; de l'autre, le commandant Morand se dirige obliquement à droite avec un autre bataillon de zouaves, pour se rabattre ensuite à Guadalupe, en cherchant à s'abriter des feux de Loretto. . .

A mesure que nos colonnes approchent du fort, la défense se multiplie, le feu redouble ; ce n'est bientôt plus dans l'air qu'un sifflement non interrompu de boulets et de balles. A gauche, les chasseurs à pied viennent de paraître sur la position ; les voilà qui s'élancent à côté des zouaves.

Quelle lutte d'héroïsme entre ces hommes pour escalader les formidables défenses encore intactes de Guadalupe, et pénétrer dans ce fort hérissé de baïonnettes qui ne cesse de vomir la mitraille ! Ici, c'est le capitaine Gautrelet, du 2e de zouaves, qui se fait une échelle des épaules de ses soldats ; là, c'est le clairon Roblet, qui, hissé sur le parapet, y arbore le fanion du 1er bataillon de chasseurs à pied, et sonne la charge ; plus loin, c'est le sous-lieutenant Caze, qui décharge, par une embrasure, les six coups de son revolver sur les canonniers ennemis ; pendant que, sur le rebord de la contrescarpe, à quelques pas des canons mexicains, se tient fièrement planté le drapeau du 2e zouaves, ce muet contemplateur de tant d'actions d'éclat ! Une balle frappe mortellement le porte-drapeau ; un sous-officier le remplace et tombe à son tour. Alors, un vieux zouave, à qui son ancienneté et sa réputation de bravoure ont acquis le singulier privilège d'appeler ses officiers : « Mes enfants », saisit à son tour le drapeau et le brandissant au-dessus de sa tête avec un geste de défi : « Venez le chercher ! » s'écrie-t-il d'une voix tonnante. Mais aussitôt, serrant par un mouvement convulsif son précieux trésor contre sa poitrine, il s'affaisse et roule avec lui dans le fond du fossé. En vain nos soldats franchissent le fossé et couronnent en grand nombre la partie du parapet qui est en terre ; tous les efforts viennent se briser contre un réduit inexpugnable, dont l'église forme le centre, dans lequel sont disposés trois étages de feu, et que défendent les troupes des généraux Négrete et Bériozaval. Enfin, comme pour rendre impuissants nos derniers efforts, un violent orage accompagné de grêle et de pluie s'abat sur la plaine : le sol, détrempé en quelques instants, cède sous le pas de nos hommes qui glissent dans le fond du fossé, d'où un bien petit nombre parvient à atteindre le glacis[1] . . . . . .

La prise de Puebla[2].

Depuis plusieurs jours déjà, des ouvertures confidentielles de capitulation avaient été faites au général Forey, qui les avait repoussées, en exigeant des propositions plus catégoriques. Dans la journée du 16 mai, à deux heures du soir, au moment où les batteries françaises

1. La journée du 5 juin coûta à la France 15 officiers tués, 1 disparu et 19 blessés ; 35 hommes tués, 127 disparus et 285 blessés : total, 482.

Les Mexicains eurent 83 hommes tués, 132 blessés et 12 disparus.

2. Général Niox. *L'Expédition du Mexique.* — Librarie Dumaine.

Le général Niox est un des plus savants officiers de notre armée. Après avoir glorieusement gagné ses grades sur le champ de bataille, il s'est plus spécialement consacré, après la guerre de 1870, à l'étude et à l'enseignement de la géographie. Il a professé, pendant plusieurs années, le cours de géographie à l'Ecole de guerre et a publié des cartes et des atlas qui font autorité.

attaquaient si vigoureusement les forts de Totimehua-
can, de Carmen et de los Remedios, le général Mendoza,
chef d'état-major général de l'armée ennemie [1], s'était de
nouveau présenté au quartier général. Un armistice qu'il
demanda ayant été péremptoirement refusé, il proposa de
laisser sortir la garnison avec des armes et des bagages et
une partie de son artillerie de campagne, en lui accor-
dant les honneurs de la guerre et la liberté de se retirer
sur Mexico. Le général en chef rejeta également cette demande et congédia le parlementaire, en l'invitant à faire
connaître au général Ortéga qu'il consentirait aux honneurs de la guerre et au défilé devant l'armée française,
mais que la garnison devrait ensuite déposer ses armes
et se constituer prisonnière de guerre. Le général Mendoza rentra dans la place.

Le 17, vers une heure du matin, on remarqua un grand
mouvement dans la ville et dans les forts ; bientôt après,
on entendit de fortes explosions. L'ennemi brisait ses armes, enclouait ses canons et faisait sauter ses munitions.

A quatre heures du matin, le général Ortéga écrivit au
général Forey :

« Général,

» Le manque de munitions et de vivres ne me per-
mettant pas de continuer la défense de la place, j'ai dis-
sous l'armée qui était sous mes ordres et brisé son armement y compris toute l'artillerie.

» La place est donc aux ordres de Votre Excellence,
qui peut la faire occuper si elle le juge convenable et
prendre les mesures de précaution nécessaires, afin
d'éviter les malheurs qui seraient la conséquence d'une
occupation de vive force, sans raison actuellement.

1. Cette armée, commandée par Ortéga, n'était qu'une partie des troupes dont disposait Juarès, l'adversaire de l'archiduc Maximilien d'Autriche. Quand Maximilien eut été abandonné par l'empereur Napoléon, après avoir été lancé par lui dans cette lamentable aventure, Juarès fut proclamé président de la République mexicaine, et depuis, il a été réélu trois fois. « C'est le premier et le seul Indien pur sang qui soit arrivé au pouvoir. »

» Les généraux, officiers supérieurs, et autres officiers de l'armée, se trouvent au palais du gouvernement et se rendent prisonniers de guerre.

» Je ne puis me défendre plus longtemps, sinon Votre Excellence ne doit pas douter que je l'eusse fait.

» Acceptez, etc. »

Bientôt après, la garnison débandée sortit de tous côtés ; un grand nombre de soldats furent arrêtés par les avant-postes français et faits prisonniers. Un bataillon de sapeurs, commandé par le lieutenant-colonel de Gagern, tenta de forcer la ligne d'investissement du côté du nord ; il fut cerné et déposa les armes sans résistance. Quelques généraux et beaucoup d'officiers réussirent à s'échapper. Puebla fut aussitôt occupée par un bataillon de chasseurs à pied.

Le 19, le drapeau français fut hissé sur une des tours de la cathédrale, le drapeau mexicain sur l'autre, et le général en chef fit son entrée à la tête d'une partie de l'armée ; il fut reçu par le clergé mexicain à la porte de la cathédrale et assista à un *Te Deum* d'actions de grâces[1].

---

1. La prise de Puebla avait fait tomber entre les mains des troupes françaises : 26 généraux, 303 officiers supérieurs, 117 officiers subalternes, 11,000 sous-officiers ou soldats, 150 pièces de canon.

TROISIÈME PARTIE

DE 1870 A 1897

La politique incohérente du second Empire devait fatalement aboutir à une catastrophe. Après avoir laissé la Prusse s'emparer des duchés de Schleswig-Holstein et démembrer l'Autriche à Sadowa, le gouvernement impérial, beaucoup plus que l'empereur lui-même, allait nous jeter dans une guerre terrible et injustifiée.

Sous prétexte que l'avènement d'un Hohenzollern au trône d'Espagne menaçait l'intégrité de notre territoire, la France exigea du roi Guillaume de Prusse l'abandon de ce projet. Celui-ci y consentit, mais refusa de se lier les mains pour l'avenir. La guerre fut alors déclarée par la France au mois de juillet 1870. Pour faire face à la coalition des États Allemands, de quelles forces pouvions-nous disposer ?

Les maréchaux Niel et Lebœuf[1].

La guerre entre Allemands et Français était inévitable[2],

1. Arthur Chuquet. *La guerre de 1870.* — Plon et Nourrit.

2. « La victoire de la Prusse à Sadowa avait été une surprise et un grave échec pour la France ; elle avait été vaincue moralement et abaissée politiquement... La médiation tardive de Napoléon III, non appuyée par une force militaire imposante, avait été impuissante à empêcher l'écrasement de l'Autriche ou, du moins, à contrebalancer l'accroissement de la Prusse par l'acquisition de territoires sur la rive gauche du Rhin. La révélation de la supériorité militaire de la Prusse et de l'ambition conquérante de son gouvernement, non moins que ses annexions et son hégémonie imposée à l'Allemagne, devenaient pour la France une menace et un danger permanent. »

(CORRÉARD.

et dès 1866, les esprits perspicaces pressentaient qu'elle éclaterait au moindre incident. La Prusse écrasait l'Autriche, annexait le Nassau, la Hesse électorale, le Hanovre, Francfort et les duchés de l'Elbe, organisait la Confédération de l'Allemagne du Nord, imposait des traités d'alliance offensive et défensive aux Etats de l'Allemagne du Sud, et disait fièrement qu'elle avait pour mission de fonder l'unité germanique. Napoléon III était humilié, dupé. Il n'obtenait pas la rectification de frontières qu'il rêvait et les compensations territoriales que Bismarck lui faisait entrevoir, soit Mayence, le Palatinat bavarois, la Hesse rhénane, les possessions prussiennes de la Sarre, soit la Belgique et Genève, soit Luxembourg[1]. Il n'osait parler haut et ferme parce qu'il n'avait qu'une faible armée[2] et un matériel insuffisant. Ses ressources étaient, en 1866, épuisées par la guerre du Mexique. L'infanterie employait encore un fusil qui se chargeait par la bouche ; dans nombre de régiments, les compagnies comptaient à peine quarante hommes ; les places fortes manquaient de canons rayés. Ducrot fermait les portes de la citadelle de Strasbourg sous prétexte de réparer les ponts-levis et en réalité pour se garder contre un coup de main, les services de l'artillerie n'auraient pu fournir sur-le-champ à un simple corps d'armée ses batteries montées sur roues et prêtes à partir.

Le maréchal Niel[3], actif, énergique, tenace, résistant au

---

1. Napoléon III avait failli, en 1867, acquérir le Luxembourg; le roi de Hollande avait déjà donné son consentement, lorsque Bismarck empêcha la réalisation de ce projet par une interpellation habilement suscitée au Reichstag.

2. Au début de la guerre, la France ne put mettre en ligne que 200,000 combattants de l'armée active; la réserve préparée par le maréchal Niel n'existait que sur le papier; la garde mobile n'avait jamais été convoquée; les arsenaux étaient à moitié vides et, avec ces forces insuffisantes, il fallait tenir tête aux 338,000 hommes de première ligne que les Allemands avaient mis sur pied dès le premier moment.

3. Le maréchal Niel était un Alsacien de Mulhouse. Né en 1802, il était entré à l'Ecole polytechnique à 19 ans, avait fait dans le génie une grande partie des campagnes d'Algérie, puis, en 1849, avait pris part à l'expédition Romaine. C'est à ce propos qu'il obtint le grade de général de brigade. Sa belle conduite au

besoin à l'empereur, prit le ministère de la guerre, au mois de janvier 1867. Il disait volontiers qu'on n'était plus en paix et qu'entre la Prusse et la France n'existait qu'une espèce d'armistice. Des officiers allèrent, sur son ordre, étudier les routes qui mènent à Berlin; et l'un d'eux, le capitaine Samuel, suivit, en avril 1868, sous un déguisement, le général de Moltke qui parcourait la frontière des provinces rhénanes pour reconnaître les positions.

Il s'efforça d'organiser l'armée. Il donna à l'infanterie autant de chassepots qu'on en put fabriquer. Il pourvut de canons rayés les places principales de l'Est et fit mettre sur roues, avec chargement de guerre, le matériel des batteries de campagne. Il porta le nombre des batteries de cent trente à cent soixante-quatre. Il détermina dans tous ses détails la composition de trois armées, l'armée d'Alsace, l'armée de Lorraine et l'armée de réserve qui seraient confiées à Mac-Mahon, à Bazaine et à Canrobert. Il élabora la loi du 1er février 1868, qui supprimait l'exonération, rétablissait le remplacement direct et fixait la durée du service à cinq ans dans l'armée permanente et à quatre ans dans la réserve. L'armée active, formée d'engagés et de réengagés et de ceux que désignait le tirage au sort, comprendrait 400,000 et, avec la réserve, 800,000 soldats. Elle aurait comme auxiliaire la garde nationale mobile, composée de tous les hommes remplacés ou exemptés, c'est-à-dire de 400,000 hommes.

Le temps devait manquer à ce grand essai de réforme militaire. La réserve ne pouvait avoir de consistance avant cinq ou six ans. La garde mobile n'existait que sur le papier et n'atteindrait son entier développement qu'en neuf années. Elle ne se réunissait, pour s'exercer, que quinze

---

siège de Bomarsund, en 1854, puis à celui de Sébastopol en 1855, et enfin la part active qu'il prit aux combats de Magenta et de Solférino lui méritèrent le grade de maréchal de France. Ministre de la guerre, il se consacra exclusivement à la réorganisation de l'armée française; mais il s'épuisa en luttes stériles contre l'opposition de ses collègues et l'inertie des bureaux. Il mourut de fatigue et de chagrin en 1869.

fois par an, et chaque fois, un jour au plus, comme s'il
était possible en une seule journée de se rendre au lieu de
réunion, aux rappels, aux rassemblements, aux distributions, et de regagner le logis ! Elle n'excitait que méfiance ; les uns prétendaient qu'elle se soulèverait contre
le gouvernement et la société ; les autres, après l'avoir
vue manœuvrer gauchement au Champ de Mars, décla-
raient qu'elle ne vaudrait jamais rien [1].

Niel ne demandait que quinze millions pour organiser la garde mobile. C'est qu'il n'avait foi que dans l'armée active. Il croyait sincèrement qu'à elle seule et
malgré l'infériorité du nombre, elle soutiendrait l'effort
des Allemands ; il répétait qu'elle était encore dans ses
quartiers lorsque les Autrichiens dépassaient Novare et
menaçaient Turin, qu'elle les avait néanmoins refoulés et
qu'elle ferait de même reculer les Prussiens. Au Corps
législatif et au Sénat il n'hésitait pas à dire qu'elle était
parfaitement constituée et pourvue de tout.

Son successeur, Lebœuf, brave, intelligent, portant
beau, avait, sous des airs de franchise et de rondeur militaires, une grande légèreté d'esprit, un ridicule amour
de la popularité et l'humeur d'un courtisan. Pour plaire à
une Chambre avide d'économies, il consentit à diminuer
le budget de la guerre et à réduire de dix mille hommes
le contingent annuel. Il multiplia les congés. Déjà,
comme président du comité de l'artillerie, il avait refusé
de créer vingt-huit batteries nouvelles, dont huit à cheval, en disant qu'on avait toujours trop de canons. Mi-

---

1. « Le Corps législatif, quoique re-
cruté par la candidature officielle,
n'osa braver l'impopularité qu'aurait
pu lui faire encourir l'adoption de
cette mesure de salut. Par la *loi*
de 1868, il réduisit le projet de Niel.
Dès lors le chiffre total de notre
armée ne pouvait s'élever qu'à
540,000 hommes. Elle se composait
de deux parties tout à fait étrangères l'une à l'autre : une *armée ac-*
tive et une *garde mobile*. Ajoutez à
cela une garde nationale qu'on se
proposait d'appeler à l'occasion,
mais qui n'était pas organisée, même
sur le papier. Encore cette loi ne
fut-elle pas exécutée. On se borna à
nommer les officiers de la *mobile*;
on ne fit rien pour exercer leurs
hommes ».

(RAMBAUD.)

nistre, il refusa de transformer vingt à trente batteries à pied en batteries montées. Niel avait demandé pour subvenir aux dépenses de la garde mobile, en 1870, un crédit de cinq millions et demi; Lebœuf se contenta de deux millions. Une commission nommée par Niel avait proposé d'excellentes mesures, qui devaient assurer l'exactitude et la rapidité du service des chemins de fer; Lebœuf ne la réunit pas. Il croyait que la diplomatie saurait conjurer la guerre, et à la veille des hostilités, il faisait emmagasiner, pour les préserver des intempéries, les affûts des pièces de sûreté qui garnissaient les remparts des places du nord-est.

Pendant que trois armées allemandes menaçaient la frontière française sous les ordres du maréchal Steinmetz, du prince royal de Prusse et du prince Frédéric-Charles, nos forces étaient éparpillées de la Meuse à la trouée de Belfort en sept corps d'armée mal reliés entre eux. Les premiers engagements eurent lieu en Alsace. La défaite d'Abel Douay à Wissembourg; celles de Mac-Mahon à Wœrth, Freschwiller et Reischoffen, où l'héroïsme des cuirassiers ne put qu'assurer la retraite, avaient ouvert toutes les routes à l'invasion.

Mac-Mahon, qui s'était retiré sous les murs de Châlons, réorganisa son armée et voulut tenter de débloquer Bazaine qui était enfermé dans Metz. Mais sa lenteur laissa aux troupes du prince Frédéric-Charles le temps de marcher vers le Nord et d'enfermer nos soldats entre la Meuse et les hauteurs de Bazeilles, dans le cul-de-sac de Sedan. Là s'engagea, le 2 septembre 1870, une terrible bataille qui, malgré l'héroïsme de nos soldats, se termina par notre écrasement. L'empereur et l'armée tout entière étaient prisonniers.

La charge des cuirassiers à Reischoffen [1].

Nous trouvant à la campagne, dans les environs de Chartres, le curé de la paroisse nous apprit qu'un ancien

1. Général Ambert. *Récits militaires.* — Librairie Bloud et Barral.

cuirassier du 9ᵉ régiment habitait le village. Quoique
fort maltraité par la guerre, il allait aux champs manier
la charrue. Ses sillons étaient profondément creusés, car
l'homme demeurait fort, malgré une jambe brisée à la
charge de Reischoffen. Il fallait saluer ce brave homme,
survivant, lui cinquième, d'un escadron de cent vingt
cuirassiers. Le soir venu, nous étions dans la chaumière
de l'ancien soldat. Il n'y avait là ni casques, ni cuirasses,
ni pistolets, ni sabres, ni croix d'honneur. Aucun souvenir de la glorieuse charge ne consolait ce brave. Nous
nous trompons, il avait sa relique rapportée de l'armée.
C'était la béquille grossière qui, de l'hôpital, l'avait conduit au village. Trop modeste ou trop fier pour la montrer, il dissimulait cette béquille au milieu d'instruments
aratoires. En la voyant couverte d'une couche de terre
qui cachait mal de larges plaques de sang, un souvenir
revint à notre esprit. Souvent, nous avions visité des
galeries de portraits chez les plus illustres gentilshommes de France. Il y avait, sous les riches lambris,
des toiles séculaires, rappelant les souvenirs glorieux du
passé et les exploits des ancêtres.

L'un était tombé sous les yeux de saint Louis, l'autre
avait défendu François Iᵉʳ dans la mêlée. Il y avait de
grands prélats et de grands présidents, qui souriaient
dans leurs cadres d'or. On s'inclinait à la vue de ces
magnifiques serviteurs de la France.

La béquille de ce paysan, cuirassier du 9ᵉ, me parut
aussi majestueusement belle que toutes ces galeries de
tableaux. Son langage muet était le même. Il parlait de
sacrifice, de gloire et de patrie. Bien plus, cette béquille
évoque, tout comme les portraits illustres, les images de
saint Louis et de François Iᵉʳ, car notre œuvre est la
leur, et s'ils ont créé la sainte patrie française, nous
voulons la conserver digne d'eux et de nos pères.

Je tendis la main à l'ancien cuirassier, m'annonçant
comme un vieux compagnon. Ses yeux lancèrent des
éclairs, lorsque je lui dis que peu de temps avant la

guerre, le 8ᵉ et le 9ᵉ cuirassiers ainsi que le 6ᵉ lanciers avaient été sous mes ordres à Versailles. Je lui demandai des nouvelles de tel capitaine, de tel lieutenant, d'un sous-officier, d'un brigadier ou d'un cuirassier ; la physionomie du villageois se rembrunit, et sa réponse fut toujours la même : *mort*.

Ils étaient donc tous morts ces braves gens si beaux, que nous étions fiers de commander ; ils étaient morts dans la force de l'âge, lorsque la vie semblait encore longue pour eux, ces cuirassiers doux comme des enfants, qu'un reproche de leur chef faisait rougir. De questions en questions je réveillai la mémoire de l'ancien cavalier, qui me fit ce récit dans son langage militaire :

« Nous étions à cheval dans un ravin, assez mal abrités et fort désireux de prendre part à l'affaire. Un aide de camp, arrivant au galop, apporte l'ordre d'envoyer un régiment : le 8ᵉ entendit résonner le *garde à vous !* Mais je ne saurais vous dire comment le 9ᵉ cuirassiers et une partie du 6ᵉ lanciers suivirent le mouvement. Nous n'avions, jusqu'alors, chargé qu'à Satory et au bois de Boulogne. Aussi le terrain qui se présenta devant nous fit-il faire la grimace aux plus hardis. Des fossés, des bouquets d'arbres, des souches de vigne nous empêchent d'être unis. Nous allons bien, cependant. Mais une fusillade terrible nous décime. Le colonel Vaternaux, qui commande le régiment, fait déployer trois escadrons et laisse le quatrième en colonne. Le 8ᵉ cuirassiers, qui a pour colonel Guiot de la Rochère, est en colonne par escadrons ; il marche en tête à cause de son numéro. Les lanciers du 6ᵉ sont derrière nous. J'entends mon capitaine dire que nous sommes 1,500 cavaliers. Le bruit des fourreaux de sabres sur les étriers, les balles qui sillonnent les cuirasses, les coups de fusil, le canon qui tonne, les obus qui éclatent produisent un bruit infernal. Nous soutenons un galop rapide sans voir les soldats allemands qui nous abattent. Ils pensaient nous arrêter, mais nous allons toujours, faisant trembler la terre. Nous arrivons au triple galop sur le village de Morsbroon, et une fusillade effroyable met en pièces le 8e cuirassiers qui, tout en lambeaux, sabre les Allemands. Nous sommes séparés du 8e qui s'engloutit dans le village.

» J'ai su depuis qu'en sortant du village le colonel et dix-sept officiers n'étaient plus au régiment. Nous, du 9e, nous nous portons à gauche et chargeons des pionniers; ils nous fusillent à bout portant, ce qui ne nous empêche pas de les sabrer jusqu'au dernier. Tout en poursuivant notre course, nous nous trouvons séparés; les uns contournent Morsbroon, les autres galopent dans le village plein de Prussiens, qui tirent des fenêtres. Personne au monde ne pourrait dire ce qui arriva. Nous chargions sur les murs des maisons pour déloger les Allemands, et nous tombions l'un après l'autre. Enfin mon cheval m'emporta du côté du Dürrenbach. Nous étions quelques-uns seulement mêlés aux lanciers, lorsque nous rencontrons des détachements d'infanterie et le 13e hussards prussien. On charge à nouveau trois fois de suite. Nous sommes quelques débris d'escadrons, et nos chevaux tombent de fatigue. Eux, les hussards, sont un régiment complet, bien frais, bien reposé, n'ayant pas combattu. C'est alors que ma jambe fut brisée par deux coups de pistolet. J'avais en outre trois blessures à la poitrine, et je montais le cheval d'un camarade mort, car le mien avait été renversé par un éclat d'obus. »

. . . .

La charge des 8e, 9e cuirassiers et 6e lanciers ne fut pas la seule. La division de cavalerie Bonnemains s'abritait dans un pli de terrain non loin de Frœschviller. Cette division se composait des 1er, 2e, 3e et 4e régiments de cuirassiers. Le maréchal de Mac-Mahon vit neuf bataillons allemands appuyés de huit batteries, et suivis de corps d'armée entiers, s'avancer à l'attaque de Frœschviller. Il crut possible d'arrêter ces masses profondes, et donna l'ordre de charger. Quoique le terrain fût contraire, le 1er cuirassiers, commandé par le colonel Vandeuvre, s'élança en colonne par escadrons. Il fut arrêté presque au début par un large fossé, et la fusillade extermina les hommes. A gauche, le 4e régiment, colonel Billet, parcourut au galop un espace de plus de mille pas pour trouver un terrain favorable. Ce régiment fut dispersé par un feu épouvantable et ne vit pas l'ennemi qui tirait sans cesse. Le brave colonel Billet fut blessé et tomba au pouvoir de l'ennemi. Rentré d'une rude captivité, Billet fut assassiné à Limoges par un démagogue.

La brigade des 2e et 3e se précipite à son tour, mais l'ennemi toujours invisible fait pleuvoir sur les cuirassiers une grêles de balles et d'obus. Bientôt cette superbe division fut anéantie. Le sacrifice devint inutile. Le Maréchal, au moment de la retraite, n'eut-il pas d'amers regrets ? [1]

Le Calvaire d'Illy [2].

Arrêter ces masses en désordre, les rallier autour de lui, donner l'ordre à la cavalerie d'évacuer le terrain, envoyer chercher deux batteries de sa réserve, former une colonne avec ces soldats de tous corps et de toutes armes, se mettre à sa tête, l'enlever et la porter sur le Calvaire d'Illy [3], voilà ce que fit le général Douay [4]. Ce n'était pas

---

1. Le roi de Prusse assistait à cette charge du haut d'une éminence qui dominait le champ de bataille. A la vue de ce dévouement héroïque, il ne put retenir ce cri qui en dit plus long, venant d'un ennemi, que tous les commentaires : « Ah! les braves gens ! »

2. Prince G. Bibesco. *Belfort, Reims, Sedan.* — Librairie Plon et Nourrit.

3. Les deux points faibles des positions françaises étaient, d'une part le Calvaire d'Illy, en avant sur la droite, et d'autre part le mamelon boisé entre Floing et Saint-Menges, sur la gauche.

4. Le général Douay ne se faisait aucune illusion sur le sort réservé à l'armée française. Il avait mandé la veille auprès de lui le général du génie Doutrelaine à dix heures du soir, pour lui demander ce qu'il pensait de la situation : « Je pense, mon général, avait répondu celui-ci, que nous sommes perdus ! » — C'est aussi mon opinion, lui répondit Douay ; et il ajouta : « Il ne nous reste donc plus qu'à faire de notre mieux avant de succomber ». C'est ce qu'il fit le lendemain.

tout d'y arriver, il fallait y rester sous une grêle d'obus!
Pendant quelque temps nos hommes tiennent bon ; ils
luttent visiblement contre l'effet produit par l'artillerie
ennemie, qui bat le plateau de face, de flanc et à revers.
Mais la position est dure à tenir : peu à peu, l'émotion
gagne notre infanterie ;... tout à coup, sa confiance s'éva-
nouit ;... la panique éclate !... Impossible d'arrêter les
fuyards ! Toutefois, on peut espérer de les rallier ; et
c'est vers ce but que, au milieu d'un effroyable désordre,
tendent tous les efforts du commandement. Il faut absolument, et sans tarder, réoccuper la position d'Illy ;
notre salut en dépend. Aussi les généraux Ranson, Doutrelaine, Liégeard et Dumont, le commandant Chaudezon
du 72e de ligne, l'état-major du 7e corps se multiplient
auprès du général Douay. Celui-ci parcourt les groupes,
fait appel à l'honneur du drapeau, au souvenir de la patrie, finit par reformer une colonne de deux à trois bataillons, la fait appuyer par la brigade de la division
l'Abadie (5e corps), et entraîne de nouveau ces troupes
vers Illy. Mais que de précautions pour ne pas perdre le
fruit de notre labeur, pour donner un peu de confiance et
de calme à nos hommes ! Après les avoir guidés de manière à les dérober à la vue de l'ennemi, nous arrivons à
une haie épaisse qui borde l'extrémité du mouvement de
terrain conduisant au Calvaire d'Illy ; nous la longeons
jusqu'au bout, puis, tournant brusquement à droite, nous
gravissons le plateau. Nous voilà de nouveau sur la crête.
Le général Douay confie au général Doutrelaine le soin
de tenir la position. Cet officier général domine de la tête
la plupart de nos soldats ; il se place à droite de la ligne,
et debout, au milieu de la mitraille, il sert de jalonneur
par sa taille, d'exemple par son admirable sang-froid. Les
fantassins, couchés le long et en arrière de la crête,
attendent fiévreusement l'arrivée de notre artillerie. La
voici qui débouche au galop. Nos artilleurs sont sou-
perbes d'animation ; on dirait, à les voir passer, qu'ils
vont à une revue. S'arrêter sur une position dominante,

située en arrière et à gauche de la ligne occupée par notre infanterie, mettre en batterie, charger et faire feu; recharger et tirer de nouveau, c'est là, pour nos servants, l'affaire de quelques instants. Ils rechargent encore[1]... mais c'est le dernier effort! Non moins prompt à suivre nos mouvements, à deviner nos intentions, à profiter de notre infériorité, l'ennemi a fait converger son feu sur l'espace restreint que nos pièces occupent, et il le laboure en un moment de ses projectiles.

Les pièces mises en batterie sont démontées, nos servants tués ou blessés, nos caissons broyés. Ce qui reste de ce matériel est ramené à grand'peine et le général Douay, jugeant inutile de sacrifier, sans profit, celles de nos pièces qui ne sont pas entrées en ligne, leur fait faire demi-tour. L'infanterie n'avait pas bougé. Voulant alors profiter de son attitude pour chercher quelque nouveau débouché à ses troupes par la partie Est du bois de la Garenne, le général s'y engagea avec son chef d'état-major et deux officiers. Après d'inutiles recherches, il sort du bois, donne un nouveau coup d'œil au Calvaire d'Illy, et, prévoyant la perte imminente de cette position, il se dirige vers la division Liébert pour assurer son salut. C'est là, à deux heures de l'après-midi, qu'un officier d'ordonnance du commandant en chef remet au général commandant le 7e corps le billet suivant, écrit à une heure :

1 heure après-midi.

« Général de Wimpfen au général Douay.

» Je me décide à percer l'ennemi pour aller à Carignan

---

1. « Un très violent combat d'artillerie s'engage sur toute la ligne, et continue avec plus ou moins d'intensité pendant trois heures, les Prussiens le soutenant avec sang-froid; les Français, inférieurs sous le double rapport du nombre et de la portée des pièces, faisaient preuve d'une admirable abnégation et d'un complet mépris du danger... Au moment où elles prenaient position, deux batteries du 7e corps furent couvertes d'une telle pluie de projectiles, qu'elles durent se retirer immédiatement, en laissant sur le terrain une partie de leur matériel et de leurs servants ». (*Campagne de 1870-71*, par le colonel de BORBSTAEDT.) — Voir aussi *la Journée de Sedan*, par le général DUCROT.

prendre la direction de Montmédy. Je vous charge de couvrir la retraite. Ralliez à vous les troupes qui sont dans le bois.

« DE WIMPFEN. »

Au même moment, des directions d'Illy et de Givonne, se précipitent vers la place des masses éperdues, balayées avec furie par la mitraille ennemie. C'est la déroute ! Rien ne saurait plus l'arrêter, mais tout l'excuse, oui, tout, car on ne peut demander, à des soldats, de demeurer plusieurs heures immobiles et calmes sous le feu écrasant d'un adversaire invisible.

Or, nos malheureuses troupes subissaient, depuis le matin, le feu convergent de plus de cinq cents pièces à tir rapide et précis.

A deux heures, le Calvaire d'Illy est perdu *sans retour ;* le flot de la déroute roule vers les fossés de Sedan, où vont s'engloutir les débris de notre pauvre armée ; il entraîne avec lui des fractions de tous corps et de toutes armes ; les obus arrivent de tous les points de l'horizon et prennent ces masses affolées de face, de flanc et à revers ; aux cris d'épouvante se mêlent les gémissements des blessés ; à notre droite, une ambulance prend feu et s'écroule sous les obus ; tout autour de nous, les caissons d'artillerie sautent et augmentent par leurs éclats le nombre des victimes ; de toutes p[arts] on voit errer, isolés ou par pelotons, des chevau[x] [de]s cavaliers, épaves sanglantes de l'héroïque charge [de la] cavalerie qui vient d'être exécutée du côté de Floing.

Le soleil était dans toute sa puis[san]ce. Jamais lumière plus éclatante n'éclaira, pour les uns [p]lus de joie et d'orgueil, plus de douleurs et d'humiliat[io]n pour les autres ! Nous assistions, impuissants, le cœur gonflé de rage et de larmes, à notre désastre. . . . .

Les routes ouvertes avaient conduit les Allemands sous les murs de Paris. Le siège, commencé à la fin de septembre, devait durer jusqu'au 20 janvier 1871. La population fit héroïquement son devoir. Coupée de toute communication avec la province, manquant de vivres et réduite à une innomable nourriture, elle soutint quand même la lutte, envoyant de ses nouvelles à l'aide de ballons, s'organisant en garde nationale, accomplissant de glorieuses sorties à Montretout, Champigny, Le Bourget, Buzenval où tombèrent sans aucune plainte tant de jeunes gens. Malheureusement, le général Trochu, président du Comité de la Défense nationale, ne se montra pas à la hauteur de sa réputation. Excellent théoricien, officier clairvoyant, il ne fut pas un homme d'action et d'initiative à une heure où un homme d'action aurait pu seul sauver la France.

Combats sous Metz [1].

Parmi les faits d'armes qui firent briller une lueur d'espoir aux yeux de nos soldats, et jetèrent un dernier éclat sur nos armes, le plus brillant fut exécuté par la brigade Lapasset (brigade mixte), dans la journée du 27 septembre 1870, et qui est connu sous le nom de combat de Peltre.

Les vivres devenaient rares et bientôt allaient manquer. On avait appris qu'un convoi considérable appartenant à l'ennemi était en gare de Courcelles-lès-Metz. M. Dietz, ingénieur en chef du chemin de fer de l'Est, conçut l'entreprise hardie d'aller enlever ce convoi et de le ramener dans nos lignes.

Courcelles est à dix kilomètres de Metz ; pour y arriver, il fallait d'abord enlever les positions occupées par les Prussiens entre cette station et nos lignes, puis les conserver assez longtemps pour qu'une locomotive, avec un wagon blindé monté par 26 soldats, pût aller jusqu'à Courcelles prendre le convoi de vivres et le ramener à Metz.

La partie de l'opération qui avait pour but de chasser

1. Général Ambert. *Récits militaires.* — Librairie Bloud et Barral.

l'ennemi de ses positions fut confiée au général Lapasset à la tête de sa brigade.

A neuf heures du matin la troupe se mit en marche, se dirigeant sur les villages de Peltre et de Mercy. Cinq bataillons déployés composaient la première ligne, soutenue par deux bataillons formant la réserve. Défense avait été faite de tirer un seul coup de fusil jusqu'à ce qu'on eût débordé et tourné les lignes ennemies. Tel était l'ascendant que le général Lapasset avait su prendre sur ses soldats, que pas un coup de feu ne se fit entendre avant son ordre. Le général avait pris ses mesures pour assurer la réussite d'une opération dans laquelle tout devait être prévu et réglé de la façon la plus minutieuse et la plus précise. Chacun savait ce qu'il devait faire.

Ce fut un beau spectacle que celui de cette ligne d'infanterie de plus d'un kilomètre, s'avançant calme, résolue et silencieuse, sous une grêle de balles. Elle gagna la crête d'où elle allait se précipiter sur l'ennemi. Parvenue là, et comme au terrain de manœuvre, la ligne se sépara en deux, le 90ᵉ exécutant une conversion à gauche, pour attaquer le village de Mercy, pendant que le 84ᵉ conversait à droite, afin de prendre en flanc et d'aborder les Prussiens retranchés dans Peltre.

L'ennemi ne put tenir nulle part et abandonna ses positions, laissant un grand nombre de morts, de blessés et de prisonniers. La brigade Lapasset s'empara, en outre, d'une certaine quantité d'armes, de provisions et de bétail. Malheureusement des coupures faites en travers de la voie ferrée empêchèrent de pousser jusqu'à Courcelles la locomotive qui devait ramener le convoi de vivres.

Les Prussiens avaient été avertis par un de leurs espions qui vendait de l'eau-de-vie dans nos camps, et traversa les lignes françaises pendant la nuit. Les coupures du chemin de fer se firent immédiatement pendant que le général Lapasset commençait son attaque.

Averti de ce contre-temps, le général donna le signal

de la retraite qui se fit dans le meilleur ordre et sans un coup de fusil.

Ce hardi coup de main si bien préparé, si admirablement conduit, releva un peu le moral de nos troupes, que l'inaction abattait plus que les fatigues et les privations.

Le général Lapasset reçut de toutes parts de chaleureuses félicitations, et les soldats surtout répétaient à l'envi qu'avec un tel chef ils marcheraient les yeux fermés. Le combat de Peltre fut le dernier effort de l'armée de Metz.

Au début de la campagne, Lapasset eut le commandement d'une brigade dans le corps du général de Failly, qui le chargea de mettre Sarreguemines en état de défense. Il devait se maintenir dans cette position pendant que le général de Failly se dirigerait sur Bitche avec son corps d'armée.

Le 6 août, après le combat de Forbach, le général Frossard, se repliant sur Metz par Sarreguemines et Puttelange, demanda au général Lapasset, qui n'était pas sous ses ordres, de former l'arrière-garde de son corps d'armée complètement dispersé. Une attaque des Allemands eût achevé ce malheureux corps. Lapasset n'était pas homme à refuser une mission de salut. C'est ainsi que la 1re brigade de la 2e division du 5e corps se trouva séparée d'une façon définitive de son corps d'armée et rattachée au 2e dont elle forma partie intégrante, sous le nom de *brigade mixte*. Cette brigade comprenait :

Le 84e de ligne, le 97e de ligne ; un détachement du 14e bataillon de chasseurs à pied ; une batterie du 2e d'artillerie, le 3e régiment de lanciers.

C'est avec ces troupes si peu nombreuses que le général Lapasset maintint l'ennemi, en faisant l'arrière-garde du corps Frossard, depuis Sarreguemines jusqu'à Metz. Pendant les cinq jours que dura cette marche rétrograde, la brigade mixte fut sans cesse en contact avec l'ennemi et eut plusieurs engagements. La cavalerie, soutenue par les chasseurs à pied, culbuta souvent les escadrons prussiens.

Si la retraite du corps Frossard s'opéra tumultueusement, l'arrière-garde fit l'admiration de tous par sa discipline, son attitude militaire, son calme et sa fermeté.

Dans sa déposition au procès du maréchal Bazaine, le général Frossard a dit : « J'étais tranquille, la brigade Lapasset était là. »

Enfin, lorsque le maréchal Bazaine[1] donna l'ordre de faire porter les drapeaux à l'arsenal de Metz pour y être brûlés, Lapasset répondit au général Frossard qui lui transmettait cet ordre : « Mon général, la brigade mixte ne rend ses drapeaux à personne et ne se repose sur personne de la triste mission de les brûler ; — elle l'a accomplie ce matin ; j'ai entre les mains les procès-verbaux de cette lugubre opération. »

Dans cette circonstance, l'indignation de son âme si fière fut plus forte que la discipline. Son cœur, embrasé de patriotisme, se révolta à la pensée de livrer les drapeaux que sa brigade avait promenés sur les champs de bataille. Il aimait, il vénérait ces drapeaux, témoins des morts glorieuses de ses officiers et de ses soldats. Pour la première fois, durant sa longue carrière d'obéissance, le général Lapasset ne put obéir.

Un douloureux pressentiment lui faisait deviner que Bazaine ne brûlerait pas nos drapeaux, mais les livrerait à l'ennemi, pour servir de trophées au roi de Prusse.

Quelques jours avant, Lapasset s'était rendu chez le maréchal Bazaine et lui avait dit que, pouvant compter sur sa brigade à la vie à la mort, il désirait lui demander un effort héroïque pour échapper à la honte d'une capi-

---

1. Certains écrivains ont tenté dans ces dernières années, sinon de réhabiliter Bazaine, du moins d'atténuer son crime, en le considérant non comme un traître mais « comme un abominable tripoteur ». Quand bien même cela serait vrai, il semble que, devant l'ennemi, les deux fautes se valent ; mais il suffit de lire les pièces du procès qui se déroula à Versailles, pour être convaincu de la trahison sans exemple du maréchal.

tulation. Tous ses hommes le suivraient. Son projet était de se faire jour. Il avait, dans le début, étudié les points de passage et les directions à suivre pour rejoindre les troupes françaises opérant au dehors de Metz. Mais, avant de risquer la vie de ses 5,000 braves soldats, il voulait savoir quels étaient les projets du commandant en chef, afin de ne pas substituer une action individuelle à une action générale, si le maréchal en voulait tenter une. Après avoir reçu le général Lapasset avec la plus grande bienveillance, le maréchal fit briller à ses yeux l'espoir d'une résolution énergique. En présence du maréchal Canrobert, Bazaine expliqua sommairement les directions que devaient suivre les diverses colonnes. Le général Lapasset, très ému de cette confidence, s'écria. : « Nous sommes la dernière armée de la France, monsieur le maréchal ! et si nous devons succomber, il faut que la postérité se découvre devant nous ! »

Les ballons pendant le siège[1].

Le 7 octobre, à onze heures précises du matin, le *George-Sand*, conduit par M. Revilliod, et l'*Armand-Barbès*, sous la direction de M. Trichet, s'élevaient lentement dans l'espace. Ce dernier ballon enlevait M. Gambetta [2], enveloppé d'une pelisse de fourrure et coiffé

1. Duquet. *La Guerre de 1870-71.* — Paris, Charpentier, éditeur.

2. Gambetta était né à Cahors, le 2 avril 1838. Avocat à Paris, il se révéla pour la première fois en plaidant pour Delescluses, dans le procès de la souscription Baudin. Inconnu la veille, le puissant orateur était nommé quelques semaines après député de Paris et de Marseille. Il se fit aussitôt une grande place à la Chambre, mena contre le plébiscite une ardente campagne et vota contre la guerre. Membre du Gouvernement de la Défense Nationale après le 4 Septembre, il quitta Paris en ballon pour organiser la défense en province. Il fut à la fois ministre de l'Intérieur et ministre de la Guerre, et devint l'âme de la France envahie. Elu député de neuf départements, il opta pour le département du Bas-Rhin, et démissionna, à la signature de la paix, avec les députés d'Alsace-Lorraine. Après avoir été président du Conseil des ministres, il mourut, tout jeune encore, le 31 décembre 1882.

d'une toque de loutre ; le ministre était accompagné par son ami, M. Spuller.

A l'instant où les deux ballons quittaient le sol, un long cri de : « Vive la République! » retentit sur la place. Pendant quelques minutes, les aérostats parurent s'abaisser au lieu de s'élever, effet produit par la butte Montmartre, auprès de laquelle se trouvait le public, et une poignante angoisse contracta tous les cœurs, car on crut que les passagers allaient tomber dans les lignes allemandes.

Heureusement, ce n'était qu'un effet d'optique; poussés par un vent très faible, les deux ballons laissent Saint-Denis sur leur droite et essuient des feux de mousqueterie dès qu'ils planent sur les positions prussiennes. Bientôt, quelques coups de canon sont également tirés contre eux. Les voyageurs ne se trouvent qu'à 600 mètres d'altitude et ils entendent autour d'eux le sifflement des balles. Ils jettent du lest et les voici hors d'atteinte. Mais, tout à coup, l'*Armand-Barbès*, qui porte M. Gambetta et sa fortune, se met à descendre rapidement, par suite d'une fausse manœuvre de l'aéronaute, et il atterrit dans un champ traversé, quelques heures auparavant, par des régiments ennemis, et à deux pas d'un poste allemand. Ce poste ne l'aperçoit pas tout d'abord ; M. Trichet profite de cette chance pour jeter force lest, ce qui lui permet de se relever à 200 mètres. Le ballon continue sa marche jusqu'au-dessus de Creil, où campent les Wurtembergeois. Nouvelle descente intempestive. Le danger est grand; les soldats courent à leurs armes, formées en faisceaux, les saisissent, tirent à bonne distance. Les balles, de nouveau, font entendre leur agaçante musique ; une d'elles effleure la main de M. Gambetta. C'en est fait de l'*Armand-Barbès !* Par bonheur, il est malaisé de tirer en l'air et les Wurtembergeois sont maladroits ; M. Trichet jette tout son lest et l'aérostat rebondit à 800 mètres, encore une fois sauvé.

Mais, alors, il redescend petit à petit et essuie une nou-

12.

velle salve d'un détachement prussien établi sur la lisière d'un bois. Comme il marche plus vite que les fantassins ennemis, il passe par-dessus la forêt d'Epineuse et finit par s'accrocher aux hautes branches d'un grand chêne.

Les Prussiens n'ont pas le temps de le rejoindre ; des paysans aïdent les voyageurs à prendre terre, à trois heures moins le quart. Le maire d'Epineuse, M. Dubus, les engage à s'éloigner au plus vite, les lignes allemandes étant à sept kilomètres de distance. M. Gambetta suit ce conseil. M. Dubus fait conduire les trois voyageurs à Montdidier, où ils arrivent à huit heures du soir, et, de là, à Amiens, où ils entrent avant minuit et où ils couchent. Le lendemain, ils gagnaient Rouen et le Mans.

A peine M. Dubus avait-il eu le temps de cacher l'aérostat dans un fourré de la forêt d'Épineuse, qu'apparaissaient des cavaliers ennemis, demandant si l'on n'avait pas vu passer un ballon. Il était trop tard ! Quelques minutes plus tôt, et la guerre, au lieu de durer jusqu'en janvier, aurait peut-être été terminée dans le mois !

Depuis le jour de l'investissement, c'étaient les cinquième et sixième ballons qui quittaient Paris, si l'on compte pour un le *Napoléon* et l'*Hirondelle,* qui partirent accouplés. Tous avaient atterri sans accident.

M. Ernest Picard avait, le premier, proposé le service des postes par ballons. On n'avait rien fait. Puis, M. Rampont, chargé des Postes et Télégraphes, avait écouté les propositions de MM. Gaston Tissandier, Godard et d'Artois. Il avait confié à ces deux derniers la direction des deux grands ateliers où se fabriquaient les ballons. « Chacun de ces ateliers en confectionna une trentaine. Du 23 septembre 1870 au 28 janvier 1871, 64 furent lancés dont 5 pris par l'ennemi et 2 perdus en mer. » Outre le danger d'opérer une mauvaise descente, il y avait celui de voir l'aérostat perforé par des balles ou autres projectiles lancés par les Allemands.

Dès que le premier ballon-poste passa les lignes d'in-

vestissement, M. de Moltke confia à M. Krupp le soin
d'imaginer quelque machine infernale destinée à arrêter
l'ardeur des messagers aériens. Le roi du fer, suivant
l'expression germanique, construisit aussitôt un mousquet à ballon et l'expédia en toute hâte à Versailles...
L'appareil consistait en un mousquet, formé d'un fort
canon métallique, muni d'une crosse et d'une hausse. Le
canon de l'arme pouvait osciller dans le sens de la verti-
cale, autour d'un axe monté lui-même sur un genou qui
lui permettait de tourner horizontalement et de pouvoir
ainsi se diriger, comme une lunette, vers tous les points
du ciel. Le système était adapté sur un cylindre de
bronze, solidement fixé à un léger chariot à quatre
roues, où deux chevaux devaient s'atteler. Un petit siège,
placé à l'arrière de la voiture, était réservé à l'artilleur.

Aussitôt qu'un ballon-poste s'élevait de Paris, des
vedettes allemandes déterminaient la direction suivie par
le globe aérien ; grâce au télégraphe électrique, un
mousquet à ballon, toujours attelé, pouvait presque ins-
tantanément se diriger à bride abattue à la rencontre de
l'aérostat. Là, un artilleur expérimenté braquait le canon
de l'arme vers la sphère aérienne, dont il connaissait le
diamètre par les documents publiés par les journaux de
Paris, et dont il pouvait, par conséquent, apprécier la
distance avec une certaine approximation; il visait et il
tirait. La plupart des courriers de la poste aérienne ont
entendu le sifflement des balles à une hauteur de 800 à
1,000 mètres environ ; le 12 novembre 1870, le ballon le
Daguerre fut traversé par plusieurs balles et les aéro-
nautes qui le montaient furent contraints de toucher
à Ferrières, où il furent assaillis immédiatement et pris
par des cavaliers ennemis.

« Les Prussiens ne craignaient pas de tirer à mitraille.
Dans leur colère de ne pouvoir les atteindre, ils allèrent
jusqu'à menacer officiellement de mort les messagers
aériens qui tomberaient entre leurs mains, soutenant que
les lois de la guerre leur permettaient de les assimiler à

des espions franchissant leurs lignes » ; mais « on ne manqua pas, un seul jour, d'hommes intrépides prêts à braver les dangers de l'air et les menaces prussiennes ».

Bataille de Montretout[1].

Il était trois heures et demie du soir : le moment solennel de la bataille était arrivé ! Satisfait d'avoir repoussé les efforts de l'aile droite, qui ne put dépasser Longboyau, l'ennemi ne voulut pas laisser nos troupes maîtresses d'une crête qui dominait une partie de ses positions de Saint-Cloud, et il se décida à un effort suprême pour nous en chasser. Il dirigea donc une attaque générale sur toute la ligne, mais principalement sur la redoute de Montretout, sur Garches et sur la maison du Curé, par la Bergerie. On vit alors les colonnes prussiennes s'avancer avec beaucoup d'ensemble, et l'on entendit bientôt leur fusillade : depuis la Bergerie jusqu'à la Seine, s'élèvent d'épais nuages de fumée au milieu de laquelle disparaissent les combattants ; les détonations redoublent sans cesse, et forment un roulement dont la force va toujours en augmentant. C'est sur le sommet de la crête que la lutte s'engage avec le plus de vivacité : elle offre un spectacle des plus émouvants ; nos lignes fléchissent par moments, puis se reportent en avant avec une vigueur nouvelle. Trois fois de suite la partie de la crête qui s'étend entre la maison du Curé et la redoute est abandonnée, puis reprise par nos troupes. Dès le début de cette violente attaque, le chef de la troisième armée avait envoyé, comme soutien, une brigade de la division Courty, commandée par le général Avril de

1. Général Vinoy. *Siège de Paris.* — Le général Vinoy avait pu quitter le champ de bataille de Sedan avec son corps d'armée, et, après plusieurs jours de marches forcées, était venu s'enfermer dans Paris. Ses soldats formèrent le noyau de l'armée de Paris.

Lenclos ; sa présence renforça la ligne et permit au général de Bellemare de secourir sa droite menacée, puisque le général Ducrot ne pouvait lui venir en aide.

Cependant la lutte persistait toujours plus vive, et il était encore difficile d'en prévoir l'issue ; nos troupes épuisées par les fatigues de cette journée, succédant à une nuit passée sans sommeil, avaient eu en outre beaucoup à souffrir du feu de l'ennemi ; depuis dix heures du matin, elles étaient constamment restées exposées à ses obus : Néanmoins, la crête nous restait encore ; mais les lignes se rapprochaient incessamment, elles n'allaient bientôt plus être séparées que par un intervalle très faible, ce qui devait augmenter le danger, et malgré l'obscurité et la brume qui commençait à envahir l'horizon et le champ de bataille lui-même, l'ennemi n'avait pas encore interrompu son attaque.

Le gouverneur de Paris, qui, du Mont-Valérien, assistait à la bataille et pouvait en apercevoir dans leur ensemble les phases diverses et la vivacité, s'y porta aussitôt de sa personne pour raffermir l'élan des troupes qui faiblissaient et les maintenir au combat. Il passa près de la Briqueterie et de la Croix-du-Roi, se dirigeant par la route la plus courte, jusqu'à l'endroit où la lutte devenait surtout inquiétante et critique, c'est-à-dire aux crêtes. Là, il put être témoin des défaillances et de l'indiscipline de certains bataillons de la garde nationale ; il put aussi se renseigner auprès des divers chefs de service et des commandants de troupes, et il les trouva tous anxieux sur l'issue du combat[1].

..... Le gouverneur, qui avait jugé par lui-même de la

---

1. Le général Trochu. — Le général Trochu devait sa réputation à un livre très clairvoyant et très hardi, dans lequel, dès 1867, il avait signalé les faiblesses et l'insuffisance de notre organisation militaire. Envoyé en disgrâce à Montpellier, il avait été appelé à Paris dès le début de la guerre. C'était un écrivain militaire distingué, qui manquait de décision et d'esprit de suite, et qui n'était pas du tout le chef qui convenait à l'ardente population parisienne. Il est mort à Tours en 1896.

gravité de la situation et de l'imminence du péril, dut se rendre à toutes ces objections, et, bien que le feu de l'ennemi parût se ralentir et que les hauteurs nous appartinssent toujours, il ne jugea pas à propos de continuer la lutte. Il donna lui-même l'ordre de la retraite au général Noël, qu'il chargea de former l'arrière-garde et de faire replier les troupes qui occupaient Montretout, puis il retourna au Mont-Valérien.

Cependant, à l'heure même où la retraite allait être ordonnée, l'attaque des Prussiens diminuait de violence : leurs colonnes, dès qu'elles avaient paru sur la crête, avaient été accueillies par le feu concentré de toutes nos pièces, placées entre la Briqueterie et la ferme de la Fouilleuse. Cette formidable canonnade avait arrêté momentanément l'effort de l'ennemi, et il avait même dû reculer en perdant beaucoup de monde. La nuit était venue tout à fait et, comme la veille, l'obscurité était des plus profondes ; la fusillade cessa alors peu à peu des deux côtés, et le silence qui lui succéda ne fut plus interrompu que par quelques coups de feu isolés, provenant surtout d'alertes soudaines qui se produisaient au milieu du mouvement de retraite, lequel commença à se dessiner vers sept heures du soir. L'ennemi aurait pu le contrarier gravement, s'il avait été en mesure de le faire ; mais il avait dû lui-même rentrer dans ses lignes, à la suite de la solide résistance que nous avions opposée à son attaque contre les hauteurs, et d'ailleurs, il ne pouvait voir qu'avec satisfaction la résolution que nous avions prise de nous retirer.

La retraite de notre armée s'opéra avec beaucoup de peine, et fut entravée par des difficultés de tout genre.

...... A une heure, la lune s'étant levée, la retraite s'acheva dans de meilleures conditions ; la gelée reprit, et au temps brumeux et tiède de la journée, succéda aussitôt une nuit claire et froide. Le silence le plus complet s'étendit sur le champ de bataille : il n'était troublé que par les lointaines détonations des batteries de Meudon et de Châtillon, qui continuaient à bombarder Paris.

La journée du 19 janvier, ne fut pas aussi meurtrière que pouvaient le faire supposer la longue durée du combat, la violence du feu de l'artillerie ennemie pendant le jour, la vivacité de la fusillade qui termina la bataille. Mais Paris tout entier fut frappé d'une profonde et indicible stupeur à la lecture d'une dépêche du gouverneur, prescrivant « de parlementer d'urgence à Sèvres pour un armistice de deux jours », et déclarant qu'il fallait « du temps, des efforts et beaucoup de brancardiers ». Cette dépêche, non moins alarmante qu'exagérée, devait jeter un trouble douloureux dans la population, qui avait vu partir pour le combat qui venait de se livrer un grand nombre de ses enfants. Cependant, le chiffre des hommes tués ou blessés ne dépassait pas 3,000, et c'était là une perte relativement peu considérable, pour une lutte où près de 85,000 hommes avaient été engagés.

Pourtant la France luttait. Pendant que la population de Strasbourg s'enfermait dans ses murailles, électrisée par la vaillante attitude du préfet Valentin, pendant que Belfort avec le colonel Denfert-Rochereau, et Bitche avec le lieutenant-colonel Terrier, tenaient bon jusqu'à la fin de la guerre, les villes ouvertes elles-mêmes repoussaient l'ennemi. La belle défense de Saint-Quentin, que dirigea Anatole de la Forge, et l'admirable résistance de Châteaudun prouvaient que notre pays n'avait pas dégénéré.

Bombardement de Châteaudun[1].

Mais ce que nous n'avons pas encore dit, c'est le tumulte terrifiant des obus qui, pendant le combat, s'abattent sans relâche sur la ville, défonçant les toitures, allumant partout l'incendie; c'est l'infernal tapage des

1. Grenest. *L'Armée de la Loire.* — Garnier frères, éditeurs.

bombes qui éclatent, des balles qui sifflent, des murs et des cheminées qui s'écroulent, mêlant des nuages de poussière blanche à la fumée noire des maisons en feu.

Rien n'est éloquent, dans sa concision officielle, comme le rapport du maire de Châteaudun au ministre de l'intérieur :

« La plupart des maisons furent atteintes et plus ou moins gravement endommagées ; mais l'objectif principal était, visiblement les édifices publics, les églises de la Madeleine et de Saint-Valérien, l'hôtel de la sous-préfecture, et, ce qui est triste à dire, l'hôpital a été percé d'une multitude de projectiles.

» On voudrait, mais on ne le peut, invoquer l'erreur ou le hasard : sa position isolée, son grand drapeau blanc à la croix rouge ne laissent aucun doute sur les intentions de l'ennemi.

» Les salles exposées au feu ont toutes été traversées par les obus, et l'un de ces projectiles, passant entre le chirurgien qui venait d'amputer un blessé et la sœur qui l'assistait, a jeté dans la salle une telle terreur que tous les blessés, y compris l'amputé, se sont précipités sans vêtements dans les caves. »

Le blessé qui se sauve avec son moignon sanglant est le franc-tireur de Paris, Rangier.

Ce vieux soldat d'Afrique, ancien garçon d'accessoires au théâtre Beaumarchais, blessé et soutenant, comme nous l'avons dit, de sa main valide son bras qui ne tenait plus que par un peu de chair, n'avait pas cru devoir quitter le combat sans venir en demander la permission à son lieutenant, M. Chabrillat.

A l'hôpital, se trouve en traitement un franc-tireur de dix-huit ans, Baudelot, de la 6e compagnie. Au premier bruit du combat, il sort, prend un fusil et se bat toute la journée.

Dans l'hôtel de ville, qui a été criblé et traversé dans tous les sens, les fenêtres volent en éclats ; à chaque instant, il faut éteindre l'incendie.

C'est là que, depuis le commencement de l'attaque, le maire Lumière, dont le nom vivra à côté de celui des maires patriotes de Metz et de Strasbourg, Maréchal et Kuss, se tient jusqu'à neuf heures du soir, accompagné du conseiller municipal Humery.

Le premier adjoint, Lemay, y a été blessé dès le début de l'action par des éclats de verre que lui envoie, dans le cou et dans la figure, un obus allemand qui est entré dans le bureau des employés, a crevé une table, transpercé un registre et mis le feu dans les archives. Le premier adjoint en demeurera sourd.

Dans l'espace de cinq heures, deux mille obus au moins tombent ainsi sur la ville. Un ouvrier tanneur, Jean-Baptiste Bonneval, est frappé mortellement dans sa maison, derrière l'hôpital, et un garçon charcutier, Paul Poulain, est tué par un éclat sur l'esplanade de la Sous-Préfecture.

C'est sur la place, devant l'hôtel de ville, que se tient toute la journée le commandant de Lipowski, et d'où il dirige l'action.

Il a sous ses ordres la petite réserve dont nous avons parlé et que commande le capitaine La Cecilia, et il l'expédie par faibles détachements sur les points les plus menacés; mais le bombardement n'est pas sans causer là aussi des pertes.

Un jeune franc-tireur de dix-neuf ans, Seillade, engagé depuis peu de jours, atteint en pleine poitrine, tombait aux côtés de La Cecilia : « Que c'est dur, mon capitaine, lui disait-il, de mourir sans avoir pu en tuer un ! »

Le franc-tireur Fruntz est tué un peu plus loin.

« La plus infernale musique se faisait d'obus, de boîtes à mitraille, de balles, de toitures, de vitres et de pans de maisons sifflant, éclatant, tombant, se brisant, brûlant. »

L'adjudant Bataille, qui devait aller mourir un instant après à la Cavée de la Reine, et le franc-tireur Maury, se faisaient remarquer par le calme de leur contenance et leur gaieté.

GUY. — Mémoires militaires.   13

A la façade de l'hôtel de ville trouée par les obus, le drapeau tricolore est là, pendant, la hampe brisée, « tombant comme un oiseau blessé de la toiture à jour du pavillon de l'Horloge. » Le franc-tireur Bougron, un Parisien de seize ans, l'aperçoit et se lance à travers la place pour aller le saisir. Une pierre le renverse, une autre lui meurtrit la jambe et la main ; mais il se relève, prend le drapeau au milieu du sifflement des obus et au moment où s'effondre le sommet de l'édifice. Il revient triomphant, agitant le drapeau et criant : « En voilà un que les Prussiens n'auront pas. »

Cependant les bombes ont mis le feu en dix endroits de la haute ville. C'est ici le moment de parler du courage et du dévouement qu'ont montrés les pompiers de Châteaudun sous la conduite de leur lieutenant Clément.

Sous les ordres de cet officier, la pompe ayant été placée près de l'église Saint-Valérien, principal point de mire des canons allemands, le pompier Rien père fut atteint d'un éclat d'obus que la visière de son casque seule empêcha de le blesser mortellement.

C'est au milieu d'une grêle de projectiles que l'on combattit ensuite le feu dans la maison de l'imprimerie Lecesne, à l'angle des rues de Blois et d'Angoulême.

Puis ce fut au tour de l'atelier de reliure du libraire Pouillier, rue du Château-Gaillard. A ce moment avait lieu, sur la place Royale, le combat dont nous allons parler, et dont les balles vinrent percer la pompe en plusieurs endroits. Rue Lambert-Licors, le caporal honoraire des pompiers, Charles Petit, est frappé mortellement d'une balle, un instant après avoir travaillé à une autre pompe rue Saint-Valérien.

Mais la nuit est venue, et les Prussiens vont en profiter pour se faufiler dans la ville sans craindre les balles de ses braves défenseurs.

Pendant que Paris tenait bon, Gambetta, envoyé à Tours, tentait d'organiser la résistance.

Une première armée dite armée de la Loire, composée de mobiles, de mobilisés et de zouaves pontificaux, défendait la ligne du fleuve et réussissait même à s'emparer, par un coup de main hardi, de la ville d'Orléans, occupée par le général Von der Thann.

Bataille de Coulmiers [1].

L'armée française est rangée en bataille sur deux lignes, dans un ordre admirable. Tout en elle annonce la confiance.

L'armée allemande retranchée dans des villages, des châteaux et des fermes, les a crénelés, barricadés à l'intérieur et en a défendu l'approche, à l'extérieur, par des ouvrages de fortification passagère. Elle est prête à recevoir la bataille que nous venons lui offrir, elle nous attend de pied ferme.

Un silence solennel règne partout dans cette grande plaine, où bientôt va retentir le bruit du canon. Dans les rangs, calme profond, ordre parfait ; les troupes semblent disposées pour une revue.

La vue s'étend au loin vers la droite et vers la gauche ; elle est bornée, du côté de la Loire, par des bois et des massifs d'arbres qui entourent de nombreux châteaux et de riches fermes.

Les terres, habituellement cultivées en céréales, sont dépouillées de leurs récoltes. Elles n'offrent aucun obstacle au déploiement de l'infanterie, à la marche de la cavalerie et au mouvement de l'artillerie qui, cependant, ne peut manœuvrer aux allures vives, parce que les terrains sont encore détrempés par les pluies des jours précédents.

La division Peytavin était en avant de Baccon, ayant à

1. Général d'Aurelles de Paladines. *La première Armée de la Loire.* — Plon et Nourrit.

sa droite, dans la direction de Bardon, la division Martineau, et à sa gauche, le 16e corps d'armée, disposé comme le 15e sur deux lignes.

Baccon, bourg assez considérable, est bâti sur une hauteur d'où l'on domine toute la plaine que nous venons de décrire; son clocher s'aperçoit de très loin, et a dû servir, aux Bavarois, d'observatoire pour reconnaître nos mouvements.

En avant de ce bourg, à trois mille mètres environ, vers le hameau de Champdry, s'élève un mamelon très accentué, merveilleusement situé pour y établir nos batteries d'attaque. Le général en chef, après avoir reconnu la position, fit arriver sur cette hauteur deux batteries de 4, et l'attaque commença. Ces batteries, dont le tir était bien dirigé, ne produisaient cependant pas tout l'effet espéré. Il fut ordonné au colonel Chappe, commandant l'artillerie de réserve du 15e corps, d'y placer deux batteries de 8, qui, sous l'habile direction de cet officier supérieur, tirèrent avec une précision remarquable.

La lutte était aussi engagée avec l'infanterie. Les tirailleurs du 33e de mobiles déployés, s'avancent résolument sur Baccon, pendant que les régiments les suivent. Une fusillade vive et nourrie se fait entendre, à laquelle répondent les bataillons bavarois embusqués derrière des murailles crénelées, des fenêtres et des ouvertures pratiquées dans les parois des maisons.

Nos soldats, animés par l'exemple de leurs officiers, gagnent du terrain, arrivent jusqu'au village, soutenus par l'artillerie, dont les boulets font écrouler des pans de murailles, y pénètrent, et se battent un moment corps à corps avec les Prussiens.

L'artillerie bavaroise commence à faiblir, elle tire en s'éloignant; bientôt elle quitte Baccon, et l'on voit des flammes et de la fumée sortir de quelques maisons incendiées à la fois par les ennemis qui battent en retraite, et par nos projectiles qui ne cessent de pleuvoir sur le bourg, depuis le commencement de l'action.

Après un combat d'une heure, Baccon est emporté d'assaut, et nos soldats, sans s'arrêter à ce premier succès, entraînés par l'exemple du général Peytavin, marchent sur le château de la Renardière, où recommence une nouvelle lutte aussi acharnée que la première.

Cette attaque est protégée par deux batteries de 4, qui se sont établies à la droite de Baccon, et deux autres batteries de 8, placées à la gauche de la ferme des Boynes. Nos braves régiments d'infanterie, précédés de leurs tirailleurs, poursuivent leur marche victorieuse, se précipitent dans le parc et en chassent les Prussiens, qui reculent mais en bon ordre.

Ceux-ci se rallient à la voix de leurs officiers ; un retour offensif semble se dessiner contre nous. Le général en chef, qui suit de l'œil ces préparatifs d'attaque, envoie une batterie s'établir à la ferme de la Cour Saint-Christophe ; son feu bien dirigé fait avorter cette tentative. Elle n'avait pas ébranlé nos soldats, mais elle aurait pu coûter cher à ceux qui s'étaient engagés dans le parc avec trop de précipitation. Nos bataillons s'arrêtent un instant pour reprendre haleine, et, le général Peytavin à leur tête, s'élancent de nouveau aux cris de : *En avant!* et enlèvent à la baïonnette le château que les Bavarois avaient crénelé et fortifié.

Il était environ midi.

Le 16e corps d'armée, de son côté, avait attaqué, mais avec moins d'élan que le 15e, les positions ennemies vaillamment défendues par les troupes du général Von der Thann, qui occupaient en force Coulmiers, Gémigny, Rosières et Bois-Buisson. Tous ces villages avaient été mis en état de défense depuis plusieurs jours, à l'aide de travaux bien entendus de fortification passagère, lunettes, abatis, épaulements, barricades. Le général Chanzy faisait avancer ses troupes avec ordre, pendant que le général Reyan, avec neuf régiments de cavalerie, couvrait sa gauche et la protégeait contre tout mouvement tournant.

La cavalerie elle-même était éclairée sur sa gauche, à distance, par les francs-tireurs de Paris, sous le commandement du lieutenant-colonel Laipowski.

La division Barry, qui occupait la droite de l'infanterie du 16e corps, avait reçu, dès le commencement de la bataille, des obus venant de Baccon qui la prenaient d'écharpe; mais ces projectiles ne pouvaient l'inquiéter sérieusement, à cause de la grande distance où elle se trouvait de ce bourg.

La marche de cette division avait été lente; elle n'arriva que vers midi à Saintry. Beaucoup de précautions avaient été prises par le général Barry; leur utilité ne pouvait en ce moment être justifiée. L'ennemi était devant nous, dans des positions fortifiées, et la défense se concentrait évidemment dans ces positions mêmes.

La brigade Deplanque, de la 1re division, marchait sur Gémigny; elle fut reçue vigoureusement par l'artillerie ennemie établie dans ce village, par celle de Coulmiers sur sa droite et celle de Saint-Sigismond sur sa gauche.

Les batteries de la division Barry, qui avaient pris position à Saintry, ouvrirent leur feu vers midi, et, à partir de ce moment, cette division fut sérieusement engagée. Ses efforts et son action se portèrent particulièrement sur Coulmiers, qu'elle attaqua avec élan; bientôt, par sa vigoureuse offensive, cette division avait réparé le temps perdu par elle dans la matinée.

C'était en ce moment un spectacle imposant que celui de cette jeune armée de la Loire; elle combattait sur tous les points à la fois avec une ardeur admirable. La cavalerie, aux ordres du général Reyan, avait reçu des instructions précises et formelles. Au lieu de se conformer aux instructions reçues, il avait fait attaquer par son artillerie le village de Saint-Sigismond, et s'était jeté contre des obstacles où la valeur brillante de ses escadrons s'était brisée sans résultat. Il avait, il est vrai, fait pousser une reconnaissance sur sa gauche, mais, par une erreur inconcevable, elle prit les francs-tireurs de Paris

de Liposwki pour des Prussiens. Le général Reyan n'eut
pas la pensée, si naturelle en pareille circonstance, de
faire cesser toute incertitude en ordonnant une nouvelle
reconnaissance, et il fit prévenir le général Chanzy que
son flanc gauche était menacé.

Comment le général Chanzy, habituellement si prudent,
si bien inspiré, n'a-t-il pas immédiatement éclairci ses
doutes ?

La cavalerie du général Reyan fit des pertes inutiles,
ses escadrons furent décimés par l'artillerie ennemie ; la
sienne épuisa ses munitions, et, par suite de cette fatale
erreur, il battit en retraite pour aller reprendre, avec ses
escadrons accablés de fatigue, la position de Prénouvel-
lon, d'où il était parti le matin ; il laissait ainsi libres les
routes de Chartres et de Paris.

Vers les trois heures, le 15e corps d'armée avait conquis les positions de Baccon, le château de la Touanne
abandonné par l'ennemi, le château de la Renardière, le
château de Huisseau-sur-Marne, celui du Grand-Lus,
les fermes et la lisière du bois de Montpipeau.

Le 16e corps d'armée était engagé sur toute la ligne, la
division Barry devant Coulmiers, où la résistance était
des plus opiniâtres. Cependant les tirailleurs et quelques
compagnies avaient déjà franchi les premiers obstacles
et pénétré dans le village. Mais les Allemands, s'abritant
derrière chaque arbre et les pans de murailles écroulées,
par de nouveaux efforts désespérés, avaient chassé nos
soldats du village et étaient redevenus maîtres de la position.

Le général Barry, mettant alors pied à terre, se place
à la tête de ses troupes, les enlève aux cris de : *En avant !
Vive la France !* et à son tour force l'ennemi à reculer. La
lutte se prolonge dans le village en flammes.

Le général en chef fait placer deux batteries de 8 derrière
le parc du Grand-Lus, dans un endroit favorable masqué
par des arbres. Elles balayent la route de Bucy-Saint-
Liphard à Coulmiers, que suivent les Bavarois en re-

traite vers Patay, et réduisent au silence les batteries ennemies.

En même temps, le général d'Aurelle fait approcher la brigade Dariès, qui avait formé la réserve du 15e corps pendant la journée; il lance cette brigade sur le village.

Ces troupes sont enlevées avec un irrésistible élan par leur vaillant général. Bientôt Coulmiers est emporté d'assaut par la division Barry et la brigade Dariès, rivalisant de courage et d'ardeur.

Le succès de la journée était assuré; il fallait le compléter et le consolider. Le général Chanzy dirige ses efforts sur Gémigny et Rozières; la brigade Deplanque s'empare de deux villages malgré la résistance désespérée des Bavarois, mais en éprouvant les pertes les plus sensibles.

La division Jauréguiberry, formant l'aile gauche du 16e corps, avait enlevé avec une grande vigueur les villages de Champs et d'Ormeteau, vaillamment disputés par l'ennemi, dont les feux, partant de la Mouise et de Gémigny, produisaient de grands ravages dans nos rangs.

Arrivé de la veille pour prendre le commandement d'une division d'infanterie, l'amiral Jauréguiberry, par son sang-froid et son audace, étonna nos jeunes soldats. Electrisés par son exemple, ils s'étaient emparés à la baïonnette de Champs et d'Ormeteau.

La brigade Bourdillon, qui avait servi de réserve au 16e corps pendant la bataille, fut dirigée sur Saint-Sigismond et s'empara de cette position.

La nuit était arrivée, l'armée de la Loire avait vaincu; mais une faute regrettable lui enlevait une partie des avantages que faisait espérer le succès de la journée.

Ce beau succès n'eut pas de lendemain. Une deuxième armée de la Loire, conduite par Chanzy, débuta, elle aussi, par la victoire de Patay; mais, bientôt écrasée par des forces

bien supérieures en nombre, elle fut vaincue aux batailles du
Mans et obligée de renoncer à sa marche offensive sur Paris.
La ligne de la Loire était perdue. Une nouvelle armée s'im-
provisa alors dans le Nord, d'abord avec Farre, puis avec
Faidherbe. Elle débuta par la victoire de Bapaume.

Victoire de Bapaume [1].

Le 3 janvier, dès le matin, nous commençâmes l'attaque vers le centre de la position où le général Faidherbe s'était porté. La 2e division du 22e corps, général du Bessol, attaqua le village de Biefvillers, pendant que la 1re division, général Derroja, se dirigeait
vers Gravillers. De son côté, la 1re division du 23e corps,
commandant Payen, entrait sans coup férir à Béhagnies
et Sapignies, se rabattait ensuite sur Favreuil fortement
occupé et qu'elle canonnait vivement de deux côtés.
Quant à la 2e division (général Robin), elle ne prit qu'une
faible part au combat, ne procurant d'autre avantage que
de couvrir notre extrême gauche par sa présence.

Les divers villages furent défendus par l'ennemi avec
une grande opiniâtreté. Le combat fut surtout acharné à
Biefvillers, qui ne fut enlevé qu'après plusieurs retours
offensifs et après avoir été tourné vers la gauche par les
troupes du général du Bessol, pendant que le général
Derroja appuyait l'attaque sur la droite en enlevant vivement Gravillers.

Nous trouvâmes le village de Biefvillers et la route qui
conduit à Avesnes couverts de morts et de blessés prussiens ; les maisons d'Avesnes en étaient remplies et un
assez grand nombre de prisonniers restèrent entre nos
mains.

L'artillerie, portée entre les deux villages, eut à soutenir une lutte terrible contre l'artillerie que l'ennemi

1. Faidherbe. *Campagne de l'Armée du Nord en 1871.* — Dentu, éditeur.

avait accumulée près de Bapaume, sur la route d'Albert. Enfin, les batteries des capitaines Collignon, Boquillon et Girou parvinrent, non sans dommages, à éteindre le feu de l'ennemi et toute la ligne s'avança sur Bapaume. Le petit village d'Avesnes avait été enlevé au pas de course par la 1re division. Une tête de colonne de la 2e division, emportée par son ardeur, se jeta en même temps sur le faubourg d'Arras, mais s'arrêta à l'entrée de la ville. Une vaste esplanade irrégulière, avec des fossés à moitié comblés, remplaçait les anciens remparts de la place, présentant des obstacles sérieux à la marche de l'assaillant, qui restait exposé au feu des murs et des maisons crénelés par l'ennemi. Il eût fallu, pour le déloger, détruire avec de l'artillerie les abris où il s'était établi, extrémité bien dure quand il s'agit d'une ville française et à laquelle le général en chef ne put se résigner, ne tenant pas essentiellement à la possession de Bapaume. Pendant ce temps, le général Lecointe apprit que le village de Tilloy, qui dérobait notre droite, était occupé par l'ennemi et qu'une colonne prussienne avec de l'artillerie s'avançait de ce côté sur la route d'Albert. Il fallait s'opposer à cette tentative de nous tourner par notre droite ; la brigade du colonel Pittié fut immédiatement portée sur le village de Tilloy qu'elle enleva malgré la plus vive résistance et où elle se maintint. Sur la gauche, le général Paulze d'Ivoy n'eut pas moins de succès contre le village de Favreuil.

La division Robin, restée en grande partie en arrière, fut remplacée par deux bataillons de la 2e brigade de la division Payen, auxquels se joignit seulement un bataillon de voltigeurs de mobilisés pour l'attaque de gauche, tandis que la brigade du colonel de la Grange attaquait de front. Ces troupes forcèrent ensemble les barricades de l'ennemi et s'emparèrent de toutes ses positions. Cette attaque fut favorisée par une batterie de la 2e division du 22e corps, établie sur la route d'Arras à Bapaume, et l'ennemi se mit en pleine retraite de ce côté. On était donc victorieux sur toute la ligne à la nuit tombante. Le combat ne se prolongea plus que faiblement sur l'extrême droite où l'ennemi s'efforçait de se maintenir dans le village de Ligny. On passa la nuit dans les villages conquis sur l'ennemi ; le général Faidherbe aurait pu y établir les troupes pour quelques jours, mais ces villages étaient encombrés de morts et de blessés. Les retours offensifs étaient possibles à si petite distance d'Amiens où l'ennemi avait encore des forces ; on apprenait d'ailleurs que l'attaque de Péronne avait été suspendue, que l'artillerie assiégeante avait été retirée de devant la place et que, le 31 décembre et le 1er janvier, pas un coup de canon n'avait été tiré sur la ville ; mais on ne sut pas que le 2, quelques pièces sur la rive gauche avaient recommencé le feu ; alors, prenant en considération la fatigue des troupes et le froid extrêmement rigoureux qu'elles avaient à supporter, le général en chef résolut de reprendre ses cantonnements à quelques kilomètres en arrière, en remettant à quelques jours la marche sur Péronne si elle redevenait nécessaire. En conséquence, le 4 au matin, nous nous mîmes en marche pour les cantonnements.

Notre succès sous Bapaume a occasionné à l'ennemi des pertes très considérables. Les renseignements qui nous sont parvenus portent à plusieurs milliers le nombre de ses morts et blessés ; une partie des troupes qui avaient pris part à la bataille s'était même débandée et dirigée en désordre sur Amiens. Dans un ordre du jour du général Von Gœben, reproduit par les journaux allemands et anglais, ce général donne l'ordre aux chefs de corps de lui signaler les officiers qui avaient fui à la bataille de Bapaume, pour qu'ils soient immédiatement révoqués.

Les Prussiens, quoi qu'ils en aient dit, avaient des forces très comparables aux nôtres ; ils avaient fait venir les troupes qui assiégeaient Péronne, et, jusqu'à la fin de la bataille, ils recevaient des renforts. Ils avaient certainement plus de 20,000 hommes, et, de notre côté, un nombre à peine égal prit une part effective à la bataille [1].

Restait à défendre la ligne de l'Est et à tenter une marche sur Belfort. Pendant que Garibaldi accouru, à notre secours, livrait la furieuse bataille de Dijon où fut pris le seul drapeau prussien de la campagne, pendant que Cambriels gardait avec les francs-tireurs les défilés des Vosges, le général Bourbaki s'engageait dans la vallée de l'Oignon, livrait la bataille indécise de Villersexel, mais se faisait écraser à Héricourt. L'armée, sans direction, puisque le général avait tenté de se brûler la cervelle, oubliée par Jules Favre dans la signature de l'armistice, dut se jeter en Suisse où elle fut admirablement accueillie par la population.

La retraite de l'armée de l'Est [2].

Manteuffel marchait en effet sans relâche. Il entrait à Dôle après un petit engagement qui lui valait, outre la ville, plus de deux cents wagons de vivres. Il se saisissait, aux environs de Dampierre, de quatre ponts sur le Doubs ; il refoulait Cremer qui tentait de l'arrêter à Dannemarie ; il s'emparait de Quingey où il faisait huit cents prisonniers, de Mouchard, d'Arbois. Son lieutenant Werder occupait Clerval et Baume-les-Dames.

1. M. de Freycinet évalue les troupes mises sur pied par la volonté de Gambetta, dans la deuxième partie de la guerre, à 230,000 hommes de ligne, 32,000 cavaliers, 110,000 mobiles, 180,000 mobilisés, 30,000 francs-tireurs, et 1,400 canons. Sans doute ces troupes étaient mal armées et surtout insuffisamment habillées et nourries ; sans doute les officiers qui les commandaient étaient trop souvent des officiers improvisés ; mais elles ne méritaient pas les appréciations férocement injustes de l'Allemand Von der Goltz dans son ouvrage : *Léon Gambetta et ses armées*. Le maréchal de Moltke, beaucoup plus juste, a reconnu dans ses Mémoires que, jusqu'au dernier moment de la lutte, l'Allemagne a toujours pu craindre qu'une seule victoire lui enlevât tout le bénéfice de la campagne.

2. Chuquet. *La guerre de 1870.* — Plon et Nourrit, éditeurs.

Quel parti prendrait Bourbaki ? Il avait tâché de garder Quingey ; mais les troupes qui défendaient ce poste fuyaient sans coup férir et entraînaient dans leur déroute les renforts que le général leur envoyait à Busy. Il avait chargé Bressolles de tenir le plateau de Blamont et les défilés de la chaîne escarpée du Lomont ; mais les mobilisés de Bressolles abandonnaient ces importantes positions. Allait-il demeurer paralysé autour de Besançon ? C'était capituler à brève échéance, puisque la place n'avait de munitions de bouche que pour quinze jours. Se frayer un chemin vers l'ouest ou le sud ? Cette trouée désespérée était impossible dans l'état moral et physique de l'armée, après les souffrances qu'elle avait endurées. Il ne reste d'autre voie que celle de Pontarlier.

Bourbaki convoque un conseil de guerre. Tous ses lieutenants proposent de reculer sur Pontarlier. Seul, Billot assure que l'armée peut se faire jour vers Auxonne. Mais Bourbaki lui offre le commandement, et Billot se récuse en disant qu'un général en chef qui voudrait risquer une semblable tentative doit avoir le prestige de Bourbaki. On prend donc la route de Pontarlier pour se glisser le long de la frontière suisse et gagner la vallée du Rhône : Cremer tiendra le ravin de la Loue, et Bressolles reviendra coûte que coûte sur le Lormont.

Mais déjà Manteuffel est à Salins, malgré la vigoureuse canonnade des forts qui suspendent, à la prière du maire, leur feu sur la ville. Cremer recule de Salins sur Levier. Bressolles voit son corps d'armée se sauver sans combattre. « Je n'ai jamais compté, s'écrie Bourbaki, sur le service des troupes de Bressolles ; elles ne peuvent entendre un coup de fusil sans fuir ! » Lui-même veut partir avec le 18e corps pour reconquérir les positions perdues : le 18e corps emploie toute une nuit et une journée entière pour traverser Besançon et passer de la rive droite sur la rive gauche du Doubs. Affolé, redoutant les soupçons, accusé de recommencer Metz ou Sedan,

Bourbaki braque un revolver sur son front et lâche la détente. « En cas de sacrifice de l'armée, avait dit Regnier à Bismarck, il se brûlera la cervelle. » La prophétie s'accomplissait. Mais le général survécut à sa blessure ; la balle s'était aplatie sur son crâne comme sur une plaque de fonte.

Le successeur de Bourbaki ne put que continuer le mouvement de retraite ; retraite qui rappelait Moscou à quiconque voyait du haut de la route de Pontarlier, à travers les sapins, se dérouler au loin cette longue et lamentable file d'hommes et de fourgons. Les chevaux souffraient de la fatigue et de la faim : ceux-là s'abattaient à tout moment et finissaient par ne plus se relever ; ceux-ci dévoraient l'écorce des arbres et rongeaient les arrière-trains des charrettes ou les roues des caissons. Les soldats se traînaient péniblement, tantôt enfonçant jusqu'à mi-jambes dans la neige, ne parlant que pour geindre ou jurer, abandonnant sur le bord du chemin les camarades qui tombaient épuisés ou malades. A l'étape, ils s'entassaient dans les maisons et se laissaient choir sur le plancher, ou, de crainte d'être piétinés par les survenants, se tenaient debout, serrés les uns contre les autres, ne songeant qu'à se réchauffer, et le matin il fallait réveiller à grands cris et à coups de bottes ces êtres inertes et abrutis par un lourd sommeil.

Le 28 janvier, Clinchant atteignait Pontarlier et tâchait de gagner le département de l'Ain par Mouthe et Chaux-Neuve, en longeant les limites de la Suisse sur deux routes qui passent au fond des vallées et mènent à Morez et à Gex, soit par Foncine et Saint-Laurent, soit par la Chapelle-des-Bois. Mais il était déjà pris entre deux feux, à Morteau par Werder et à Champagnole par Manteuffel.

Les avant-gardes allemandes poussaient sur Sombacourt deux généraux, 48 officiers et 2,700 hommes. Clinchant se crut sauvé par l'armistice que Jules Favre signait alors à Versailles. Mais Favre avait consenti que la ligne de démarcation ne fût tracée dans l'Est que lorsque la situation militaire serait exactement connue, et Moltke télégraphiait à Manteuffel que la trêve ne s'étendait pas encore aux départements de la Côte-d'Or, du Doubs et du Jura.

Clinchant, qui s'était arrêté, se voyait poursuivi, pressé de plus en plus. Ses soldats se plaignaient d'être les seuls à se battre pendant que le reste de la France avait la paix. Un bataillon des Pyrénées-Orientales se rendait à quelques uhlans, et lorsqu'il était dégagé par des compagnies du 83ᵉ, il refusait de prendre les armes en disant qu'il aimait mieux être captif que de pâtir davantage. Les routes se fermaient. Le passage de Foncine tombait aux mains de l'ennemi. Clinchant espérait encore percer par la Chapelle-des-Bois, bien que le chemin ne soit en plusieurs endroits qu'un simple sentier. Mais cette issue lui fut également barrée lorsque les Allemands se répandirent sur les bords du lac de Saint-Point, s'emparèrent des Granges-Saint-Marie et coupèrent ainsi la route de Mouthe. Il résolut de se jeter en Suisse et conclut avec Hans Herzog, général des troupes de la Confédération, la convention des Verrières. Le 1ᵉʳ février, son arrière-garde, composée du 18ᵉ corps et de la réserve, évacuait Pontarlier et livrait, sous la protection des forts de Joux et de Larmont, un dernier et violent combat dans le défilé de la Cluse.

Le lendemain, après avoir perdu depuis quatre jours 15,000 prisonniers et un considérable matériel de guerre, Clinchant franchissait la frontière. 80,000 hommes de l'armée de l'Est, pour la plupart hâves, déguenillés, sordides, hébétés, insensibles à la catastrophe qui les frappait, n'ayant plus d'autre souci que de manger et de dormir près d'un bon feu, furent internés sur le territoire helvétique.

Quelle avait été l'attitude des officiers allemands pendant la guerre ? Écoutons la déposition d'un témoin oculaire.

Les officiers allemands pendant la guerre [1].

On peut porter sur les officiers allemands les jugements les plus divers, suivant ceux que le hasard a fait
rencontrer. Ils ont beaucoup d'uniformité dans la tenue
extérieure, ils n'en ont aucune dans le caractère. Ils ont
ceci de commun, qu'ils sont instruits, et qu'ils exécutent
tous ponctuellement leur service militaire, si la discipline
l'exige : le plus paterne des capitaines commandera, la
larme à l'œil, les mêmes atrocités que le plus arrogant
des aides de camp du Prince Rouge ; mais, en dehors du
service, les officiers ont encore le temps de manifester leurs défauts et leurs qualités. Il en est qui sont des
modèles de politesse, de bon ton et même d'humanité ;
chez beaucoup d'entre eux nous retrouvons les qualités
essentiellement allemandes que nous avons remarquées
chez les soldats ; mais combien n'y en a-t-il pas qui se
déshonorent par des brutalités indignes d'hommes culti-
vés ! Je ne parle pas seulement des violences commises
envers leurs soldats, et que ceux-ci acceptent avec une
servile docilité ; mais j'en ai vu qui frappaient des femmes
et rudoyaient des enfants ; qui croyaient de leur dignité
de s'emporter en grossières injures contre quiconque ne
courbait pas la tête devant eux. Ils pratiquaient cette
politesse méthodique qui consiste à saluer les gens
trois fois de suite en frappant ses talons l'un contre
l'autre et en s'inclinant à angle droit ; mais ils étaient
assez ignorants de la vraie délicatesse de sentiment
pour adresser des plaisanteries aux vaincus sur leur
défaite ou pour laisser voir devant eux des sentiments
de haine brutale, indignes d'âmes élevées.

— Les Français sont venus chez mes parents, nous

---

1. G. Monod. *Allemands et Français*. — Sandoz et Fischbacher, éditeurs.

disait un officier d'artillerie ; eh bien! monsieur, je me venge, je leur mettrai la tête dans le pot; oui, monsieur, la tête dans le pot. Nous les pousserons jusqu'à la mer et nous leur ferons prendre un bain de siège (j'adoucis l'expression) dans l'Océan.

Des médecins venaient dire avec un gros rire à des médecins français, à Orléans :

— Vous n'êtes plus maîtres ici, c'est nous qui sommes maîtres.

A Buzancy, j'ai entendu un jeune chirurgien allemand injurier un vieillard qui donnait à manger à des blessés français.

— Vous donnez tout aux Français, criait-il, rien aux Allemands. Il y a assez longtemps que nous sommes vos domestiques. Vous saurez maintenant ce que c'est que d'obéir.

Un de nos chirurgiens, qui était Alsacien, ne pouvait pas faire connaître sa nationalité à un officier, sans que celui-ci dît d'un air aimable :

— Ha! ein vener Preuss !

Ce qui est plus triste encore, c'est que des vices ignobles se montraient dans ce corps d'officiers si instruits, si élégants, si gentlemen. Je ne parle pas seulement de l'ivrognerie, qui est toujours regardée avec indulgence en Allemagne, ni de la fureur au jeu, qui existe chez eux au même degré que chez nos marins, mais du vol. Parfois ils volaient en grand, ils emballaient comme dans certaines villas des environs de Paris; ils prenaient des tableaux, des harnais; ils poussaient leurs soldats au pillage; d'autres fois ils descendaient jusqu'à commettre de petits vols honteux et vils; ils mettaient dans leur poche le couvert d'argent avec lequel ils avaient mangé, ou emportaient un bijou de la chambre où ils avaient couché. A Talcy, dans le château d'un de nos amis, les officiers de l'état-major du grand-duc de Mecklembourg, des nobles comtes et barons, ont volé, dans le salon où seuls ils entraient, un coupe-papier en ivoire, un étui à mathématiques, et 5 francs enfermés dans une boîte. Un inspecteur d'ambulance très patriote, et dont le témoignage est pour moi d'un grand poids, me disait :

— Les vols commis par nos officiers sont une tache pour l'honneur allemand. Je rougis en pensant à tout ce que j'ai entendu et à tout ce que j'ai vu.

Il rendait le roi et les chefs supérieurs responsables en partie de ces crimes, par l'indifférence qu'ils ont toujours montrée pour leur répression.

Ce serait toutefois une injustice que de rendre tous les officiers responsables de ces indignités, bien qu'il eût dû exister parmi eux un esprit de corps, un sentiment d'honneur collectif qui les rendît impossibles, tandis que ceux mêmes qui ne s'en rendaient pas coupables cherchaient à les excuser. Beaucoup d'officiers se conduisaient en hommes bien élevés, et même bienveillants, lorsque la dureté du système d'invasion ne leur faisait pas de la brutalité un devoir.

Malgré tous ses efforts, la France était vaincue et le traité de Francfort consacra notre écrasement en cédant à l'Allemagne reconstituée en empire germanique deux de nos plus chères provinces : l'Alsace et une partie de la Lorraine. Jamais la France n'a accepté comme définitive cette cruelle mutilation ; jamais elle ne s'inclinera devant le fait accompli ; mais, en attendant la revanche espérée, fallait-il « s'hypnotiser devant la trouée des Vosges » ou affirmer par des expéditons lointaines et de nouvelles acquisitions notre indomptable vitalité ? C'est en obéissant à cette pensée que les hommes d'État lancèrent le pays vers des conquêtes coloniales « qui devaient donner à nos soldats les premiers baisers de la gloire et à nos drapeaux les premiers frissons de la victoire ». Les conquêtes coloniales n'ont été qu'une des formes de l'esprit militaire français. Un lieutenant de vaisseau, Francis Garnier, tenta, dès 1874, de donner à la France le riche delta du Tonkin qui forme aujourd'hui, avec la colonie de Cochinchine, les protectorats de l'Annam et du Cambodge, notre merveilleux empire d'Indo-Chine.

Prise de Hanoï par Francis Garnier.

(Récit du sergent Imbert) [1].

Le réveil fait à la voix dans les cases du camp à cinq heures du matin, on fit aussitôt prendre quelque nourriture aux hommes, et à six heures on dirigea une marche précipitée vers la citadelle.

M. Garnier [2], secondé par M. Ermez et par le commandant du détachement du 4e régiment de marine, attaqua vigoureusement la porte Sud (il faut lire : Sud-Est, car il y avait deux portes au Sud, chacune précédée d'un redan).

La porte Sud-Ouest était occupée par le commandant de la compagnie de débarquement du *Decrès*.

La porte Est, la plus voisine de la ville, était attaquée par les soldats de la garde de M. Dupuis [3], au nombre de 90 environ.

Quant aux portes Nord et Ouest, elles étaient bombardées par l'artillerie de la rade.

1. Hippolyte Gautier. *Les Français au Tonkin.* Hippolyte Gautier a été, en quelque sorte, le confident et le secrétaire de tous des officiers qui avaient accompagné Garnier dans son expédition, et qui lui survécurent.

2. Les officiers qui accompagnaient Garnier étaient l'enseigne de vaisseau Balny d'Avricourt qui devait périr le même jour que lui, le médecin de marine Harmand, le sous-lieutenant d'infanterie de marine Trentinian, aujourd'hui lieutenant-colonel d'infanterie de marine, l'aspirant de marine Hautefeuille et l'aide-commissaire Dubard, aujourd'hui inspecteur général des Colonies.

3. M. Jean Dupuis est un négociant français qui avait tenté, à lui seul, de résoudre la question des relations entre la Chine et le Tonkin. Ses marchandises ayant été confisquées par les autorités annamites, il s'était plaint à l'amiral Dupré, gouverneur de la Cochinchine, qui, heureux de cette occasion de se saisir du Tonkin avait envoyé Francis Garnier à son secours. Après la mort de l'héroïque lieutenant de vaisseau, l'œuvre de la France au Tonkin fut détruite, en quelques semaines, par un inspecteur des affaires indigènes nommé Philastre. Dupuis, désavoué, traité de flibustier et de brigand, mis en faillite par les tribunaux, n'a jamais pu obtenir la justice qui lui était due.

L'action fut vive ; l'élan général ; et le plus grand ordre régna dans cette attaque que les assiégés auraient voulu croire à jamais impossible.

Si le succès ou la défaite d'une armée sont attribués avec la plus juste raison au général qui commande et dirige les mouvements, combien plus encore mérite un chef qui, joignant à l'expérience et au sang-froid une valeur étonnante, se met lui-même à la tête de ses hommes, les encourage de la manière la plus bienveillante, combat comme le plus brave de tous, paie de sa personne, et s'expose enfin à tous les dangers de l'action !

Tel était M. Garnier ce jour-là et en toute occasion, constamment le premier à nous répéter « : En avant, mes enfants, en avant ! » Je fus témoin plus tard de cette bravoure qui s'oublie elle-même, hélas !

Cette conduite au feu, ce caractère si hardi dans les périls, lui captiva parmi nous l'affection la plus grande comme elle était la plus juste ; nous disions que notre chef était un vrai marin à la guerre.

L'ennemi, ne s'attendant pas à cette attaque matinale, fut étrangement surpris quand les premiers coups de feu d'abord, le grondement du canon ensuite, vinrent le convaincre de la réalité. Les soldats annamites pris au dépourvu, ralliés par leurs chefs et stimulés par eux, sortirent bientôt de leur indolence, prirent leurs postes respectifs sur les remparts et allumèrent la mèche de leurs grossiers canons. Les balles sifflèrent de part et d'autre ; mais les nôtres atteignaient presque toujours l'imprudent qui se démasquait du haut des bastions, tandis que pas un de nos soldats ne fut atteint par les leurs.

Une grande partie des assiégés faisaient rouler du haut des remparts des poutres énormes ; d'autres lançaient une grêle de pierres, d'autres enfin jetaient sur le sol de grandes poignées de clous triangulaires qui en tombant laissaient toujours dressée en l'air une pointe aiguë ; les malheureux nous croyaient-ils dépourvus de chaussures ? Plus d'une fusée incendiaire tomba au milieu des groupes, mais sans effet. Le maréchal[1] montra en cette périlleuse occasion que le poids des années n'avait pas étouffé dans son cœur l'ardeur guerrière qui l'animait. Après avoir fait rallier à la hâte ses soldats, il commandait la défense ; tous lui obéissaient avec cette crainte et ce respect profond qu'il sut toujours inspirer ; mais blessé lui-même à la cuisse droite, il dut être transporté à sa demeure, et dès lors la victoire ne put être douteuse ; une foule compacte désertait les remparts pour se réfugier sous les immenses portiques des cinq portes, attendant qu'une brèche leur ouvrît une voie facile qui leur permît de fuir plus loin. Mais ce fut à nous que la brèche, faite dans les portes par les canons tira à faible distance, ouvrit accès ; les fuyards, repoussés de là par la mitraille, y recevaient la triste récompense de leur lâcheté.

Le barrage des ponts pleins (c'est-à-dire en maçonnerie, sous ponts-bois) qui conduisaient aux portes était fait à l'aide de chevaux de frise et de ronces de toute espèce ; ce moyen de défense fut plus nuisible qu'utile à l'ennemi. Ces engins, prestement enlevés par nos gabiers, furent placés contre les remparts et pouvaient servir d'échelles[2].

Dès qu'il fut possible d'entrer dans cette vaste enceinte,

---

1. Le chef suprême de l'armée annamite était le maréchal Nguyen-Phu-Truong, très intelligent, très diplomate et ennemi acharné de la France.

2. « C'est le 20 novembre 1873 que la citadelle est emportée. Tout s'accomplit selon les calculs de Garnier. M. Balny enlève le côté sud-ouest. Francis Garnier, en personne, essaie d'enfoncer la porte de la citadelle. Les haches des sapeurs se brisent. Francis Garnier s'aperçoit que le haut des portes est garni de barreaux : il s'accroche au rebord, malgré les balles et les boulets ennemis, passe à travers la grille, et saute dans l'intérieur de la forteresse le revolver au poing. M. de Trentinian le suit : la citadelle est prise. Les deux canonnières françaises, embossées dans le fleuve et qui, sous les ordres de M. Balny d'Avricourt, ont couvert la place de projectiles, cessent le feu. Le pavillon aux trois couleurs flotte sur la tour d'Hanoï, trente-cinq minutes après le commencement de l'assaut. 80 morts, 300 blessés, 2,000 prisonniers, parmi lesquels la plupart des grands mandarins, tels sont nos trophées. Nguyen est au nombre des blessés et des captifs. Garnier n'a pas dans sa vaillante troupe une seule mort à regretter, une seule blessure à constater. »

(ÉDOUARD PETIT.)

un marin courut arborer les couleurs françaises au haut de la tour. C'était pour les navires le signal de cesser le feu. Il était sept heures moins cinq. Le feu avait donc duré une heure.

A peine les troupes furent-elles entrées que le premier des soins fut de poster de bonnes gardes aux issues et de surveiller étroitement les mandarins annamites qui, sous de misérables loques, fuyaient à toutes jambes. Le maréchal fut dénoncé par un interprète au moment où il cherchait à se sauver à cheval. Il avait bravé la douleur que lui causait sa blessure pour se soustraire à tout prix à la domination française; il ne le put cependant et depuis lors fut étroitement gardé à vue ainsi que le vice-roi (gouverneur d'Hanoï) et quatre des généraux [1].

En 1880, des tribus indépendantes de Kroumirs menaçaient la tranquillité de notre colonie algérienne de l'Est. Après avoir adressé de vaines réclamations au bey de Tunis, M. Jules Ferry décida alors une expédition dont il confia la direction aux généraux Logerot et Vincendon. Elle réussit très vite. La forteresse de Sfax fut enlevée, Bizerte et Kairouan occupés. L'armée française parut sous les murs de Tunis et le bey vaincu dut signer le traité du Bardo qui établissait sur la Régence notre protectorat étroit. Aucune colonie ne s'est plus rapidement développée et ne fait plus d'honneur à l'initiative et à l'esprit de colonisation des Français que le protectorat de Tunis.

---

1. La soumission du delta du Tonkin fut faite en quelques jours; mais un tel bonheur ne devait pas être de longue durée. Le 21 décembre 1873, Francis Garnier glissait dans un fossé en poursuivant les Pavillons-Noirs qui revenaient sur leurs pas et le décapitaient, ainsi que le sergent Dagorne. Dix ans après, le 19 mai 1883, au même endroit et victime du même piège tombait le commandant de la deuxième expédition française, Henri Rivière.

Francis Garnier, né en 1839, avait fait en qualité d'aspirant de marine deux campagnes dans les mers du Sud. Nommé enseigne, il prend part à l'expédition de Chine, puis à celle de Cochinchine, et à vingt-quatre ans il administre avec une sagesse remarquable la ville de Cholon. Il organise, avec Doudart de Lagrée, une admirable exploration du Mékong au Yan-Tsé-Kiang, et pose pour la première fois la question du Tonkin. Après la guerre de 1870, il retourne dans cette terre qu'il voulait donner à la France, et y meurt héroïquement.

Attaque nocturne d'un camp par les Arabes[1].

Combattre en plein jour est peu de chose quand on est bien préparé à recevoir l'ennemi, qu'on le voit venir de loin et qu'on sait où l'atteindre ; mais lutter dans l'ombre contre un adversaire invisible qui arrive en rampant et qui retrouve dans cette guerre de sauvages tous ses avantages naturels, voilà qui est vraiment terrible.

Jusqu'à minuit tout est resté calme. La lune éclaire la campagne comme en plein jour, les Arabes n'oseraient jamais s'avancer à sa clarté contre un camp fortifié. Malheureusement elle disparaît bientôt, laissant tout ce qui nous environne plongé dans une obscurité profonde.

Nos ennemis en ont profité pour se glisser jusqu'à nous à travers les herbes, comme une armée de reptiles. Changeant leur tactique habituelle, ils sont arrivés sans bruit. Rien ne saurait faire soupçonner leur présence et pourtant ils sont là, couchés dans les broussailles, le poignard à la main et n'attendant qu'un signal pour nous assaillir.

Un coup de feu part sur notre droite ; un hurlement de douleur lui répond, suivi de mille cris féroces.

Une sentinelle de garde à la tranchée a vu remuer une ombre et a fait feu. Les Arabes, se voyant découverts, se lèvent tous à la fois comme une armée de fantômes sortant de terre. Immédiatement la fusillade éclate ; à la lueur des coups de fusil nous voyons une forêt de burnous qui entoure le camp.

Dans l'impossibilité de viser, chacun tire devant lui au hasard ; un coup n'attend pas l'autre : c'est comme un roulement de tonnerre ; les balles sifflent de tous côtés ; nous sommes environnés d'une épaisse fumée. On ne voit plus, on n'entend plus, mais on tire toujours.

1. Jean Lux. *Trois mois en Tunisie,* journal d'un volontaire.

A la fin, cependant, la fusillade se ralentit; je regarde autour de moi, cherchant à me rendre compte.

Soudain, un éclair illumine l'intérieur du camp; je n'ai que le temps de me baisser et j'entends passer la gerbe en sifflant.

C'en est fait, les Arabes ont envahi nos lignes et percé le carré; nous sommes tournés !

Il faut vous dire que le camp est assis sur deux mamelons voisins séparés par un petit ravin que gardent deux ou trois sentinelles. C'est dans ce ravin qu'une troupe de Zlass a réussi à se glisser après avoir égorgé les factionnaires; par là ils ont grimpé sur la colline, et, cachés dans une épaisse broussaille, ils nous fusillent par derrière.

Heureusement, la troupe de réserve placée derrière nous les a aperçus; la lutte s'engage, et au bout d'un instant ils sont chassés de leur position.

En repassant dans le ravin ils essuient nos coups de fusil et laissent plusieurs morts et un drapeau sur le terrain.

Tout cela se passait dans l'obscurité la plus profonde; nous n'étions guidés que par la lueur des coups de fusil, et ce matin seulement, quand le jour s'est levé, nous avons pu nous rendre compte des incidents du combat.

Cette première attaque, pendant laquelle la fusillade n'a pas décessé, a duré trois bons quarts d'heure. Un calme relatif y succède. On entend dans la plaine le râle des mourants et le hennissement des chevaux démontés qui galopent de tous côtés, ne sachant où diriger leur course.

Les Arabes se sont retirés, mais leurs cris indiquent qu'ils ne sont pas loin. On les entend s'appeler entre eux; évidemment ils préparent une nouvelle attaque.

. . . .

Les cris se rapprochent; j'entends, dominant les autres, la voix puissante d'un chef ralliant ses hommes et les exhortant au combat.

Mais cette fois on est prévenu ; un feu terrible accueille les Arabes et les force à la retraite.

Une fois encore ils tentent l'assaut, mais sans plus de succès.

Enfin le jour paraît et vient nous délivrer de ces fanatiques. A l'aube, on les voit sortir des ravins, remonter à cheval et se diriger rapidement vers les montagnes.

L'artillerie, qui est restée muette toute la nuit, faute de savoir où diriger ses coups, reprend alors son rôle et leur fait une chaude conduite.

Le soleil se lève, éclairant le champ de bataille.

De nombreux cadavres jonchent les flancs du mamelon, car les Arabes n'ont pu revenir assez près pour enlever les morts du premier combat.

Presque tous sont couchés sur le dos, fièrement drapés dans leurs burnous, les yeux fixés au ciel.

Près de nous, dans le fond du ravin, est étendu le porte-drapeau arabe. C'est un homme magnifique, jeune encore, aux traits fins et distingués.

Il serre dans sa main crispée la hampe de son étendard. A la finesse de ses vêtements on reconnaît un chef.

Quelle bravoure et quel fanatisme il a fallu à ces hommes pour venir par trois fois affronter la mort à trente pas de nos lignes, malgré la pluie de balles qui fauchaient la plaine !

Mais la tentative de Francis Garnier lui avait coûté la vie ; l'Annam s'agitait et l'audace des Chinois croissait de jour en jour. Une expédition fut décidée. Malheureusement Jules Ferry, craignant l'opposition systématique de la Chambre et la répugnance de l'opinion publique qui n'était pas encore gagnée à la cause coloniale, dut agir par surprise et pratiquer, comme on a dit, la politique des petits paquets. Pendant que l'amiral Courbet bombardait l'arsenal de Fou-tcheou et bloquait l'île Formose, les généraux Millot et Brière de l'Isle conquéraient le Delta. Hanoï était pris ; Son-tay également ; Tuyen-Quan, bloqué par les Pavillons-Noirs, était sauvé par l'héroïsme du sergent Bobillot, lorsqu'un petit échec, vite réparé à Langson, mais qualifié de désastre par un chef affolé, amena la chute du ministère Ferry. La conquête du delta n'en fut pas moins achevée grâce au général de Négrier, pendant que le général de Courcy s'installait victorieusement à Hué. Le traité de Tien-tsin nous assura définitivement la possession du delta.

Combat de Pho-Vy[1].

A une heure de l'après-midi, nous entendons des coups de feu devant nous ; le 143e a rencontré l'ennemi : on presse le mouvement, on court, malgré la fatigue et les chemins sur lesquels on pouvait à peine marcher tout à l'heure, et nous arrivons bientôt en vue de l'action. C'est une grande plaine mamelonnée, enfermée entre deux rangées de montagnes ; à trois ou quatre kilomètres devant nous, le village de Pho-Vy qui a donné son nom à la journée. Le brouillard n'est pas dissipé. Nous nous arrêtons, avec le 143e à notre droite sur le mamelon, pour laisser à l'artillerie le temps de fouiller le terrain. Le 143e a eu quelques blessés ; près de nous, on en porte un qui a une balle dans le côté et qui se plaint ; je lui serre la main en lui disant : « Courage, mon ami, ce ne sera rien. » — « Ah ! mon lieutenant, me dit-il, merci, mais je suis perdu ! » et deux grosses larmes roulent de ses yeux. Je ne suis pas à mon aise. Il n'y a rien d'énervant et presque d'écœurant, si j'ose dire cela, que de voir des blessés à froid, avant le combat ; après, ce n'est plus la même chose. Nos bons Chinois nous voyant là, sur notre mamelon, nous font un feu très vif ; nous répondons par quelques décharges bien senties et l'artillerie, en position, leur colle, au beau milieu de leurs rangs, deux obus qui en jettent pas mal en terre. Ils filent et nous descendons dans la plaine ondulée. Le 143e est à notre droite,

1. René Normand. *Lettres du Tonkin.* — Ollendorff, éditeur.

nous obliquons à gauche, le 23ᵉ vient se placer entre le
143ᵉ et nous, et nous devenons gauche de la ligne. Nous
avançons en formation de combat ; mon peloton est en
tirailleurs, donc en première ligne. Nous traversons le
village de Pho-Vy, abandonné par les Chinois ; il n'y a
plus aux environs que les cadavres des victimes de l'artillerie, dont trois brûlent avec leurs vêtements, à la
grande joie de nos troupiers. Nous gravissons une colline assez élevée et, tout d'un coup nous recevons un feu
d'enfer ; les balles sifflent de tous côtés, deux de nos
hommes tombent blessés. Nous répondons par un feu
bien réglé, mais les Chinois sont à environ 1,200 mètres,
et ils sont très nombreux ; trois fois nous éteignons leur
feu ; trois fois ils le reprennent à des endroits différents
sur la crête d'une montagne qui nous fait face ; ils battent
enfin en retraite, mais ce n'est pas fini, car nous aperce-
vons plus loin leurs drapeaux plantés sur une montagne,
à gauche et en face de nous, sur un petit mamelon qui
paraît plus en avant. L'artillerie les poursuit, mais ils
s'arrêtent à ce petit mamelon et, suivant leur coutume,
agitent leurs drapeaux. Le jour tombe, il faut en finir. Le
général de Négrier, impatienté, demande le lieutenant-
colonel Herbinger. « Prenez, lui dit le général, les deux
compagnies du 111ᵉ qui sont là (la 1ʳᵉ et la 2ᵉ, la mienne),
et allez enlever le mamelon où sont les trois drapeaux. »
Et comme le lieutenant-colonel paraissait un peu surpris
du risque de cette attaque : « L'artillerie va vous soutenir, » a-t-il ajouté. Nous partons ; arrivés à 400 mètres
du mamelon, les Chinois, qui nous attendaient, nous
criblent de balles ; cela sifflait, on ne s'entendait pas
commander. Le colonel, avec beaucoup de décision et
de coup d'œil, se retourne et dit : « Poussez la charge. »
Nous mettons le sabre à la main, je gagne vivement la tête
de ma compagnie, et nous voilà partis. Nous n'avions pas
fait vingt pas que nous nous arrêtons devant un arroyo [1]

1. Sorte de fossé plein d'eau destiné à l'irrigation des rizières.

large de près de deux mètres, encaissé dans les herbes et paraissant très profond. J'avais à côté de moi le capitaine Zassanoff, de la 1re compagnie. « Savez-vous nager ? » me dit-il. Je réponds oui, bravement, quoique pas très fort ; nous nous jetons à l'eau, nous enfonçons jusqu'à la ceinture, nous grimpons de l'autre côté et, comme j'ai les jambes plus longues que lui, je grimpe et j'arrive le premier, à vingt mètres du sommet du mamelon où les Chinois tenaient toujours. Là, un Chinois, qui criait comme un sourd en agitant son fusil, m'aperçoit, me tire à cette distance deux coups de fusil : c'est un miracle qu'il m'ait manqué ; je lui envoie deux coups de revolver ; je le manque, d'ailleurs, et je m'installe là-haut, à l'ébahissement des autres qui arrivaient à trente mètres derrière moi, au moins.

Mais une fois là, rien n'était fait encore. Les Chinois, chassés du mamelon, tenaient encore en bas ; de droite et de gauche, sur les hauteurs environnantes, partent des fusillades autant que peuvent en faire des gens armés du fusil à répétition, comme les Chinois ; la nuit tombait ; les trompes chinoises sonnaient lugubrement ; je n'ai certes pas eu peur, mais, franchement, j'aurais préféré être sur le boulevard.

Nous avons passé la nuit sur le mamelon, sans tentes, nous séchant, tant bien que mal, au feu, et mangeant avec nos doigts des morceaux de cochon et de canard que les hommes avaient pris et que nos ordonnances avaient fait cuire au bout d'un bâton. Je ne vous étonnerai pas en vous disant que c'est le meilleur dîner que j'aie fait de ma vie : papa me comprendra.

Mais ce n'était pas assez de nos conquêtes asiatiques. La France rêvait aussi d'un empire ouest africain, qui des bords de la Méditerranée s'étendrait jusqu'au Congo, exploré par de Brazza à travers le Sahara et les régions arrosées par le Sénégal et le Niger. Ce pays déjà pacifié par le général Faidherbe et les marches victorieuses du général Archinard, et du colonel Humbert, reconnu par les admirables explorations de Binger, Maistre et Mizon, s'organisait peu à peu sous notre autorité. Seul, le Dahomey tyrannisé par le roi Behanzin, nous opposait une résistance acharnée, massacrait nos missionnaires et nous coupait du Niger. Il fallait aviser. Une expédition fut décidée en 1892. Un corps d'armée commandé par le général Dodds arriva à Abomey et nous donna de nouveaux territoires riches et bien peuplés.

Combat de Dogba[1] (19 septembre 1892).

Nous campions comme toujours en carré, faisant face à un bois de palmiers et adossé à l'Ouémé[2].

La face du premier groupe, commandée par le commandant Riou, était composée des compagnies Drude et Jouvelet, et de la compagnie Roulland de l'infanterie de marine.

La face de gauche était sous les ordres du commandant Faurax, et la face de droite sous les ordres du commandant Losserre.

A cinq heures du matin, le clairon sonne la diane; Lanord était déjà dans ma tente et préparait le café, lorsque des coups de feu se font entendre en avant de nous.

Presque aussitôt des sifflements de balles se font entendre, et une d'entre elles vient frapper sur la petite marmite que mon ordonnance tenait entre ses mains. Il fait un bond en arrière et me regarde d'un air ahuri.

Je saute de mon hamac en un clin d'œil, et j'entends les cris de : « Aux armes ! »

Les coups de feu continuaient et les balles crépitaient autour de nous; je cours à la tente de Badaire, mon

1. Henri Marienval. *La Guerre du Dahomey*, journal de campagne d'un sous-lieutenant d'infanterie de marine.

2. L'Ouémé est le fleuve qui, venu des monts du Dahomey, coule du nord au sud, passe à Abomey et vient se terminer dans une lagune.

lieutenant, pour l'avertir qu'on prenait les armes; je le trouve accroupi près de son hamac, la tête sur ses genoux et tenant encore un lacet de son brodequin dans la main droite.

Sans m'attarder plus longtemps et tout bouleversé de cette attaque imprévue, je cours sur le front de bandière. Une partie de mes hommes y était déjà. Les faces du carré se forment aussitôt et nous constatons des rangs entiers de nègres [1] qui sortent de la forêt. Les feux de salve commencent à crépiter et, bientôt après, le capitaine Martinet fait entendre la voix de ses canons.

Il fait tirer à mitraille contre les masses qui essayent de déboucher de la forêt et le carnage commence. Nous nous remettons un peu de notre alerte, et les tranchées sont occupées régulièrement par nos troupes qui, par leurs feux de salve, brisent l'élan de toutes les charges que l'ennemi lance successivement sur nous.

Son tir n'est pas réglé. — Il nous fait peu de mal; cependant le bruit circule que le commandant Faurax, qui commandait le deuxième groupe, à notre gauche, est blessé à mort.

Enfin, au bout de quatre heures, les attaques cessent; nous pouvons respirer. Pendant que la poursuite s'organise, je vais contempler le champ de bataille. C'est par centaines que les cadavres sont amoncelés sous des débris de branchages.

Nous avons de notre côté quatre tués, dont ce pauvre Badaire, et onze blessés, dont le brave commandant Faurax, que nous aimions tous.

Le colonel, quoique bien ému, et surtout bien plus ému qu'il ne voulait le laisser paraître, a adressé des félicitations à tous.

Il vient de les renouveler dans un ordre du jour auquel j'emprunte ces dernières phrases :

« Le colonel commandant le corps expéditionnaire du

---

1. Les Dahoméens engagés dans cette affaire étaient au nombre de 4,000 environ, commandés par Géo-Béo, frère du roi.

Dahomey[1] a constaté avec une légitime fierté que les troupes présentes à Dogba sous ses ordres ont résisté à cette attaque inopinée avec un calme et un sang-froid remarquables : il leur adresse, au nom de la France, toutes ses félicitations[2].

» Les Dahoméens[3] viennent d'éprouver une défaite inoubliable et qui pèsera certainement d'un grand poids sur l'issue de la campagne. »

La prise de Tananarive[4].

La capitale de l'Emyrne[5] est située sur un plateau rocheux, très étroit, allongé dans la direction du nord au sud, dont les pentes est et ouest sont, partout, fort abruptes, et, en certaines parties, presque verticales. Ce plateau a la forme d'un Y dont les deux branches, dirigées vers le nord, se raccordent en pente douce avec le fond des rizières, tandis que la branche unique, dirigée vers le sud, se termine par une croupe escarpée.

1. Le commandant du corps expéditionnaire était le général Dodds ; la petite armée qu'il avait à diriger ne comptait que 1,300 hommes d'armée régulière, 800 hommes de la légion étrangère, 200 spahis et un détachement du génie. Deux canonnières, le *Corail* et l'*Opale*, remontaient en même temps le fleuve.

2. Dans un autre ordre du jour, le général Dodds disait, en parlant des troupes qu'il conduisait : « Je n'ai jamais eu l'honneur de commander à de plus admirables soldats. »

3. Les Dahoméens étaient au nombre de 15 à 18,000. Dans tous les combats ils laissèrent sur le champ de bataille un nombre considérable de fusils Winchester, Mauser, Remington, qui leur avaient été vendus par les Anglais et les Allemands de Whiddah. « Ce n'est pas le trait le moins caractéristique de notre époque, que cette assistance prêtée par des commerçants sans vergogne à un régime unanimement flétri comme une honte pour l'humanité.   (H. SCHIRMER).

4. *L'expédition de Madagascar :* (*rapport du général Duchesne.*)

5. Madagascar est composé d'un massif central de composition granitique qui s'élève au-dessus de deux rivages marécageux et malsains. Ce massif est le plateau de l'Emyrne.

Le palais de la reine [1], qui occupe le sommet du plateau (1,458 mètres), se trouve vers le centre de cette branche unique, et domine le cours de l'Ikopa [2] et les rizières avoisinantes de 200 mètres environ.

Du côté de l'est et du nord-est, trois chaînes de hauteurs se développent parallèlement au plateau de Tananarive. La première, distante de la capitale de 2,150 mètres environ, est jalonnée, en partant du sud, par l'observatoire d'Ambohindempona (1,402 mètres), par le village d'Andrainarivo (1,415 mètres), et par deux groupes de masures en ruines, cotés, l'un 1,330 mètres et l'autre 1,311 mètres. La deuxième chaîne, moins longue et moins élevée que la première (collines de l'Aukatso), court à 1,500 mètres environ à l'est de la première. Enfin, la troisième chaîne est celle dont il a déjà été question, qui, partant du village d'Ilafy au nord, se dirige vers le sud en passant par le village d'Ambohibé (1,450 mètres d'altitude).

Ces trois chaînes sont réunies par une ligne de faîte transversale et d'un niveau sensiblement inférieur, sur laquelle se trouvent les villages de Soamandrarina, d'Ambatromaro et d'Andraisoro.

Les Hovas [3] occupaient fortement et en grand nombre la première chaîne, notamment l'observatoire et le village d'Andrainarivo. Ils avaient, en outre, établi des batteries sur les mamelons cotés 1330 et 1331. C'était évidemment sur cette avant-ligne que les Hovas comptaient concentrer tous leurs efforts pour couvrir la ville même de Tananarive.

---

1. La reine de Madagascar était Ranavolo-Na-Manjaka III. Elle a été, depuis la conquête, internée à l'île de la Réunion.

2. L'Ikopa est le principal affluent de la Betziboka, la grande rivière de Madagascar (800 kilomètres). La Betziboka est remontable par les canonnières et les navires d'un faible tirant d'eau, jusqu'à 160 kilomètres de son estuaire.

3. Les Hovas (prononcez Houves), d'origine malaise, occupent le massif central de l'île et ont soumis à leur autorité les populations qui s'étendent depuis la montagne d'Ambre au nord jusqu'à Fianarantsoa au sud. Les autres populations de Madagascar (Sakalaves, Antandroï, Antanossi, Ambasimisarakas, etc.,) étaient restées indépendantes de l'autorité hova.

. . . .

L'opération devait comprendre deux phases distinctes :
1° attaque et occupation de la première ligne de crêtes,
qui s'étend de l'observatoire dans la direction du nord ;
2° bombardement et, s'il était nécessaire, assaut de Tananarive. La colonne devait effectuer ces opérations en
deux échelons : l'un, à gauche, commandé par le général
Metzinger, serait chargé de l'attaque débordante par le
sud, et de l'attaque de front vers le palais de la reine ;
l'autre, à droite, sous les ordres du général Voyron,
formerait le pivot du mouvement et attaquerait par le
nord-est.

L'échelon de gauche comprendrait les trois bataillons
du régiment d'Algérie, le 3e bataillon du 200e et le bataillon malgache (chargé spécialement du mouvement
débordant vers le sud), plus, les 9e et 16e batteries,
la 13e compagnie du génie et la cavalerie ; l'échelon de
droite, les 1er et 3e bataillons du 13e régiment d'infanterie
de marine, le bataillon haoussa, la 8e batterie et la
11e compagnie du génie.

Le général Metzinger reçut l'ordre de se mettre en
marche avant le jour, en dissimulant son mouvement, sur
les pentes est de la troisième ligne de crêtes (l'Ankatzo),
d'où il attaquerait, sur la première ligne, les deux pitons
de l'observatoire d'Andrainarivo.

Le général Voyron devait, de son côté, masser ses
forces vers Ambatofstsy, et, tout en protégeant les convois, rassemblés dans un vallon situé au nord-est de
ce village, attaquer les pitons de la première ligne
cotés 1311 et 1330, quand se dessinerait l'attaque du
général Metzinger contre le sud de cette même chaîne.

. . . .

Dès le début de cette lutte d'artillerie, le bataillon
malgache avait commencé son mouvement à l'extrême
gauche de la ligne, dans la direction de l'observatoire ;
aussitôt que le feu des batteries hovas établies en ce
point eut été à peu près éteint, il s'élança contre cette

position et l'occupa vers midi 45, ne perdant dans cette attaque que deux tirailleurs blessés.

Malheureusement, à sa droite, le 3e bataillon du régiment d'Algérie, qui devait servir de pivot à l'attaque de l'échelon de gauche, avait prononcé avec trop de hâte son mouvement en avant. Deux compagnies de ce bataillon réussirent bien à enlever le village d'Andraisoro; mais, quand elles voulurent déboucher de ce village, avant que leur attaque eût été préparée par l'artillerie, pour se porter contre le village d'Andrainarivo, elles furent accueillies par un feu des plus violents et durent se replier sur Andraisoro, ayant eu, dans cet engagement prématuré, deux sous-officiers et quatre tirailleurs tués, deux officiers et dix-sept tirailleurs blessés.

Une contre-attaque fut même tentée, à ce moment, par les Hovas contre Andraisoro; elle fut arrêtée par les feux de salve du reste du bataillon et par les feux de flanc de la 8e batterie, de l'échelon de droite, qui, après avoir éteint le feu des pitons 1311 et 1330, s'efforçait d'appuyer le mouvement en avant du général Metzinger.

. . . .

Aussitôt maître de l'observatoire, le bataillon malgache avait retourné contre Tananarive deux canons qui y étaient tombés entre ses mains. Ces pièces, intelligemment et vigoureusement servies par quelques officiers et sous-officiers du bataillon, détournèrent l'attention de l'ennemi et facilitèrent également l'occupation d'Andrainarivo. A 1 h. 1/2, la ligne entière de crêtes qui constituait la position de défense extérieure de Tananarive était en notre pouvoir. Il ne nous restait plus qu'à enlever la ville elle-même.

Celle-ci, qui était demeurée muette jusque-là, venait, à son tour, d'ouvrir, contre nos positions, le feu de deux fortes batteries établies au palais et celui de plusieurs pièces disséminées sur divers autres points.

. . . .

A 2 h. 55, le bombardement général commença. Le tir

de l'artillerie fut rapidement réglé et chacune des 16e et 9e batteries tirèrent cinq obus à la mélinite sur les batteries ennemies établies sur la terrasse du palais de la reine.

Les dégâts matériels, les pertes subies et l'effet moral produit par ce tir sur les Hovas furent tels que, vers 3 h. 30, un pavillon blanc fut hissé sur le palais, en remplacement du pavillon de la reine. Les colonnes d'assaut étaient alors sur le point de se porter en avant; celle de l'extrême gauche (bataillon malgache), qui devait constituer l'aile débordante par le sud, avait même déjà gagné le pied des pentes et commencé à les escalader, quand un parlementaire, précédé d'un immense drapeau blanc, se présenta devant nos lignes.

. . . .

La nuit du 30 septembre au 1er octobre s'étant passée sans incident, le général en chef fit son entrée à Tananarive le 1er octobre, à 8 heures du matin, ainsi qu'il l'avait annoncé, et, à 8 h. 45, le drapeau tricolore était hissé, avec les honneurs réglementaires, sur l'hôtel de la résidence générale qui était demeuré presque intact.

A l'heure fixée, également, les hauts fonctionnaires hovas chargés de négocier la paix se présentèrent chez le général en chef. Le traité signé par eux, à 3 heures de l'après-midi, fut ratifié, le jour même, par la reine Ranavolo et rapporté au quartier général à 8 heures du soir.

FIN

TABLE DES MATIÈRES

PREMIÈRE PARTIE

(DE 1792 A 1815)

DEUXIÈME PARTIE

DE 1815 A 1870

TROISIÈME PARTIE

(DE 1870 A 1897)

IN·LABORE
C M D
ROBUR

www.ingramcontent.com/pod-product-compliance
Ingram Content Group UK Ltd.
Pitfield, Milton Keynes, MK11 3LW, UK
UKHW022322090726
13658UKWH00001B/27